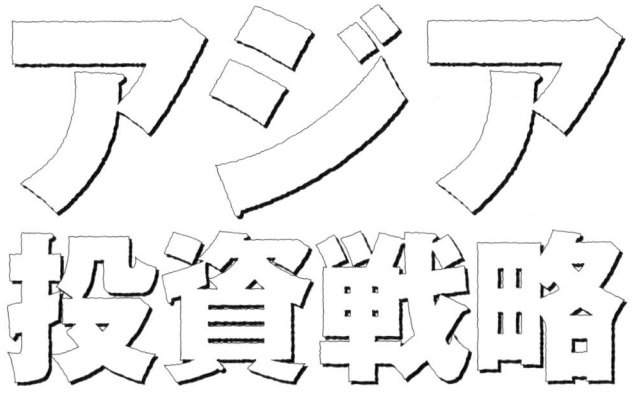

アジア投資戦略

鈴木康二 著

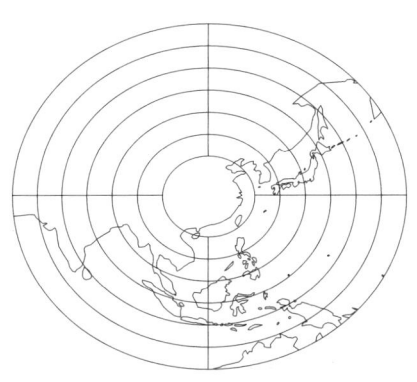

大学教育出版

はしがき

「アジア投資戦略」という本書で、筆者は事実ないしありそうな事実からありそうな未来を読む手法を提供しようとした。そのような一例として以下のエッセイを示す。過去の歴史と文学からありそうな別の歴史を探り出そうとしている。こんな長すぎる「はしがき」などいらない、と考える人は飛ばして早速第 1 章に取り掛かっていただきたい。アジアの直接投資の実務に携わるのはストレスの多い仕事である。思う様に相手方は動いてくれないし、逆に足を掬われることが多いからである。そのような際にはこのエッセイのような、地方の歴史や民話にこだわるちょっとした調査を個人的に行うことをお勧めしたい。アジア諸国の地方史や民話にはこのような今まで注目されていない日本との関わりや面白い推測が働く余地に溢れている。新たな英気が養える。

本書におけるデータのほとんどは公表された事実と筆者の行った調査に基づいている。多くは種々の書籍で得た知識や新聞記事・雑誌記事である。しかし本書ではそのようなデータ自体の紹介に留意するより、「それらのデータをこのような文脈で捉え直せばこのように読める」とする投資戦略的を考える際の読み直し方に留意している。本書に登場するケースにおいて、筆者には当事者を誹謗したり中傷したりする意図は毛頭無い。筆者による建設的な意見として聞いていただくか聞き流していただければ幸甚である。もちろん事実認識における間違いと分析の間違いについては筆者の責任である。

1. 玉蔓

源氏物語の「玉蔓（たまかずら）」の章に現在筆者が住んでいる大分県が出てきた。玉蔓を佐賀で育てて京都に連れて行く役割を果たす男が豊後介だから大分県の副知事である。玉蔓は頭中将が愛人夕顔に生ませた子供で、夕顔が六条御息所の生霊に取り殺されたのち、夕顔の乳母の夫が大宰府の小弐（大宰府の第三番目の地位）になったので連れて行ったのだ。

小弐が死ぬと、10 歳ですでに美人との噂が高くなった玉蔓は肥後の豪族で大

宰府の監（守介掾監の四番目で判官）をしている30歳の男から妻に欲しいと言い寄られて母親代わりの乳母は困ってしまう。玉鬘は天皇と直接話が出来る殿上人（五位以上の人）ないし上達（三位以上の人）と付き合うクラスの人であり、このような田舎に埋もれる人ではない。玉鬘の本当の父親で今は内大臣である頭中将に会わせなければと乳母は思っている。ところが乳母の次男、三男は玉鬘の結婚で在地の豪族との良い関係がつくれ地方に居つけるからと、監と玉鬘の結婚を勧める。乳母は長男の豊後介と図って結婚式の直前に船で九州を脱出する。乳母の娘達も夫を捨てて玉鬘の侍女として上京に同道した。

　上京しても内大臣である父親や太政大臣になっている母親と関係のあった光源氏に会う伝手はない。九州にある宇佐八幡宮と同じ神を祀る岩清水八幡に祈ったが効果はなく、長谷寺に行ったらお参りに来ていた光源氏の侍女と遭遇した。その伝手で光源氏に会え玉鬘は源氏の家六条院で養われることになる。その後玉鬘は柏木、夕霧に言い寄られ、結婚した髭黒大将との死別後も冷泉帝他に言い寄られたりして、小説進行上の重要な脇役になる。落ちぶれた貴種が流離の地から戻り栄えるという話だから逆貴種流離譚と呼ぼう。

2. 紫式部の清少納言の代理戦争

　豊後介は玉鬘付きの執事となる。問題はなぜ紫式部が玉鬘を助け出す役に豊後介というポジションを与えたかだ。筆者はその原因は紫式部の清少納言への当て付けと考える。『紫式部日記』で紫式部は清少納言を「したり顔にいみじうはべりける人、さばかりさかしだち」する人と腐している。「実に得意顔してえらそうにしていた人で、あれほど利口ぶっている人」だというのである。「はべりける」人と過去形になっていることから、清少納言は紫式部に散々に言われても文句が言えない階層の人になっていたとわかる。「そのあだになりぬる人のはて、いかでかによくはべらむ」（浮薄な人の果てがどうしてよい筈があろうか）とまでいう。紫式部の仕える一条天皇中宮彰子は親が藤原道長であり、ときめいていたが、清少納言の仕える一条天皇皇宮定子は産褥熱で1000年に死に、彼女は辞去していた。

　『枕草子』の一部は995年には定子の引きで宮廷内に知られるようになって

いた。『枕草子』321 段に内大臣である伊周から妹である中宮定子が貰った料紙に書いたのが枕草子であり、一部が思いがけず知られるようになったと自分で書いている。995 年の根拠は伊周が内大臣だったのは 994 年から大宰大弐に左遷される 996 年までだったからだ。

『源氏物語』は 1001 年夫の死後書き始められていて、一部は知られていたが、まだ玉鬘には取り掛かっていなかった。豊後介を使う逆貴種流離譚のアイデアがいまだなかったからだ。『源氏物語』で文才が知られるようになった紫式部は 1005 年出仕を求められる。細川忠興派として宮本武蔵、細川忠利派として佐々木小次郎が巌流島で細川家の家門の主導権を握って決闘をさせられたように、紫式部と清少納言は文章で藤原家の家門を掛けて決闘させられている。ただし同じ宮廷で会うことはなく文芸サロンの話題としてである。

清少納言をけなした紫式部日記は 1010 年ごろ書かれている。根拠は清少納言共々に評された当代の文人赤染衛門が丹波守の妻と紹介されており、夫大江匡衡が丹波守になったのが 1010 年 3 月 30 日だからだ。道長により追い落とされた伊周は失意のまま同 1010 年 1 月 28 日 37 歳で死んでいる。1008,1009 年道長の娘である中宮彰子は後一条天皇、後朱雀天皇となる子を産み、1008 年には定子の死の原因となった皇女までもが 9 歳で死んでいる。

伊周は大宰大弐 (権帥) に落とされたが播磨にまでしか行かなかった。須磨に流される光源氏の貴種流離譚のモデルになった。六条御息所の生霊のモデルは一条天皇の母詮子 (東三条院) だろう。伊周が帰京できたのもこの叔母のお悩みを晴らすための大赦によってである。この天皇の母は 40 歳で死ぬまでに 5 回お悩みが激しく 3 回の大赦を勝ち取っているつわものである。本当に気違いになってしまうのだろう。

3. 宇佐と大宰府そして清原氏の在地豪族化

豊後は清少納言の兄によって清原氏が在地豪族化した地である。兄致信 (むねのぶ) は大宰少監、但馬介になり、その後 1017 年殺害されている (岸上慎二「枕草子年表」『枕草子』小学館 1974 p.495)。古事談によれば清少納言は老後致信と同居しており、清少納言集によれば晩年は摂津、京都郊外月の輪に住んで

1025年頃死んだようである。中央で良い地位を望めない介クラスの貴族は、地方に居残り在地豪族化していく。大分県では、豊後介大神良臣は任期が終え帰京する際に子庶機(これちか)を大野郡に残し、892年に庶機は大野郡領となり豊後大神氏の祖となっている(『大分県の歴史』吉川弘文館1997年p.8)。
　清少納言の父清原元輔は後選和歌集の選者だが、肥後守のまま990年任国肥後で83歳で死んでいる。993年28歳で定子の下に出仕した清少納言は父58歳の時の子供だという事になる。そのとき父元輔は大蔵少丞(大蔵省のナンバー3)だった。曽祖父は清原深養父で百人一首で有名な「夏の夜はまだよいながらあけぬるを雲の何処に月やどるらん」と歌った古今集に41首入っている歌人である。守クラスの貴族で氏の長者なら中央でなお出世する可能性があるから在地領主化しない。ところが清原の氏の長者である清少納言の男の兄弟は雅楽頭、但馬介どまりで守クラスになれる能力は無かった。但馬介になるのも大変だった。994年に関白道隆が主催した法興寺での経供養の際に、娘であり中宮である定子に仕え始めた清少納言にまとわりついた兄宗高はどうにか彼女の推挙もあって996年但馬介になれた。この宗高(むねたか)は大宰府の少監であった致信(むねのぶ)と同一人物と筆者は見る。彼は大宰府の役人であることを利用して大分県玖珠郡(日田の南、豊後と大宰府をつなぐ要路)で在地豪族化する決心をした人間だ。
　紫式部の価値観は、能力があるのなら守クラスになれる筈だとするものだろう。なれなくて中央から地方に居つく落ちぶれた清少納言の家のような者が多いが、そうであったとしても地方から中央に出てきて権門に誠実に仕える玉蔓の豊後介のような者が望ましいとするものだろう。才気走って田舎嫌いといいながら、自分の実家は誠実さも能力もなくて在地豪族にしかなれないではないかと軽侮しているのである。
　「玉蔓」では肥後にいる監が玉蔓に言い寄って豊後介が助けたことになっている。在地化した豪族と中央派遣の官僚の争いである。在地化するには、権門の荘園の地頭となって荘園管理人になる道と、律令制の下での地方長官である国司(守)から口分田の管理を任され郡領たる地位を世襲化する道がある。平将門は自ら開墾した耕作地を郡領にされて税金を支払わされるのが嫌で自ら新皇と称して反乱を起こした。将門は道長の曽祖父忠平に一時仕えたが当時の東

国では荘園化の道が認められなかったらしい。しかし大分県には神社領という荘園化への道があった。大分県では宇佐八幡宮が九州中に持つ神田からの税収を大宰府に一旦納めないで独立し荘園化しようとする動きがあった。三蹟の一人藤原佐理は991年大宰大弐になるが994年10月宇佐八幡宮と争い995年10月解任される。999年宇佐八幡宮弥勒寺の講師となった元命は道長に訴えて1003年大宰府長官(帥)平惟仲（これなか）を罷免させ荘園化に成功する。平惟仲は父が美作介、母が郡司の娘である卑賤の生れで兼家と道隆(伊周の父)が関白の時代に出世した反道長派である。大宰府で1005年に死んでいる。紫式部は彼を在地化しない玉鬘の豊後介のモデルとして逆貴種流離譚に利用した。

大分県では大宰府と国司という律令制の二重支配構造が問題になった。大分県は直接瀬戸内海に面しているので国司は大宰府に納めないで税収を直接都に納めれば大宰府往還の手間が省けることを理由に、個人での不正な取り分を増やすのである。大宰府の目が利いていない事を理由に米の私貿易に手を貸す国司の役人も多かった。

4. 王朝時代のランボー

松永孝子『家伝縹渺』は大分県玖珠にある清原正高伝説を紹介している。清少納言の兄正高は973年伊勢の斎宮になるべき隆子女王と恋に落ち玖珠に流された。隆子は彼を忘れられず玖珠を訪ねて来たが正高が矢野久兼という豪族の娘と既に結婚している事を聞き、玖珠郡山田郷の魚返滝で身を投げた。正高は滝権現の祠を作って供養したというものだ。

『枕草子』146段に、清少納言は道長派の人間だからと同僚の女房達に中傷されて、定子に出仕できなくなり里居している話が出てくる。996年4月から997年6月までの一年間だ。996年1月伊周、隆家兄弟の従者が花山法皇に射掛けるという事件を起こし、伊周、隆家が左遷される事件が起こったためだ。左遷させたのは道長だから伊周の妹定子方は道長憎しで道長に通じている同僚として清少納言を排斥したのである。なぜ清少納言が通じているかといえば、この宗高＝致信＝正高が但馬介になったばかりの初仕事が、道長の命令で隆家を但馬に軟禁することだったからである。定子のお陰で但馬介になれたのに、

その兄である隆家を軟禁する役をするのは、敵方である道長方に通じている証拠だという訳である。またこの正高が宇佐八幡宮と組んで、大宰大弐となった藤原佐理を 995 年 10 月追い落としたと判ったことも排斥される理由になったろう。佐理は伊周と組んで道長に対抗する実資派に属しており解任後まもなくして 50 歳で死んでいる。正高は神宮領からの税金を大宰府を通さず直接取ってよいとした張本人で、それに大宰大弐佐理が対抗したのだ。

筆者の住む別府の北隣の日出町に正高の子孫が寄進したと思われる大観山正高寺が昔はあったらしい。玖珠にある船岡神社には正高霊と書かれた額が今でも残されており後朱雀天皇が 1039 年に下した真筆だと「船岡新宮八幡縁起」にあるそうである (『家伝縹渺』p.180)。さもありなん。後朱雀天皇は道長の子彰子が一条天皇との間に生んだ次男で後一条天皇の後を襲っている。当時宇佐神宮領は頼通の娘四条院寛子に寄進されて、日出は京への米の積出港の 1 つだった。江戸時代の参勤交代では日出から瀬戸内海に出る九州の大名もいた。神宮領からの米積出の航海の安全を祈るために、天下の三蹟藤原佐理の霊で航海の安全が侵されるのを恐れた故に佐理を追い落とした正高の霊でもって対抗する事になり、頼通の伝手で天皇の真筆を得たと考えられる。同じ三蹟の藤原行成が勅により額を書くのに嫉妬した佐理は、生霊となって数日間にわたり行成を苦しめた実績がある。(『江談抄』第 3·34 岩波書店 1997 年 pp.85-86)。

983 年藤原実方は宇佐八幡宮の使いとなる。朝廷からの奉幣のための使いが定期的に来るのである。この時代は道隆、道長の父兼家さえまだ右大臣で、関白は兼家の従兄弟で左理の叔父、公任の父頼忠だったから、宇佐八幡宮は大宰府に表面だって反抗していなかっただろう。実方集には清少納言との歌のやり取りが載っている。彼は 995 年陸奥守となって現地で死亡している。清少納言が出仕した 993 年からが付き合いの始めだろう。

清少納言の兄正高は実方の恋敵でもあった。詮子の乳母の子少輔の内侍にお互いに言い寄っていたのである。実方集には実方が歌って少輔の内侍に芹と共に送った歌「水深みみなかくせりと思ふらんあらわれやすき芹にぞありける」がある。そして「忍び音も苦しきものをほととぎすいざ卯の花の陰にかくれむ」という歌も作っている。「正高との話は露見してるぞ、本当に私が好きなら私と一緒に卯の花の陰に隠れよう」と言っているのである。岩波の新古典文学大

系『平安私家集』では「ひごのかみまさたか」を備後守藤原方隆だといっているが、松永孝子の『家伝縹渺』の清原正高説の方がよくできた話として筆者は採る。根拠は、正高は官職についていなかったので父元輔の最後の官職肥後守の名で呼ばれていたのだろうことと、「びんご」と「ひご」の音の違いは少なく、和歌の詞書きはかな書きですので、間違えやすいことを挙げる。

　実方は中宮定子のところにいる清少納言を長い間訪ねなかったので「忘れ給にける」と差し寄られる。そこで「忘れずよまた忘れじよかわらやの下たく煙したむせびつつ」と詠むと、清少納言は「葦の屋の下たく煙つれなくて絶えざりけるも何によりてぞ」と返したとある。瓦屋根の下で燃えている煙は変わらないといっているのに対して、葦の屋根の下で燃えているとも見えない煙が何で絶えないのか考えてくださいと言っている。少輔の内侍への恋を恋敵である兄から聞いて知っていて、馴れ馴れしくうるさい女である。995年1月道隆が病気になり御簾の中で行った最後の除目で彼は陸奥守になった。彼は自分を育ててくれた叔父大納言済時が頑張ってくれたお陰だと思っている。995年はSARSよろしく疫病が大流行し済時、道隆後の関白道兼が相次いで死に、6月権大納言道長が氏の長者になる。その10月佐理が大宰大弐の地位を解任され宇佐は国領から脱して荘園化が進んだ。

　清原氏が九州と深い関係を持つようになったきっかけは、清少納言から数えて7代前の清原有雄だった。彼は850年肥後守、854年肥前守、そして摂津守を経験している。晩年の清少納言が摂津に住んだのも祖先が摂津守時代に持った私領があったからかもしれない。しかし大分県玖珠との関係は正高が大宰少監として左遷されたのが決定的な役割を果たした。彼が玖珠に新宮八幡宮を勧進しているのは彼と宇佐八幡宮の関係そして道長に追従する関係を暗示している。若い時に歌人として活躍をしてやりすぎてしまい、ある年からおよそ詩的感興が沸かない人間になってしまうのは詩人から商人になりチュニジアやインドネシアを訪問しているランボーに似ている。若き詩人としてのランボーは「地獄の季節」を書いただけでなくヴェルレーヌとホモ事件を起こしている。

　正高のやりすぎは、17歳の頃、章明親王の娘で伊勢の斎宮となる隆子と交わってしまったことである。時の天皇円融天皇は叔父の娘の犯した過ちに憤慨して一切口外させることなくそのまま隆子は伊勢の斎宮とさせ、正高を大宰府の

少監に任じ、一切都に立ち帰ることを認めないとの処罰をしたと見る。隆子は斎宮のまま974年伊勢で天然痘で死んでいる。正高伝説では同年隆子は大分県を訪ねて来て自殺したことになっている。斎宮の侍女が訪ねてきたが、追い返されて身を投げたというのが本当のところだろう。道鏡が忘れられないとして孝謙天皇は侍女を流刑の地下野に遣わしたが侍女は帰京できず筆者の故里石橋町で死んだ。その塚を孝謙天皇の墓として祀る例に同じだ。正高は994年官位を貰うべく定子への宮仕えを始めたばかりの妹の清少納言に「むねたか」として付きまとった。991年円融法皇が死んだので京に立ち回れるようになったからだ。名前を変えたのは昔の伊勢斎宮であった隆子との情事を知っている賀茂斎宮がいたからだ。964年から1031年まで賀茂斎宮を勤めた選子内親王が定子、彰子の文芸サロンと対抗する文芸サロンを開設していたから噂に上ると困るのだ。定子はそのことを聴いて兄伊周に清少納言を「むねたかに見せないようにして隠して降ろすのを手伝ってくれ」というのである。『枕草子』256段に意図的に「むねたか」の名が出てくるのは、「わからなかったろう」という選子サロンへの見せつけだろう。

　1015年隆家は大宰府に来ている唐の薬師に見せて目の疾患を治すために自ら大宰権帥となることを希望して赴任した。彼は道長によって兄の伊周と共に左遷され詮子のお悩みで大赦されたことがある。その後も反道長派として実資と共に三条天皇によって対抗し、定子の子敦康親王を三条天皇の後につけようと画策したが道長にまたしても敗れ、彰子と一条天皇の子である後一条天皇が1018年即位し、同年12月敦康親王も20歳で死んでしまう。隆家と組んだ三条天皇は眼が不自由だった。自分もそうなっては大変と唐の薬師に定期的に診て貰うための赴任である。赴任してみると大宰府は宇佐に手出しができなくなっていることを知ったのだろう。それに正高が深く関わっていると知り、「二度までも俺を邪魔するのか」と京か摂津に居た彼を殺させたと考える。推測が過ぎるがありえない話ではない。花山法皇が通う女を兄の女と誤解して従者に花山法皇に弓を射掛けさせるような人だし、射掛けの半年前には従者が道長の従者と七条大路で喧嘩した決着をつけるために、3日後にその従者に道長の従者を殺害させている。この人は兄伊周が1010年に死んだのに比して図太い人で、大宰権帥の間の1017年満州族である刀伊の来寇があってもよく軍を率いて戦

い、1044 年まで生きている。「二度までも」と筆者が考えるのは、出雲権守にされた隆家は、実際には出雲に行かず但馬に留め置かれ但馬介になったばかりの正高に監視されたからだ。隆家は 1019 年まで大宰府にいたから (『大鏡』小学館 1974 年 p.286)、摂津ないしは京で自分の従者が 1017 年 3 月 8 日に正高を殺害したことなど知らないよというわけである。

 2004 年 6 月 29 日   別府にて 鈴木康二

アジア投資戦略

目　次

はしがき ……………………………………………………………………… i

第1章　アジア投資環境を見る眼 …………………………………… 1
1.1.　海外進出とは何か ……………………………………………… 1
1.1.1.　空洞化と海外進出 ……………………………………… 1
1.1.2.　海外進出のメリットとデメリット ……………………… 1
1.2.　海外直接投資とは何か ………………………………………… 3
1.2.1.　海外直接投資の形態と開発輸入 ……………………… 3
1.2.1.1.　海外直接投資の形態 ……………………………… 3
1.2.1.2.　開発輸入 …………………………………………… 4
1.2.2.　技術ライセンス ………………………………………… 6
1.2.3.　石油・鉱物資源開発の開発輸入 ……………………… 7
1.2.4.　契約による合弁事業 …………………………………… 9
1.2.5.　合弁会社 ………………………………………………… 10
1.2.6.　100％子会社 …………………………………………… 12
1.2.7.　外国企業支店 …………………………………………… 14
1.2.8.　買収と現地株式市場での上場 ………………………… 15
1.3.　海外直接投資を成功させる分析手法 ………………………… 16
1.3.1.　業務過程分析 …………………………………………… 16
1.3.2.　投資環境比較表 ………………………………………… 19
1.3.3.　国のかたち分析と現地法 ……………………………… 22
1.3.4.　技術のピラミッド分析 ………………………………… 26

第2章　アジアにおける各業務過程で儲ける個々の考え ……………… 29
2.1.　各業務過程で実際に儲けるにはどうしたらよいか ………… 29
2.1.1.　分業化・アウトソーシングは非効率になる場合がある …… 29
2.1.2.　分業化・アウトソーシングの非効率を排除する工夫を内蔵したリエンジニアリングの考えを各業務過程で儲ける際に取り入れる … 30
2.1.3.　業務過程間での情報の共有は、変化への対応能力を高め、情報の質の高度化に役立つ ……………………………… 30
2.1.4.　「国のかたち分析」、再帰的近代化、オートポイエシス型社会システム論 ………………………………………………… 31
2.1.5.　業務過程外の業務では儲からないのか ……………… 33
2.1.5.1.　業務過程外の業務では損を被ることが多い ……… 33
2.1.5.2.　M&Aと撤退 ……………………………………… 34

2.1.5.3. 最適地生産と JICA の研修 ………………… 36
　　2.1.6. アジア投資の問題点であてはめてみる ……………… 37
2.2. 商品開発で儲ける …………………………………………… 42
　　2.2.1. コンカレント・エンジニアリングの射程を伸ばす …… 42
　　2.2.2. 商品開発現地化で失敗した例 ………………………… 44
　　2.2.3. 現地政府の産業政策の適当さ ………………………… 45
2.3. R＆Dで儲ける ……………………………………………… 47
　　2.3.1. 開発競争力があるか …………………………………… 47
　　2.3.2. チェーン・リンクト・モデル ………………………… 49
2.4. 調達で儲ける ………………………………………………… 51
　　2.4.1. 調達在庫削減の手法 …………………………………… 51
　　2.4.2. 調達アウトソーシング ………………………………… 56
　　2.4.3. 随意契約と見せかけて営業秘密を盗む中国法人 …… 61
　　2.4.4. 価格契約から見た購買方式の特徴 …………………… 63
　　2.4.5. マイクロ・アウトソーシング ………………………… 64
2.5. 生産で儲ける ………………………………………………… 65
　　2.5.1. プロダクトアウトへの反省 …………………………… 65
　　2.5.2. ライン生産方式の設計手順 …………………………… 66
　　2.5.3. 工程管理と品質管理 …………………………………… 68
　　2.5.4. 飛び込み仕事への対応能力が低いアジア FDI ……… 69
　　2.5.5. 工場立地 ………………………………………………… 71
　　2.5.6. カイゼン ………………………………………………… 72
　　2.5.7. 受注生産化ばかりが良いとは限らない ……………… 72
2.6. ロジスティックス（物流）で儲ける ……………………… 75
　　2.6.1. 顧客の要求とは何か …………………………………… 75
　　2.6.2. リエンジニアリング成功のためには ………………… 77
2.7. 販売で儲ける ………………………………………………… 82
　　2.7.1. 消費者ニーズの探り方 ………………………………… 82
　　2.7.2. 消費行動 ………………………………………………… 84
　　2.7.3. アジアの階層社会における消費スタイル …………… 85
　　2.7.4. 販売と生産の為替リスク ……………………………… 88
2.8. アフターサービスで儲ける ………………………………… 90
2.9. リサイクリングで儲ける …………………………………… 92
　　2.9.1. 製品のライフサイクルコストを考えた商品開発 …… 92
　　2.9.2. 環境保全コストの分担としてのコスト・ベネフィット分析 … 94

第3章　中小企業のアジア向け直接投資における留意点 ……… 99
- 3.1.　中国ビジネスを台湾企業に学んでよいか ……………… 99
- 3.2.　現地政府との交渉とその報道ぶり ……………………… 100
- 3.3.　現地政府との交渉役の役割 ……………………………… 104
- 3.4.　香港の役割 ………………………………………………… 105
- 3.5.　下請けいじめへの対応とモジュール生産方式 ………… 106
- 3.6.　部品企業、生産委託先企業の儲け方 …………………… 108
- 3.7.　物理的インフラの問題 …………………………………… 111
- 3.8.　労務の問題 ………………………………………………… 112
- 3.9.　知的インフラの問題 ……………………………………… 115
- 3.10.　営業秘密保持契約でライセンス料を取る …………… 116
- 3.11.　現地政府に頼りすぎてはいけない …………………… 119

第4章　アジア諸国の技術構造と文化価値 ……………………… 123
- 4.1.　アジア諸国の文化価値 …………………………………… 123
- 4.2.　アジア諸国の技術構造 …………………………………… 127

第5章　合弁会社の設立と運営の問題点 ………………………… 132
- 5.1.　合弁契約が必要になる場合 ……………………………… 132
  - 5.1.1.　合弁契約が必要になる場合 ………………………… 132
  - 5.1.2.　合弁契約記載事項とそれが必要となる場合 ……… 133

第6章　中国は世界の工場か？ …………………………………… 148
- 6.1.　西安の工業団地の開発ブーム …………………………… 148
- 6.2.　中関村よさようなら、西安よこんにちは ……………… 150
- 6.3.　中間層の所得向上と日航ホテルの運営委託契約の解消 … 152
- 6.4.　好調なエアコン部品とハイアールの企業戦略 ………… 154
- 6.5.　工業用ミシンと金型技術流出の防止策 ………………… 158
- 6.6.　金型図面の流出で組立メーカーは儲かっているのか … 161
- 6.7.　金型図面の不法取得は営業秘密違反行為だ …………… 163
- 6.8.　モデル金型図面と金型加工データの営業秘密のライセンス契約のすすめ 164
- 6.9.　中国における元従業員による営業秘密の流出 ………… 165
- 6.10.　金型図面をただ取りするのは自分の首を絞めるだけだ … 167
- 6.11.　問題は日系の自動車組立と自動車部品産業の中国進出だ … 168

第7章 現地における契約と土地の問題点をベトナムに見る ……… 170
- 7.1. 海外投資に関する情報源とその質 …………………………… 170
- 7.2. ベトナム投資における土地使用権 …………………………… 172
- 7.3. 土地使用権の実態と調べ方 …………………………………… 173
- 7.4. 失敗した外資系企業との新たな合弁 ………………………… 177
- 7.5. ベトナム民法の使われ方 ……………………………………… 178

第8章 BOTプロジェクトとタイ投資の問題点 ………………………… 181
- 8.1. タイの民活発電事業 …………………………………………… 181
  - 8.1.1. コントロール不能 ……………………………………… 182
  - 8.1.2. 個人的問題 ……………………………………………… 183
  - 8.1.3. チームの問題 …………………………………………… 184
  - 8.1.4. 組織の問題 ……………………………………………… 184
- 8.2. BOT事業の問題 ……………………………………………… 185
  - 8.2.1. アジア諸国におけるBOT事業とその問題 ………… 185
  - 8.2.2. アジア諸国におけるBOTの契約関係とその問題 … 189

第9章 アジアの現地パートナーの問題 ………………………………… 193
- 9.1. アジアの現地パートナーにはファミリー企業が多い ……… 193
  - 9.1.1. ファミリー企業とは …………………………………… 193
  - 9.1.2. 東南アジアのファミリー企業はなぜ権力者とつながることが多いのか 194
  - 9.1.3. 輸出指向型工業化という言い方は誤解を招く ……… 196
  - 9.1.4. 東南アジアのファミリー企業の発展段階 …………… 197
- 9.2. 東南アジアにおける国有企業とファミリー財閥の事業の棲み業分けと癒着 200
  - 9.2.1. 東南アジアにおける事業の棲み業分け ……………… 200
  - 9.2.2. 蛙跳び型経済発展とアジアのダイナミック企業 …… 201
- 9.3. タイの財閥と日本企業の海外投資 …………………………… 211
  - 9.3.1. タイの有力財閥の事業内容と経済規模 ……………… 211
  - 9.3.2. タイの有力財閥と日系企業の合弁事業 ……………… 216
- 9.4. タイ財閥の国際化とアジアファミリー財閥経営の類型化 … 226
  - 9.4.1. タイ財閥の国際化 ……………………………………… 226
  - 9.4.2. アジア・ファミリー企業の経営類型 ………………… 231
- 9.5. 中国の国有企業との合弁における現地パートナーの問題 … 234
  - 9.5.1. 中国の自動車産業における企業グループ …………… 234
  - 9.5.2. 日系自動車部品メーカーの中国進出戦略 …………… 238
  - 9.5.3. 中国の自動車企業との合弁事業における「技術の否定性」 243

第10章　インド投資戦略 ……………………………………… 247
10.1. 製品ライフサイクルとインドの経営戦略 ……………… 247
10.2. インド側パートナーの経営戦略 ………………………… 253
10.3. インド人のしつこさを克服してインドで儲ける投資戦略 …259
10.3.1. インド人経営者の問題 ………………………………… 259
10.3.2. インド人技術者の層とOPAによる投資戦略 ……… 262

第11章　ミャンマー、ラオスに投資して儲けられるか ……… 267
11.1. ラオスの投資環境 ………………………………………… 267
11.2. ラオス進出企業のOPA(業務過程分析) ……………… 268
11.2.1. 国内市場型投資案件 …………………………………… 268
11.2.2. 輸出指向型投資案件 …………………………………… 271
11.3. ラオスで絹織物雑貨の開発輸入をする ………………… 273
11.3.1. ラオスとベトナムの対外感覚 ………………………… 273
11.3.2. 埼玉県のビジネス視察団のラオス訪問 ……………… 275
11.3.3. 大量生産の雑貨と一品物の雑貨 ……………………… 276
11.3.4. 遊び心のマーケティング ……………………………… 278
11.4. ミャンマー投資戦略 ……………………………………… 279
11.4.1. スーチー解放と経済制裁 ……………………………… 279
11.4.2. 日本企業のミャンマー投資案件 ……………………… 282

第12章　アジア地域経済圏と営業秘密を生かしたSCMの可能性 ……… 287
12.1. FTAと地域経済圏 ………………………………………… 287
12.2. FTAとWTOルール ……………………………………… 289
12.2.1. 多角的貿易交渉から二国間貿易交渉へ ……………… 289
12.2.2. WTOルールによる途上国の例外措置 ……………… 290
12.2.3. 日本企業と日系FDIにとってのFTA ……………… 292
12.2.4. 日本の企業セクター・市民社会セクターと国際労働基準 … 296
12.3. アジアの税法 ……………………………………………… 299
12.3.1. なぜ投資優遇税制は投資比較の対象にならないか …… 299
12.3.2. 税金の種類 ……………………………………………… 303
12.3.3. FDI関連アジア諸国の税金とその特徴 ……………… 304
12.3.4. FDIが利用できる税制上の優遇措置 ………………… 315
12.4. グローバル化と反グローバル化そしてアジアFTA …… 322

索引 ……………………………………………………………… 329

アジア投資戦略

第 1 章 アジア投資環境を見る眼

1.1. 海外進出とは何か

1.1.1. 空洞化と海外進出

空洞化(hollowing-out of industry、産業空洞化)とは、長期的な円高により海外現地生産化が進み、国内の生産や雇用が減ることをいう。具体的には例えば中国に工場を移したので、日本の工場を閉鎖し、そこで雇っていた日本人従業員をクビにすることが空洞化である。日本ではバブル期までは円高による輸出指向型産業の空洞化が目立ったが、1995(平成 7)年以降国内市場型産業の海外現地生産が進んでいる。生産コストの安い中国でつくり日本に逆輸入することで、不況下での購買力の不足により落ち込んでいる国内市場での激しい価格競争に勝ち残ろうとする戦略が採られたためである。中小企業の中国進出が目立つようになった 1995(平成 7)年以降空洞化による日本の産業の危機が叫ばれるようになった。企業数と企業の地方分布そして全就業者に占める中小企業の企業数・地方分布・就業者数が高いことの現れである。

1.1.2. 海外進出のメリットとデメリット

海外進出のメリットは、①生産コストが安くできる、②輸出指向型産業の場合市場に近いので市場の変化に対応しやすい、③ロジスティック(輸送コスト)が安い、④貿易摩擦が避けられるといったことである。貿易摩擦を避けることは、1980 年代初め、米国では日本の自動車産業に輸出自主規制を求める声が高まり、1980 年代央から日本の自動車産業・自動車部品産業が大挙して米国に工場をつくり現地生産するようになったことに典型的にみられた。欧州向け投

資の多くも貿易摩擦回避のための投資であることが多い。

　海外進出のデメリットは、⑤現地政府の経営への介入が多い、⑥現地の技術が低く思ったように生産ができない、⑦現地で原材料・資材の調達が困難なので生産に支障が出る、⑧現地人スタッフと日本人経営者との間で摩擦が起きる、⑨日本の本社と現地子会社との間の連絡調整が上手くいかない、⑩日本の技術が盗まれるといった点が挙げられる。

　2000(平成12)〜2003(平成15)年に集中した中国への海外投資のラッシュは、生産コストが安いことを目指したものである。実際に行ってみて実際に安いと実感できたのは、単純作業の労働者の賃金のみである。したがって労働集約的な産業で沿海部に進出した場合は短期的には成功したが、内陸部に進出した場合は失敗した。沿海部に進出した企業も広東省以外の沿海部に進出した場合は急速な労働賃金の上昇で中期的な利益は出にくくなっている。広東省は四川省からの出稼ぎを工場労働者として受け入れているので賃金は上がりにくい。

　中国に進出した日本企業の直面した失敗は、日系組立企業の仲介で不当に流出した日本部品企業の技術を使った中国地場部品企業が、技術を上げかつ進出日系部品企業よりよい機械を導入して、日本の部品企業の仕事を奪うと共に、日系組立企業も最終組立製品の中国地場企業との競争激化で経営不振に陥っていることである。典型は家電産業とそのプラスティック金型メーカーである。進出日系部品企業は日系組立企業よりの購入保証が得られない形で進出したため中国では系列を超えて受注し業務の拡大で利益の確保を狙っているが、コアになる日系組立企業への供給が細っているという問題を抱えている。

　このような思わざる日本企業の技術の流出は、日系組立企業の国際競争力の維持を図ることを目的にした、日本の大規模組立製造業、経済産業省、ジェトロ、日経新聞がもくろんだ「世界の工場中国」というキャンペーンの結果であったともいえる。2003(平成15)年9月27日付朝日新聞と日経新聞に載ったJETRO職員と経済産業省のJETRO出向官僚が取得した「深圳テクノセンター」の未公開株の問題もその過程で生じている。同社は中小零細企業の中国進出がしやすいように広東省で賃借工業団地を経営する香港日系企業である。

　中国に進出している欧米企業は中国国内市場指向型の大企業しかいないという事実を踏まえないで、「中国には世界中から投資が集中している、今出ないと

日本企業は儲かるチャンスを永遠に逃す、そのために日本の産業が空洞化しても仕方がない、その分は新産業で生めればよい」というビジネスモデルを過大にキャンペーンした。そのために本来技術移転が困難で進出し難い金型メーカーや鍛造メーカーの中小企業まで進出せざるを得ないような雰囲気が生まれた。実際にサンヨーやシャープはフルセットの家電メーカーであることを止め、サンヨーは電池と家電コア部品の生産に特化し、シャープは液晶技術と携帯端末といった新製品で日本国内工場を維持しようとしている。

　日本の家電企業は下請企業の中国進出で日本より主力を移した従来の家電部門で調達価格の切り下げで儲かるはずが、流出した技術を使いかつコアの部品を進出日系部品メーカーより調達できたハイアール・TCLといった中国家電メーカーが仕掛けた汎用家電品の安売り競争に敗北して2002(平成14)年大幅な営業赤字を計上した。PC組立で中国に進出したNEC、富士通の子会社といった日系企業も中国企業(連想集団)や中国進出した台湾企業(Acer)・米国企業(Dell)・韓国企業(Samsung)に敗北している。このような事態はバイク組立でも起こっている。日系家電メーカーはデジタル家電で、日系バイクメーカーは対抗できる価格の新モデルで挑戦し2003(平成15)年は利益水準を回復した。しかし2003(平成15)年から進出するトヨタ等日本の自動車産業でも、このような不当な技術流出が起こった場合は日本の産業の将来はないと筆者は考えている。

1.2. 海外直接投資とは何か

1.2.1. 海外直接投資の形態と開発輸入

1.2.1.1. 海外直接投資の形態

　海外進出にはいろいろな段階がある。開発輸入、技術ライセンス(技術提携)、企業提携、契約による合弁事業、合弁企業、100%子会社、買収(M&A)、現地株式市場での上場が考えられる。現地法人に出資するのは、合弁企業、100%子会社、買収である。これに自社の海外支店を現地に設立する場合も海外進出といえる。現地株式市場には現地法人が上場することが圧倒的に多いが、理論的には、現地法人がなくても外国企業として現地株式市場に上場することはで

きる。東証に 30 ほどある外国株式銘柄が典型的である。

外国直接投資(海外直接投資)とは海外にある現地法人の経営に参画する目的でもって、出資することである。また自社の支店を海外に設置することも外国直接投資である。日本の統計では現地法人の経営に参加する目的でもって 10％以上の出資をする場合と海外に支店を開くことを外国直接投資といっている。10％未満では取締役を派遣する機会も得られないことが多く現地法人の経営に参画しているとはいえないからである。他方機関投資家や個人投資家のように 10％以上の出資比率を持っていても、経営に参画する意志はなく、単に株式を持つことによる配当利益や売買利益を目指す場合もある。この場合外国間接投資と呼ばれる。経営に参画する意志は、出資金振込みの際に提出する外国為替公認銀行での送金依頼書に書かれるだけである。取締役の派遣時期に改めて外国直接投資統計を変更することはないので、本音が直接投資なのか間接投資なのかは不明なことが多い。

1.2.1.2. 開発輸入

開発輸入、技術ライセンス、企業提携では、日本企業が現地法人に出資することは通常行われていない。開発輸入では日本の市場で売れるような野菜や衣類・布製バッグを現地の安い労賃を使って安く作ってもらうもので、野菜の種子やデザインを出して、日本の企業が輸入する。日本企業がデザインや種子を開発して輸入するので開発輸入という。現地法人は日本法人の出資を受けずに現地の安い労賃や原料を使っている。

開発輸入で儲けるには、輸入者が教えた技術情報を輸出者が使い他の販売先を開拓することがないようにしなくてはならない。輸入者側にとって販売しやすいデザイン、品質、数量についての商品情報を輸出者側は得てしまう。その情報により類似の商品で輸入者のライバル会社に輸出されては困る。技術指導、一世代種子や原料布地の供給、型紙の回収、縫製機械の販売とのセット、国内販売ルートの非開示、子会社化、といった手法が儲けるために必要である。

技術指導とは野菜の作り方や、縫製のポイントを現地に実際に行って指導することである。開発輸入自体を成功させるために必要だが、輸出者が勝手に別の販売ルートを開拓していないことを現地でチェックする人員として技術指導

者を使う。現地の会社に外国人がいては、当該外国人にわかってしまうような別の販売先の開拓はしにくい。ライバル会社が輸入交渉のために輸出者企業を訪問したことがわかってしまう。技術指導料を若干安くしてでも、技術指導・製品検査の名目で頻繁に現地訪問ができるように契約書に記載しておくべきである。

　野菜の開発輸入では、一世代種子がライバル企業に同じ商品を納入させなくしている。作り方の技術を教えても、作って貰った野菜からとった種子で野菜を作って増やすことはできないのが一世代種子である。常に一世代種子を輸入者から買わない限り輸出はできない。縫製において原料布地を輸入者側で供給することも、輸出者に別の輸出先開拓をさせない工夫になる。布地が輸出者側の国内で調達可能なら、その布地を使って同じデザインでシャツやフリースを大量に生産して儲けようと考えるだろう。開発輸入を大規模に行っているユニクロなどが香港に子会社をおいて輸入業務の出先として使っているのは、輸入のみならず布地のアジア調達業務をさせている意味もある。輸出者に自前で調達するのは面倒だと思わせれば、縫製加工の賃料仕事だけでもよいと輸出者は考えるようになる。「大量に買うから他社には供給しない」、「他社に供給する場合当社への納入のための生産工程に支障がないかについて事前に当社の了解をとる」という契約条項を入れることもある。

　縫製で型紙がコピーされてしまうことは、ライバル会社への輸出を奨励しているようなものである。日本で売れるデザインを教えているからである。型紙には、型紙自体のみならず、商品を作るための布地からどういう風に効率的に切り取るかについてのノウハウもある。布地の上に効率的に型紙を置くノウハウである。型紙をコピーさせたり、売ったりするのはおよそ儲けに反する結果に繋がることが多い。型紙をコピーさせないためには、コピー機と応接室を意図的に離して置かせる工夫もできる。ライバル会社からの訪問者は必ず型紙を見たいと言うし、自分が持ってきた型紙で試作品を作らせるからである。

　縫製機械を輸入者の側で調達して、その代金は開発輸入した製品の購入代金から優先的に支払わせるのも、ライバル企業への商品供給をさせないことに役立つ。通常2～4年の延払で商社が行う手口である。しかし、機械代金の支払いが完了するなり他社への供給を始める場合が多い。日本のライバル会社から

注文を取るようなことはなくても、ドイツやロシアの企業からの注文を取ることの防止は難しい。機械代金の支払いが完了するなり縫製加工賃の値上げを要求して来る場合、ほとんどがこの手口を使う。

商社においては、日本での販売先、卸先、小売先を教えないことが、ライバル会社への供給を防止する手段になる。バーゲンに間に合わせるようにベトナムや中国の企業で縫製品を作らせても、どこのバーゲンかがわからないようにするのである。供給先をわからせないことには工夫がいる。仕向先港は書くが最終仕向先名は書かないことが必要になる。値札の貼り付けや袋詰めの作業は、人件費が安い現地でやらせるから儲かる。ICタグが今後は普及するから仕向先はよりわからなくなるだろう。

「他社への供給は自社で全量購買する義務が課されないのでむしろ良い」と考える開発輸入者もいる。特に野菜のような市況製品ではそうである。安定的な全量購買のためには特定のスーパーや居酒屋チェーンへの納入にする方法もある。マクドナルドのハンバーガーにおけるメキシコ産トマトの例がある。カゴメのケチャップ用トマトも米国カリフォルニアの特定農園から輸入している。ケチャップ用のトマトなので他に供給できないので全量輸入する他ないといった事情もある。

1.2.2. 技術ライセンス

開発輸入の場合、現地法人が日本企業の思い通りのものを作ってくれないことが多い。曲がったキュウリ、小さい椎茸、藁や雑草が混じった山菜が典型である。このような場合、最終需要者は専門商社を間に入れてリスクをヘッジすることが多い。専門商社は当該日本企業にかわり現地法人に技術アドバイザーを送り、作り方・品質指導・検査をする義務が生ずる。その現地検査が不良なので、ドラム缶の中に漬け込んだ山菜の中に藁が入っていたとして、購入代金からコミッション分を減らすのである。

短期的な技術アドバイザーの指導のみならず、長期の技術アドバイザーを複数出したり、型紙、設計図、仕様書(spec)を出したり、特許権・著作権・営業秘密にあたる生産ノウハウや経営ノウハウを現地法人に出す場合、日本企業は当該現地法人との間で技術ライセンス契約を締結して、技術それ自体から対価

を得た方がよい。技術を得る現地法人の側でも対価を支払うにふさわしい技術保証を要求できるので彼らも契約をしたいと考える場合が多い。技術を出す日本企業の側では、技術ライセンス料(ロイヤルティ)を得られるのみならず、営業秘密の漏洩や模倣品の横行を、技術ライセンス契約違反だとして訴えることができる。

技術ライセンスは開発輸入でなく、通常の技術貿易でより多く利用されている。技術を輸入する現地企業は外国企業から技術を得て、当該外国企業と無関係な市場で製造販売するのである。日本企業は欧米企業との間でこのような技術ライセンス契約を戦後多くしてきた。韓国企業は日本企業および欧米企業の持つそれぞれの技術の一部分のみのライセンス契約を複数締結し、自前でコーディネートして、ある製品の技術を得た。1970年代の麗川の石化コンビナートや1985(昭和60)年からの10年にわたるサムソン電子の半導体技術の導入が典型である。韓国企業は後発者として、安く技術を得るための契約方式をしたといえる。しかしそのために、核心的な技術の獲得に問題を残している。ノーベル賞を得た韓国人自然科学者がいないことにその技術の獲得の仕方における危うさが見て取れる。

日本企業の場合、東レはデュポン、日産はブリティッシュレイランドといった特定の欧米企業一社にのみ対価を支払って、1950年代にその製品製造技術全体を得ている。東レは1951(昭和26)年資本金の1.5倍の対価を支払ってナイロン製法特許の通常実施権を得た。専有実施権は高過ぎて手が出なかった。しかしナイロン技術を改善してカプロラクタムの独自技術を開発し売上高を10年で10倍にした。その後デュポンはクロスライセンスが欲しいので専有実施権を無償で提供すると申し出ている[1]。

1.2.3. 石油・鉱物資源開発の開発輸入

石油・鉱物資源開発の際にも開発輸入の形態が使われる。石油・鉱物資源は現地の国有資源であることが大部分である。温泉・硫黄・岩塩はその存在するところの土地のオーナーが資源を所有できるが、地底ないしは海中に深く眠っている石油や鉱物資源はその上にある土地の所有者の所有物ではなく国家の所

---

[1] 山田栄作『実証・新多国籍企業論』同友館 1989年 pp.48-49

有物である。この考えは日本でも開発途上国でも違いはない。石油掘削権・石油開発権・鉱山権といった権利を国家から得て開発するのである。

　外国企業から石油・鉱物資源を単にスポット物を輸入するのでは、市況の変化に価格と量が左右されてしまう。そこで資源小国日本は資金力と技術力を生かして外国における石油・鉱物資源開発事業に当初の段階から携わり、自分の得た鉱区から長期安定的かつ市況価格ではなく生産コストに沿った価格で輸入する事業をしばしば行っている。石油・鉱物資源開発には膨大な資金がかかることが多く、石油掘削事業はでは油床にあたる確率は千三つ(3/1000)といわれるほど低く、リスクマネーを民間企業だけでは調達できないことが多い。そこで日本政府は石油公団・金属鉱業事業団という国有企業をつくり、資金を出すことにしている。しかし2002(平成14)年石油公団廃止関連法の成立により2004(平成16)年末を目処に石油公団は廃止され、格別に必要性が高い石油開発事業のみを金属鉱業事業団が行うことになった。国有企業からリスクマネーを得られるとして投資採算の悪い石油開発案件が続出したためである。

　石油公団の資金を使うために案件毎に日本側で投資会社がつくられる。リスクシェアのために複数の投資者がそれぞれの案件毎に異なるという理由のみならず、特定の会社が投資者となると、石油投資の失敗を別の本業の利益で埋めなくてはならなくなるためである。日本の国内投資会社はそれぞれ勤務者が5人程度しかおらず、主たる投資者の会社の一室に会社を構えることが多く、モッパラ会社と呼ばれている。

　石油・資源開発の開発輸入事業では、現地法人はつくられないことが多い。会社を設立すると資本金の振込みが必要になり、石油掘削に失敗するたびに増減資の手続きが必要になり、面倒だからである。また会社にしてしまうと配当を現金で出さなければならず、資源輸入者である出資者にとっては現金より資源で配当してもらった方が都合がよい。現地で金銭に換えて、送金すると中央銀行の送金許可が必要なことが多くかつ配当源泉徴収課税がなされる。現物で輸入すればこのような課税や許可がなくて済む。更に事業に必要な借入資金は開発して出てきた資源でもって返済するのが便利である。出てきた資源の価格を資金計画の段階で特定することは出来ない。将来時点での採掘コストが不明なことと市況商品であることによる。通常は開発輸入契約により資金投入計画、

輸入計画、資金返済計画が立てられ、実行される。ロシアやインドネシアではこれらの外国企業との石油・資源開発契約輸入契約をプロダクト・シェアリング契約(PS契約、product sharing contract)という。現地法人に出資する形を採らないので外国投資法の範囲外である。

1.2.4. 契約による合弁事業

　契約による合弁事業は、現地法人はつくらないが、単一事業体として現地で法人税を支払う主体になる外国投資家と国内投資家がいる事業である。中国とベトナムでは合作契約、contractual joint venture(CJV)として外資法に規定している。

　PS契約も契約による合弁事業の一種だともいえる。ただしPS契約では必ず現地側の事業体が経営管理機構となっている。契約による合弁事業では例え法人格をつくらなくても合弁事業をする経営管理機構に両者が経営者を送り込んでいる。

　出資・配当が合弁会社の場合より融通性がある点が魅力である。現地側にしてみれば、労務出資ができ、無償で外資持分の譲渡が受けられる。外資側にしてみれば、現物配当で配当源泉徴収課税を免れ、不均等配当により投資資金の優先回収ができる。中国やベトナムでは外資法で認める投資形態の1つとして規定するが、他の国では規定していないことが多い。投資優遇措置を与えるからには、外資は外貨を持ち込み有限責任の形をとった法人格のある外資系企業にすべきだと他の国は考えたからである。

　中国とベトナムは投資時点で外貨を持ち込まなくても、外資を誘致することで外国の技術が導入できかつ外資が将来外貨を稼いでくれるから投資優遇を出すと考えたのである。外貨を稼ぐのには、アパレル輸出のように輸出で外貨を稼ぐ場合と、ホテルのように外人が国内で支払ってくれる外貨を得る場合の2種がある。

　中国では外資に土地使用権を付与できない公共地に外資を利用して発電所を建設し外資に運営させる方法である、いわゆるBOT事業(日本ではBOT事業の変形であるPFI事業が2002(平成14)年より注目されている)としても契約による合弁事業を利用した実績がある。

図表 1. 契約による合弁事業の形態

	PS 契約	契約による合弁（法人格なし）	契約による合弁（法人格あり）	合弁会社
独自の法人格	なし	なし	現地法人	現地法人
法律の例	ロシア PS 法	中国合作経営法、ベトナム CJV（ベトナム外資法）	中国合作経営法	中国合資経営企業法、ベトナム外資法
独自の経営機構	なし	あり	あり	あり（取締役）
例	石油ガス開発、石炭開発	アパレル、ホテル、建設共同企業体、エネルギー供給共同企業体	ホテル、アパレル縫製	一般製造業
メリット	外資に与えられない天然資源の開発権が実質与えられる。リスクが大きい事業に外資導入可能（必要な時に資金注入）。現物で配当分をシェア。	労務出資。現物配当。不均等配当。外資の持分無償譲渡と優先配当。操業という一部の業務過程のみを外資に任せ、貿易権等は内資が握れる。	外資系に与えられない公共地使用権を実質与えられる。労務出資。現物配当。不均等配当。有限責任。外資の持分無償譲渡と優先配当。投資優遇措置を与えられやすい。	有限責任。経営責任。株式会社化(株式上場と社債発行)の可能性。投資優遇税制を与えられやすい。
デメリット	税金相当分を内資側のシェアで配分するために経費計算で内資側の裁量大きい。	経営管理機構が働かないことが多い。内資側の裁量分が大きい、増資がしにくい。	固定資産のメインテナンスの劣化、出資者数を大きくできない、途中撤退は外資の丸損、増資がしにくい。	資本充実の原則がある、デッドロックの処理が困難、出資者会社の財務対策用の利益操作先になる、出資者多いと経営者の専横が横行する。

1.2.5. 合弁会社

　合弁会社は、ある現地法人に外資と内資が出資し出資持分に応じて経営者を派遣し、単一の取締役会を形成して、有限責任会社として運営する投資形態である。一般の製造業、サービス業の投資に利用される形態である。内資にすれ

ば、単独ではできない外貨という資本と外資の持つ技術が得られ、土地使用権の現物出資ができて、経営技術・生産技術の移転が行われる形態である。外資にすれば、本来外資が入り難い現地の基幹的事業である製造業やサービス業に進出でき、国内市場に浸透するのに内資の販売ネットワークを利用できる手段である。

　バーニーは、国際戦略を多角化戦略の特殊なケースと位置付ける[2]。バーニーはあまり企業の所有に拘らない分析をしている。しかし合弁会社は外資にとっての多角化戦略であるのみならず地場基本にとっても多角化戦略である。両者の多角化戦略は一致しないことが多い。外資企業にとって現地市場でのシェアアップのために新規投資が必要なので、合弁会社の利益は配当に回さず内部留保を多くしようと主張し、増資も提案する。地場資本は資金不足だからとして、合弁会社の増資に応じようとしないし、利益はなるべく配当に回せという。出資比率が少なくなることを嫌がり外資側だけの増資にも応じない。

　事業本部制を採るM型組織を持つ先進国企業にとっての合弁会社は、特定企業は当該事業部が担当するある国における特定の事業でしかない。そのため合弁会社の企業組織は業務過程別に部を作るU型組織を採らせようとする。合弁パートナーであるアジアの地場企業は、U型組織が多い。中国、ベトナムの国有企業は元々単一の事業しかできないU型組織である。東南アジアの華僑系コングロマリット型財閥企業でもM型組織を採ることは少ない。フラットな組織にして財閥家族とその仲間が複数企業のトップを兼ねるトップダウン経営を目指すためである。このために、合弁会社と現地側パートナー企業の方が外資側パートナー企業より、特定国の特定事業についての情報を多く持つことになる。この情報の非対称性は合弁会社を通じて多角化戦略を採ろうとする先進国外資企業にとって不利になることが多い。

　この対策には、①外資側の合弁会社への出資比率を過半数にして、社長を外資系が指名できるようにし、かつ合弁会社の社長の権限を大きくしておく。②外資本社の合弁会社への対応を集権ハブ型からトランスナショナル構造にする、の二者があるが両者を採ることが望ましい。資本、技術そして海外販路において外資側が主導権を採ったとしても、肝心の合弁会社の経営において現地側の

---

[2] ジェイ・バーニー『企業戦略論下』ダイヤモンド社 2003年 p.234

多角化戦略により外資側の多角化戦略が阻害されないためには①が欠かせない。バーニーは日本企業、韓国企業の国際戦略を追及する組織は集権ハブ型だという[3]。集権ハブ型では現地法人の戦略上、事業運営上の意思決定は、ほとんどがコーポレート本社（日本ないし韓国の親会社）で行われる。現地法人は本社が定めた戦略、戦術、ポリシーを実行する手足に過ぎない。たとえ合弁会社の日本人社長に経営能力があっても、日本の親会社の課長クラス者の発言に唯々諾々であることを、現地側出資者と合弁会社の現地人中間管理職が知れば、日本人社長の経営能力を疑うようになる。そして自分の能力を過大評価し米国企業なら現地人を社長にすると文句を言うようになり、合弁会社ではなく現地側出資者のために働くようになる。輸入代替の合弁会社では現地側出資者は国内販売ルートを握っていることが多い。販売プレミアムが高すぎたりサービスが悪いために売れないのにもかかわらず、商品自体に魅力がない、生産合弁会社が卸値を下げないからだといった、現地側出資者の言うことを聞くようになるのである。

　トランスナショナル企業では外資本社は全社レベルの範囲の経済が機能する分野以外は、現地法人に権限が与えられている。外資本社は各国の自主的な行動をモニターし、自社内の他の事業部・現地法人にとって競争優位な源泉を探索する。バーニーは、「現地法人が特定国における事業活動を通じて、価値があり、稀少で、模倣コストが甚大な「製造技術に関するスキル」を生み出したら、その現地法人がその企業総体にとっての製造技術開発センターになる」例を引いている。このようなアジア合弁会社は少ないとしても、トランスナショナル構造にすれば、本社がM型組織のままでも、情報の非対称性で不利になることはない。タイはASEAN市場における自動車組立および自動車部品産業の集積地になりつつある。合弁会社の組織がトランスナショナル構造なら、インドネシア合弁会社の現地パートナーはタイの合弁会社における増資と設備投資計画に対して文句が言えない。合弁会社間の競争に負けたのであって集権ハブ型による本社の意向の押し付けではないからだ。

1.2.6. 100%子会社

外資のみが出資者の企業形態である。先進国では外資系企業のほとんどが

---

[3] ジェイ・バーニー『企業戦略論下』ダイヤモンド社 2003年 p.257

100％子会社である。経営の迅速性と外資側出資者の思惑通りの現地経営スタッフが現地で調達できることによる。途上国では基幹産業の場合、合弁会社の投資形態しか認めないことも多い。そのために輸出指向型製造業で使われることが多い。外貨を稼いでくれるのなら経営技術の移転は必要ないとの考えと、輸出指向型なので内資が押さえたい国内市場を外資系企業に取られる心配も不要だからである。また国内の労働者に雇用機会を与えてくれるのなら経営支配は外資に与えても良いとの考えにもよる。

　100％子会社においても、集権ハブ型よりトランスナショナル構造の組織の方が良い。松下マレーシアはウィンドウタイプの旧型エアコンを合弁会社で製造し、セパレート型エアコンを100％子会社で製造している。現地パートナーが増資に応じなかったからだろう。トランスナショナル構造の下なら、アジアの輸出基地として選ばれたのは現地人工員のみならず現地人中間管理職の能力がよいからだと、現地人は考えるからそのモラールは上がる。生産性アップの努力もカイゼンも労働強化だとは考えずに取り組むようになる。人の現地化要求も経営能力いかんだと拒否できる。現地人でも日本人でもグローバル経営の能力がある者が社長になるのである。モノの現地化（現地調達の増加）に対しても、トランスナショナル構造ならグローバル輸出における品質・納期・価格が合えば使うと言えば良い。しかし集権ハブ型では高い部品を親会社が子会社に押し付けていると言われ、自分の技能水準を棚に上げて技術を出し渋っていると言われる。トランスナショナル構造において他のアジア子会社と競争するためなのだと言えば、親会社に支払う技術ライセンス契約のロイヤルティも高く出来る。バーニーはトランスナショナル構造を持つ現地会社として欧州フォードと豪州エリクソンを挙げている。日本人社長を久しぶりにマツダのトップに指名したフォードは確かに欧米豪州といった欧米子会社においてはトランスナショナル構造の組織をもっているが、日本・韓国とアジア開発途上国においては必ずしもそうとはいえない。事業経営上の意思決定は現地法人社長だが、戦略的な意思決定は本社が行っている調整連邦型の組織だと筆者は考える。フォード本社はマツダがEUで現地生産することを欧州フォードと共食いになるとして拒否しているのである。

1.2.7. 外国企業支店

　現地政府が、外資へのコントロールはできないが、外資の資本と技術が欲しい場合、外国企業の支店での進出を認めることがある。銀行業やコンサルタント会社等一部のサービス業で認められる。先進国では製造業での外国企業支店での進出もオーストラリアでのようにみられるが、途上国では製造業の外資での進出形態として認める国は少ない。ミャンマー、インド、タイのように形式上は認めてはいるが実際には進出し難い規制を置いている国もある。外資へのコントロールがし難いのは、国内法で設立された現地法人でなく外国法人だからである。本支店間の取引での移転価格は証明が困難なので、支店所在地国での法人税支払が適切に確保されない可能性が高い。

　投資認可は一般の外資法で認める投資認可官庁以外の官庁が持つことが多い。銀行(支店、合弁会社)やノンバンク(合弁会社、支店)の場合中央銀行が、会計事務所(100%子会社か支店)やリース会社(合弁会社が多い)ないしはベンチャーキャピタル(100%子会社か支店)の場合を財務省が、法律事務所(100%子会社か支店)を法務省が、コンサルタント会社(100%子会社か支店)を商務省や建設省が持つことが多い。フランチャイズによる投資は支店ではなく100%子会社による場合が多いが、その担当は商務省である。BOTによる場合も100%子会社による場合が多いが、首相府が担当することが多い。

　興味深いのは消費者金融をするノンバンクである。中国人民銀行は2003(平成15)年末外資が直接出資者となる自動車金融子会社を認めない旨の法令を出した。出資者は中国現地法人に限るとしているから、外資系自動車会社の在中国生産子会社なら出資者となれる。中国の国有商業銀行と民間銀行は、車の購入のためのローンを5年程度で出していた。銀行は手間隙が掛かるので車を担保に取らず、中国の保険会社からローン保証保険を取っていた。

　ところが中国のカーブームを当てこんで世界中の車メーカーが中国での本格生産を始めると、KD生産(部品を転入して組み立てるノックダウン生産)時代の車の価格より段違いに安い価格を戦略的に付けるようになった。中国の保険会社は中古市場が整備されていないとして車を担保として取らず家屋・株式等を担保に取っていたが、車の販売競争が激しくなると車の現物担保を取ってローン保証保険に応ずるようになった。3年前にローンを組んで車産買った消費者は、新車価格の値下がりを見てローンを返済しなくなった。返済しないので

保険実行の応じた保険会社は採算が取れなくなり、2003(平成15)年突然保険引き受けを中止し車ローン保証保険から撤退すると一方的に宣言した。外資子会社の子会社としてなら自動車金融子会社を認めるとするのは、自動車金融のノウハウを中国地場企業がタダで学ぶためだろう。外国法人支店なら貸倒比率やローン金利のプレミアムが本支店勘定でわからなくなってしまう可能性が高い。現地法人なら中国の金融システムの維持のためだとして日銀考査よろしく人民銀行がチェックできるのである。

図表2. 合弁会社・100%外資子会社・外国企業支店の特色

	合弁会社	100%外資子会社	外国企業支店
法人格	現地法人	現地法人	外国法人
投資優遇措置	受けやすい	投資優遇税制受け難い	投資優遇措置なし
市場はどこか	国内市場型	輸出指向型	国内市場型
経営機構	取締役会	取締役1人でよい	代表者いればよく、取締役は不要
外資の投資許可官庁	外資法による一般の外資認可官庁	外資法による一般投資認可官庁	外資法以外の認可官庁(中央銀行他)

1.2.8. 買収と現地株式市場での上場

外国投資では新規に外資系企業を設立する場合と、既にある企業に資本参加する2つの投資の仕方がある。前者をグリーンフィールド投資、後者の場合で外資が経営権を握る場合を買収やM&A(merger and acquisition)という場合がある。日本企業は前者が得意だが、欧米企業は後者を得意とする。既存企業の資産評価と従業員の技能をどう評価するかにおいて両者に違いがある。資本参加の方が現地株式市場での上場が容易である。

日本では上場していなくても現地で子会社を上場することは考えられる。現地で上場することでブランド名が上がり、良い人材を採りやすくなり、出資持分の売却もしやすい。日本では経営権を奪われたくないからと上場しない中小企業は多い。しかし投資先の現地会社の上場にあたっては、株式の分布率や株主の数においての規制が緩く、かつ発行市場でのキャピタルゲインが大きく、流通市場での株価は大型株中心に投機的に動くことが多いために、日本の出資

図表 3.　新規設立と既存企業への資本参加の違い

	新規設立	既存企業への資本参加
得意とする企業の国籍	日本企業	欧米企業、華僑系企業
既存企業の資産評価	苦手	得意
既存企業の従業員の技能	低評価	高評価
経営技術	日本的生産を日本人経営者で	世界標準の経営を現地経営者で
現地株式市場への上場	困難	容易
製品・サービス	新規製品の大量供給	既存製品の大量供給
後年のR&D	人材おらず、しにくい。	人材がおり、しやすい
俗称	グリーンフィールド投資	買収・M&A
EMS	投資額が多く、なじまない。	投資額が少なく、なじむ。

者にとって上場戦略は良い選択である。

1.3. 海外直接投資を成功させる分析手法

1.3.1. 業務過程分析

　海外直接投資を成功させるとは、海外にある企業を儲けさせ、それによって親会社も儲かることである。会社経営という点では海外子会社のそれと普通の会社のそれが変わる訳ではない。

　会社の業務はフロントオフィスとバックオフィスに分かれる。フロントオフィスとは、その業務において、その会社の扱う財・サービスの生産販売に直接関わっている部署である。バックオフィスとはその会社の扱う財・サービスの生産に直接関わっていない部署である。フロントオフィスには、①商品開発、②研究開発、③調達、④生産、⑤ロジスティックス、⑥マーケティング、⑦アフターサービス、⑧リサイクリングがある。バックオフィスには⑨トップマネジメント、⑩財務・経理、⑪人事労務がある。

　会社が儲かっているのは、会社のどこかの業務で儲けているからであると考えるのがアジア投資を見る際に役立つ考えである。その際、投資先国で事業をしている外資系企業が儲けている業務は何なのか、投資母国で事業をしている企業は当該外資系企業に投資をすることでどの業務が儲かっているのかを考え

ることが必要である。筆者は、この分析をするために、アジア外資系企業の業務過程分析とその親会社の当該投資に関する業務過程分析の2つをなすべきだと考えている。この業務過程分析はメーカーのみならず流通業、ベンチャーキャピタルのような持株会社にも適用できる。サービスの生産と考えればよいからである。

業務過程分析は以下の表を作り、どこで儲けるのかについて、一番儲けられる欄に◎を、その他の儲けられる欄2つに〇をつけて、その欄を選んだ理由を100字程度でまとめることで完成する。損が出るだろう留意すべき欄二カ所程度に×をつけて理由を書く作業をしてもよい。縦の欄は上に述べたフロントオフィスの各業務過程が入る。バックオフィスは別欄に書く。横の欄は21投資環境、22法規制、23技術の水準が入る。21の投資環境は3.2の章で後述する投資環境比較表で判断する。22の法規制は3.3の章で後述する国のかたち分析でおおまかに判断する。しかしより詳細には筆者の行う別の講義「アジアビジネス法[4]」で得た知識と考え方で判断する。23の技術の水準は3.4の章で後述する技術のピラミッド分析で判断する。各業務過程で儲ける経営戦略の実際については第4章の知識と考え方で判断する。業務過程分析がFDI企業の分析に役立つのは、前述したようにFDI企業はU型組織だからである。

図表4. 業務過程分析表（Operation Process Analysis, OPA）

	①	②	③	④	⑤	⑥	⑦	⑧
21								
22								
23								

⑨、⑩、⑪

直接投資ではない場合（間接投資）の儲け方は単純である。証券投資をしている親会社にとっては、当該証券投資で儲けるのは、当該投資先企業の株式ないし出資持分を持っていることで得られる配当で儲けるか、当該株式ないし出

---
[4] 筆者は勤務する立命館アジア太平洋大学で「アジアビジネス法」の日本語と英語による講義をも担当している。

資持分を売却することで売却益(キャピタルゲイン)を得るしか儲ける方法はない。つまり、バックオフィスの⑩財務・経理で儲けているのである。このような方法で海外の株式ないし出資持分に投資するやり方を海外間接投資という。投資する商品が株式の他に債券やワラントといった金融商品を入れて考える場合がある。金融商品は証券であることが多いので、そのような場合海外分散証券投資(foreign portfolio investment)と呼ぶ場合がある。しかし正確には出資持分は、株券と違って証券を発行していないし、譲渡制限が付いており誰にでも自由に譲渡できないので、証券投資という言い方は間違いである。

　他方、海外で直接投資をしている際の儲け方にはバリエーションがある。日本ではアジアに海外直接投資をするのは生産コストを下げるためだと言われるが間違いである。それならなぜ中国を「世界の工場から市場へ」という言い方をするのか。世界の工場の場合、世界に輸出するための競争力がなくてはならないから、生産コストの引き下げのために進出するという言い方は正しい。しかし市場のために進出するということは、中国人に販売するために現地生産をするのである。これは欧米向直接投資の進出動機と同じである。

　日本企業が1970年代初めからタイ、インドネシアといった東南アジアに直接投資をしたのは生産コストを下げるためではおよそなかった。タイやインドネシアの政府が、完成品の輸入を禁止したので、現地生産をせざるを得なかった。原材料・部品の輸入は認めるから現地で組み立てて完成品にして現地で売れと現地政府が言ったからだ。現地で生産すれば、現地の雇用は促進されるし技術は移転するし、部品と完成品の価格差の付加価値分だけ外貨の流出は抑えられる、と現地政府は考えた。技術移転をするためには移転先である現地企業が必要だ。完成品を現地に輸出し、現地資本の輸入業者に国内販売を任せていた日本企業は、現地で合弁会社を設立せざるを得なかったために、手っ取り早く従来の輸入代理店を合弁のパートナーにした。生産コストはむしろ高くなった。日本で内外市場用として大量に生産すれば規模の経済が働き完成品の単品の価格は安い。インドネシアでは国内需要が小さいから規模の経済が働かず生産コストは高い。日本の労働者は生産に慣れているから経験曲線による生産コストの下がり方が大きい。現地労働者は生産に慣れていないので、たとえ労賃が安くても経験曲線が働かず不良品の山ばかり作る。現地工場に据え付ける機

械は日本から持ち込まねばならず、停電が頻発してはラインが止まってしまい困ると思えば自家発電機も輸入しなければならないから生産コストは当然日本より高い。

1.3.2. 投資環境比較表

外国直接投資 (FDI) には国内市場型投資と輸出指向型投資の 2 種がある。国内市場型投資では進出先は決まっている。輸出指向型投資ではどこに進出すればその国から輸出することで儲けられるかを考えなければならない。中国から輸出することでは同じでも、上海、深圳、西安等の内どこがやろうとする事業に最適なのかを判断しなければならない。投資先の現地の投資環境を見るには、事業に合わせた形で複数の進出候補の間で比較するのが最適だ。そのために筆者は定型的な形で投資環境比較表を作ればよいと考えている。この考えを筆者は 1994(平成 6) 年の著作『海外投資のニュウ・ステージ』の出版以来示している。以下の表がその定型的なもので筆者が 2003(平成 15) 年 7 月時点で作ったものだ。これは業種の違いを考慮していないで一般的な製造業投資の場合を想定している。これを参考に個々の企業の属する業種に合わせて変形して作ることが必要だ。この表は 15 か国と地域をカバーしているがそれほど比較の幅を採らず、進出先の国の都市間や工業団地の間で比較をしてもよい。

ポイントは 1 から 22 までの比較する項目ごとに比較する国の間で一番投資環境の悪い国に 1 点を与え、それより投資環境の良い国を順番に並べ点数を 1 点ずつ大きくしていくことだ。

1 から 5 までの比較項目は i 労務の問題である。1 はワーカーの低賃金、2 は管理職の低賃金、3 は転職がない、4 は労働者の勤勉性、5 は労働者の従順性である。従順であっても勤勉でない労働者は多い。言われたことしかしない労働者である。勤勉な労働者は工夫するからカイゼンや QC の成果が上がる。転職が多いと研修や教育訓練した成果がノウハウとして企業内に蓄積していかない。このノウハウには管理職としてのノウハウもある。アジアでは労働者のみならず管理職の転職が多すぎる。アジアでは中間管理職の層が薄いために実際の管理ノウハウを持っていなくても有名企業に勤めていた実績ないし大卒ないし MBA の資格のみで高給で転職できる。インドネシアでは Citibank で働いた経

験は地場民間銀行の管理職への転職に有利なので人気があった。アジア通貨危機で彼ら転職組の実力のなさが白日の下にさらされた。Citibankの融資マニュアルは営業秘密として徹底的に管理されており、たとえ仕事でそれを参照できても暗記して家で思い出しながら復元することは困難だといわれている。ヘッドハントした側は半可通の暗記内容で十分と考えていたから甘い融資をして、ほとんどの地場金融機関が1998(平成10)年に倒産した。

　6から10までの比較項目は、ii物理的インフラの問題である。6は土地使用権が安い、7は工業団地の信頼性、8は工業団地への安い入居、9は電力不足無し(除く自家発電)、10は港湾施設の良さである。土地使用権が安くても十分な水が得られないところに工場は建設できない。工業団地に安く入居できても排水処理や電気の質が安定していないのでは工場建設資金がかえって高くつく。ベトナムで最初にできた外資系工業団地であるTan Tuang工業団地に進出した工業用ミシンのJUKIが直面した地盤沈下が典型的な問題だ。同工業団地はサイゴン川沿いの湿地帯にあるので、ミシン製造機械を設置しようとすると地盤が沈下する。鉄パイプとコンクリートパイルで地盤固めをしようとすると輸入品しかなく、免税措置が得られず工場建設コストがかかりすぎてしまったのだ。当時はベトナム進出ブームだったので、この工業団地への入居費用は高かった。2004(平成16)年上海、蘇州、昆山の工業団地では計画停電が続いている。進出ラッシュと景気過熱で電力不足が深刻で、解消は近くに原発が完成する5年後だと言われている。

　11から18までの比較項目は、iii知的インフラの問題である。11は現地パートナーの良さ、12は現地政府とのネゴの無さ、13は現地法制の適用の容易さ、14は外貨バランスをいわない、15は税金のクリアが容易、16は現地金融の容易さ、17はL/C取引ができる、18は現地側現物出資の低評価である。

　19から22までの比較項目は、iv現地適応の問題である。19は対日感情が良い、20は外国人の住みやすさ、21は英語で用が済む、22は現地語のやさしさである。

　労務の問題から現地適応の問題までを含めて100%とし、通常の製造業海外投資の場合、i労務の問題に20%、ii物理的インフラの問題に20%、iii知的インフラの問題に40%、iv現地適応の問題に20%を割り当てる。そして各点数

図表 5. 投資環境比較表 (Comparative Investment Environment)

	ID	T	P	Cu	Cc	V	M	I	L	My	R	B	US	UK	J
i 20%															
1	10	9	7	11	13	12	4	8	14	15	5	6	2	3	1
2	11	9	8	10	13	12	7	6	14	15	5	4	1	3	2
3	9	1	2	10	11	14	7	8	13	12	5	10	3	4	15
4	9	1	2	10	8	15	11	7	3	5	6	4	13	12	14
5	14	2	1	7	9	13	10	6	11	15	3	4	5	8	12
ii 20%															
6	12	4	5	8	13	14	6	9	15	10	7	11	2	3	1
7	6	11	7	8	5	4	12	10	2	1	3	9	14	13	15
8	12	8	7	11	14	15	6	10	13	9	4	5	3	2	1
9	2	9	6	7	3	1	10	8	11	5	4	12	13	15	14
10	11	10	9	8	3	4	12	7	1	2	6	5	14	15	13
iii 40%															
11	12	3	7	8	6	4	10	5	9	2	1	11	14	13	15
12	8	9	7	5	6	3	12	10	2	1	4	11	14	13	13
13	7	8	9	6	5	4	10	11	3	1	2	12	13	15	14
14	11	12	7	6	5	3	9	8	2	1	4	10	15	14	13
15	4	9	8	5	6	7	12	11	1	2	3	10	13	15	14
16	9	10	4	12	11	5	7	8	2	1	3	6	14	15	13
17	7	12	6	9	8	4	11	10	2	1	3	5	13	14	15
18	11	12	10	3	8	15	14	13	7	6	1	9	4	5	2
iv 20%															
19	14	7	2	3	4	11	5	6	9	12	1	13	10	8	15
20	12	9	6	5	2	3	7	4	8	10	1	11	13	14	15
21	4	3	10	2	1	6	11	12	5	9	8	7	15	14	13
22	12	5	10	8	7	1	11	3	4	6	2	9	15	14	13
total	207	163	140	162	161	170	204	180	151	141	81	184	223	234	243
order	4	9	14	10	11	8	5	7	12	13	15	6	3	2	1

ID：インドネシア、T：タイ、P：フィリピン、Cu：中国沿海部、Cc：中国内陸部、V：ベトナム、M：マレーシア、I：インド、L：ラオス、My：ミャンマー、R：ロシア、B：ブラジル、US：米国、UK：英国、J：日本

を掛け合わせて加重していき、縦に足し合わせて国毎の合計を出す。点数の一番多い国が最適の投資環境の国、最低の点数の国が最悪の投資環境の国である。労働集約型の外国投資ならi労務の問題の比率を大きくし、資本集約型の外国投資ならⅱ物理的インフラの問題の比率を大きくする。日本人が現地法人で勤務する必要がなかったりその員数が少なくて済む場合は、ⅳ現地適応の問題の比率が小さくなる。通常の比率との変更比を比較項目毎の順位の数字に掛け合わせて加重し、国毎の合計点数を出す。

　しかしどこでも問題なのは、ⅲ知的インフラの問題である。現地で仕事がしやすいかの基本は知的インフラの整備が進んでいるかで決まる。知的インフラの問題では投資優遇税制の項目を比較の対象にしていないことに留意して欲しい。筆者は投資優遇税制を与える国は、その他の投資環境が悪いからだと考える。投資優遇があることを比較の対象にしてしまうと、投資環境比較が公平に出来ない。投資優遇を決めるのは政府である。それだけ事業に対する政府の介入が多くなるのは明らかだ。WTOの下で投資優遇措置や補助金を与える場合は過疎であるか格別の幼稚産業を保護するかのいずれかの場合に限られてきている。アジアの開発途上国もこのWTOの考えを尊重して投資優遇措置を与える必要が年々強まっている。日本のFTAを進めよという議論で忘れられているのは、FTA締結国間で共に知的インフラが良い水準になくてはFTAの効果は得られないという点だ。

1.3.3. 国のかたち分析と現地法

　業務過程分析における22法制度は、「国のかたち分析」と現地法で検討する。現地法は現地語で書いてあるために、アジア諸国ではなかなか入手し難いだけでなく、入手しても現地語の語学力がないので読めないことが多い。だからといって無視することはできない。特にアジア危機以降アジア諸国での法制改革のスピードが増し、個々の法律自身では日本のそれより進んでいる国も出てきた。ベトナム民法、中国契約法、タイ行政裁判所法がその典型である。しかし判例や学説には大きな進展がない。文言解釈が中心だからである。法律が入手しやすい国は日本、台湾、韓国である。六法全書が町の本屋で簡単に入手できる。中国では六法全書の形になっていないが個々の法律とその解説本の出版は

盛んな国である。ベトナムは英訳官報が出ている。ただし政府の認める公式訳ではない。マレーシア、香港、シンガポール、インドは法律自体が英語で立法されているので簡単に読めるし入手もしやすい。マレーシアの場合マレー語版でも出ているが英語版も同時に出る。

現地法を入手できなくても法系から推測することはできる。大陸法系、コモンロー系の2系統がある。どこの植民地であったかで推測できる。フィリピンは大陸法系であるのは米国の植民地になる前スペインの植民地だったからである。タイ、中国は植民地にならなかったが大陸法系である。

国のかたち分析は、現地法がどの程度実際に適用されているかの判断基準として適当である。立法されていても法律が現実には社会規範として機能していない場合がある。国家セクターの内で政府の力が強すぎるとそのような事態が起きる。典型が権威主義的支配体制の国で、アジアでは現在ミャンマーがそのような国である。過去には、1974(昭和49)年までのタイ、マルコス体制下のフィリピン、1986(昭和61)年までの韓国、1998(平成10)年までのスハルト政権下のインドネシアが経験している。

「国のかたち」は国家セクター、企業セクター、市民社会セクター、個人セ

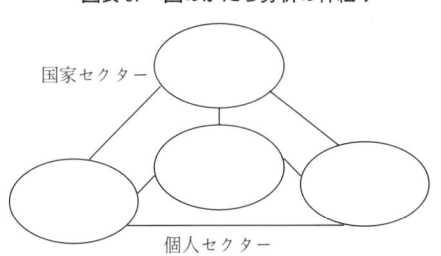

図表6. 国のかたち分析の枠組み

	国家セクター	企業セクター	市民社会セクター	個人セクター
目　的	支配	利潤	共生	自由な選択
手　段	法律	市場競争	ボランタリズム	自由な選択
ASEAN	小	小	大	中
中　国	大	小→中	中	中
日　本	中	大→中	小→中	小→大

クターの4つのセクターから出来ていると見る。これらセクターの間の力関係をまず判断する。そして次に各セクターに属するプレイヤーの力関係を判断する。企業セクターの中では金融セクターと事業法人セクターの間の関係、国有企業セクターの位置が重要である。国家セクターのプレイヤーとしては、中央政府、地方政府(県クラス)、国会、裁判所がある。社会主義国ではその他に公安がある。市民社会セクターのプレイヤーには、政党、宗教団体、地域社会(市町村)、労働組合、近隣住民、NPO、大学等教育機関がある。

　国際社会は「国のかたち分析」の外にある。しかしODAはある国家セクターが外国国家セクターからうける経済協力である。外国直接投資は外国企業セクターの一員がある国の企業セクターの一員となるべく出資することである。国際社会の分析は国民国家体制(sovereignty of nation state)[5]、国際共同体(international community)、世界市民主義(cosmopolitanism)の位相から分析できる。それぞれの位相における手段は安全保障、政治経済、価値意識である[6]。それぞれの位相における目的は国家主権による内政不干渉、主権の一部放棄による政治経済的利益、価値観の共有による平和である。これらの位相は重層的関係になっているように見えるが、国のかたちから言えばそれぞれ国家セクター、企業セクター、市民社会セクターと個人セクターに該当し並立的関係になっている。

　即ち国際政治社会における重層的関係は理想に過ぎず現実には並立的関係なのである。この国際社会における重層的関係が成立する基盤を言うことは重要である。個人の基本的人権はどこまでも守られるべきだが、国家主権、政治経済的利益、価値観の共有という目的を達成するためには、その一部を放棄しない限り国際社会の重層的関係は成立しないからである。EU諸国が国家主権の一部放棄をしたからこそEUという国際共同体が成立した。ASEANやアジア地域経済圏構想において国民国家体制の権限の一部放棄をせずに国際共同体が目指せるような事を言うのは間違いである。1993(平成5)年世界人権会議で複数のアジア諸国は「アジア的人権」を主張し、木下俊彦早大教授は「東アジア市民」を主張している。人類の成果である基本的人権の重要性を軽視して人権

---

[5] 中西寛『国際政治とは何か』では主権国家体制といっているが、筆者は国民国家という国家体制でない限り現代においては国家として主権を持ち得なくなっていると考える。
[6] この考えは中西寛京大教授の国際政治学の分析手法を採り入れている。

を権力手段の一部にする危険な考えである。基本的人権が正義でありその他の価値観の内容については問わないようにしないと、国際共同体は成立せず、ユーゴスラビアのように国民国家すら解体する。

　反テロリズムの名による人道的武力介入は内政不干渉という主権国家原則への挑戦なので、民族や宗教対立を理由とするテロリズムを正当化してしまう。オーウェルの『1984』が反ユートピアであると共に反エリートであることも重要である。エリートは文化的相対主義をその価値観の押しつけから文明の衝突と取りやすいのである。人種のるつぼである必要はなく人種のサラダボウルでよいとする他に対する寛容が必要である。その間で深い理解ができた者同士はその価値観の共有により市民社会の一部を構成していけば良い。それが新しい環境となればシステムは変わっていくのである。

　国のかたち分析においては、現在そうであること以上に変化の動向を理解することが重要である。外国で儲けられるかにおいての「外国のかたち」は現在の延長線上にないことが多い。特に国際政治社会での情報の発信者は国家セクターであることが多く、自らに都合の良い情報しか発信しない傾向がある。分散化された速いIT情報の情緒的限界を知り、理解しようとする意志による対話を中心とする相手への共感能力と活字情報による想像力喚起能力がコミュニケーション能力である。

　法制度は仏語ならレギュラシオンにあたるから、筆者のリピェッツやボアイエ等レギュラシオン学派への見方を述べておく。レギュラシオンは本来国家による上からの規制を指すが、レギュラシオン学派においては外的な変化に対応して均衡を保つホメオスタシスや通信や制御に関するサイバネティックスを含む調整様式と捉えられている。彼らはグラムシの考える資本主義国家の矛盾は、市民社会の連帯と自律により克服され、共通社会政策を前提とした多角的貿易主義の新国際秩序を展望している。なぜ市民社会セクターが自ら制御調整できる様式を持つのだろうか。

　グラムシは、知的・道徳的指導と法的強制は本来矛盾するものであるのに、社会の組織化のために資本主義国家として統一されたと考える。矛盾を解決するためには、ヘゲモニー（覇権）を資本主義国家から市民社会に取り返さねばならないことになる。これは革命である。しかし市民社会には様々なプレイヤー

がいる。ヘゲモニー分派の中でまさかマルキストが覇権を取るべきだと考える訳ではないだろう。だとすれば、エコロジスト、多国籍企業批判派(そして多国籍企業の利益を拡大させている国際機関としての IMF 批判)、ないし米国帝国主義批判派の連帯が市民社会のヘゲモニーを取ることになる。資本主義国家から市民社会がヘゲモニーを取り返した途端法的強制が利かない知的・道徳的指導者達の派閥争いの場になってしまう。知的・道徳的指導には法的強制は伴わないとの原則を資本主義国家の中で打ち立てればヘゲモニーを言わないで済む。そこでは多国籍企業は超国家体として理解されずにグローカル企業[7]として理解され得る。そのような資本主義国家とは国民国家としての国益追及の一部を放棄したものである。それなら国民国家間の制度化された妥協ができ地域経済圏の構想は成り立ち得る。

国際紛争研究において浦野起央日大教授は国家を超えたテロ組織、宗教集団、エスニシティ集団を亜国家体と呼び、国際企業を超国家体と呼び両者を非国家行為体(NSA)と呼んで分析している[8]。紛争の構造的連関や予防警戒装置の開発のためなら良いが、日常生活でもこのような用語が使われるといたずらに国民国家と市民による反発を煽るだろう。亜国家体は国際的な市民社会セクター、超国家体は国際的な企業セクターというべきだろう。

1.3.4. 技術のピラミッド分析

技術は基礎技術、中間技術、ハイテク技術の各技術でピラミッド構造を作っている[9]。業務過程分析における 23 の技術の水準を見るにはこの技術のピラミッド分析が有用である。技術は知識と同じくピラミッド構造を持っている。基礎技術がなければ中間技術がなく、中間技術なくしてハイテク技術はない。わからなくなったらわかるところまで戻って勉強するのと同じである。2003 (平成 15) 年 10 月中国が有人衛星を打ち上げに成功したのはその基礎技術、中間技術が揃っているからである。「技術が遅れているので日本の企業が来て技術移転をして欲しい」というのは、日本の技術を安く買うための算段に過ぎな

---

[7] 伊丹敬之一橋大教授の造語
[8] 浦野起央『国際関係理論史』勁草書房 p.301
[9] 技術のピラミッドを言い出したのは関満博一橋大教授である。

い。2004(平成16)年4月に日中自動車協議が開催される[10]。日本が主要部品の輸入拡大と販売・流通網緩和を主張すると中国は自動車の環境技術や省エネ技術の技術協力を主張するだろう。技術協力とはオーナーシップが強い開発途上国で使われる言い方であり、無償ないしは安価な技術供与を受ける際の言い方である。

　技術のピラミッドはその高さと底辺の広さで構成され、技術が歪んでいる部分を欠けている部分として表す。欠けているのは三角形の縦線の右側である。技術の発展方向は矢印で表す。ASEANが中間技術より基礎技術の方に矢印が向いているのは裾野産業の育成を言っている。ただしハイテク技術が一番先端的かつ洗練された技術ではない。ハイテク技術の中にはいまだ技術の不安定さがある技術が多い。日本のH2ロケット技術が典型である。基礎技術でも日本の金属金型技術のように世界で最先端かつ洗練された技術を持つものは多い。即ち基礎、中間、ハイテクの各技術のリファイン度、エクセレント性が問題なのであって、ハイテク技術なら投資優遇措置をつけるといった投資受入国の考えは技術について誤解している部分があると考える。基礎、中間、ハイテクの特定分野技術の間で上下の関係ができて揃っている場合、特定の産業で独自の技術が完成していることを意味するから、その国のその産業分野の発展および国際競争力は強いと言える。

　筆者はスイスのIMDが行っているような国の競争力調査をあまり信じていない。現地に駐在している外国人ジャーナリストを対象にしたアンケートデータが中心になっている調査だからだ。現地にいるが故に歪んだ印象が形作られることがある。特に最近のマレーシア、タイ、ベトナムの国の競争力での順位

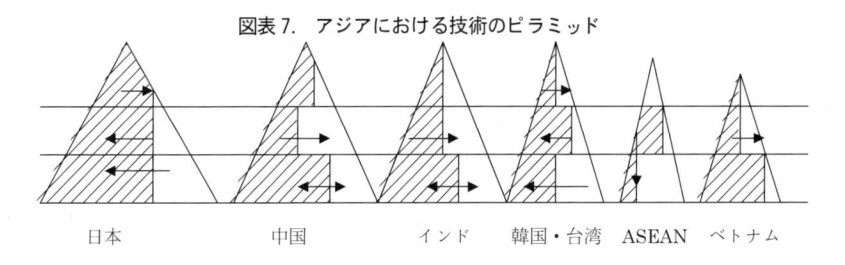

図表7. アジアにおける技術のピラミッド

日本　　　　中国　　　　インド　　韓国・台湾　ASEAN　ベトナム

---
[10] 2004年1月25日付日本経済新聞

を上げるための政府の取り組みは異様である。現地にいる外国人ジャーナリストは現地政府からの攻勢に眼を曇らされている場合が多い。タイの IMD 用の競争優位作りのための政府 HP がその様子を彷彿させている。筆者の業務過程分析の方が妥当な結論になることが多いと自負している。

第 2 章　アジアにおける各業務過程で儲ける個々の考え

> Russian anecdote[1]
> 仕事で100%の力を出せよ。
> 了解。月曜日12%、火曜日23%、水曜日30%、木曜日20%、金曜日15%出す。

2.1. 各業務過程で実際に儲けるにはどうしたらよいか

2.1.1. 分業化・アウトソーシングは非効率になる場合がある

　業務過程が複雑になると、セクショナリズムが横行し、自分に責任が及びそうになると全力で阻止しようとするが、それが過ぎると関心がなくなってしまう。自分に関係ある部分についてだけ念入りにチェックをするために、全体の効率が落ち、時間がかかるようになる。リエンジニアリング (reengineering) は Hammer 元 MIT 教授が組織における分業化の弊害を排除する経営手法として打ち出した考えである。

　アジアにある外資系合弁企業では組織の問題は日本人社長の手出しが出来ない分野であることが少なくない。日本の親会社にしてみればアジアにある外資系企業は本社における工場と同じとみている面があり、生産管理の権限しか子会社社長に与えていない場合すらある。そのような日系企業の組織において実際に人と組織をいじる権限のあるのは人事労務担当の取締役兼部長だが、人事労務担当部長は語学力の問題と現地側出資者指名の観点から現地人がすることが多いために、問題が大きくなっている。リエンジニアリングでは企業経営者に「恐怖と貪欲さ (fear and greed)」がなければ成功しない、そして、その企業が市場競争において制度ないし需要の変化等重大な変化に直面していないと成功しないといわれている。

---

[1] 本章のロシア・アネクドートはすべて大陸貿易 (株) の hp にあるものを参考にしている。

2.1.2. 分業化・アウトソーシングの非効率を排除する工夫を内蔵したリエンジニアリングの考えを各業務過程で儲ける際に取り入れる

> Russian Anecdote
> 先生、人の才能とは一種の病気であると言われていますが本当ですか。
> 君は心配することないよ。およそ病気にかからない体だからね。

　各業務過程で儲けるにはリエンジニアリングの考えが有効だ。リエンジニアリンでは、効率化のために分業化・アウトソーシングをする場合、その非効率を避けるべく、メンバーが、IT技術をも含めて、情報を共有し、自ら考え、作業の中から決定や作業手順を考えていく。このことにより、業務過程間の情報の共有、連携が取れるようになる。

　実際に情報を共有しても、儲かることを思いつき、かつ実行できなくてはならない投資行動分析をすれば、経営者のパワー等で実行できない場合が多いことがわかる。そうであれば共有された情報は無駄であるし、共有させるために支払う手間隙費用は膨大だと考えられるようになる。即ち「本・雑誌を買う金が豊富にある会社ほど、忙しいことを理由に、本・雑誌は読まれない」という現象が起こる。「部長の机の未処理箱には書類が山ほどあるが、部長は10分で片付けてしまい、処理済箱に入れてしまう」。部長は一切読んでいないし、目を通してもいない。書類の標題を見ているだけである。新聞に挟まれているチラシには目を通すが、マンションの新聞箱に入っているチラシは部屋に持ち帰って捨てるのと同様だ。チラシを他の家の新聞箱に移す質の悪い人さえいる。

2.1.3. 業務過程間での情報の共有は、変化への対応能力を高め、情報の質の高度化に役立つ

　変化は主体ないし組織と外部環境との接触によって起こっている。主体ないし組織が従来の自らの立場を維持しようとすればするほど、外部環境との亀裂が激しくなり、主体はその存在意義を失う。主体がその目的から来る存在意義を果たそうとすればするほど、常に外部環境に再帰的 (reflective) に反応して

いく他はない。それは英国社会学者 Giddens(第3の道として労働党のブレア首相がその考えを採用している)のいう再帰的近代化と言っても良い。

業務過程間での情報の共有は、変化への対応能力を高め、情報の質の高度化に役立つ。特にスピード経済の働くところではそうである。「規模の経済で儲ける」「範囲の経済で儲ける」「スピードの経済で儲ける」と考えて、各業務過程の業務で一般的に働く儲け方を以下にまとめてみた。

図表8. 業務過程分析における規模の経済、範囲の経済、スピードの経済

	①	②	③	④	⑤	⑥	⑦	⑧	⑨	⑩	⑪
規模の経済			大量調達	大量生産	船便、VCCL タンカー	家電量販店、フランチャイズ		○回収ポスト			派遣社員、リストラ
範囲の経済	ラインアップ戦略	○同様な技術の応用			マルチ・モダル		○お客様相談室		○多角化戦略	○間接部門の共有化	○
スピードの経済		◎早く効率的に	SCM	多種小ロット生産	航空便、宅配便	SCM			◎決断力撤退 M&A		

2.1.4. 「国のかたち分析」、再帰的近代化、オートポイエシス型社会システム論

> Russian Anecdote
> 人がじっと眺めていることができるものに3つある。
> 燃えている火、水の流れ、それに他人の仕事ぶり。

近代化は国民国家の行っていることである。国民国家は本来「国のかたち分析」における4つのセクター[2]の目的と手段が十全に働くことを保障するという形で近代化を行っているのである。その近代化の意義は再帰的つまり自ら変え

---
[2] 国家セクター、企業セクター、市民社会セクター、個人セクター

ていくということにより「なぜ近代化する必要があるのか」という問いに答えることができることにある。

企業セクターにおいては利潤を得る（儲ける）という目的と市場競争という手段は変わらなくても、従来の儲けるという目的を再帰的に確認しなければならないし、従来の市場競争を再帰的に確認しなれければ企業セクターにおける当該企業の存在意義および内外における国のかたちにおける企業セクターの大きさが変わってしまう。

株式持合いの制度やメインバンクの制度自体を維持しようとするために日本の金融システムはその存在意義を小さくしたし、日本の国家セクターはその失政を問われることになっている。従来の企業間システム、企業と銀行の関係を維持しようと日本の企業セクターと国家セクターが思って延命策を採った[3]ことが、日本の企業セクターと国家セクターにその存在意義をより少なくさせる結果を招いているのである。

中曽根元首相は 2002（平成 14）年 10 月 26 日早稲田大学で講演して「竹中大臣の重用を止めて自民党の重役を前のとおり重視しないと小泉内閣は崩壊する」と語ったと報道された。この中曽根元首相のような考え方をする人は多いが、再帰的近代化のことがわかっていない抵抗勢力の張本人なのである。別に竹中大臣の政策を擁護するつもりもないし、その政策には、国家セクターによる企業セクターへの監督というより介入の部分があり、企業セクターの自立性を排除させてしまう誤りを含むことは否めない。しかし日本の企業セクターの側に国家セクターを自分に都合よく使おうとする魂胆があるのもまた事実である。そこでは企業セクターの自立性は都合の良いときのみの自立性となり、都合の悪いときは平気で国家セクター、個人セクター、市民社会セクターを思いのままに使う、イイトコドリ (skip creaming) の発想が生まれている。

このような企業経営の発想が銀行幹部と財務省幹部に「金融システムの維持が日本経済のために不可欠」という言葉を作り出したと筆者は見る。筆者は「決済システムがありさえすれば金融システムの維持という言葉は百害あって一利なしの言葉になっている」と考える。現状の維持という言葉が現状を維持できなくさせている張本人である。

---

[3] 小林慶一郎の『日本経済の罠』、『逃避の代償』の 2 著が良心的に伝えている。

それがまさしくドイツの社会学者ニクラス・ルーマン (Niklas Luhman) のオートポイエシス型社会システム論の言うところである。米国社会学者パーソンズ (Talcott Parsons) のAGIL理論に見られる20世紀中葉に支配的だった社会静態論を、ルーマンがオートポイエシス・システム論 (autopoiesis) に取り込んで社会動態論になし得て、21世紀の社会理論たり得るようになったのである。

リエンジニアリングの主唱者Hammer博士は今後の企業経営のポイントは、3Cだといっている。Customers, Competition, Changeがそれである。筆者はこの順番は日本企業の経営者にとっては変えないと意味がないと考えている。変化 (Change)、競争 (Competition)、顧客 (Customer) の順番にすべきである。

2.1.5. 業務過程外の業務では儲からないのか

> Russian Anecdote
> 今日やらねばならないものを明後日に延ばせば2日間休みになる。

2.1.5.1. 業務過程外の業務では損を被ることが多い

直接の業務過程外の業務でも儲かる。多くの経営学の成果は、経営全般、経営戦略、動機付け、リーダーシップ、経営組織について語っている。しかしアジアでのビジネスとして儲けるためには何をすればよいのかという点から理解するには多くの困難が伴う。アジアでの経営者はこれらの経営学理論には詳しいが口で言うだけで実践する際は自分の業務にとって都合のよい場合にだけ利用する傾向が強い。業務過程外の業務の典型には経営企画、財務経理、人事労務がある。これらの部門はバックオフィスと呼ばれる。業務過程は財・サービスが直接流れている部門なのでフロントオフィスと呼ばれる。

アジアでこれらバックオフィスの業務で儲けるには、具体的なフロントオフィスの業務過程における業務で考える必要があるというのが筆者の主張である。儲けるには役立たないが、損をする場合はこれらバックオフィスが大きな要因になることがある。為替切り下げ、借入れの困難、借入金利息の負担過重、キ

ャッシュフロー不足、労働組合のストライキ、賃上げ要求、現地パートナーとの関係悪化は、それぞれ財務経理、人事労務、経営企画というバックオフィスの問題である。

　人事労務でリーダーシップ研修をするのは、日本企業が人事部で一括して人材を採用するという日本独自の方針を維持し続けようとするからであるとも言える。リストラといえば人員削減だと考える日本企業の人事労務担当者は多い。事業の再編に必要な範囲で人員リストラをするはずが、目的と手段が逆になってしまう。生産業務のリーダーシップとマーケティング業務、研究開発業務、商品開発業務、調達業務、アフターサービス業務、ロジスティックス業務の各リーダーシップは違うはずである。特にアジアでは、日系企業、日本企業が消費者に直接販売することができないことが多い。とすれば、直接販売する地場企業にアドバイスする際にはどのようなリーダーシップが必要かを具体的に検討しなければ意味がない。筆者は人事労務と言い、人的資源管理という言葉は使わない。海外投資では、使われる人間のモチベーションより、仕事のディシプリン・しつけの問題の方が重要だと考えるからである。特に日系企業では経営者は日本人であることが多く、人事労務の仕事の方が人事管理研修より重要である。欧米系企業では社長は現地人であることが多く、人的資源管理で従業員のみならず管理職・経営者訓練をすることが多い。

2.1.5.2. M&A と撤退

　アジア企業における経営戦略では M&A が使える場はあまりない。上場企業の経営支配権はグループ企業が握り続けていることが多いし、アジアの株式市場では上場株式の流動性は 20 銘柄程度のブルーチップ以外およそ低いからである。国内資本による国内資本の M&A が株式市場での買収という BOT の形でなされることも少ない。珍しい例は 1994(平成 6)年にインドネシアで起こったボブ・ハッサンとアンソニー・サリムによるアストラ・インターナショナルの株式買収である。BOT 規制がなかったために容易に過半数の株式を買われてしまった。自動車産業における 1/3 の勢力を持つものが他の 1/3 の勢力を持つ企業を買収した。競争法は当時なかったし、スハルト元大統領のクローニーであるボブ・ハッサンがスハルトのお墨付きを得てできたことだといえる。

不良資産の処理の過程で、韓国やインドネシアに外国資本がM&Aの形で入ってきているのはアジア危機後になって初めて生まれた現象である。従来は外資系企業による有力現地地場企業の買収を現地政府が認めなかったのでM&Aは少なかった。そのために独占禁止法の立法さえ辞さない。インドネシアでルピア危機後に立法された反独占不公正競争防止法には上位3社で75％の市場シェアを持てば支配的地位と認定するとある。外資系企業による地場企業買収などできないのみならず、外資系企業に企業分割命令さえ出されかねない規定なのである。市場シェアを測る産業分野は行政裁量で決まる。外資系企業は新製品をもって新規市場を開拓するために海外投資することが多い。成功すると支配的地位だと言われ、失敗すると現地企業への債務を支払わない限り投資許可の返上をさせない。つまり失敗しても外資系企業は自由な撤退などできない。

　自由に外資系企業を撤退させないのはベトナム、中国も変わらない。これらの国で独禁法の立法に日本政府は協力しようと躍起になっている。「現地に進出した日本企業の首を締めるために日本国民の税金を使って技術協力しているのではないだろう。自由な撤退を認めさせることを前提に立法に協力すべきだ」と言うと日本の法務省は、「無理だ。そんなことを言うから欧米の政府の提案する独禁法案が採用されてしまうのだ」と言うだろう。欧米政府にしてみれば自国製造業企業がアジアで日系企業に遅れて今から進出するためには、日系製造業企業の既存の市場シェアを奪うのが一番近道なのだ。

　アジア企業における経営組織は合弁企業と100％外資企業、地場企業ではおよそ違うことになるだろう。100％外資企業は成熟商品の輸出指向型企業で利用されることが多いために、マーケティング、商品開発、研究開発、アフターサービス、リサイクリングの部門の組織は不要か小さくてよいからだ。国内市場向け成熟商品の合弁企業では、マーケティング、アフターサービス、商品開発の部門が充実している必要があるが、生産財マーケティングでは、トップマーケティングで決まることが多いから[11]、日本から派遣された経営者の能力が重要である。しかし日本から派遣される合弁会社の社長には、工場の生産管理ができて協調性のある人材が選ばれることが多い。協調性が日本の親会社向け

---

[11] 販売先が日系企業である場合は同じ日本企業という仲間意識が、そして地場企業の場合はトップダウンの経営判断により購入を決める決定権は社長が持っている事が多いため。

に過度に発揮されると現地側パートナーが指名した経営者との協調性が維持できなくなり、信頼関係が崩れる。

2.1.5.3. 最適地生産とJICAの研修

　経営戦略で最適地生産という言葉で、「日本の親会社が高付加価値品の生産を、アジア日系子会社では低付加価値品の生産を」と割り振る日本企業は多い。すると現地側パートナーおよび現地政府は、「現地の安い労働力を搾取している」、「儲かる部分を日本で取っている」、「意図的に技術を移転しない」と考える。最適生産を付加価値の高で割り振ってはならないと考える。「技術の水準が低いから技術が低くてもできる製品しかアジア子会社では作らせて貰えないのだ。技術の水準を上げるためには高いライセンス料を払っても日本の親会社から技術者に来てもらって生産業務でのノウハウを学ぼうではないか」と言うべきなのだ。

　ロジスティックスが悪いから「高付加価値品は少量の需要しかなく、納期が短く、アフターサービスが重要である。そして顧客の多くは先進国にいる。当国はロジスティックスが悪く、アフターサービスができる英語ないしは日本語がわかる技術者がいないではないか。英語がわかる当国の大卒者は手に技術を身に付けないままで管理職になりたがるではないか」と現地政府の役人に言うべきなのだ。そして「あなたは、当国の労働者に技術移転が容易にできるようなことを言うが、あなた自身技術移転をしたことがあるのか。実際に工場で働いてみたことがあるのか。あなたは当国の大学工学部出身だということだが、日本の大学の工学部4年生は卒業実験で1/3は大学に泊まり込んで実験していることを知っているのか」と言うべきなのだ。

　日本の親会社の担当者や日本政府の役人やJICA職員は、「そのようなことを言うと関係がこじれる」、「喧嘩腰の言い方だ」と非難する。それが現地人がつけ上がる行動や言い方をさせていることを知らねばならない。

　つけ上がる言い方の典型が、日本の最新工場を見せると「なぜ自分の国の工場は最新なのに最新の機械を持ってこないのだ」という言い方だ。JICAが日本で技術移転の研修をするので人を選んでくれと現地政府の役人に言うと、「自分が行く」と言う役人が多い。彼らの中には東京の幡ヶ谷にある研修所では

昼間は居眠りをし、研修終了刻限近くになるとソワソワし始め、4時半には京王新宿線の乗客となり秋葉原に直行する者も多い。自分では使わない家電品・PCを買って一日3,000円つく研修日当を10倍にする方法を考える。週末の京都旅行では大はしゃぎをし、月曜日の大阪での企業訪問では「良い工場だ、最大限の投資優遇措置を出すから是非とも自分の国に進出して欲しい。ついては更に情報交換の場を設けて欲しい」と言って夜の会合という名の梅田での接待を強要することもある。動機付けの目的が違っている。

筆者はカザフスタンで1996(平成8)～1997(平成9)年のあいだ、JICA長期専門家として国有輸出入銀行のアドバイザーを務めた。日本に研修に行ったという政府の役人、国有輸出入銀行の職員には数多く会った。2、3度彼らに会うと筆者は以下のような会話をするのを常としていた。「日本でのJICAの研修はどうだった」と聞くと「良かった」と答える。「どこが」と聞くと「京都が」「大阪の夜が」「日本食が」と答える。「研修で聞いた講義内容で当地において実施していることはあるか」と聞くと、「講義をした日本人はカザフスタンの実情に無知だから実施できることなどない」と答える。「小生が当地で講義している研修内容も役に立たないのか」「ガスパジン鈴木が言うのは非常に役に立つことばかりだ」「小生の講義内容で実際にあなたが実施していることがあったか」「ない」「なぜそれなのに日本での講義内容は役に立たないのに小生が当地でした講義内容は役に立つと言うのか」「日本の投資家の考えがわかるから」。日本の投資家はカザフスタンに投資しないのである。

日本国民の税金でやっている技術協力には多かれ少なかれこのような面がある。政府間技術協力で技術移転が進むはずもないと小生は考える。研修を受ける側が政府の役人で、受けた研修内容は自分の後ろの棚に鍵を掛けてしまっておくからである。研修を受ける人が民間企業の人なら良いのか。やはり良くない。現地工場の現場を知らない地場の民間企業の現地人幹部ばかりしか研修に参加しない。そもそもそれは内国民待遇に反する。外資系企業の現地人幹部はJICAの研修に実質的に参加できないからである。

2.1.6. アジア投資の問題点であてはめてみる

現実のアジア投資の問題点を関満博・範建亭著『現地化する中国進出日本企

業』(新評論 2003 年)から取り出し、筆者なら業務過程分析からどのように問題点を解決するか、具体的に述べてみる。

図表 9. 現実の直接投資の問題を業務過程分析に当てはめてみる

問題点	業種・企業・典型例	業務過程	問題点解決法
日本企業はアジア諸国への投資において欧米企業に比べて、技術移転に不熱心。p.16	全業種 中国日系家電組立企業による日本企業の型技術を違法に盗んで中国企業に技術流失させたことが、日系家電の中国における優位性をなくした。	4-23 と 6-21 欧米企業はアジア国内市場向け、日本企業は輸出市場向けなので、国際競争に勝つには日本国内並みに働くべきなのに現地企業では働かないので、技術移転するだけ無駄。 3-21 日本企業は部品の外部調達が多いので技術移転料を取り難いが、欧米企業は内製・OEM が多く、内製部分での技術移転料の水準は極端に高い。	安価で豊富な労働力でできる業種は技術力が低くてよい場合が多い。技術力が高い業種では、技術を高く評価するシステム(対価、IP保護)を現地の投資環境が確立できるか否かがポイント。
日本企業のコストが一番高いのは、現地部品を使わず、日本人を派遣し過ぎるからである。pp.18-19	全業種 欧米企業は現地人を責任者にするので、賃金が高く、権限も与えてくれる、という評価に繋がる。	4-23 と 6-21 欧米系企業が製造しているものは、国内市場向けの技術水準が低い成熟期の製品が多いのでやりやすく、日系企業は成長期の製品が多く、品質がブランド力を決めると考えていることが多い。 部品企業のアジア進出が増えており、ブランド力は問題でなくなっ	成長期が短くなっている商品が多いので、現地人を責任者に登用しないと失敗する。また現地市場の販売では、日本企業が考えているほどブランド力は品質に関係しないことが多い。標準化を図って現地人による販売力強化がポイント。そのためには現地人に権限を与えても自分勝手にやら

第2章 アジアにおける各業務過程で儲ける個々の考え 39

問題点	業種・企業・典型例	業務過程	問題点解決法
		ており、標準品質を仕様に合わせて適時に製造・調達できることが必要になっている。	せない評価システム(11-23)が必要。
日系商品はローカル商品より少しは品質がよいが、価格が30%高ければ中国人は誰も買わない。p.23	中国での耐久消費財、日用消費財	6-21 中国市場は高価格品と低価格品の市場に二極化している。消費財製造日系企業は高級品市場に特化するか、低価格品で中国ローカル品と争うかの選択を迫られている。 6-23 中国ローカル有力企業の販売ネットワークで日系製造商品を売る戦略は、彼らのラインアップ戦略に利用されるだけで失敗する。販売ネットワークは自前で作れ。	中国消費財市場は中級品の低価格での競争が激化している。ローカル品の品質向上は中間品製造のFDIが多くなり、そこからローカル企業が調達したり模倣したりしているからである。日本と同じ最先端商品を日本と同価格で売るといったマーケティング戦略も必要。日系中間品製造FDIより高く買うことが、ローカル企業も高くしか調達できないことになり、消費財での競争に有利。
基幹産業ほど合弁しか認めず現地化を要求される。pp.28-29	全アジアにあるが特に中国 自動車、バイク、家電、生産財	3-22と9-22 現地政府と現地パートナーの思惑なのだから法規制だと思い仕方がない。その上で有利な合弁契約、技術移転契約、現地パートナー指名取締役の質を問題にする交渉力が必要。中間品製造には要求されない事を利用する。	合弁・現地化を満たすから、現地側指名取締役は現地パートナーを説得できるだけのビジネスセンスのある者を派遣させることを約束させる。日系中間品製造企業には100%外資企業で進出してもらえるように、一部購入保証とする。日本国内でのような下請けいじめは下請けのローカル企業への安価納入と技術

問題点	業種・企業・典型例	業務過程	問題点解決法
			者の流出を招き、自分の首を絞める。
中国の傘型企業は認可条件が厳しく、業務は限定的である。p.32	日本企業100%出資の傘型企業は220ある。認可条件は、資本金が3,000万ドル以上、10%以上出資した会社が3社以上。傘型企業は傘下企業の製品の国内販売と外国輸出と国内調達のみ。2005(平成17)年1月より中国国内で生産していない親会社の製品を中国の貿易会社や卸売業を通さずに輸入販売する権利を開放する。年間輸入販売額は傘型企業の資本金を上限とする。ただし以下の条件を満たせば、金額制限なしの輸入が可能。①傘型企業の資本金が1億ドル以上、②傘型企業の資本金が0.5億ドル以上で投資先総資産が30億元(400億円)以上、投資先の年間利益1億元以上、③中国に2以上の研究センターがある(日経03/12/23)。	3-22、6-22、10-22 傘型企業は傘下企業へのファイナンスは出来ず、傘下企業の親会社製品の輸入販売は出来ない。FDI親会社の製品の貿易権をFDIに出さず、lineup戦略を採らせないでローカル企業に競争力をつけさせる。システムを構成するセット商品の輸入はシステム価格の50%までなら可能。他社製品の輸入が出来ない一般生産企業は、流通会社を設立して売上げの30%の範囲で輸入するか(丸紅総研03/3/11の上海百紅が初の合弁卸売会社、住商が華聯とJV卸売で続く)、貿易権のある貿易会社に資本参加するか(消費財用国内流通網はないから別途国内流通会社に販売委託することになる。日経03/12/26の蘇州三井物産物流JV設立は中間財流通だから貿易権がある流通会社で認可)だから、まだましだろうとの趣旨。	傘型企業は単に資本を入れるための算段に過ぎなかった。当初、口では甘いこと(傘型企業は傘下企業の製品を販売可能)を言って投資を誘致し、現実は厳しい施策で臨む現地政府は中国政府に限らない。投資優遇措置のある国のFDI用法規制は限定的に解釈せよ。現地の国家セクターを信用するな。2005(平成17)年1月からの措置は使い道のない資本金を使う措置だから当たり前である。R&D投資を迫るか(2-21)、多額納税するか(10-21)というところが、当たり前のことを恩に感じろ、恩と思ったらやることがあるだろうという中国国家セクターの傲慢さが丸見えの措置。上海の傘型企業は地域本部としてコンサル業務が出来るとして北京の傘型企業を誘致。松下中国に移転されては困る北京は限定的ファイナンス機能特別認可で引き留め。

第2章　アジアにおける各業務過程で儲ける個々の考え　41

問題点	業種・企業・典型例	業務過程	問題点解決法
日本の中小企業FDIへの下請け発注が台湾・香港FDIに切り替わっている。pp.35-36	中国 設備を拡張しないと対応できない際でも、資金力が日系中小企業にはない。	6-21、9-21、10-21 日系組立企業からの通常の発注の他に突発的な発注に応えられる部品企業に発注を出しがちである。 日系中小企業は資金力がなく、親会社に相談しても解決できない。生産しかわからない無能な日本人取締役が多い。	日系中小企業の中国派遣要員は生産のみわかる人で、販売、金融ができない日本人が多い。中国・香港の銀行から売掛金担保で借入ができる中国人を管理職に登用して、他方で彼に香港での上場戦略の準備をさせる。量的発注を増やす代わりに支払い条件の緩和を求める場合は上述対応で可だが、販売競争が厳しいので支払い条件を緩和しないと発注停止との脅しは拒否すべき。
日本人は単身赴任が多く、韓国人は家族帯同が多い。p.36	全業種	21の投資比較表の現地適応の問題	日本人妻と子供のわがままを認める日本人夫が問題。妻子に独立力がなければ帯同すべき。できないなら現地人を雇うべき。ただし当該現地人の図々しさ・勉強のしなさ加減は日本の本社で働かせて叩き直してFDIに派遣しなくては使いものにならない。
FDIが持ち込む経営管理、生産、技術、利潤追求原理が、現地事情に合わないで社会的文化	製造業 親会社のご機嫌伺いばかりする日本人FDI社長の存在。	4-21、4-23、6-21 不合理な現地事情、日本の事情なら変更すべき。ただし労働法規違	不合理な現地事情、日本の事情なら変更すべき。 日本の親会社に意見が

問題点	業種・企業・典型例	業務過程	問題点解決法
的摩擦を引き起こす。pp.45-47	現地ローカル企業の上意下達がよいとは限らないことが多い。この両者が合弁FDIの取締役同士になると最悪の状況となる。	反は韓国系・台湾系FDIがしても日系FDIはしてはならない。現地の国家・市民社会セクターは意図的な日系FDIいじめをすべく材料が出るのを待ち構えている。日本の国家セクターは頼りにならず、日本の親会社は知らんぷりで責任のみ追及する。	言えない日本人FDI取締役の指示はやり過ごす。現地の悪平等労働慣行、関係重視の法規を見過ごす現地人社員は徹底的に低評価する。かく首はしない方がよいが、失敗は配転・降格で対応し甘やかしは禁物。日本人派遣社員も失敗では同等の処遇。

2.2. 商品開発で儲ける

> Russian Anecdote
> 息子が父親に言った。「お父さんおめでとう。僕が就職試験に合格したら車をプレゼントしてくれるって言ったよね。お父さんお金が節約できてよかったね」

2.2.1. コンカレント・エンジニアリングの射程を伸ばす

　商品開発が終わると研究開発、研究開発が終わると生産、生産が終わると販売という従来のビジネスプロセスを放棄すべきである。コンカレント・エンジニアリングという考えを米国自動車会社クライスラーはリエンジニアリングの考えから開発して成功した[12]。筆者はコカレント・エンジニアリングでは生ぬるいと考えている。クライスラーが行ったことは、研究開発、生産、販売の間における組織間の相互連携を密にすることに終わっているからである。商品開発もコンカレントの中に入れないと成果を上げることはできない。

---

[12] 古賀健太郎「アメリカにおけるリエンジニアリングの現状」『リエンジニアリングがわかる本』日本能率協会 pp.55-60

このような筆者の考えはR&D開発理論のチェーン・リンクト・モデルから得たものである。チェーン・リンクト・モデル (Chain-linked model) はNathan Rosenbergカルフォルニア大学教授が1980年代に言い出した理論[13]だが、この理論は中谷巖元一橋大学教授によってサシミ・メソッド (Raw fish in a tray method) として応用され日本的生産方式を称揚する理論になった。サシミ・メソッドとしての応用は間違った応用だった。まさにサシミ・メソッドはクライスラーが行った商品開発部門を除いたコンカレント・エンジニアリングだからである。

アジアにおける生産基地としてみなされている日系企業では、サシミ・メソッドすらできていない。現地人スタッフのR&D能力が劣っているからだ。教育はあっても生産の現場そして販売の現場を知らない、というより知りたくないためだ。そのためにアジア日系企業では商品開発は日本の本社の役割となっている。現地市場にあった商品開発とは、右ハンドルを左ハンドルにするといった程度のものでしかない。日系企業にアンケート調査をすると、現地でR&D投資をしているという回答は何社からは返ってくることがあるが、実態は日本での研究開発と大違いである。ソフトウェア・ハウスに聞くと、すべての仕事をR&Dだという会社すらある。ソフトウェア開発という業務のほとんどは業務過程分析では生産に分類される仕事である。医薬品企業もR&Dと彼らがいっている内容の一部は生産ないしはよりよい調達をするための準備作業であることが多い。

吉原英樹神戸大学教授は、1998(平成10)年に行った調査に基づき、1995(平成7)年以降日系企業によるアジアにおける研究開発が急増しているという。現地での研究開発が現地市場のニーズに迅速に対応するためであるのは、欧米とアジアに進出した日系企業間で変わりはない。しかし、アジアにおける日系企業の研究開発が、欧米におけるそれと大きく異なるのは、成功していると回答したアジアにおける日系企業が39%と、欧米のそれ65%、59%に比して低い数字であることである。現地での研究開発成果の日本の親会社への逆移転にいたっては、アジアでは21%と、欧米のそれ52%、54%と比べて極端に低い。

---

[13] Stephen Kline and Nathan Rosenberg "An Overview of Innovation" "The Positive Sum Strategy" National Academy Press, 1986, pp.275-305

アジアにおける研究開発の水準を思わせるデータである。

アジアではほとんどの先進国企業がアジアの現地法人におけるR&D人材が不足していることに悩んでいる。アメリカでR&Dをする場合に研究者となるアジア人は日本人、中国人、台湾人、インド人と多いが、彼らが本国に帰るとR&Dができなくなってしまう例が日本を含めて多すぎる。このような状況下で企業は、大量生産によるコスト削減のためとして同モデルで開発した商品を最適地生産により世界市場で売った方が有利と考えるようになる。しかし市場の違いは大きいし、生産コストのより安い中国地場企業の輸出品と戦うという必要もアジアの日系企業は抱えている。中国地場企業は日本商品の物真似商品で内外市場において勝負する戦略を採っている。もちろん知的財産権保護手段を採ることにより対抗することはある程度可能であるが、いったん奪われた市場シェアを取り戻すのは容易でない。現地市場にあった商品開発を現地日系企業が行うことで、差別化して成功する企業戦略を採る必要が生まれている。特に家電品、モーターバイクにおいては、その必要性が大きいと考える。

2.2.2. 商品開発現地化で失敗した例

インドにおけるスズキの子会社マルチウドヨク・スズキが1996(平成8)年に出した新車モデル「ZEN」は、商品開発の現地化で失敗した例と言えるかもしれない。サイドパネルはセルボから採ったとはいえ、1,000ccという日本のスズキにはないモデルで勝負したのである。ベストセラーである800ccのマルチ800の上級車を狙った。性能は明らかにライバル車より良いのだが、開発費用と開発時間が掛かりすぎて、ヒュンダイのサントロ、フィアットのパリオ、プレミア、GM等にインド市場を奪われたことは否めない。乗用車を造ったことのないタタ財閥さえ新車を出してマルチウドヨクの市場を奪った。この原因の1つは政府の指導である。マルチウドヨク・スズキの地場パートナーはインド重工業省である。彼らは官僚として、新車開発に輸出をも考えよ、として合弁パートナーの顔で主張した。実現しなかったが、Zenのエンジンをハンガリーに輸出してハンガリーで売っていたSwiftに取り付けることをも考えたために、部品供給が困難になった面もある。マジャール・スズキは主にEU内部、特にスペイン製の部品をブタペストの北、ドナウ川に面して対岸がスロバキアで

あるエステルゴムに工場がある。中古車が多く新車が売れないハンガリーでは現代自動車や大宇の新車輸入品に市場を奪われた。ハンガリーに輸出された大宇の軽自動車マティスはウズベキスタンで組み立てられたものだが、ウズベキスタン製とは言わずにエンジンは韓国から運んでいるとプロモーションをした。タタは価格の安い軽油で走るディーゼル乗用車で成功し、ディーゼル車の多いEUへの輸出と、2004(平成16)年からのタイでのKD生産を企画している。

インド市場で韓国企業は遅れて入ったトヨタ・キロラスカ同様、本国のモデルと同じといって売り出した。しかし現代自動車はサントロとともに、韓国での高級車モデルをインドにおいて現地生産し、インド国内とEUに輸出するということを重視した商品開発(新しいモデルを作るのではなく単に商品モデルの選択の問題なので具体的には販売戦略となる)をした。高級車モデルをKD生産してブランドイメージを上げ、カーローンで販売促進する戦略を採った。KD生産である限り、海外での生産コストは高くなくて済む。2004(平成16)年トヨタは現地で商品開発しアジアで調達し、タイとインドネシアで組み立て、アジアと中東アフリカで売るLMV車を発表した。インド・タイでのFTA、AFTAを考えた商品開発現地化である。エンジンが2400ccなのでリスクは低いといえるかもしれない。

2.2.3. 現地政府の産業政策の適当さ

> Russian Anecdote
> ロシアの裁判:
> 原告は裁判官に10,000ドルの賄賂を贈った。
> 被告は裁判官に12,000ドルの賄賂を贈った。
> 裁判官は被告に2,000ドルを返却して公平な判決を下した。

ウズベキスタンにおける大宇自動車のパートナーは工業省であり、大宇グループの破綻によりGMが買収したはずだが、2002(平成14)年以降もハンガリーに輸出しているかについて筆者は確認していない。筆者は1998(平成10)年

ウズベキスタンの海外投資環境調査をした際に、同工場訪問希望を海外投資誘致官庁に伝えた。ホテルで待つように言われ待っていると、工業省の役人が小生のいるホテルを訪ねて来た。彼が言うには、工業省が50%出資している子会社に日本人を連れて行くと工業省の役人が言うと、韓国人が拒否したそうである。そして、別の用件で来たと言う。その用件とは、ホンダの部品企業を紹介して欲しいというものだった。大宇は部品を全部韓国から運んできているので、ウズベキスタンの外貨流出になるので、日本の部品メーカーなら現地化に協力してくれるだろうと言うのだ。

同氏は埼玉大学工学部大学院に2年間留学した経験を持っており、中学生の娘から託されたといって、滞日中の友達だった日本の友人宛の手紙を持参した。小生に日本に帰ったら出してくれと言う。時代は20世紀末である。3週間かかるかも知れないが、ウズベキスタンの郵便局から国際郵便を出せないはずはない。中央アジアでは人の関係はこのようにして作られる。韓国人より数段人の良い日本人は彼らにとってはカモがネギをしょってくるように見えるらしい。筆者はホンダにもその系列部品メーカーにも人脈はないとして、彼の申し出は断った。彼の娘の手紙には小生の金で切手を買って日本で郵便ポストに入れた。彼のスタンドプレーに協力するいわれはない。

ウズベキスタン政府の誘致に万一応じて進出した日本の部品企業はとんでもないことになっていただろう。およそウズ大宇は進出日系企業からの部品を買ってくれないだろう。小生が日本人であるからということで親会社である工業省の役人の工場訪問を拒否するような韓国人がいたとしたら、日系部品企業から調達するはずもない。韓国人経営者は、韓国から運んでくる部品だからハンガリーに輸出できるのだ、とウズベキスタン工業省の幹部に言うことは目に見えている。埼玉大学留学の工業省幹部である彼は日本企業の側に立っているのだとして説得役になるだろう。韓国輸入部品より安くなるように、さらに部品の現地化をすればよいとけしかける。まさにマッチポンプのスタンドプレーである。

部品の現地化に協力するのは現地政府の産業政策に協力することだから良いことだといった青い議論はすべきではない。現地政府の産業政策の多くは、自国経済を発展させるためには、外資系企業は当然犠牲を払うものだという考えと裏腹なのである。企業セクターの自主性を排し、企業セクターに対する国家

セクターに介入するための手段として使われることが多いのである。そして介入の結果は地場企業を発展させることにもならず、現地人の雇用だけは伸びるが、自国経済を発展させることにもならず、ハイコスト・エコノミーになるだけで、国際競争力をなくすことになるのが関の山であろう。

ベトナム政府が採ったハノイとホーチミン市内の交通渋滞を理由とする2002(平成14)年7月のバイク部品輸入禁止措置が典型である。日本からバイク部品企業を連れてきて部品の現地化をすると、たちまち交通渋滞はなくなるという奇妙な論理をベトナム政府は採る。このような都市政策に名を借りた産業政策に乗って商品開発をすることは危険以外の何物でもない。スハルト大統領はモノの現地化という産業政策によってハイコスト・エコノミー国インドネシアを現出させたという皮肉も同じである。産業政策をする暇があったら技術教育政策を採ればよい。何が儲けを生むのかについて介入すべきではないし、損を生んでいる地場企業を保護することは国の経済成長に役立たない。それは、2003(平成15)年になっても続いている日本の金融システム維持という名を借りた4大都市銀行保護政策にも明らかである。

2.3. R＆Dで儲ける

> Russian Anecdote
> コダックはデジタルカメラの新規モデルを発表した。赤目軽減モードの他に酔っ払い用赤顔軽減モードが付いている。

2.3.1. 開発競争力があるか

リエンジニアリングの考えでは、開発競争力は、製品競争力、開発競争力、開発ポテンシャル、改革力、改革アクションプランの連携により実施されなければおよそ効果は上がらないとする。

製品競争力では以下の点が大切である。シェア、売上げ、成長率を見る。コスト競争力を見る。新製品投入タイミングを見る。先進企業と比較する。経営中長期目標を持つ。アジア途上国でも日本の先進企業と比較すべき時期がきて

いる。独自の製品開発力はいまだに外資任せの場合が多い。

開発競争力では以下を見る。目標設定では、簡便性、有効性、継続性を考える。要員生産性を考える。ASEAN資本主義国では要員生産性が圧倒的に低い。

開発ポテンシャルは以下の点を見る。プロセス、技術、スキル、ツール（機械としてのCAD/CAMに頼りすぎるな）を見る。日本の開発部門では時短の特別扱いが多い。アジアではどこでも開発のための残業などおよそしない。

人間の思考を見えるようにする。思考プロセスは技術者の頭の中にある。思考は試行錯誤で、問題の予測、解決の方針、ポイントが事前にわかるようにする。属人的ノウハウを引き出し、形にし、蓄積し、再利用する。ベテランの高度なスキルを基準化し標準化する。そのためにはベテラン工具を尊敬する風潮を企業内にOJTを行いながら育てる必要がある。アジア途上国では高学歴者が、低学歴者の熟練工が持つ高度なスキルを軽視することが多い。

改革力は以下で見る。短期で見るためには、技術者のノウハウカード、ウィークリーカードを作る。ノウハウカードには、ノウハウの引き出し・蓄積・共有・再活用、効率化、要素技術標準、が記載される。ウィークリーカードで、計画力、コミュニケーション、時間管理力を見る。中期で見るためには、ボードでビジュアル化する。パーソナルボード、プロジェクトボード、ノウハウ蓄積ボード、改善ボードがある。ボードにより、適時対応力、チーム活動、第一線の支援が必要であることがわかる。長期で見るためには、技術マップにより方針管理と方向付けをする。

改革アクションプランを作る必要がある。アジアで開発能力をつける必要があるからである。日本ではリエンジニアリングが行われているが、アジア途上国では今から導入の段階だ。単にR&Dが途上国で出来ないでは済まされない。調達・生産を途上国でやっているのにR&Dを先進国で行っていては市場の要望に応えられずかつ時間がかかる。

自ら技術革新を起こせない国が発展しないのは、アジア通貨危機当時話題になった成長計算で明らかになっている。経済成長は、労働力、資本力、技術革新力で決まる。労働と資本の投入額と経済成長率（GDPの対前年度成長率）は統計的に得られる。とすれば、逆算して技術革新力（全要素生産性、AFP）を計算すればよいとするのが成長計算である。クルーグマンが『Foreign Affaires』に掲載した「幻のアジア経済」は、アジア諸国の労働生産性のアップと資本生

産性のアップにはそろそろ限界がきている、アジア諸国の経済成長率はこの労働と資本でほとんど説明されてしまう、という趣旨である。つまりアジア諸国での全要素生産性のアップは見られないのである。

　R&D は物理的な商品の研究開発を指すが、実は経営・販売というソフトウェア、サービス自体に対しての R&D もあるはずである。サービスの技術革新力を成長計算で測るのは困難である。それを測ったとしているのが 2000(平成 12)年頃話題になった、米国経済は IT 化しているので経済成長に衰えは今後もないとする極めて楽観的な論議だった。IT 投資額の伸びが大きければ企業業績は良くなり、マクロ経済成長に大きく寄与するとする考えである。その下で SCM や 3PL、B2B や B2C が声高に叫ばれた。3PL とは third party logistics のことで、物流のアウトソーシング企業と呼ばれる。FEDEX が典型である。物流センター、在庫管理のみならず生産組立まで請け負う場合もある。特に FEDEX の貨物がどこにあるのかについて顧客企業にもわかる tracking system が有名である。確かに顧客企業は自社の顧客からの問い合わせに対して 3PL の社内システムにアクセスしてきめ細かく対応できるのだから、効率的である。しかしこのようなシステム開発により成功する企業の数は限られている。IT 化で成功していない会社も多い。特に network 系の IT 投資は 2001(平成 13)年以降不振で、IT による成長神話は崩れた。IT で network を作っても利益を上げられないことが多くなったからだ。R&D は seeds に合わせた needs 作りと言われるが、needs ではなくその財サービスを実際に購入する wants に合わせた seeds の提供が経済成長に繋がる技術革新を生むと考える。needs のみでは情報にただでアクセスする人が増えるだけで購入までに至らないことが多いからである。network 系が思いのほか伸びなかったのも同じ理由だと思われる。network 系で広告宣伝料で儲けるというビジネスモデルは余りにもテレビ事業の影響を単純に受けすぎたビジネスモデルである。

2.3.2. チェーン・リンクト・モデル

　チェーン・リンクト・モデル (chain linked model) は従来の研究開発手法をリニア・モデルとして排する。Rosenberg カルフォルニア大学教授のアイデアであるが、日本の中谷巌・青木昌彦のいうサシミ・メソッドによる日本的生産に即した研究開発手法は、チェーン・リンクト・モデルの応用である。日本の

技術開発論の草分けである斎藤優中央大学教授の言う新商品開発におけるリニア・モデルはR&Dのこのリニア・モデルと異なる意味で使われているので留意する。斎藤は一企業内でR&Dをするのをリニア・モデルといっており、「他の行動主体の協力を得て、開発プロセスを任意分担してもらったり、異分野への応用によってより大きな成果を上げるような、ノンリニア[14]」との対応で言っている。

　チェーン・リンクト・モデルは以下を内容とする。①研究開発部門を研究部門と開発部門に分ける。研究部門と他のすべての業務部門は知識をノッドとして結び付く。②他の業務部門は次の業務過程との間で技術革新のチェーンとして結び付く。③そしてすべての業務部門間をフィードバックの穴で結び付ける。④特に販売部門からは、商品開発部門向けに商品開発を始める際の潜在的な市場の発見へのフィードバックを重視する。⑤また販売部門から直接研究開発部門向けへの情報提供とモニタリングの結果報告を重視し、そのために必要な機材・人材の提供をする。

　チェーン・リンクト・モデルは以下のように図示される。ポイントは研究部門で効率的に研究成果を上げさせるには、従来の業務過程毎に独立して研究部門を使うやり方では儲からないということである。サシミ・メソッドは②のチェーンをのみカイゼンという形で言っているに過ぎない。

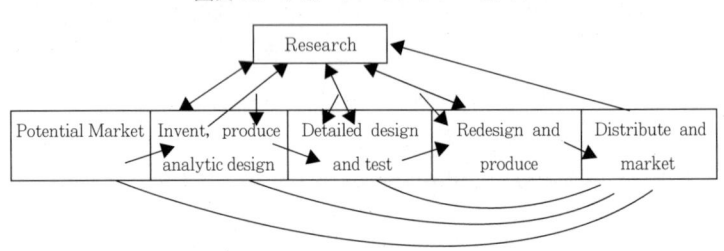

図表10．チェーン・リンクト・モデル

```
                    Research
    ↗  ↑  ↑  ↑  ↖
Potential Market | Invent, produce | Detailed design | Redesign and | Distribute and
                 | analytic design | and test        | produce      | market
```

　チェーン・リンクト・モデルでいくら効率的に研究開発を行っても、儲からない場合がある。技術革新のスピードが速すぎる場合だ。IT技術革新が典型だ。ドッグイヤーといわれる技術革新で、イノベーションのジレンマという現

---

[14] 斎藤優「産業競争力と技術革新戦略」『アジア経営研究』アジア経営学会2001年6月号 p.17

象が起こっている。設備投資額を大きくして先にシェアを大きく確保しないと勝てないが、新技術が開発されて、前の設備投資の減価償却負担が大きいうちに、次の設備投資をしないと儲けられない。償却負担で損失がでているのに新規投資のために借り入れねばならないという事態だ。EMS企業に生産させて、償却負担を減らし、早く市場での売上を増やせる態勢にして次の研究開発費を捻出しようとしているが、なかなかうまく行かないのが現実だ。

この点、刺身メソッドの自動車組立産業の方が研究開発費を確保しやすい。製品のモデルチェンジ競争は企業間である一定の原則ができているために、ハイブリッド車や水素自動車のような自動車を開発する時間的かつ資金的余裕があるのである。

2.4. 調達で儲ける

2.4.1. 調達在庫削減の手法

> Russian Anecdote
> 社長、どうやったら会社は節約できるかを説明させていただきたいと思います。あなた、退職しませんか？

JMAM(日本能率協会マネジメント研究所)は調達在庫削減の手法には以下があると言う。生産品目削減、受注共通化・部品共通化、予測・販売方法の見直し、取引先得意先の情報ネットワーク、在庫拠点の集約、在庫基準の明確化、現品管理の正確化、リードタイムの短縮、短サイクルの計画化、小ロット多頻度生産である。

調達においては、外注とアウトソーシングの共通点と違いを理解することが必要である。外注(subcontract)とは「発注者の指定する設計、仕様、納期によって、受注者(外注工場、協力工場)に部品加工または組立を委託する方法」である。他方アウトソーシングとは「従来業務を遂行する上で必要な一連の業務活動の一部を外部の企業にゆだねること」である。共通点はどちらも業務の外

部委託であるテント委託先を管理する部門が必要であることである。菅間正二は『入門外注管理』p.57で以下のような表を示し、外注とアウトソーシングの違いを示している。ここでのアウトソーシングは経理やコンピュータシステム管理のアウトソーシングが主にイメージされている。このようなアウトソーシングのみならず、部品生産において外注と変わらないアウトソーシングが現在アジアFDIで注目されている。この点については次節2.4.2.で製品開発との関係を中心にその功罪について取り扱う。

図表11. 外注とアウトソーシングの違い

	外注	アウトソーシング
業務プロセス	ブルーカラーの領域	ホワイトカラーの領域が主
分業システム	垂直分業システム	水平分業システム
体制	垂直支配体制	協業体制
委託先のイメージ	下請け業者、子会社	イコールパートナー、協力会社
委託内容	直接業務が主	間接業務が主
対象	生産業務が主	計画・管理業務が主
活用資源	外部の工数・設備	外部専門家

　外注は発注先側企業から言えば調達業務であるが、外注先企業で言えば材料調達の場合ばかりでなく開発・設計の外注、試作の外注といった場合があり、そして発注者側の企業にしてみれば材料調達の後の業務である加工の外注、ユニット組立の外注があり得る。外注する理由は製造原価を下げる、少ない設備投資で新製品やモデルチェンジに対応できる、固定費の変動費化が図れる、自社で生産できない高度な製品を作れることである。モジュール生産とは完成品外注ではないユニット外注であると見ることが出来る。垂直分業とは生産の内部で分業することで、社内外注、下請け、内職、OEM、ファブレスがある。水平分業とは、生産業務に限らない工程分業を言い、アウトソーシングやEMSがある。

　アジアFDIは外注における受注先になることが多く、発注先の企業（多くは日本の親会社、現地にある組立企業）から品質管理、原価管理、納期管理つま

りQCD管理を受ける。品質QはCは納入不良件数、納入不良個数率でみる。原価Cは価値分析(VA)、提案件数、価格改定件数、価格改定率でみる。納期Dは納期遅延件数、ライン停止期間でみる。アジアFDIが受注先となる場合は、品質と原価が、発注先となる場合は納期と品質が留意点である。VAとは機能が同じならばコストが安い方が、コストが同じならば機能の多い方が、価値が高いとして、同一機能を得るために材料や生産技術での改善によりコスト削減を図る手法である。

IT技術の進展でアジアFDI企業と日本の親会社ないし、発注元と外注先をonlineで繋ぎEDI(電子データ交換)で情報を交換するシステムは、品質重視で効果が上がれば、システム構築費用を掛けるべきである。CAD/CAMデータの交換が必要となる企業やIT software製造企業では必須のツールになっている。また発注元企業内にある在庫を供給元である外注先企業がITを使って管理するVMI(Vender Managed Inventory)や資材所要量計画(MRP, material requirements planning)、SCMは日本の親会社とアジア日系FDI間および中国での傘型企業と傘下FDI間で必要になってきている。特に主力外注先であるAグループ外注先との間では必要である。ただし使いこなせる人材が必要であるし、このシステムをさらに改善向上していく提案能力のある現地人社員がいないと導入コスト倒れになる。

外注費用は製造原価だから損益計算書の売上原価、貸借対照表の棚卸資産に記載される。外注費用を低下させる工夫は、発注先を発注内容別と発注金額別に分類することに始まる。次にABC分析を以下の表に従い行う。このABC分析とは、ある会社の扱う品目数と販売量の凸型曲線(2.5.7.図表16.)を踏まえてのものである。即ちどんな企業でも販売量の多くは少ない品目で賄われており、扱う品目数が多くなっても販売数量はそれほど伸びない(凸型曲線、限界効用が低減する)のである。

通常、経営学でABM(activity based management)の関連でABC(activity based costing)が言われる。業務プロセス改善を通して、主に製造間接費の正確な配分によってコスト削減を図り、競争力向上に役立てるのがABMである。この文脈と異なるので留意する。

図表12. 調達における ABC 分析

	A グループ	B グループ	C グループ
構成比の累積和	80% 未満の外注先	80-95% の外注先	95% 以上の外注先
発注金額	大	中	小
貢献度	大	中	小
外注先の性質	主力外注先	補完外注先	一般外注先
発注頻度	大	大	随時
管理の程度	重点管理	中間管理	簡素化

　類似品を作っている発注先を整理統合する。日本では整理統合は発注先を減らすことを意味する。アジア外資系企業では整理統合は発注先を減らすことでなく増やすことを意味する場合が多い。B、Cグループを作らないと納期管理で失敗するからである。その際には取引契約書を製造委託、OEM、知的財産権の実施権の設定、秘密保持義務、再委託の禁止、貸与品の返還、支払条件、品質保証・瑕疵担保責任、契約期間と契約解除条件、受入・検査、価格・仕様・品質・納期の観点に留意して作る。日本では作らなくてもアジア合弁 FDI、アジア地場企業との取引では必ず作らないと足をすくわれる。ボーナスとペナルティで外注先企業に「次回もわが社に発注を」とのインセンティブ条項を入れることは、アジア企業、アジア日系 FDI 企業との取引では日本国内での外注先との取引以上に有効である。日本国内では表彰が多いが、アジアでは利益を金銭で出さない限り表彰をありがたる企業も個人もいない現金な社会であることは肝に銘じるべきである。

　製品ライフサイクルから言えば、Cグループは導入期と衰退期、Bグループは成長期、Aグループは成熟期だろう。その理由は下表のとおりである。アジア外資系企業の場合、BとAグループが中心となる。

図表13. 製品ライフサイクルと調達の ABC 分析

	導入期	成長期	成熟期	衰退期
生産数量	小	中	大	小
生産ライン	暫定ライン	量産ライン	量産ライン	汎用設備
外注管理	品質管理	納期管理	原価管理	原価管理
ABC 分析	Cグループ	Bグループ	Aグループ	Cグループ

たとえ発注先が子会社であってもQCD管理を含めた外注先の格付けは欠かせない。アジアFDIへの外注化そしてアジアFDIからの外注化を判断しなければならないからである。アジアFDIからアジア地場企業への外注化にあたっては、試作品は丁寧に作るが量産化すると質が断然落ちることに留意する必要がある。それは地場企業の工場訪問、経営者の資質、幹部と従業員の規律からみればおよそ推測がつく。試作品の質と、発注単価が安価な見積もり価格に惹かれて契約を安易に締結すべきではない。

発注単価決定は外注加工費を元とする。外注加工費＝材料費＋加工費＋経費である。材料費は歩留まりが上がれば低い水準で済む。アジア地場企業は量産における歩留まり率が低すぎる。それは切削油のような補助材料によることも多いので、仕様書に主要材料、副材料のみならず補助材料の仕様をも記載する必要がある場合も多いだろう。材料は有償支給と無償支給と外注先企業による自己調達がある。輸入材料の場合無償支給では加工不良率が高くなるし、有償支給では手配と支給価格と買取価格の交渉が面倒である。外注先の自己調達では品質が落ちる材料を使われる可能性が高い。

加工賃は標準作業時間と使用する設備の種類能力に応じたレシオからなる。標準作業時間＝標準主体作業時間×ロットサイズ＋段取時間である。レシオ＝(労務費＋製造経費)÷直接時間合計である。アジアFDIでは段取時間の短縮、多能工の能力が必要とされる多台持ち・多工程持ちは期待できない。経費には一般管理費、販売費、利益がある。

アジア企業にはISO9001取得企業も多くなってきている。品質マネジメントシステムであるISO9001では品質保証に加えて経営者の責任事項で顧客満足の向上を目指してトップマネジメントをすると明瞭に記載されている。ISO取得企業である実際を要求すべきである。アジアFDI企業はその親会社である日本企業にとってAグループの内重点育成外注先企業である場合がほとんどである。そのために技術指導、研修受け入れ、管理手法の実践指導をし、経営者や社員を派遣、出向させるのである。現地人工員の日本の親会社での研修受け入れでは、段取りの仕方、加工不良率を低くする必要性の認識と加工不良率を低くするためのポカよけ(fool proof)の工夫を徹底的に教えるべきである。それを現地FDI用に工夫できるかできないかで昇進と昇給を決めると研修派

遣時に言い渡すのも一方法である。FDI企業に外注する製品の組み合わせは成長期製品の順次投入、また品質レベルは過剰品質にならないようにすることがポイントになる。

2.4.2. 調達アウトソーシング

> Russian Anecdote
> 人材募集：豊富な経験を持っている怠け者を、競争会社への派遣のために雇用する。

調達アウトソーシングで儲けている典型的なビジネスモデルとして、アパレル品の委託加工、家電・PC・携帯電話の部品調達における EMS (electronic manufacturing service) がある。OEM (original equipment manufacturing) は完成品である製品を OEM 発注先のブランド名をつけて受注することであり、調達先としては一切生産しないでブランドで商売できるビジネスモデルであるが、OEM 企業に技術力がないとブランド名が落ちてしまうという決定的な欠陥を持っている。そのために、成熟商品でしかなされないことが多いし、またブランド名を持つ企業の商品多様化の手段として使われることも多い。松下電工によるアメリカ企業名を付けてのファクシミリ生産が典型的だった。

プライベート・ブランド品もまた OEM の一種であり調達アウトソーシングの例だと言えるかもしれない。プライベート・ブランド品とは大手小売業、スーパー・マーケットが自社の店頭で販売する際に自社独自のブランド名を付けた商品のことである。ダイエーのセービング等が典型である。米国大手小売業・通信販売業であるシアーズ・ローバックはプライベート・ブランドで大きく儲けている会社である。大量購入による仕入れ価格の低減と、店頭で得た顧客情報を反映した商品開発が提案できるために他の製品と差別化できる。特にブランド力が生活スタイルを提案できる能力にまで広がってくると、自社製品による生活スタイルとしてプライベート・ブランド品の幅を広げることができる。「無印良品」自体がセイユーを離れたブランド名になっているのが典型である。全中国から各種日用品・雑貨を調達し、かつ当方の企画商品を委託生産し

て全量購入して一律の価格で売るダイソーの100円ショップにもそのような要素が出てきている。ダイソー製品に囲まれた生活は1つのライフスタイルになっているのである。

　アウトソーシングは調達(OPAの3)で言われることが多い。しかし本来、アウトソーシングとはビジネスを遂行する上で必要な一連の業務活動の一部を外部の企業にゆだねることをいう。1990年代に入り欧米アジア企業の採用する人気のある経営手法では、戦略計画、企業ビジョン経営、ベンチマーキング、顧客満足度についでアウトソーシングは人気のある経営手法になっている[15]。製品開発を技術力のある外部の企業に任せることで、開発時間の短縮、コストの節約が可能になり、自社は核となる技術・能力の強化に専念できる。いわゆる「選択と集中」戦略の一部である。この場合の製品開発とはOPAでいう商品開発ではなくR&DのDでいう開発の一部分を指す。以下では製品開発力とアウトソーシングの関係を考える。

　アウトソーシング先はライバル企業にもその製品開発力を売り込むだろうから、競争優位は必ずしも築けない。これがアウトソーシングのジレンマと言われるものである。アウトソーシングをOPAの2でなくて3の調達で使えば良いではないかという考えが電子部品製造のEMS企業を生み、4の生産で使い自社は1の商品開発と2の研究開発しかしない場合がファブレス企業である。EMS企業ではSolecton (SONY中新田工場の売り先、経営者は日系人西村氏),Flextronics (AIWA名古屋工場の売り先、中国への大規模投資),Sanmina, Celesticaなどの企業がある。日本企業では長崎屋の更生管財人になったキョウデンの本業がEMSである。

　武石彰一橋大学助教授の著作は、自動車メーカーを対象に、その組織の構造とプロセス、そして人事と知識の管理の仕方によってはアウトソーシングしながら競争優位を作れることを示しており興味深い。武石は自動車産業においてもプロセスイノベーションが多い漸進的な技術革新では成功する可能性があるが、断続的な技術革新では困難であることも言っている。武石の言う組織構造とは今井賢一・伊丹敬之・小池和男の共著『内部組織の経済学』で明らかにした中間組織(inter-organizational cooperation)である。それを産業組織論の大家で取引コストの経済学で有名なOliver Williamsonはhybrid modesとい

---

[15] 武石彰『分業と競争』有斐閣2003年 p.3

っている。地域研究で net work based industrial system flexible network といわれているものも同様な企業間取引を指しているようである。武石の問題は自動車部品会社を自動車組立会社のアウトソーシング会社と捉えている点である。筆者は企業間取引の1つの形態としての開発における中間組織と考えるのが妥当と考える。なぜなら中間組織とみれば、企業を超えた業界活動、情報交流会、第三者が主催する各種共同研究会の一種として自動車部品メーカーのデザイン・インが説明できるからである。

新車の部品の設計開発において自動車部品メーカーが分担する役割は下表最左欄の3種がある[6]。これをアウトソーシングのジレンマとして捉えなおせば下表の問題点が指摘できるだろう。

図表14. 自動車企業と自動車部品企業における調達

自動車企業と自動車部品企業の間の設計図	利用率と自動車産業における優劣	企業間関係
貸与図, detail controlled parts 開発は組立企業が行い部品企業は与えられた設計図に基づき生産だけを行う。	米国自動車会社の81% EU自動車会社の34% これが米国の自動車産業の衰退を招いたと80年代末リーン生産方式がMITで考え出された。	入札が可能。短期契約。多くの産業分野の部品調達アウトソーシングで使われる。通常のEMS企業の道である複数の納入先への大量生産。
承認図, design in, black box parts 基本仕様は組立企業が提示し、部品メーカーが詳細設計を行う。	日本の自動車会社の60% EU自動車会社の39% 開発工数を少なくし、開発リードタイムが5か月短縮できる。VEが可能。これがトヨタ生産方式を有名にした一因。	取引の継続を前提とする問題解決の共同化。相対取引の随意契約しか出来ない。Hold up効果で取引保証要請に応えると調達価格が高くなる。生産がしやすくサービスが容易な設計が出来る。問題解決の前倒しが可能。
市販品, supplier proprietary parts 仕様設計を含め開発生産を部品企業が行い組立企業は単に購入。	EU自動車会社の90年代央からのモジュール生産方式の考え方に近い。	入札が可能。市場取引が可能。電子部品産業でのEMS企業の儲ける道。

---

[6] 武石彰『分業と競争』p.33

承認図方式のアウトソーシングの問題は、以下の2点である。
① 主要な納入先に納入するために必要となる設備投資が納入先企業にしか使えないのでより納入先との関係を深めざるを得なくなる場合がある。世界一の自動車用金型メーカーであるオギワラは多様な自動車メーカーの大型金型に対応するために試作用プレス機の能力が1,500トン以上の高額な特注品を持っている。その特注品が日本のみならず米国でも必要となり、2002年貸し渋りの下で大和証券系のVCに支配株主たる地位を譲渡せざるを得なくなっている。
② 製品のライフサイクルにおいて開発期の顧客はリーダー企業でない場合が多い点である。技術革新を先取りする顧客をlead userといい、既存の大手顧客に食い込んでいるリーダー企業は新たな技術革新への資源投入の優先順位が低くなり、対応が後手に回りがちである。売上げの比重が大きい顧客向けに重点的に資源や努力を配分することが儲けを生まないことも多い。

日本の自動車会社のうちでトヨタ、三菱、スズキは部品メーカーを共有していることが多いが、日産とホンダは共用率が低い。部品企業とのネットワークはトヨタ、三菱、スズキが高いといえる。しかしこのような単なるネットワークの強弱は問題ではない。

開発部門間の調整と開発と購買部門間の調整が、部品企業と前倒しで出来るかの方が問題である。その役割をなすのが企業内交渉者と企業外交渉者の両方を行う設計技術者である。そしてそれらをまとめるリーダーとなるheavy weight product managerの能力である[7]。このような仕組みや能力は時間を掛けないと培われないことをDierickxは時間圧縮の不経済(time compression diseconomies)という[8]。大企業には優れた人材が多いが、サラリーマン役員には彼らを率いていく力量がないことが多い。それが日産の失敗であり、1999(平成11)～2002(平成14)年に日産のNRPが成功したのはカルロス・ゴーン氏の虎のようなリーダーシップによるといえよう。それが部品企業の絞込みと購買コストの削減となって現れた。中堅企業は人材に乏しいが、トップという強力なリーダーがいる。狼の集団を羊が統率するのは難しく、複

---

[7] この点を明らかにしたのが藤本隆宏東大教授である。
[8] 武石彰『分業と競争』p.158

数の狼を虎が率いるのには時間圧縮の不経済が必要なのである。

　アジア地場財閥企業と中国民間製造企業のトップダウンの経営は、虎が羊を統率するので、技術は盗まないと成功しないのである。アジア地場財閥企業が日系製造業と合弁を組みたがる一方で技術の対価を安くしか評価しないのも、中国民間企業が日系製造業企業に進出させてその技術の意図せざる漏洩をspilloverだとしてよしとする態度も、中国民間製造業と韓国大手製造業が日本人技術者を短期契約で迎えるのも、heavy weight product managerを羊として雇うための算段である。彼らにとっての知識のマネジメントとは、生産技術を安価で入手し、どれが現地市場で売れるかを見極めることである。

　企業間の継続的な取引を重視するアジア日系FDIには、heavy weight product managerの役割を果たす企業内交渉と企業外交渉ができるマーケティング部門出身者が必要である。日本の親会社の販売する製品リストの中から現地ないし輸出での販売の成功を見込める能力を持ち、日本企業の持つ技術を盗ませないで日本人エンジニアの流失をコントロール出来るのは、マーケティング部門の出身者だからである。つまりアジア日系FDIでの調達担当者はマーケティング能力を長い時間を掛けて培ってリーダーになれる人材でなければならないのである。技術が盗まれるのは知識のマネジメント能力が低いからである。

　アジア市場では商品が新規技術ではないために、アジア日系FDIでは部品知識だけが必要とされ、統合知識は必要とされない場合が多い。統合知識とは商品の部品レイアウト調整、組付設計、機能のチューニングといった知識である。新製品では統合知識と部品知識が、供給側・調達側に共に必要なので知識での分業が出来ないために、効率が悪い。既成製品では調達側が統合知識を供給側が部品固有の知識を持てばよいので知識の分業がしやすいのである。

　筆者の業務過程分析では業務別に技術水準で表される知識は捉えられている。しかし業務における企業の境界 (task boundaries, task partitioning) と知識における企業の境界 (knowledge boundaries, knowledge partitioning) は一致しないことが多い[10]。即ち技術水準に応じて業務における企業の境界と知識における企業の境界を変えられる柔軟性を日本企業は日本で持ち続けた上でのアウトソーシングをなし、アジア日系FDIはアジア企業、日本企業および他のアジア日系FDIとSCMを築かねばならないのである。

---

[10] 武石彰『分業と競争』p.231。この点が本著作のオリジナリティである。

技術を高く評価するところで技術先進性のある事業をすればよい。それは欧米日ではあってもアジアではないだろう。それは筆者の投資環境比較において日本が一番投資環境がよく次に英国、米国と続く事実と整合的である。技術先進性を狙うのならば、効率的な知識マネジメントを狙うより統合知識と部品固有の知識の両方を持たねばならない。

core competence経営は危険である。競争優位を作るといいながら、部品の点数が多く、技術革新のスピードが高い産業分野では逆に競争劣位になる可能性が高い。自らの得意とする能力に集中して、他はアウトソーシングするという考えは、確かに生産コストとリスクを軽減はするが、それで競争に勝てるのは、既成製品においては明らかだが、新製品においては不明確だからである。特に統合知識と部品特有の知識を共に維持するような商品の部品点数が多い産業では、得意分野への集中は不効率だから、どちらかに集中して、モジュール生産をやればよいとの考えに傾きがちである。その際に新規製品を生み出せるだけのアイデアは生まれてもそれを量産化する技術で手間隙が掛かる可能性が高い。技術の適正な評価を踏まえた外部の企業との協力的な関係を築くことが競争優位のポイントだと考える。武石は場合によるとしているが、筆者は外部企業との中間組織を利用した協力関係の方が、core competence経営に勝ると考える。

2.4.3. 随意契約と見せかけて営業秘密を盗む中国法人

> Russian Anecdote
> 中国がアメリカのスパイ機を乗っ取った後、アメリカはこの飛行機の生産を止めてしまった。軍用機市場に低価格の中国製模倣スパイ機が出回ってしまったからだ。
> アメリカ政府は中国政府に対しスパイジェット機を返還するように要求した。その際に、在ベオグラード中国大使館に落としてしまったミサイルの返還をも請求した。さらに、このミサイルとの衝突は事故であるとして中国政府を相手取り、衝突事故による損害賠償請求訴訟を提起したのはもちろんである。

価格の契約から見た購買方式には、一般競争入札、指名競争入札、見積合わせ、随意契約がある。アジアの日系企業は他の日系企業から調達する場合の契約方

式は随意契約が圧倒的に多い。しかし最近アジア、特に中国における電子部品・家電系の日系組立企業は日本の金型メーカーから調達する際に、随意契約の振りを見せて見積合わせをする例が増えてきた。日本の金型メーカーの営業秘密である金型の設計図、仕様書を奪って、より安い調達を地場企業ないし韓国企業、台湾企業よりなそうとする戦術である。2002(平成14)年10月22日付のNHK教育テレビでそのようなドキュメンタリー番組が報道されている。中国、台湾、韓国は基盤技術の水準が高いために、このような事態が起こるのである[16]。

日本企業の金型は高いので、中国企業、台湾企業、韓国企業に奪った設計図、仕様書を見せて安く金型を作らせようとする戦術である。金型購買に当たり随意契約を匂わせて、契約条件として金型の設計図、仕様書を添付することを付すのである。別に設計図や仕様書がなくても金型の発注はできるので不当な契約条件だが、設備投資が極端に落ち込んで納入先が少なくなっている日本企業にとっては、中国沿海地方の日系組立企業からの発注は貴重である。得た金型の設計図、仕様書を、中国の中韓台企業でお目当ての随意契約先企業に見せていることを証明する証拠を日本で得るのは至難である。このような方法で日本の部品産業の空洞化が進んでいるのである。日本の部品企業を潰しているのは、安価で携帯電話、PC、家電品を組み立てざるを得ない、中国を中心に広がる日系組立企業であることが多いのである。彼ら組立企業はドックイヤーといわれる製品モデルの変化に応じて設備投資を余儀なくさせられ、償却負担をなるべく軽減するために、このような金型の安価調達方法さえ考えるのである。明らかな営業秘密違反であるが、取り締まりは難しいし、中国での意匠法違反訴訟は困難である。

中国最高の理工系大学である清華大学が、日本の千葉県市原市の中小企業である半導体機械製造企業と合弁会社をつくって、日本の親会社に半導体製造機械を随意契約で発注する振りを見せて仕様書を奪い、韓国企業にそれを見せて半導体製造機械を安く調達した例が1999(平成11)年に起こっている。清華大学との合弁事業を持っているということで技術力を国際的にアピールしたい日

---

[16] 鈴木康二『アジア新興市場投資実務ガイド』pp.22-26
鈴木康二「アジアでの営業秘密を巡る企業戦略」『開発金融研究所報』2002年1月号

本の中小企業は、こんなことをされても合弁契約を破棄していない[17]。

組立日系企業や清華大学が優越的地位を利用して日本企業と取引したとは必ずしもいえないから違法にはあたらないし、証拠がないから不正競争防止法で取り締まってもらうことも困難だが、フェアな取引ではないことは確かだ。中国政府にしてみれば、中国の企業にロハで技術移転ができたことになり、そのようなフェアでない取引を取り締まる意欲は余りないだろう。ただしそれらの営業秘密を盗んだ中国企業、中国日系企業が、日本を含めた第三国で同じ製品を売れなくなるような環境になるのは確かだ。自分の不正は一時的には当該企業の利益になるが、将来自らの首をしめる結果になるのは必然だろう。

2.4.4. 価格契約から見た購買方式の特徴

価格契約から見た購買方式の特徴を以下に挙げる[18]。日本企業間は随意契約に頼りすぎる傾向がある。

図表15. 価格契約からみた購買方法

方式	長所	短所
随意契約	都度購入に近く、在庫削減に寄与。特殊な仕様に対応可能。日系企業間の信頼に基づく契約として便利。	数量割引や市況変動の恩恵がない。中国法人が日本部品企業の営業秘密を盗む手口となる。
見積合わせ	不良企業の参加を防止し競争原理を使い、良いものを安く調達。アジア地場企業。	見積相手を知られると談合の危険性あり。自社の価格審査能力必要。アジア企業が営業秘密を日本より盗んで中韓国で作る手段。
指名競争入札	不良企業の参加防止。競争原理で安価に遂行能力がない企業が多い。	業者指名に準備と手間が必要。談合の危険性あり。アジアの公共事業に多くあり得る。
一般競争入札	競争原理で最低価格企業から購入可能。新規購入先の発見。	手間と費用がかかる入札。品質納期面で未達の企業があり得る。

---

[17] 鈴木康二「アジアでの営業秘密を巡る企業戦略」『開発金融研究所報』2002年1月号で法律的、経営学的にアジア各国の事情を本事案を含めて総合的に検討し、今後どのようなライセンス契約を結べば良いかを提案している。

[18] 水野智子『2002年版生産管理クイックマスター』p.133の表にアジアでの例を加筆した。

2.4.5. マイクロ・アウトソーシング

調達部門は間接部門(各部門の総務的な部署および人事労務、財務経理のコアでない部分)と同様に一番アウトソーシングしやすい業務部門である。間接部門のアウトソーシングは本来調達部門のアウトソーシングと無縁だが、利益を生むとして近時評価されているのでここで述べておく。

マイクロ・アウトソーシングは、特にアジア地域における日系企業でホワイトカラーの生産効率化の手法として有効な手段と考えられる。ただしサービス業への外資参入はこれらアジア諸国では認められていないことが多いので、現地人従業員に独立を目指させて、サービス業務の高度化へのモチベーションになり得る。ただしサービスの値段はまだまだ安価にしか評価されていないのがアジア途上国の現実なので、独立しようとの意識を醸成するためには、コスト削減意識よりも作業の能率アップ、またQC運動において実際に成果が上がる手段として利用したほうが良いと考える日系企業もあるだろう。しかし「米系企業より給料が低い」、「日系企業では出世のチャンスが少ない」と批判されるアジア日系企業での応用の可能性は広い。また現地日系企業の株式公開戦略の1つとしても利用できる。日系企業のストックオプションをマイクロ・アウトソーシング先の従業員・経営者に与えることにより、サービス調達費用を安く抑えても働くものの満足度(ES)は高くなり得るのである。もちろんマイクロ・アウトソーシングによって、当該日系企業がそのコアとなる事業部門に集中できることによるメリットも得られる。

間接部門のアウトソーシングは従業員の満足度合い(ES)を高めるためにもマイクロ・アウトソーシングとして捉えなおす必要があるという考えを人材派遣業社パソナが提案している[19]。従業員に得意であって好きなことに専業化してもらうための分社化を考えろという提案である。この考えは各業務過程の内の小さい単位を強くするためのサービスであり、シェアド・サービスやプロフェッショナル・サービスと呼ばれるものである。特に社内向けサービスを提供する間接部門をコストセンターからプロフィットセンターへ脱却させることに役立っている。従来の本社におけるサポート業務を社内顧客向けシェアド・サービス部門として専門性を磨き、その後分社化してサービスを外販する戦略

---

[19] 上田宗央『マイクロアウトソーシング』日刊工業新聞社 1999年

が考えられる。サポート部門を子会社として一気に分社化する戦略もあるが、明確なミッションがなかったり、顧客サービス意識が低いと、コストセンターから抜けきれずに失敗することも多い。サポート部門を第三者に直接アウトソーシングする戦略もあるが、これは顧客情報の漏洩や品質の低下、納期の遅れといった問題が発生しやすい。

2.5. 生産で儲ける

> Russian Anecdote
> 労働時間は「昼飯前の時間」と「帰る前の時間」からなる。

2.5.1. プロダクトアウトへの反省

　顧客の要求する仕様、デザイン、機能、価格になっているか、つまりmarket inの考えが重要となっている。自社の論理で生産を行っていること (product out) への反省がリエンジニアリングでは必要である。product outでは少種大量生産だったが、market inでは多種少量生産そして変種変量生産が必要になってきている。

　アジアでは日系FDIも含めいまだに少種大量生産が主役であるが、日系FDIの中には多種少量生産に取り組む企業も出てきている。韓国企業、中国企業は世界への輸出基地を目指す生産体制を図るべく巨額な生産設備への投資を行い、最新型の巨艦型の生産設備を持つようになっている。最新の工作機械が並ぶ中国地場企業は多くなっている。日本企業と日系企業は小型軽量の生産設備で対応しようとしている。日本企業と日系企業の設備が古くなっているとの批判を浴びることもあるが、市場の推移へのリスク吸収という面のみならず、従業員の技能の向上、変種変量生産、環境対応、予防安全、消費地での生産にはむしろよい方法である。少種大量生産では緻密な生産計画と生産指示がポイントだが、飛び込み注文があると生産計画は大幅に狂ってしまう。変種変量生産では、職場の管理・監督者や作業者の高度な判断が要求されるので飛び込み注文にも応えられるようになっている。

market in だからといって顧客絶対主義に陥ると、差別化商品で勝負しようとし、価格競争の消耗戦になったり機能が多すぎて使いにくい商品になったりする。日本ではこの傾向がある。アジアでは日本のブランドで勝負できる一部の消費財では差別化で儲かっているが、消費財組立の日系企業に部品を供給している日系部品企業の中間品生産では差別化が消耗戦にならないような工夫が必要である。

例えば顧客にスペックを個別に聞かないで、組み合わせで聞く工夫がある。価格、精度、使い勝手、重量・寸法、速度の5つのスペックを個別に聞くのではなく、「価格は高いが精度と使い勝手がよいもの」、「価格は高いが精度と速度がよいもの」、「使い勝手が良くて価格は安いもの」「価格は中位だが精度と重量・寸法がコンパクトなもの」といった組み合わせの中から選択してもらうのである。コジョイント分析という[20]。技術の棚卸も必要だ。常に自社の技術・生産ノウハウが市場で売れるかについての確認作業だ。売れなくなっているとすれば、売れるニッチ市場を開拓するか、売れる技術を持つ会社にロイヤルティを支払ってライセンスを受けるほかない。中間財を製造する日系企業の数は増えるばかりだが、現地での技術の棚卸は難しい。本社がトランスナショナル構造の組織の下で技術の棚卸のモニタリングをするとよい。顧客にすれば market in なのだが、生産者にとっては product out になっている、「中間財を高く買ってもらう」技術こそが、必要なのである。

2.5.2. ライン生産方式の設計手順

流れ作業で見込み生産を行うことをライン生産といい、多くの企業で採用されている。ライン生産では、各工程の手待ちを少なくするために工程間の作業時間の均一化としてのラインバランシングが儲けを生む基本である。各工程には、鋳物、塗装、加工、組立、検査といったものがあり、分業が行われている。分業では未熟練労働者は担当工程の作業だけを覚えればよいので大量生産ラインの戦力となれる。

ラインバランシングは、①サイクルタイムの決定(稼動予定時間と生産計画量から製品が作り出されていく時間間隔)、②最小作業工程数の算定、③ライン

---

[20] 伊藤修『プロダクトアウト戦略』ダイヤモンド社 2003年 pp.134-138

編成、④ライン編成効率の算出という設計手順で行う。この手順で改善出来るのは、①ネック工程の作業機械化(アジアでの機械導入による新規投資では為替リスクを生む場合がある)、②作業の分割と合併(アジアではチーム作業が苦手なことが多いので分割の方が合併より有効)、③作業の並列化、④中間ストック(仕掛品)・作業域の確保(部品の内輸入品が多いと通関が間に合わないため仕掛品が多くなる、他方で現地部品を使うと性能がでないことが多いために全量検品する必要がしばしば生じ時間が掛かる。日系部品企業への進出期待が高い理由だが、期待に応えて進出しても技術水準に問題があるので、原材料調達のみならず技術移転に時間が掛かり成功することは必ずしも期待できないし、納入先からの買取保証などおよそでない)、⑤作業者の再配置・掛け持ち・応援を行う(アジアでは多能工化は働く意識の問題から困難なので、採用時からジョブディスクリプションで作業種類を広く取っておく必要がある。これはポカ休が多いアジアの工場では有効である。応援ができる能力をOJTで教えておくとよい。アジアでのセル生産方式は工員の質からいっておよそ無理)、といった点である。

　キャノンは必要なものを必要なときに必要なだけ作るHIT生産方式を日本で進めている。そのために個々の工員がすべて1人で組み立てるセル生産方式を取り入れ、製品ごとのグローバル最適地生産に取り組んでいる。これをキャノン生産方式ということもある。アジアでの最適地生産は可能だがセル生産はアジアの工員が多能工化し、自分のペースで作業をした方が熟練度が増すという事態が生まれねばならず、現在では無理である。FlextronicsのようなEMS企業は中国も含めすべての工場でベルトコンベアを取り外してしまった。流れ作業によるスピードコントロールによらない方が作業能率アップに繋がるとの考えである。しかしこれは一人生産方式から離れた考えで、単純作業の作業効率アップは個人の能力に応じた方がよいとの完全分業生産の考えから来ていると考える。セル生産方式は一人生産方式ともいわれ、ライン内の仕掛品をゼロにすることが出来るので在庫が最小でよいために、日本の電機業界では取り入れられている。

2.5.3. 工程管理と品質管理

　工程管理は生産計画とその実施である生産統制からなる。生産計画は立てられても生産統制はアジアでは困難なことが多い。割り当てられた作業に必要な準備の仕方(作業手配)から始めた仕事の段取りの取り方を事後処理までOJTで教える必要がある。

　多種少量生産では段取りの頻度が高くなる。機械を止めないと次の品種の生産が出来ない段取り作業を内段取りという。金型の組み換えによる段取り作業が典型である。機械を止めないでもできる段取りを外段取りという。アジアFDIではまず内段取りの徹底を図り、作業内容を具体的に再現する能力とその過程での無駄な作業をどの程度抽出できるかがポイントとなる。段取り時間の短縮を図りすぎて外段取り化をやり過ぎると、工員の能力を無視した作業工程になってしまう。また生産単位あたりに占める段取り時間を短縮しようとするあまり、生産ロットを大きくしてしまい、作り過ぎによる在庫増と、次のロット生産への作業着手が遅くなるという問題が生ずる。

　加工時間の短縮もアジアFDIでは品質に問題を起こすことがあるので慎重に行う必要がある。特に加工そのものに要する時間以上に取り付け時間、取り外し時間は短縮できないと考えて取り組まないと品質問題を起こす。半自動による取り外し装置であるワーク自動払い出し装置は、現有機に取り付けやすく工数削減に効果があるので日本では採用されている。加工そのものに要する時間を短縮するのに動作研究は欠かせない。工具の置いておく場所の改善、多数個取りや荒加工、仕上げ加工の分割化はアジアFDIで有効だが、加工の同時化・複合化、切削条件見直しによる加工スピードアップ、新工法の採用には慎重でないと、現地工員はついてこられず、労働強化だと反発することが多い。まず作業内容を理解させて、きちんと着実にこなせるようにすることに傾注すべきである。

　生産統制の中核たる作業統制では進度管理、余力管理、現品管理が必要であるが、現実には、問題が生じたときの処理ができないことが多いために、問題が生じたときや、金型の組替えといった際には作業統制は絵に描いた餅になることが多い。

　作業手配と進度管理を適切に行うためにカムアップシステム (come up

system) が有効である。材料や外注品の手配の際に、作業完了予定日や納期より所定日前に材料供給者に対して自動的に完了や納品の督促を行い、納期遅れを未然に防ぐシステムである。カムアップシステムにより材料・外注在庫が最小ですみ、納期遅れによる手待ちが防止できるので、運転資金需要を少なく出来る。具体的には発注伝票を一品一様式とし、その発注伝票を納期順に並べることで納期別ファイルを作成するか、カムアップ管理版に差し立てる。アジア FDI ではファイルを見るチェックより差し立てる方式のほうがうまく行くだろう。アジア人のファイリング能力にはファイルのみしてそれを何に使うかということを考えないという問題がまま発生するからである。

　余力がないと作業遅延が生ずるために、作業再配分、残業、増員、ロットサイズの変更により余力調整を行うが、アジアにおいてはどれも困難である。残業が好きな工員は出稼ぎ工員しかいないし、能力のある工員を増員する余地があるほど能力のある工員はいないし、人件費に余裕はないのである。そのために現品管理をしながら進度管理をすることが中心にならざるを得ない。

　品質管理 (quality management) は製品の不良 (defects) をなくすこと、製品・作業のバランスをとること、作業の不具合をなくし、顧客に対して品質保証をすること、製品クレーム情報を下に有効な改良を行うことからなる。アジアにおいては ISO9000 取得は急速に進んでいること (ISO14000 の環境品質管理を行っている企業はアジアにはまだまだ少ないので、今後大きな指示用になること)、製品クレームが言いやすくなった消費者保護法が次々と立法化されていること、製品クレームは特に中国において激しく平気で訴訟を提起する中国人が多いこと、まだまだ製品の全量検査が必要なために日系企業には検品係の人員を多数かかえておく必要があること (抜き取り検査では不良品混入は避けられないことが多い)、中国にある日系工場では不良品率が日本における日本企業並みになっていること、QC 7 つ道具はまだまだ実際には使われていないこと、QC サークル活動は就業時間内でしか出来ないのが現実であること、TQC は名前のみ知られていることが特徴である。

2.5.4. 飛び込み仕事への対応能力が低いアジア FDI

　アジア FDI では計画外と仕事が急に入り込むことへの生産現場での対応能

力の差が、FDIの利益水準を大きく変える。日本企業はアジアに出していた計画的な発注が納期遅れ等になることを極端に嫌い、従来関係がほとんどなかった日系FDIに仕事を回してくることが多い。その飛び込みの仕事の単価は極端に高い。アジアFDI企業は品質を重視するので、品質を落とす可能性がある新しい段取り計画を立てるのが大変なので飛び込み仕事を嫌うからである。

　FDIでは経常的な取引先の数は日本より少ないことが多い。投資リスクと効率的生産を考えるからである。それだけ事故への対応が重要になる。1997(平成9)年2月のアイシン精機の火事はトヨタの11工場の17日間の生産ストップを招き7万台の減産になった。複数社発注を心がけているトヨタにさえこのような事態が起こる。アジアFDIでは同じ資本系列の複数国にわたるFDI工場間の飛び込み仕事の発注では調整が付かない事故が数多く発生しているのが現実である。火事、ストライキといった事故ではなく、連絡ミスがあった、設計図が届かない、工作機械が故障したが修理部品がない、修理できるスタッフがいない、残業拒否、欠勤率が高くなった、キーとなる行員が病気で長期欠勤になった、生産工程管理に無理があった、現地管理職の監督ミス等である。

　電子部品組立、ワイヤーハーネスの汎用品の製造や衣料縫製では、生産技術面では競合他社での生産に問題がなく、発注先の事故で納期に間に合わなければ、飛び込み仕事を競合他社に依頼する。競合他社は優越的な交渉ができるので高い価格でしか受注しないことが可能になる。日本企業の中には飛び込み仕事のための生産ラインを設けている会社もあるが、アジアFDIにはその余裕はないことが多い。現状の生産への影響が最小になるように生産計画を立てるのが生産管理担当者の腕の見せ所である。QCDの他に安全SとモラールMが重要になる。工場全員の協力を得なければならないからである。

　労働強化と考える従業員と残業を好むアジア人従業員は共に、仕事が面白いから働くのでなく、より高い賃金が得られると考えて飛び込み生産の指示に従うからである。ミスやエラーも飛び込み仕事では多く発生しがちである。

　ミスやエラーをなくす方法としてGEのウェルチ前CEOは6シグマ手法を取り入れて成功した。アジアFDIで6シグマ手法を取り入れることは困難である。しかし6シグマが、MAICというプロセスを使い、ミスの発生原因を調べ

優先的に取り組む課題を明らかにし、特定された主要変数のバラツキが許容限度に収まるようにプロセス変更を行い、許容限度内に収まっていることを確認する手法なのだということは理解しておいてよい。6シグマでのシグマとは標準偏差をいい、6とはミスの起こる回数が本来統計的には100万回に3.4回しかないことを示している。この水準にまでミスの起こる確率を小さくしようとすることである。アジアFDIでは統計と指標化が困難なためなかなか使えないが、考え方自体は利用できる。インド自動車部品工業会は6シグマ、カイゼン、5Sを生産性向上手法として大々的にとりいれている。

2.5.5. 工場立地

アジアの工場立地においては、工業団地内で選ぶのが一般になっていること、土地使用権の現物出資を受けて行う合弁事業にする意義が工業団地への進出で失われつつあること、ロジスティックスを考えた工場立地がアジアでは特に必要なことが挙げられる。工場レイアウトについては日系建設会社なら自由な変更が可能だが、地場資本の建設会社ではおよそ困難であり、追加設計費・建設費が取られること(したがって完成したレイアウトを渡すために十分な事前作業が必要であること)、設備管理では予知保全のための工場測定工機の需要が今後大きくなるだろうことが注目される。

工場立地の問題はクルーグマン教授達の始めた空間経済学という考えにより新たに注目されている。何らかの偶然が重なり工場が立地して、そこでの生産が便利だということになると、他の企業もその便利さの共有のために当地に工場をつくるために産業集積(産業クラスター)ができるという議論である。何らかのきっかけとして、投資受入国政府は工業団地を造成しているとも言える。しかし集積するには技術革新基地といった核になる施設と人材が必要なことも多い。それがリサーチ・トライアングルやシリコンバレーの発展の研究でわかってきた産学連携機関といった考えである。アジアでは中関村、新竹工業園、マルチメディアコリドー、バンガロールといった地域でそのような研究機関を含めた工業団地が目指されているが、内実はまだ不十分である。

2.5.6. カイゼン

5S(整理、整頓、清掃、清潔、しつけ)はアジアのどこの日系企業でも徹底して行っている。トヨタ生産方式ではアジアでのカンバン方式およびJIT生産は実際にはまだまだ実行されていないが、7つの無駄(作り過ぎ、手待ち、運搬、加工そのもの、在庫、動作、不良を作る)への意識は高まっている。

CIM(コンピューター統合生産)はアジアの日系製造業では日本市場向け輸出型の日系企業と現地の有力企業との素材生産合弁企業を除き、まだまだ取り入れていない。設備投資額が大きくなるから導入しないのではなくて実際に運用できないから取り入れられない場合が多い。CAD(コンピューター、自動製図機を使って設計と製図を自動的・対話的に行うシステム)はインドのバンガロールにあるIT工業団地、中国における日系企業の一部では取り入れられている。労働者の質が良いからである。CAM(コンピューターを活用して製造を支援するシステム)の方はまだまだである。CAD/CAMのサービス提供によりアウトソーシング業務を行う日本企業・日系企業・地場企業は今後急速に増えるだろう。ベトナム、フィリピンにおいても伸びる可能性が高く、それほど資本が要らず、日本語・現地語での営業力のある日本への留学生の将来の転職先、創業先として有力である。

2.5.7. 受注生産化ばかりが良いとは限らない

「見込み生産から受注生産へ」が時代の流れだとの風潮がある。しかし受注生産ばかりが良いとは限らない。アジアFDIでは、素材生産、部品組立用の材料生産、中間財の部品組立、日用消費財生産、耐久消費財生産をしている企業では見込み生産をしているところが圧倒的に多い。受注生産をしているところは、親会社や関係会社からの委託加工をしている日用消費財生産の他に、関係会社からの受注による型、鍛造、高度機械加工といった中間財生産と工作機械組立といった生産財生産で行われている。また耐久消費財生産でも、業務輸送用トラックのような生産財的要素のある生産では需要が極端に少ないベトナムのような国では受注生産している例がある。

製品在庫は、顧客に対する納入の頻度、納入ロットで変わってくる。

図表 16. 製品在庫と納入頻度・ロット

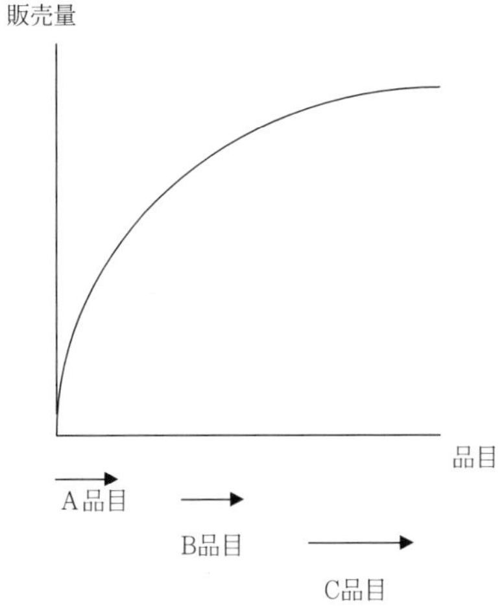

（販売量を縦軸、品目を横軸とする曲線グラフ。A品目、B品目、C品目の範囲を矢印で示す）

A品目：品数が少なく販売量が多い品目

　徹底した自動化が製品在庫を少なくする。そのためには、専用ライン化、機械化・省力化、販売と生産の同量化が有効である。見込み生産が必要だが、見込み生産では販売予測を立て、生産し、製品在庫を持ち、受注に備える必要がある。アジア途上国での生産の多くは見込み生産である。国内販売に外資系企業が入れないことが多いため正確な販売受注高がわからないことが多く、また製品がないと外資系生産会社に地場販売企業は文句を言う。ロジスティックスに時間がかかるのも製品在庫を抱える理由となっている。見込み生産では、受注、在庫引当、出荷、納品のリードタイム短縮が必要となる。見込み生産では、生産計画、部品調達、生産、製品在庫は生産のリードタイムとはならない。

図表 17　見込み生産

| 生産計画 | 部品調達 | 生産 | 製品在庫 | 受注 | 納入 |

　　　　　　　　　　　　　　　　　　　　　　　　　←→
　　　　　　　　　　　　　　　　　　　　　　　　リードタイム

B品目：品数と販売量が見合っている品目

　断続繰り返し生産が製品在庫を少なくする。そのためには、在庫補充生産化、短サイクル計画の立案、混流ライン化が有効である。トヨタのカンバン方式における混流ライン化がアジアでは困難なのは技術の問題が大きいが、モデルが少ないことも理由となっている。なにも月に3台しか売れないクラウンを混流ラインに乗せて手間隙かける必要はない。計画立案のサイクルの短縮化では受注や市場の状況、製品在庫の状況のフィードバックする速度が大きく変わってくる。1か月に1回の見直しと1週間に1回の見直しの違いを想定するとわかる。

　在庫補充生産化のためには、調達リードタイムの短縮が必要になる。そのためには、内示、発注のタイミングを相手の作り方を考えて行うこと、調達品の在庫を確保してから使用し、調達期間をゼロにしてしまうJIT生産が有効である。ただし、共通の資材、継続使用の資材・部品は在庫を持っていた方が短サイクルで生産組立が可能になる。これはATO(assemble to order)ないしBTO(build to order)と呼ばれる。BTO生産とサプライ・チェーン・マネジメントによりキャッシュフロー重視経営が実現した例としてデル・コンピューターがある。パソコンの部品は進歩が速いので部品を在庫にしておくリスクが高く、標準化された部品の組み合わせなので価格競争が激しいことに対応した生産方法である。インターネットで直販するために営業コストが少なく、部品メーカーに代金を支払う8日前に顧客から代金を受け取るようになっている。

図表18　ATO生産

生産計画	戦略部品調達、ユニット生産	部品在庫	受注	一般部品調達	生産	納入

　　　　　　　　　　　　　　　　　　　　　　　　←　　　　　　　　　→
　　　　　　　　　　　　　　　　　　　　　　　　　　リードタイム

C品目：品数は多いが個々の品目の販売量が少ない品目

　受注生産化が製品在庫を少なくする。そのためには、顧客への説得、製造リードタイムの短縮、材料・資材・半製品の在庫を多く持つことが有効

である。個別受注生産(家を造るのが典型)では、受注、在庫引当、出荷、納品のリードタイムを短縮することが必要になる。代金支払いと代金回収のギャップを少なくすることが儲けるポイントとなる。少量ロット生産では段取り時間の短縮のカイゼンがどの程度できるかがポイントとなる。アジアでは段取りができないことが多い。

図表19　受注生産

| 受注 | 生産計画 | 部品調達 | 生産 | 納入 |

　　　　←――――――――――――――→
　　　　　　　　　リードタイム

2.6. ロジスティックス(物流)で儲ける

2.6.1. 顧客の要求とは何か

　物流とは輸送、保管、荷役、包装、流通加工、情報の6つの機能が作るシステムのネットワークによって、物を使える状態(availability)にする活動である。使える状態とは、顧客の要求する供給のタイミング、ロット、場所、方法、荷姿になっているかということである。物流はOPAでは5として生産と販売の間にあるとしているが、これは販売物流といわれるもので、物流の主役である。物流にはもう1つ原材料や資材をメーカーに輸送する3と4の間の調達物流がある。これも本節では扱う。さらに工場内の原材料・部品の輸送、保管、荷役があるからと生産物流をいう考えもあるが、それは4で扱うべきだと考える。

　物流部門は直接顧客に接する機会が多いので顧客満足度に対しては比較的敏感である。日本では顧客への過剰サービスになっていることが多く、見直しが必要となっている。サービスを重視するとコストが上がることに対する見直しである。しかし売上増に繋がるサービスの改善は、物流コストは上がっても、対売上高物流比率は下がるから儲けられる。

　典型がコンビニ(CVS)である。中国へのフランチャイズによるコンビニ進出は伊藤忠(ファミリー・マート)、三菱商事(ローソン)、イトーヨーカ堂(セ

ブンイレブン)の2004(平成16)年末までの大きな課題である[21]。2002(平成14)年上海でローソン店が増えているが、これは商標のライセンス契約と共同購買によるチェーンストア方式によるものでフランチャイズではない。売上高ないし利益の一定割合をロイヤルティとして支払うのがフランチャイズである。中国政府は2004(平成16)年末までに外資にフランチャイズによる外資系企業の設立を認めるとWTO加盟時に約束しているからである。フランチャイズ契約ではフランチャイジー(franchisee)となる加盟店が土地建物を持つので外資側の投資コストが格段に低くてよいし、外資による小売業への参入は、地場中小小売店への圧迫となるので、大型小売業の限定的な進出以外は従来認めてこなかったのである。

　ベトナムはいまだフランチャイズによる外資進出を認めていない。マレーシアはフランチャイズ法を制定して、フランチャイジーとなるブミプトラ(マレー系マレーシア人)が契約条件で不利にならないようフランチャイズ契約約款の届出や、契約料、ロイヤルティ、更新料、不当な抱き合わせ販売制限等競争法的規制をしている。マレーシアには競争法がないからである。インドネシアのフランチャイズの話題では、華僑Salimによるコンビニが競争法による制限を受けて拡大できないことと、マクドナルドのフランチャイズが元副大統領スダルモノの息子がフランチャイザー(franchisor)であることがある。台湾、タイではセブンイレブンの進出が盛んである。セブンイレブンの親会社米国サウスランド(イトーヨーカ堂が大株主)からフランチャイズ契約を得て、より少ない売上規模で国内でフランチャイジーを増やしているからである。タイの財閥CPとサウスランドとのJVがフランチャイザーである。

　コンビニは物流の利用により、補充在庫を持たないでよいようになったので、在庫を抱えることの費用負担が少なく、売れるものしか置かないので不良在庫のリスクを回避できる。品切れの機会リスクを回避するために補充在庫を持つ小売店に対する運転資金の回転の良さが、フランチャイズへの加盟店を増やす。大分県にセブンイレブンがほとんどないのは、物流システム、ピックアップする物流倉庫での保管と輸送、情報装備のコスト採算が合わないと考えているからである。セブンイレブンは一店あたり1日の売上目標80万円がないと、フラ

---

[21] 中国のWTO加盟時の外資開放政策である。香港からの投資なら2004(平成16)年1月からCEPA協定で外資フランチャイズが出来るが、中国政府の介入が強いと思われる。

ンチャイズ店の利益の45%を取って行うフランチャイザーによる物流投資・IT投資が採算に乗らないと考えている。

　物流のみの改善では機能と機能の間にあるロスが解消されないためにドラスチックな効果は期待できない。そのため製販物一体のプロセス・イノベーションが必要となる。

　製品在庫の小幅な削減のためには、保管場所を集約する、各品目ごとに在庫量を基準化することが有効な手段である。製品在庫の大幅な削減のためには、生産のあり方自体を変える必要がある。小ロット生産を効率的に行うには、品種の切り替え時間の短縮や生産計画の立案の短サイクル化が必要となる。

2.6.2. リエンジニアリング成功のためには

　日本の物流が抱えている問題を企業ベースで対応するには以下のリエンジニアリングの手法が有効である。①目的・目標の明確化では、対象・機能・領域を絞り込んで、各々ブレイクダウンした目標を設定する必要がある。②連携した推進体制が必要になる。そのためには他の部門、社外のメンバーの参加そして彼らの新しいアイデアを生かそうとする意識改革が不可欠となる。③製品、顧客をある程度階層化して各々に適した方法を適用すべきである。④部門間、組織間、機能間、場所間で発生した問題はこれらをつなぐシステムで解決する。処理の単位、サイクルの違い、ハードの違いによっても問題は発生する。

　アジアでの物流は今後より重要になってくる。納期重視の傾向が高まっており物流拠点立地のためのFDIが欠かせない。中国ではロジスティックスのインフラが悪いためにJITでの部品納品は困難である。しかし在中国日系自動車組立企業はJITディリバリーを要求する。そのために日系自動車部品企業が組立企業の近くに大型倉庫を備えた工場を建設するといったことも生じている。

　トヨタは中国でミルクランという方式を試みている。トヨタ中国現法人の方で取りに行くというシステムである。JITでセットメーカーの方が取りに行くから部品メーカーは時間に必要な小ロットの量を用意しておけという考えである。セットメーカーの方で車繰りと効率的なルートでの車繰りを考えるのである。『フランダースの犬』のパトラッシュよろしくミルクという部品を集めて回るのである。ソニーグループはアジアの子会社巡りで部品を集め回る船繰りをしているとのことである。拡大したミルクランである。

投資受入国にとって輸送分野は国有企業・地場私営零細業保護のために規制分野でもあり、参入は物流の一貫で輸送もやるとの視点が必要となる。アジアでは工場の側が客先に届けることは少なく、客の方が工場に取りに来るのが当たり前である。問屋がないこと、地場メーカーがサービスをしなかったこと、買い手が配送調達をした方が輸送コストが安くなることが多いことによる。

図表20. 物流における6つの要素

物流の6つの要素	内　容	特　性	アジアの問題
輸　送	輸送モードとしてはトラック54%、内航海運42%、鉄道4%、航空0.2%の順(tonkm)。トラックの豊富な車種、柔軟性、一貫性が増えた理由。	物流コストの58%。(販売35%、調達10%、社内輸送費13%)。即時性に留意して工場直送で受注ロット大にして効率化。トラックの柔軟・一貫性の利便を追求しすぎている(他人の荷物を運ぶ青ナンバートラック100万台は働いても、自社の荷物を運ぶ白ナンバートラックは不効率。空荷物車が多く2t車以下では実車率は営業トラックの47%)。	トラックの柔軟・一貫性の利便が増える。保冷車等特殊機能車種を増やす。インド・バンガロール三菱商事のスノーホワイトによる保冷魚の輸送は中間層狙い。ベトナム・日本ロジテムの投資は国内長距離輸送に失敗。佐川急便は沿海部のみで西安では開店休業。日新・山九・日通は日系FDIの複合一貫輸送狙い。
保　管	倉庫の3要素(物流拠点、需給調整、輸送調整)	物流コストの18%	日本企業商社の中国への進出意欲高い。コンテナリース事業
荷　役	荷の扱いと運搬、一連の物流における工程・作業の繋ぎ。	バラ置き、箱入れ、パレット置き、車上置き、移動車中。機械化より標準化と処理能力とのバランスが必要だ。	国際パレット標準化で主導権をとれるか。
包　装	個装は商品イメージ、内装は保護と区分け、	包装設計の簡易化	中間層にアピールする個装への需要増で凸版

物流の6つの要素	内　容	特　性	アジアの問題
包　装	外装は取引単位と荷役のため。		FDI。外装需要増でレンゴー。
流通加工	コイルセンター、元詰め、サッシ加工、問屋流通センター、タグ付け、食肉・鮮魚のプリパッケージ。	供給効率化	日本のような問屋はアジアにはない。小売店・メーカーの取引量が多くなる。鉄板加工のコイルセンターFDI、ヤオハンのSGP流通センターは問屋では機能しない。
情　報	受注・出入荷管理のIT、在庫発注計画、物流戦略策定、SCM。	配車・貨物追跡のTMS、企業間EDI。	IT software FDIによる入出荷管理のWMS。

　日本の物流の抱えている問題には企業ベースでは対応できない問題も多い。下表にその問題と原因そしてアジア諸国で対応する問題を挙げる。これは投資環境比較表では物理的インフラと知的インフラの問題となるだろう。

図表21．物流の問題と対応

問題点	具体的な問題点	事情と対応	アジア事情
高コスト構造の是正	エネルギー・土地・労働力の調達コストが高い。	田舎の土地なら安いので熊本空港の近くにIT組立産業立地。	アジアは安い。しかし質の問題あり。上海は土地急騰。中国国内物流システム構築はコスト高。
	高速道路・港湾・空港インフラの利用コストが高い。	成田の空港利用料は高すぎるので貨物便は千歳空港におりてトラック輸送する場合もある。SGP-LAの船賃はTKY-LAより安い。高速道路は道路公団民営化と無料化という民主党の提案あり。	SGP-LAの船賃はTKY-LAより安い。中継港としてのシンガポールの優位性、頻度と荷主がどこにいるかは違う。アジアの高速道路は安

問題点	具体的な問題点	事情と対応	アジア事情
			い（土地代、建設費、外資利用者の支払能力）。深圳—香港、BGK-Airport の高速道路は BOT で建設。環日本海経済圏は物流網インフラ投資が話題。
	物流業者が零細である。	努力しなくても参入しやすいのが問題。	アジアはどこでも零細。
産業立地競争力の強化	港湾、空港の設備、サービス、コストが周辺国に劣る。	日本の港湾利用料は国土交通省が一律に管理している。日本のコンテナ港は香港（世界一 18millionTEU）、SGP(15mil)、釜山(8mil)、高雄(7.5mil)、上海(6.3mil TEU)、深圳(5mil) に劣り、東京の扱い量(2.8million TEU)は世界18位。ロッテルダム(6mil)、ハンブルグ、LA(4mil)。物の需要が日本にあるので利用されている。鉄道輸送の利用はより考えられる。モーダルシフト。	アジアのハブ空港争いが熾烈。インドの港はサービスが悪く荷役コスト高い。インドネシア、ベトナムは港通関に時間がかかる。トラックで国境を越すと通関コストが高い（ラオス、タイ、マレーシア、ミャンマー、ベトナム）アジアでの鉄道貨物輸送はインド、中国、中央アジア、日本のみ。
環境問題への対応	トラック排気ガスの増加により COPS2 遵守が困難。	零細業者が多いことと、鉄道輸送の利用の少なさと内航海運のコスト高が原因。内航海運では複合一貫輸送をしている。	アジアでは排ガス規制が甘くてよいために旧式トラックが走り、物流効率化が図れない。
スペシャリストの育成	大学での物流専門家要請が欧米に劣る。	流通経済大は日通の大学、流通科学大はダイエーの大学。物流 IT 開発の遅れが SCM の米国製 software 主流の理由。IC タグへの期待。	アジアは日本より劣る。中国交通大学の交通とは通商の意味。アジアでの SCM・部品調達システムが課題。中国委託加工先でのタ

問題点	具体的な問題点	事情と対応	アジア事情
			グ付けでコスト安になるか。Dell, MalaysianFDIのPCをFEDEXで成田に運びFEDEX幕張倉庫で組立。

　3PL(third party logistics)は荷主に対し物流改革を提案し、荷主(1P)に代わり物流業務を包括的に行う物流専門業者をいう。輸送、保管、物流システムの設計、運用管理を行う。最近では荷主のマーケティングや商品開発まで行う3PLも現れてきている。物流子会社が中心だが、商社、forwarder(通関業者、運送業務、手配を行うnode)、carrier(輸送経路を担当するlink、輸送人として2P)等の参入も盛んである。グローバル物流では輸送効率からいってhub & spoke方式がmesh方式より毎日の総運航距離を短く出来るので、より一貫輸送への傾向が強まり3PLに有利になっている。アジアでもこの傾向はアウトソーシング化の流れもあり、強まるだろう。特に生産リードタイムが短いところに強みがあった日本の製造業にとって、アジアでの水平分業に伴い国境を越えた部品の物流は必須であり、3PLによるリードタイムの短縮努力は評価されるだろう。

　丸紅と第一百貨との中国上海での物流卸売業FDIである百紅のやろうとしていることも3PLであるが、これは上海に近い南通市に多くある中国で委託生産をしている日系アパレル企業に替わって、日本全国に散らばる多種小売向けにsortingしてtug付けをして混載コンテナで日本向け出荷作業まで請け負う3PL狙いの投資と筆者は考える。中国国内物流ではまだまだ第一百貨はその販売ルートを使わせてくれないだろう。ということは人件費が高い上海の女性達が人件費の安い秋田の女性達の仕事を奪ったことを意味するだけだ。もちろん絶対的賃金を言えば日本の方が高い。しかし相対的賃金からいえば、上海は中国で一番高く、秋田は青森と並んで日本で一番安いのだ。青森には女性労働力は少ない。港から秋田までの物流コストの節約にはなるが、能率は秋田の女性によるパート労働力の方が数段優れていることを無視している。上海では近郊からしか工場労働力は調達できない。四川省出身の必死で働く移入労働力を受

け入れて安価で優秀な労働力を確保している広東省とは違う。上海での出稼ぎは建設労務者中心の作業員で、正規工場労働力として移入労働を認めていない。

2.7. 販売で儲ける

> Russian Anecdote
> 2×2はいくら？
> 買うときの話、それとも売るとき？

2.7.1. 消費者ニーズの探り方

> Russian Anecdote
> 死体安置所からバイク販売店への電話
> 今日、バイクは何台売れましたか。
> 10台です。
> そうすると、残りは3台ですね。

ロシアやハンガリーではおよそバイクは売れない。冬バイクに乗ると道路が凍結していてスリップ事故で死ぬからだ。夏乗るためだけにバイクを買うくらいなら中古車を買う。彼等は跨いで乗っているということは座っていることの10倍も疲れるものだと思い込んでいる。

消費者ニーズはライフステージ、所得レベル、好み、消費価値観で変わってくる。アジアでは若年層が多いこととその所得水準が問題である。アジアの中間層・上層に属する若者の消費価値観は日本の若者のそれに近いので、遊ぶ、休む、知る、美しさに関しては日本の流行がそのまま使えることも多い。所得格差が多く人口も多いインドネシアやタイ、フィリピンでは、金持ち層の消費のみで外資系企業は儲かることも多い。また中国、ベトナムも含めてアジアでまともに相続税を取っている国がないことも、所得の再配分ができず、金持ちによる消費に頼る経済体質を生んでいる。人口の10%は金持ちという分析や、

所得格差の国別の違いはジニ関数を見ることで使えるデータが得られる。バブル時タイではフランスワイン輸入量が急増し、120㎡以上のマンション需要が急増した。

　マズローの欲求段階説をマーケティング対応に利用する考えもあるが、アジア途上国のマーケティングにはあまり役立たない。マズローは生理的欲求、安全性欲求、社会的欲求、尊重されたい欲求、自己実現の欲求といった順番で欲求は高度化すると唱えた。この考えは無宗教で所得格差が少ない社会に役立つ。具体的には、日本、韓国、ベトナムの3国である。宗教が強い国では初めから自己実現は出来ていると考えてしまいがちである。自己実現は共感に典型的だが、宗教体験が満たしてくれているからである。

　華僑に見られる商人的性格が強い地域タイ、インドネシア、マレーシア、台湾、中国特に華南では、欲求段階説は生産のモチベーションには役立つがマーケティングでは役立たない。安全性の要求を品質管理と捉えるのは先進国の考えである。しかしマスファッションを社会的要求と捉えるのはアジアでも有効である。尊重されたい要求は、アジアにおいては中国も含めて、商品の複合競合機能の重視、ハイイメージで大衆品を売るマーケティングには有効である。東アジアに起こっている旅行、レジャーブームは好奇心の市場として自己実現の要求と捉えることができる。ギフト、おしゃれ、サービス、飲酒といったコミュニケーションの市場は今後もアジアでは大きくなるが、インターネットカフェやITゲーム機といったディスコミュニケーションをコミュニケーションと考えるバーチャルが伸びる。ラオスのルアンプラバンにおけるインターネットカフェの盛況は先進国からの観光客のディスコミュニケーション下でのバーチャルコミュニケーションの要求である。

　日本を100とした際のアジアでのマーケット・リサーチ費用は、香港68、韓国55、中国46、インド21という数字がある[22]。ちなみに米国は88、英仏68である。世界で日本ほどマーケット・リサーチ費用が高い国はない。アジア各国ではリサーチ会社を使う手もある。ロンドンベースのEuromonitorがConsumer Asiaという統計データを毎年出している。消費財に関してのマーケットデータとして信頼できる。

---

[22] Craig & Douglas "International Marketing Research" p.57 にある。1997(平成9)年のデータ。

2.7.2. 消費行動

> Russian Anecdote
> 保険会社は 2 つのことができる人を採用する。
> 最初に、顧客を脅かし、その後希望を与えて元気付けられる人である。
>
> Russian Anecdote
> ボクシングはいいスポーツで、かなりお金を儲けたんですよ。
> あなたは有名なボクサーだったの。
> いえ歯医者です。
> 消費需要は作りだされる。
> 「できないからできるようにする」ために財・サービスは開発されている。
> 理性消費の他に感性消費がある。

　購買行動は、認知され、考慮され、選択される一連の行動からなる。認知されやすいように広告がなされる。多くの広告は新規商品についてなされている。他方安定的な商品も競合商品が多い場合認知され続けるために広告がなされている。武田薬品のドリンク剤アリナミン、風邪薬パブロンのテレビ CM はその典型である。アジア市場で有力な認知の媒体として、シンガポールと中国における新聞媒体、タイとベトナムにおける TV 媒体、インドネシアにおける雑誌媒体がある。ラジオ媒体はスハルト時代のインドネシアや北朝鮮のような権威主義的支配体制の国のマーケティング戦略として有効である。国民として知っておかなければ危ない政治的な話が多いためにラジオを聴いているからである。何度も認知されるようにするために CM ソングもラジオでは使われる。J ポップスのヒット曲の多くがトレンディ TV ドラマの主題歌であるのも同じ理由である。知っておかねばならないのは友達との会話の話題として無難だからである。

　学生はどこの国でも広告に対し同じように反応するが、広告の効果について実務家の反応は国により異なるので、広告については FDI に長期間働いている現地従業員の意見を聞くべきである。広告は情報をミスリードするとオランダの実業家は考えているのに対し、ベルギーの実業家はおよそミスリードしない

と考えている[23]。2003(平成15)年中国の皇帝の陵墓を守る巨大な狛犬がトヨタ車に頭を下げるテレビCMを企画したのは中国人だが、多くの中国人から非難を浴び天津トヨタは謝罪した。外国カブレしている若い中国人による広告は中国人実業家の反感を買ったのである。

多くの新商品は、時間的経過により購買者が異なる。まず2.5%の革新者が買い、次に13.5%の前期少数採用者が続く。それから順に34%の前期多数採用者、34%の後期多数採用者、16%の採用遅滞者が続いて買うのである。コトラーの『マーケティング・マネジメント』はこれらの新知見の宝庫である。この時間的経過があるので、物真似の二番手企業が儲けられることになる。新規開発したトップバッター企業が前期少数採用者の購買層獲得に躍起になっているときに、リバースエンジニアリングで模倣品を作った二番手企業が多額のマーケティング費用をかければ市場を横取りできるからだ。資金力のある大企業松下電器が、常に二番手企業であった理由である。しかしそれゆえに松下電器は2001年経営危機に陥った。新規ヒット商品がこの数年家電商品で出なかったからである。単にナショナルショップの客を家電量販店に奪われたことが理由ではない。東芝が20年以上続いたTV番組東芝日曜劇場のスポンサーを降りたのも、三菱電機が数年前にプロレス番組のスポンサーを降りたのも同じである。

2.7.3. アジアの階層社会における消費スタイル

アジア市場における、時間的経過による購買者は、革新者層がより多く、前期多数採用者がより少なく、採用遅滞者が多いと思われる。実証はしていないが筆者は10%、15%、30%、20%、25%といった分類を想定する。所得格差が大きいことと、先進国で流行った実績が受け入れられやすい市場であるからである。ということは先進国における価格戦略に比してどのような価格戦略をとればよいかもわかってくる。耐久消費財市場では10%の階層には先進国の2倍の価格でも売れる。15%の階層には先進国価格と同価格、30%の階層には先進国価格の3割引、20%の階層には先進国価格の5割引、25%の階層には先進国価格の5割引といった値付けが考えられる。原価+20〜40%といったマー

---

[23] Craig & Douglas "International Marketing Research" p.299

クアップ方式による値決めは、生産コストの低減と参入者の急増で原価が急速に下がる可能性のあるアジア耐久消費財市場では、適切でないことが多い。品質が高く壊れず持っていると格好よいという日本ブランドというイメージ・プレミアムによる価格決定は、上層25％にはアピールするがその下の階層にはアピールしない。商品によってターゲットとする中間層の数量が異なる。スイッチング・コスト、販売手法、販売チャネルの選択といった多様な方法で相応しい非価格差別化を図るべきである。日本のようなシニアマーケティングも韓国、台湾、シンガポールでは可能性がある。シンガポールにはホテル以上に高級な民間病院が増えている。相続税のない東南アジアの金持ち達の医療センターになっているからである。

またアジアではモデルチェンジまでの期間が長くてもよい商品も多い。それがアジア途上国に出している技術のビンテージが平均15年という理由にもなっている。日本企業は最新の技術を移転させないとアジア途上国政府や企業経営者は不満をのべるが、耐久消費財で勝負している多くのアジア日系製造業企業にとっての現地の消費市場に合った商品に必要な技術を出している結果だともいえるのである。自分の国の所得再配分機能を変えないで新規技術を出せというのは、自らの属する階層の需要が国民の需要だと思い込んでいる誤解から生じているとも言えるかもしれない。つまり2倍で買わねばならない商品価格を安くしろといっている。これら耐久消費財に対し、ぜいたく品としての物品税や部品輸入時の関税が課されるので、2倍のプライシングとなる場合もある。所得税・相続税という直接税が取り難いアジア途上国では取りやすい間接税である物品税、関税を掛けるのである。

市場トレンドとして日本で注目されるものとして、コーディネートされた商品を買う志向が高まっている、サービス購入の高度化と使い分けが多くなっている、リゾート生活市場が大きくなっている、家族市場が大きくなっている、ことが挙げられる。アジア途上国ではこれらの市場トレンドは10％の金持階層のものである。しかしインドネシアではその金持ち階層が1,800万人、タイでは700万人、インドでは9,000万人おり、現地生産しても十分に採算が取れる大きな市場になっている。平等を旨とする社会主義を標榜するアジア社会主義国である中国、ベトナム、ラオスでも金持ち階層は5％はいる。ミャンマ

ーも仏教社会主義を標榜していた国だが金持ち階層は5%はいる。ということは先進国と同時に売れる革新者で構成される耐久消費財市場の規模は、中国4,000万人、ベトナム400万人、ラオス2万人、ミャンマー200万人であるということである。ソニーが最先端商品を上海で日本と同時発売する理由であり、カザフスタンからのJICA研修者が秋葉原に走る理由でもある。

　他方、日用品・食料品では金持ちも自国の一般消費者と同じ消費行動をするために、日用品財を生産する外資系企業は価格戦略に悩まされることになる。最新機械の償却に見合う値段をつけられずダンピング価格[24]で売らないと市場シェアがとれないからである。

　豊かさが生活の目標という言い方は中間層が多い日本、韓国、台湾では有効だが、その他のアジア途上国では有効な目標になっていない。確かにアジア途上国で中間層が増えたことがアジアの奇跡を生んだが、その中間層の実態を筆者は「ブラ下がりの中間層」と表現している。中間層の生活信条とは「自らの才能と技術で自分の生きている内に豊かになろうと努力し、子供の世代には生活できるたけの資産のみ残せばよい」とするものである。これはマックス・ウェーバーが『プロテスタンティズムの倫理と資本主義の精神』で明らかにした、17世紀以降西洋諸国が東洋諸国に経済的に優位に立った思想的基盤である。

　「ブラ下がりの中間層」にはこのような倫理的基盤が欠けている。前半の自分の努力と才能で豊かになろうとの精神が1995年まではあったが、バブル経済によりその精神が失われた。そして後半の子供の世代への少なく残さざるを得ない所得再配分機能を果たす相続税はもとよりないからである。親の資産が国家に相続という形で奪われることがないために、子の世代は努力しないでも豊かな生活ができるのである。親の資産にブラ下がって消費をエンジョイしているのである。中国、ベトナムの社会主義国の労働者階層出身の資本家、労働者にASEAN諸国の資本家、労働者が負けるであろう大きな理由である。ただし彼ら「ブラ下がりの中間層」は才能をある振りをみせないと親から後継者として指名されない。そこで親にも一般庶民にも出来ない才能を身につけて実力のある振りをするのである。英語を学ぶ、大卒者になる、先進国の大学・大学

---

[24] 販売価格が生産コストを下回ること。国際貿易上はWTOでも米国通商法（WTOを無視する国内法）でもダンピングは違法だが、国内取引ではダンピングは合法である。

院で学ぶ、名家と結婚するといった才能である。日本人にも「ブラ下がりの中間層」が増えてきている。大卒フリーターが典型である。また「多くの日本人の若者が生きる目標をもてなくなっている」という分析自体が、「ブラ下がりの中間層」に属する者による自己正当化の分析である。

2.7.4. 販売と生産の為替リスク

　生産設備を輸入して販売先が当該輸入先国である輸出指向型 FDI では外国為替リスクは最小に出来る。ドルで買いドルで売る、円で買い円で売るのなら外貨建債権と外貨建債務の為替持ち高を同じにして置けばよいからだ。スクェアという。ドルが弱含みならドル債務を増やしておけばよい。このような外国為替の持ち高コントロールは財務の仕事だがドル、円の行方を見極めながらかつ自社製品の輸出での売上予想もしなければならないからだ。したがって財務担当は実需取引ではスクェア維持を基本にし、余資で通貨ディリバティブ取引を行う。

　その実需と余資の区分けが滅茶苦茶になったのが、2001(平成 13)年 3 月 $14billion(1.5 兆円) の支払債務を抱えて経営破綻し、2003(平成 15)年経営陣の退陣がなく債務放棄とリスケによる私的整理をゴリ押ししたシンガポールの製紙会社 APP だと思われる。"International Herald Tribune" dated Dec.19,2003 によれば、「2003 年 12 月 18 日 APP は米国 hedge fund Gramercy Advisers と Oaktree Capital Management を相手取って $850million の訴訟を起こした。そして $277million の無効となった債券の回収をしようとしている」とある。インドネシア銀行再建庁(IBRA)と組んだごり押し提案があった 2002(平成 14)年 12 月の 1 年後だ。

　APP は日本円による製紙製造機械の輸入代金の長期支払いと、弱含みのインドネシアルピアと大きな為替変動のないシンガポールドルでの売上、そして中国へのパルプと紙の輸出と日本への紙の輸出の見込みをディリバティブしたのではないかと思われる。それが hedge fund がアレンジして APP に発行させた $277million の債券なのだろう。それが為替見込みの違いで債券による調達金額を大きく超える過大な債務を負うことになったのだろう。どのようなディリバティブ内容だったかは不明だが、長期円債務を短期円債務と長期元債

務にした期間と金利の為替スワップ条項付きの私募債だったのかもしれない。この債券発行を決めたのは現在でも一切退陣していないし個人資産を出そうともしない Wijaya family である。発行を了承したのは現 APP の CFO である住友銀行出身の日本人である可能性がある。引っかけるのも酷いが引っかかる方はもっと悪い。

同新聞によれば、「米国 hedge fund 側は、債券の担保である Indah Kiat Paper& Pulp の担保実行をする、同訴訟を取り下げなければ破産申し立てをする」といっているそうである。債券発行者が支払期日に支払えないので債券発行の担保としていた APP の最大の子会社でインドネシア上場企業 Indah Kiat Paper& Pulp の資産を担保実行するというのは債券発行契約どおりである。Indah Kiat Paper& Pulp の資産をもって APP 経由でなく別の会社に委託して日本に売ろうというのである。

この文面では破産が申し立てられるのは APP のようだ。私的整理計画がまとまっていないと SGP の High Court が判断すれば破産申し立てを拒絶できる。これは 2001(平成 13)年 Deutche Bank の債権回収訴訟を認めなかった時と同じ手法だ。他方まとまったとの判断をすれば、私的整理計画案に沿って更生財団の資産充実の一環としての債券取引の一部条項の履行拒否だから否認権類似の行為としての米国における取立訴訟ということで、その判断が米国の裁判所で出るまで破産申立訴訟はホールドせざるを得ないだろう。他方で Indah Kiat Paper& Pulp の資産を担保実行は別除権類似の行為だからインドネシアの裁判所は債務確認を申し立てられたら認めざるを得ないだろう。しかし担保実行されると APP の cash flow はほとんどなくなる。米国、シンガポール、インドネシアで別個に行われているか行われる可能性のある、非常に興味深い複数の訴訟である。

しかしより注目しなくてはならないのは、全債務の 8%を占める $１ billion のディリバティブ債券取引が販売の実需を勝手に判断して締結されたということに対する経営責任である。それは経営の動かしがたいミスである。米国訴訟で勝って APP の取締役は受任義務に反していないと他の債権者に主張したいのだろう。他方破産を免れようとして米国訴訟を取り下げれば受任義務違反といわれる。担保実行されればキャッシュがなくなり破産せざるを得なくなるから、取締役でいられない。Wijaya の傲慢と日本人 CFO の甘さがこの事態を招

いた。日本の私的整理ガイドラインよろしく全取締役は退任せざるを得ないのではないかと考える。Wijaya family はその資産として中策集団の株式、アサヒビールとの中国合弁の中策出資持分、伊藤忠との JV である Indonesia Karawan Industry Estate への出資持分と第二次 Karawan Estate と住宅開発の出資持分を APP の債権者に出すべきだと考える。非常手段は Indah Kiat の売却を否定してもらうようにインドネシア裁判所に債務確認を認めないように働きかける裁判の独立性を侵す手段である。これによりインドネシアは裁判官の独立のない国だとの悪評がより高まり、さらに国際的な信用力を失うことになる。

2.8. アフターサービスで儲ける

> Russian Anecdote
> ある金持ちがレンブラントの絵を買った時の会話：
> 「偽物でない保証は？」
> 「3年間です」

　クレーム対応能力でリピーターの数が異なる。顧客にわかるクレーム対応能力の差はユニフォームに現れている。アフターサービスをよくすることで商品のライフサイクルを長引かせることが出来る。それにより新商品の市場投入を遅らせることが出来、また新商品が売れないリスクを減らすことが出来る。日本の自動車メーカーがカローラ、サニー、シビックといったブランド名を大衆車に対しては長期間維持しているのも、アフターサービスで商品のライフサイクルを長引かせている理由となっている。修理部品を長く保管していると思わせることに成功している。すべての部品は同モデルの生産停止後10年間のみ持つというのは日本の自動車会社にとって同じ基準である。

　アジア途上国企業は生産停止後の修理部品の供給が出来ないために、モデルを長引かせて生産し続けている場合がある。インドのアンバサダー、プレミア、ロシアのラダとボルガがその典型的な自動車である。それぞれ20年以上モデ

ルチェンジをしていない。修理部品は大量生産されているから安く調達でき、メカも簡単なので故障慣れしている運転者が道路脇で修理を自分でするので、車の維持コストが安く済んでいる。ASEAN諸国もそのような車を作ろうと1970年代アジアタカーを構想したが、各国が自国で、一番儲かり技術が高いエンジンを生産したいと主張したために構想はお流れになった。しかしその設計モデルを利用して、トヨタは独自に7名乗り3列シートの1,300ccアジアカーをインドネシアでKijangとして商品化しトップセールスカーとして1980年代初頭から現在まで維持し続けているという大成功を収めた。フィリピンでも同モデルを組み立てているがそれほど売れていない。三菱自動車とトヨタはアジアカー構想でフィリピンがトランスミッションの生産基地とされたアイデアを生かし、現在までフィリピンでトランスミッションを製造し、AFTAにおけるAICOモデルとしてマレーシア、インドネシア、タイに輸出している。三菱自動車はフィリピン製トランスミッションを京都工場に運び、日本市場のランサーとミラージュの主要部品としている。

　アフターサービスが大きな意味を持つのは、消費財よりも中間財や生産財においてである。消費財よりも顧客数が少ないので、アフターサービスの良し悪しが販売の成否にかかわるのみならず、商品の改良、次のモデルの商品開発のヒントになる。アジア人営業職に対してはこのアフターサービス力をつける訓練をする必要がある。日本の清涼飲料水のルート・セールスの辛さと楽しさを知らないと、営業部門出身の大卒現地人管理職をアジア日系企業の社長には出来ない。2003(平成15)年2万人近くの中国人大学生に希望就職先を聞いたところ日系企業はおよそ人気がなくベスト50にランクインしたのが3社のみで、最高がソニーの17位だった。莫邦富はこのデータから「日系企業には上昇志向が強い中国の若者を受け入れる舞台がない」と非難する。筆者は逆にこれがアジア人「ブラ下がり中間層」の仕事への意識の低さの表れなのであり非難にはあたらないと考える。このような楽して偉くなりたいアジア人はアフターサービスは大の苦手だろう。アフターサービスがよいので利益が上がっているハイアールが人気就職企業ナンバーワンなのは皮肉だ。アフターサービス職員には自分は絶対にならないと思っているからだろう。筆者の勤務する大学にいるアジア人留学生の意識もいまだ「ブラ下がり中間層」の域を出ていない。日本の企

業名は超一流のそれも消費財を製造する会社の名しか知らない。中間財・素材・生産財企業となると、超一流企業名も知らない。このことは逆に顧客へのアフターサービス力がアジア市場で勝つポイントになっていることをも意味している。筆者は外国人留学生に、日本企業に入りたいのなら、3年間に300社の日本企業のホームページを見てそれぞれ別の志望動機を書く訓練をしろ、と講義で言っている。

2.9. リサイクリングで儲ける

> Russian Anecdote
> 未亡人とは夫が今どこにいるかをはっきり分かる女性をいう。

2.9.1. 製品のライフサイクルコストを考えた商品開発

　従来プロダクトライフサイクルは売れれば終わりと考えられていた。アフターサービスも販売促進手段だった。しかし現在ではリサイクリングを独自の業務過程と考えないと儲けられなくなってきた。廃棄物の処理コストを商品の製造者に負担させようとの社会的動きが強くなってきているからである。財を廃棄物とせずリサイクルするのは省資源だとして企業に要請されているのみならず、廃棄物を出さないことも要請されている。アサヒビール徳島工場は一切廃棄物を出さない工場であることをTVCMで流して消費者にアピールすることに成功した。

　コスト負担の観点から言えば、従来メーカーは企画・開発・設計・製造、販売・ロジスティックス・顧客サービスまでをメーカー・コストとしてコストを負担した。使用と消費と廃棄に関わるコストはユーザー・コストだった。製品ライフサイクルコストとは従来ここまでだった。しかし最近はライフサイクルコストは環境保全までカバーするようになった。環境保全コストは第三者がコストを負担した。外部経済効果だから市場メカニズムは働かないからだとされた。そこで環境保全コストを市場メカニズムに乗せるために排出権取引という考えが出てきた。国連ベースのCOPS2の気候変動条約の京都議定書の発効問

題である。しかし途上国は発展の権利があるとして反対し、米国は米国国民の不利益になるからとブッシュ大統領が批准を一方的に拒否し、ロシアは自らに有利な交渉ポジションを得ようと、批准に言を左右している。

中国はLDCであることをよいことにCOPS2を無視している。それが過大なエネルギー消費を生み、技術革新のチャンスを失っていることに気がついていない。ハイブリッド車においてはトヨタとホンダに代表される日本企業が強いので、全世界の自動車メーカーはトヨタかホンダからハイブリッド技術を買わねばならなくなっている。トヨタやホンダは環境に配慮しているというgreen marketingをすればするほど儲かるという構図が出来つつある。車を売るためにはガソリンを少量しか使いませんということ、電力会社が電気を売るためには節電してくださいということ、エアコンや冷蔵庫メーカーがフロンは一切使いませんということがgreen marketingの本質である。つまり一見矛盾する形でのマーケティング戦略が有効なのである。

現在は環境保全コストも製品コストに入れよという考えが出てきている。吉川弘之前東大総長のいう逆工場（inverse manufacturing）の発想である。企業の社会的責任とはここまで含むという考えである。筆者は社会的責任と言わずとも、グッズとバッズの考え、財Goodsに対するBadsの考え、公共財と私有財の考えを持ち出せば処理できると考えている。国家セクターに責任を負担させると、米国政府のようにズウズウしい国家にヤリ得を認めることになるからである。公共財はなるべく低い価格で供給し、私有財は需要と供給で価格が決まると考える。バッズは、公共財に対するバッズの場合は安価で吸収できるように費用負担を調整し合い、なるべく個々の負担が少なくなるようにする。例えば教育という公共財の供給によって発生した登校拒否児や犯罪は社会全体で負担する。他方排気ガス発生は私有財を売って得た利益に対して生じたバッズだから、儲けた私有財を売って対価を得た者と私有財を保有することで利便を得た者が負担するのである。利便を得た車の所有者の費用負担は私有財として売って儲けた自動車企業に負担させれば自動車企業は自動車の価格に転嫁できるから問題は生じないのである。自動車使用者の負担すべき費用を国家セクターが税金で負担しようとしているから問題なのである。尼崎公害訴訟にはそれが典型的に現れている。外部経済だから市場原理が働かない、だから国家が負

担すべきだというのは安直な議論であると筆者は考える。

2.9.2. 環境保全コストの分担としてのコスト・ベネフィット分析

　廃棄物の問題は、自動車では排気物の問題となっている。自動車の車体自体は75％リサイクルできても排気物はリサイクリングし難い。車体の85％リサイクルは困難だ。75％リサイクルは簡単だ。重量の75％は鉄だから、廃車を解体業者に回してプレスしさえすればこの目標は簡単に達成できるのである。しかし排気量削減は技術開発が必要なのでそうは行かない。2001(平成13)年石原都知事がディーゼル車は東京23区に乗り入れられなくして初めて日本のトラック会社は排気量規制に動き出した。自主的に行えば、アジアのみならず、欧州でもトラックは売れたかもしれないのに、欧州市場で走っている日本製トラックは一台もない。ＥＵディーゼル規制をクリアできなくても日本とアジアの市場におんぶに抱っこで大丈夫だと甘く読んだ結果が、いすゞの2001(平成13)年のリストラとＧＭに経営権を奪われる結果となった。トラックを買ってくれる業界である日本の建設業界がこんなに悪くなるとは思わなかったと言うのは自らの経営責任を転嫁しようとする言い訳に過ぎない。

　自動車公害訴訟では喘息患者の医療費を自動車会社に負担させようとの動きが強まっている。尼崎公害訴訟で政府が規制すると約束したのに兵庫県警がトラックのみを規制できないとして確定判決の内容を無視しているのは、日本の国家セクターへの信用を大きく失墜させている。同じ国家セクター内で言ったことを他の国家セクターが遵守しないでシラをきっているからである。これは日本の途上国化の現れかもしれない。

　米国ではタバコ訴訟では巨額の肺癌治療費に州の健康保険組合がタバコ会社に巨額の賠償金を支払わせることに成功している。その支払資金を捻出するためにレイノルズは海外におけるタバコの販売権をJTに6,000億円で売った。JTはその買った海外事業がおよそ儲からないので、日本の若い女性にタバコを吸うのは格好いい、ストレス解消として最適だとのイメージを植え込もうと躍起になっている。JTが中国、ベトナム、インドネシアに事務所を設けているのは、タバコ害の処理費用を生産者に負担させようという動きがおよそ少ないので売り込み余地があるからである。中国・ベトナム・インドネシアそして日

本女性の喫煙者はアメリカの消費者と州政府に寄付しているのである。ロシアも喫煙者が多く、マルボロとケントが1990年代央はドルの代わりに使われていた。現在ロシアで流通しているドル紙幣の量は米国国内の量に匹敵すると言われている。現に米国で印刷されたドル紙幣の最大の輸出国はロシアである。輸入タバコがドル紙幣の代わりをする時代は1998(平成10)年のルーブル危機以来なくなっている。

　通常リサイクル・コストとは製造コストと廃棄コストの両方から生ずる。そこで製造コストで吸収しやすいような商品開発がなされる。ホンダがシビックのバンパーを樹脂製からスチール製にしたのが一例である。廃棄時に解体屋がバンパーを外す手間を省略できる一方で、車体のプレスと一体でプレスできるので生産コストも安くなる。消費者はバンパーをぶつけると傷がつくために、樹脂製のときより注意して駐車するようになった。このようにリサイクルしやすいように商品開発をしたり生産工程を考え直すことを吉川弘之東大前総長は逆工場というコンセプトで行うべきだと『逆工場』で主張している。自動車のような消費財のみならず丈夫な有機プラスティックの開発といった素材の分野での逆工場が始まっている。農水省の一般食堂の食器はすべて有機プラスティックで出来ている。食器洗いを熱湯で行うと溶けてしまうので、一時に大量に洗えない。どの程度の温度で洗えば耐久性が保たれるのかの試験を継続中である。農水省の地下食堂は4種類あり誰でも入れる。霞ヶ関近辺では一番うまくて安いレストランだと評判だ。そのうちの一番大きいのが一般食堂だ。食券を買って入って有機プラスティック食器を使ってみればよい。循環型社会についての本がゴマンとある食堂隣の農水省の書店で本選びをしてくるとよい。

　リサイクリングを含めたライフサイクルコストは、このように商品の処理費用の負担問題なので、家電品のリサイクル、廃棄物の埋め立てといった目に見えるものだけに限らない。家電リサイクル法に典型的であるように、リサイクル費用の負担は法制度で決まることが多い。また粉塵訴訟、タバコ公害訴訟、マレーシアの放射性稀土類の残土堆積による三菱化学のマレーシア子会社における訴訟での敗訴といった法的紛争で生産者の負担になることが多いが、生産者が自らリサイクリングコストを負担することによって儲けるシステムを考え出すことも出来ると思われる。コーラの瓶のデポジット制はリサイクリング意

識の高い消費者の自尊心をくすぐりながら、販売するシステムとして有効である。有機農業、森林保存・種の保存のためのエコ・ツーリズム等がグリーン・マーケティングとして注目されている。社会的責任投資 SRI による投資信託設定が流行っているのも同じ理由である。社会的責任、環境保全に協力しない会社名を公表し、環境保全に協力している企業の株ばかりを買うという投資信託である。リサイクリングを考えた企業の株価が上がり、リサイクリングコストを考えない企業の株価が下がるようにしようとの取り組みである。時価発行増資の時の資金調達コストに大きな差が出る。株価が上がった企業は資本準備金が大きくなるから、環境技術を研究開発するための原資である内部留保資金が得られるのである。

リサイクリングコストを考えねばならないのは、その経営上のリスクが大きすぎるからである。企業への信頼度がガタ落ちになるのは、六価クロムを西葛西に埋めた日本化薬に明らかである。日本化薬において幸いだったのは、埋め立てた土地を手放した後の所有者が転売して、マンション建設がなされたために、バブル期だったこともあり、日本化薬の責任まで追及しようという地域住民の動きが起こらなかったことである。鼻に穴が空いた被害者が生まれなかったこともあるかもしれないが、自分のマンションが売れなくなると困るとして地域住民が騒がなかったのである。それで元社長原健三郎は参議院議長を務めて、大勲位旭日大勲章を貰えたのかもしれない。米国では何代前にさかのぼっても土壌汚染加害者は訴えられてしまうので、倒産して訴えられなくするのが普通である。アスベスト被害においてはそのような米国企業が数社生まれたのである。

環境保全コストのコスト・ベネフィット・アナリシスにおいて重要なのは、リスクがハザード、ペリルになったときの負担である。確率は低いが起こる可能性のある事故を防止する手段にかかる費用が莫大であると、企業経営は成り立たないのである。だからといって国有特殊会社をつくると、彼らは国家秘密として情報を隠匿できるし、独占であることから、情報の非対称性が進んで経済的な不経済が生まれる。

不当廃棄が見つかった際の費用負担が極端に大きすぎると、人は意図的に不当廃棄するようになる。廃棄業者は高い金で不法投棄を請け負うようになるか

らである。妥当な金で廃棄費用を分担するシステムを考えるのは可能である。生産コストに一部をカウントさせて（デポジット制が使える）、廃棄業者に支払う金を妥当な金額にするのである。廃棄するよりも長く使った方が企業セクターも消費者も地域社会も、国家セクターも利益が生まれるシステムを作りだせるかが問われている。売るばかりが儲けではないのである。売らないことが儲けになる場合もある。旧家の維持費用がかかるとして市民社会セクターに寄付するのと同じようなシステムが、一般家屋により普及すれば、長く住んだ家の方が味が出てよいとして消費者の満足度が高まるのである。企業セクターにはより質の良い価格の高い家への需要が高まるし、修理費用、維持費用の請負いで儲かるようになるのである。外壁の塗り替えに1週間で200万円とれるのなら、新築の家を半年かけて1軒2,000万円で造るより採算がよいのである。

　このような考えは、まだまだアジア途上国に普及していない。そのために塵が多く出るが、費用負担を避けて不法投棄が増え、分別収集もせず、高い焼却炉が買えないために低温度で燃やすのでダイオキシンを発生させている。カザフスタンのアルマトィからキルギスのビシュケクに行くには国道を車で6時間走る。アルマトゥィから2時間ほど走ると右側に大きな廃棄物堆積場がある。内陸国では塵を海に捨てるわけに行かないので谷に捨てる。道路には鳥の屍骸が溢れている。車が鳥を轢いてしまうのである。車が近づいても鳥は逃げないというより飛べないのである。ヨロヨロと千鳥足のまま轢き殺されるのは化学反応してしまった廃棄物を食べるからである。ODAが政府に分別処理と塵の高熱での処理場を造りたいといったら、ODAでは鉄道改修と西カザフスタンの道路を造って欲しいと言われた。発展とはこのようなことなのである。

　さらに2時間走るとタラス川を越える。唐代に紙を作る技術の移転があったタラス河畔の戦いの現場を通る。唐の対象は朝鮮人であり、サラセンの対象はトルコ系中央アジア人で、共に仏教徒だった。唐の紙職人がサラセン軍の捕虜になったのである。技術移転は無償でなされた。しかし環境維持のためのライフサイクルコストへの意識は、まだまだ途上国に技術移転されていない。

　差別化戦略はよく耳にするが、環境リサイクルコストで差別化するのが、アジアで日系製造企業、日系サービス企業が勝てる有力な戦略となる。アジア地場企業は意識が低く、アジアの国家セクターは環境コストの国家負担を免れよ

うと外資系企業に頼らざるを得なくなる。その際には高い費用の特許で技術移転するのでなく低いロイヤルティでできる営業秘密(生産ノウハウ)で技術移転をする必要がある。ただしフリーライダーが生じないように営業秘密の保護を徹底させる必要がある。ロイヤルティで儲けることを考えると採算が合わないし、ライセンシーも生まれないから技術が普及しない。ロイヤルティが低いと技術開発をし続けられるだけの儲けは得られ、かつ技術が普及するから、結局その環境に優しい技術を反映した商品が売れることで儲けられる。政府ベースのODAによる技術移転より効果があり、努力した人が報われる経済をつくることができる。

文献

1) 伊藤嘉博『コストマネジメント入門』日経文庫
2) 後藤晃『日本の技術革新と産業組織』東京大学出版会　1993年
3) 柳野隆生『超パテント戦略』東洋経済新報社　1998年
4) 　金原達夫『成長企業の技術開発戦略』文真堂
5) 田中一成『図解在庫管理』日本実業出版社　2001年
6) 武石彰『分業と競争』有斐閣　2003年
7) 菅間正二『入門外注管理』かんき出版　2002年
8) 田中一成『図解生産管理』日本実業出版社　1999年
9) Berliner, Brimson『先端企業のコスト・マネジメント』中央経済社　1993年
10) 平野裕之『限りなく受注に近い生産』日刊工業新聞社　2001年
11) 菅間正二『よくわかるこれからの生産管理』同文館出版　2003年
12) 矢作敏行『現代流通』有斐閣　1996年
13) SCM研究会『図解サプライチェーンマネジメント』日本実業出版社　1999年
14) 河西健次『図解よくわかるこれからの物流』同文館出版　2003年
15) 高山守『マーケティングがわかる事典』明日香出版社　1992年
16) 日本能率協会(JMAM)『リエンジニアリングがわかる本』日本能率協会　1993年
17) 大山健太郎、小川孔輔『メーカーベンダーのマーケティング戦略』ダイヤモンド社　1996年
18) 渡辺高哉『勝ち組メーカーに学ぶサービス事業戦略』PHP研究所　2002年

第3章　中小企業のアジア向け直接投資における留意点

3.1. 中国ビジネスを台湾企業に学んでよいか

　日本の中小企業の現地子会社にはどのような問題点があるか、台湾企業と組んで中国進出してよいか、現地政府の投資許可の問題は何か等を通して、アジア向け直接投資の留意点を具体的に考えてみる。
　2002(平成14)年2月「台湾企業に学ぶ中国ビジネス」なるセミナーをJETROが東京で開催した。大盛況だったが、参加した小生の意見は、台湾企業は日本企業の他山の石にしかならないというものだ。台湾企業は中国語がわかる人材が豊富でかつ中国政府の小役人との人的関係に留意しているだけで、後は中国で無手勝流になんとかうまくやってやろうとしているに過ぎない。彼らの中国のビジネス関係法への理解、中国という社会主義国の仕組みについての理解は驚くほど低い。中国語が読めても中国の法令が理解できるとは限らない。中国の小役人と人的関係を持っていても、台湾人は彼らに共感している訳ではないので信頼関係は築けない。中国の小役人の側も台湾人を、技術は持って来ないが資本と市場を持って来てくれ、中国の安い労働力を利用するお客さんだと見ているから、お客さんのもてなし方も素っ気ない。
　中国の役人にとっては、台湾ビジネスマンと組んだ日本人ビジネスマンより台湾ビジネスマンと組まない日本人を信頼できると考えるだろう。台湾ビジネスマンが間に入ると、中国語を日本人がわからないことをも利用した意図的な情報操作、例えば必要な人に意図的に会わせなかったり、大事なことを言わないのは聞かれないからだとの態度を取ったり、人的関係が奇妙なほど強調され、根本資料による確認が困難になることがある。確かに間違ったことは言ってい

ないが、必要となる事項を事前事後にも言わず、万一問題が表面化した場合には、「聞かなかったから答えなかったまでだ」と開き直る。

英米契約法では表示義務条項(R&W)違反をディフォルト事由にしている。言ったことについてのみ責任を負うという姿勢だから、契約交渉において何が必要かを徹底的に調べる。外部のコンサルタントや弁護士、公認会計士も動員するから、事前調査にコストがかかる。日本企業はこのような事前調査にコストをかけたくないから台湾企業を仲介人にして中国やベトナムでビジネスをしようとする。そして若干の失敗があっても外部のコンサルタントに払うより安ければ授業料だと考える。つまり、台湾企業のいうことを真に受けやすい体質を日本企業は本質的に持っているのである。

3.2. 現地政府との交渉とその報道ぶり

台湾企業の中国ビジネスにおける工夫は、①中国政府当局との交渉を1人で行わず進出地毎にある台商協会を通して行うこと、②中国の役人と良い関係を作るために専門家(政商関係担当者という)を置いていること、そして③香港を利用していることである。

台商協会は、台湾企業は中国本土企業と直接交流してはならないという原則の下に台湾政府が公的サポートを一切しないために、自発的にできた組織である。中国の同じ地域に進出した台湾企業が一緒になって同地域の中国地方政府と交渉する場が必要だからだ。台湾で成功した民間企業台湾プラスティックは、米国には進出できても中国進出計画は台湾政府の圧力で潰されてしまった。台湾国内では中国ビジネス法制に関する本は国是であるから売られていない。彼らの中国ビジネス法制に関する情報は皆香港と中国で得たものであるから、台湾本国での検討が少なく、香港と中国で得た情報を鵜呑みにした場当たり的な検討しかされていない。台湾のビジネス法制とどう異なるかの説明が体系的になされていないから、知識の応用ができない。逆に中国政府も中国資本が台湾に流れることを禁止している。中国企業康師傅[1]が台湾の調味料メーカー味全を買収することへの認可を渋っていた中国政府が1999(平成11)年例外として

---

[1] 同社は2003(平成15)年清涼飲料水の広告宣伝に浜崎あゆみを初めて登用した。J-popsを中国で売るキャンペーンになるので日本の半値以下のCM出演料だという。その中国製CDの日本への逆流を禁止する法案を提案しているのが、浜崎あゆみの所属するエイベックスである。

認めた理由は、康師傅の親会社が中国進出で大きく伸びた台湾企業頂新だからである。

　台湾のIT産業は中国進出で空洞化が目立ち、台湾人は2001(平成13)年になると台湾勤務と同等ないしは若干悪い待遇でも中国勤務をいとわなくなったといった報道がなされる。台湾政府は、台湾企業の1件$5,000万超過、高い技術水準、インフラ建設のいずれかにあたる投資を禁止している。中国に進出するのは台湾政府が重要だと考えていない業種だからであって、台湾国内で重要だと考えられている業種が中国に進出し、その逆輸入で台湾の消費は成り立っている訳ではない。日本の空洞化報道の類推で台湾の空洞化も語られてしまいがちだが、台湾の空洞化は、従来台湾から輸出していた企業が中国から輸出することに変えただけの話である。

　日本政府は台湾政府のように社会主義国中国を敵視していないから、日中投資保護協定を締結し、その下で投資問題に関する協議会を開催し、現実に投資紛争が起こった場合には政府ベースで協議する場を設けている。日中経済協会、日本国際貿易促進協会(国貿促)、JETRO等、実に様々な半官半民の組織がありかつ中国専門の日本人弁護士事務所も数多くあり、日々大量に日本企業にビジネス情報やビジネス法制に関する情報を体系的に発信し、定期的に中国政府当局と組織的に意見交換・協議・要請・交渉する場を設けている。台商協会といった組織をつくらなくても済む組織やネットワークを日本企業は既に持っている。

　そのような日本発の情報があるからこそ誤ることがある。日本発の情報が日本企業のためになされているというより、情報を発信する日本の組織のためになされていることがあるからだ。それを見破るには場当たりではない体系的なビジネスに関する理解が必要だ。日本経済新聞の過剰なまでの「中国は世界の工場になる」との報道は、日経新聞がよりよい情報を中国政府筋より得るために、中国政府の意を汲んだ報道をしているからだと筆者は見る。例えば『日経ウィークリー』や『デイリー読売』といった英字新聞の報道ぶりがしばしば日経、読売との報道ぶりと異なることを見てみればよい。

　2002(平成14)年4月18日にハノイで開かれた日本ベトナム両国政府間の貿易投資ワーキンググループ第3回会合の詳細内容は、『日経ウィークリー』に

は書かれていても日経では報道されなかった。ベトナム市場で成功したいのならベトナム産品の利用を増やして商品価格を半値にしろとするのがベトナム政府の本音だ。

ホンダ・ベトナムが$2,000だったバイクを$800にした例を挙げて、なぜ他の日系企業はできないのかとベトナム政府は言う。ホンダの中国海南島の模造バイク工場を買収し安い部品調達先として使うという奇策は、他の日系企業には出来ない相談である。その結果が以下のベトナム政府による新政策の導入だ。バイク組立企業の現地調達比率の計算において、部品調達先が外資系企業の場合は実際の調達価格の40％を調達価格とみなすというのだ。AFTAの下で、2006(平成18)年からバイクの完成車輸入を解禁するからそれに備えておけ、と言いたいらしい。しかしなぜベトナムに進出した日系部品企業からの調達を意図的に差別するのか。なぜそこまでしてやる気のないベトナム資本の部品メーカーに技術指導と資金援助をし、かつ買ってあげて儲けさせてあげなければならないのか。

この不当な政策に対して2003(平成15)年4月2日にベトナムを訪問した当時の今井経団連会長は、ベトナム政府に見直しを要請している。しかし2003(平成15)年ベトナムを訪問した小泉首相や山崎幹事長は、財政赤字でODA金額が下がってしまい申し訳ないとは言っても、この不当な政策については見直しを要求しなかった。WTO加盟国が現地調達の規制をすることはWTO・TRIPS協定違反だが、ベトナムはWTOに加盟していないから文句は言えないということらしい。そして、現地資本の裾野産業を育成するための政策は良いことだと一方的に思っている。たとえそれが日系裾野産業を不当に排除する結果になってもである。なぜ大勢の日本の官僚は日本国民の税金を使ってハノイに行って、ベトナム政府の不当な要求を唯々諾々と聞いてくるのだろうか。彼らにとっては、ベトナム政府とうまくやることの方が日本企業のためになることより大事だからであるとしかいいようがない。日本の官僚組織を守るためにメディアの組織を使うのである。このことをそのまま日経新聞に報道すると、日本政府のだらしなさ加減がわかってしまう。そこで英字新聞なのだ。日越両政府、日系企業・日本企業のいずれにも「あなた方の言うことは重要だとしてこのように報道しましたよ、ですから今後とも質の良い情報を私ども日経新聞

に流してください」というのが、隠されたメッセージなのだろう。

　2003(平成15)年5月21日付『デイリー読売』は、6月末にカナダで開かれるG-7サミットで、ロシアのプルトニウム設備がテロリストに襲われないようにG-7は今後10年間にわたりロシアに対し総額200億ドルの資金援助をするとの提案を、米国政府がする予定だと大きく報道した。日本政府はそれにより20〜30億ドルの資金援助をすることになりそうだという。邦字紙としての読売新聞は「ある筋からこんな意見もあると聞いた」という報道の仕方をする。政府筋の情報として報道したら「馬鹿も休み休み言え。改憲論者の読売の正体見たり」との非難を日本国民から受けるのは必至だから、日本国民一般は見ないが日本にいるG-8政府官僚は見る自社の英字新聞で報道するのだろう。ロシアのプルトニウムを守るとは、軍隊および警察の維持費用、つまりロシアの国家予算を助けるために外貨ローンを出すということである。卑しくも開発途上国でないロシアが軍事予算の援助を日本政府から受けるのである。確かに2003(平成15)年にロシアの外貨準備が厳しくなることは予想されていた。1998(平成10)年ルーブル危機前に借りに借りたモスクワ市債等地方政府の発行した外貨債券の返済がピークを迎えるからだ。そのためにロシア政府は従来から旧ソ連時代に先進国の政府関係機関から借りたローンの返済義務をチャラにしろと言ってきた。ドイツ、フランス、日本の各国政府と政府関係機関は、ロシアが後発発展途上国に対して行うような措置を要請すること自体認めがたいとして拒絶してきた。まして国際収支支援ローンをG-8構成国に出すことなど想定しようがない。健全なる国際収支を維持できるからG-8なのであって、軍事大国だからG-8なのではない。

　先進国ロシア政府に債権のない米国政府が知恵をつけたのが今回の報道なのだろう。冷戦の下で敵国政府に資金援助をしなかったことが、逆に今となっては米国政府のメリットとなっている。「アンチ・テロリストといえばどうにでもなる」という米国政府の政策がイスラエル政府のパレスチナ侵攻を招いていることには知らんぷりをして、今度はロシアの軍事援助に使う提案をするのである。米国政府が出すといわれる100億ドルは、ロシアの保有核の廃棄費用だろうから米国政府の財政負担は少ない。しかし、日本にはプルトニウム保護費用をロシアに対する債権放棄で賄えということもあり得るので、日本政府の財政

負担は大きい。「読売新聞がロシア政府、米国政府から国際関係論に関する良い情報を欲しいなら、このアンテナ記事を載せろ」と言われていると、読売新聞は思ったのだろう。

3.3. 現地政府との交渉役の役割

　台湾系企業における苦心の第2点「政商関係」を日系企業で行っているのは、総務担当者と経営者である。彼らは台湾系企業とは異なり日本の本社のビジネス法制に関する支援も得られるために、その場しのぎではなく、実際の問題処理にあたり原理原則を誤らない対応が可能である。台湾系企業の政商関係担当者がすることは、場合によっては違法行為となる自社の労務管理を問題なく収めてもらうことと、主に委託加工関係の関税関係をうまく処理することである。利益をあげるためには、場合によっては違法な残業をさせてでも低賃金で働かせざるを得ない。電子部品、繊維アパレルにおいて産業集積がある広東省では、転職先の企業は数多くある。低賃金長時間労働に嫌気がさした労働者には退職してもらって、新しい良質の労働者を安定的に雇い入れねばならない。この兼ね合いがうまくできるのなら30才代、40才代でも台湾系中国企業の社長になれる。

　日本企業の多くは違法を呑み込んで仕事をすることはできないために儲からないという人もいる。確かに違法を呑み込むのはサラリーマンの日本人出向社長にはできない。しかし筆者は原理原則を誤らない労務管理では儲けられないというのは間違いだと考える。告発されないといった短期的利益のためにも原理原則、特に中国労働法の原理原則は守った方がよい。労働者による生産性向上のモチベーションは、「自分は会社から大事にされている」という考えをいかに多くの労働者が持つかにかかっている。社会主義国では違法承知の労務管理は告発にあったらひとたまりもない。米国の運動靴企業ナイキがベトナムでの生産下請企業での労務管理につきベトナム国民に謝罪する声明を2001(平成13)年に出したのが典型だ。ナイキは自らベトナムに進出すると、ベトナム戦争の経験から睨まれることを恐れて、多くの韓国企業・台湾企業を中心とする下請企業によるベトナム進出を奨励した。直接手を下していないことを理由に、

ベトナムの労働法を破らなくては可能にならないような発注をベトナムにある韓国系企業・台湾系企業に出した。韓国系企業を中心に多くの労働法違反の告発を受けたベトナム政府は、その違反の背景にはナイキによる発注方法に問題があると指摘した。生産基地としてのベトナムに頼らざるを得なくなっているナイキは、謝罪声明を出さざるを得なくなったのである。

3.4. 香港の役割

「香港では海外で得た所得には課税されない」ことが、香港を利用する意味である。台湾企業が香港法人を設立してその香港企業が中国に子会社を作れば、中国の子会社からの配当支払、貸付金の利子支払、ライセンス料支払は香港で課税されない。同シンポジウムのパネリストの1人で、深圳にあるテクノセンターに多くの日本の中小企業を誘致している宮川香港有限会社の石井次郎氏は、同社は利益は出しているが設立以来一銭も税金を支払ったことがないと自慢していた。香港から日本に一銭も金を持ち出さないから税金を支払わないで済んでいる。香港法人をもった台湾企業は台湾に資金送金などしない。台湾では海外への資金移動は自由ではないので、金曜日夜9時の台北発香港行きの中華航空機はアタッシュケースを持った台湾人で満席だという。台湾に送金すれば彼らが不法に外貨および台湾ドルを持ち出したことがばれてしまう。「台湾企業は日本企業のはるか先を行っている」と石井氏はいうが、「はるか先」がこのようなビジネス行動に裏付けられているのだという事実も知っておいたほうが良い。

石井氏の次のアドバイスは貴重である。「初年度から黒字になるように計算しろ、中国で優遇税制を当てにするな、無理に銀行から資金を借りるな、海外投資には大きな資金をかけるな」。台湾企業の成功は正にここにある。台湾の銀行の海外進出は銀行民営化が進まなかったこともあって1990年代央からだし、香港に進出した彰化銀行等の台湾資本の銀行も中国向け金融をおおぴらにすることはできないから、銀行からの資金調達は確かに困難だった。そのためアタッシュケースに入った現金だけでビジネスをせざるを得なかったが、それが結果的には損失の限度を決めることになったのである。

3.5. 下請けいじめへの対応とモジュール生産方式

　ナイキ、アディダス、GAP、リミテッド等の米国の大手縫製メーカーによるアジアの下請け企業いじめは極端になっている。彼ら大手縫製メーカーをグローバルソーサーというらしい。彼らグローバルソーサーは自社の生産拠点を持たず、最適のコスト、品質、納期が守れる多数の委託加工企業を求めてアジア各国を移動している。リミテッド社などは平気で25日という短納期を要求する。彼らグローバルソーサーはどこでも発注後40日程度の納期は要求するようになっている。たとえ下請け縫製メーカーの工員達がミシンをかける時間はあっても、その下請け縫製メーカーにファスナーやボタンといった材料を供給する企業には時間がなさ過ぎる。

　日本市場の90％、世界市場の50％のシェアを目指している世界一のファスナー企業であるYKKは、従来現地密着型海外投資を進めてきた。グループ全体で世界59か国121社、日本国内にいる従業員は1万8,000人で同数の従業員が海外にいる。そのために海外子会社の社長経験者が100名以上いる。彼らは日本に帰ってきても自らが勤務した現地工場のファンである。グローバルソーサーは商品のトレンドをしょっちゅう変えるし、委託加工先も国をまたがってしょっちゅう変える。YKK海外現地工場への短納期要求が突然来るという事態に、工場操業計画が立てられない、なぜ当国の工場製品への発注を突然切るのだと、当該国にある子会社社長とその前任者達は、グローバルソーサーから注文を取ってくる営業部隊に不満を持つようになった。YKKで対応できなければ現地資本のファスナー企業に発注せざるを得ない。そのために世界市場では50％のシェアを持っていても、アジア市場に限れば20％のシェアしか持っていないという事態も生んだ。

　そのためYKKは3つの対応策を打ち出した。YKKファスナー事業部の中にグローバルマーケティング(GM)グループを設立し、海外生産拠点を横断的に連携させて情報を流通させることにした。韓国工場の拡張、ベトナム、スリランカ、バングラデシュでの工場立ち上げといった海外生産拠点をさらに増やし、短納期に対応できるようにした。従来一元的に黒部事業所で作っていたファ

スナー製造機械の生産の一部をインドネシアとブラジルに移転し、海外生産拠点での増産が迅速にできるようにした。

　YKKは大企業からの下請先への無茶苦茶な要求にどうにか対応できた稀な例である。通常は対応できない。「大量に買うのだから、安く、早く、良い品質で作れ」というブランド力を持つ国際的な大企業が出す要求は、日本国内のみならず、NIES、ASEAN、中国、中南米にまで徹底することになった。カルロス・ゴーンの下請価格切り下げ要求とフォルクスワーゲンとフィアットで始めたモジュール生産方式が典型である。カルロス・ゴーンがすべての下請企業に要請した納入価格の切り下げは、「日産栄えて下請け滅ぶ」の事態を招いている。ヒット車がないのに2,500億円の営業黒字を出したのは、ひとえに下請企業の協力のお陰だ。しかし大幅な営業黒字を出した後も、さらなる下請価格切り下げ要求を日産はしている。このような日産の要求に対して有力な一次下請会社カルソニックは反発し、日産の下請グループとして活動するのでなく、独立して全世界の自動車組立会社に供給することにした。この発表で日産の株価は下がりカルソニックの株価は上がった。独立した分だけカルソニックの利益は増えると市場は見たのである。

　モジュール生産方式とは、組立企業が2、3社の下請企業を指名して、彼らに責任を持たせて数多くの部品を調達させ2、3の自動車の大きな部分(モジュール)に組み立てさせた上で、組立企業に納入させる生産方式である。組立企業がなす組立はほとんどないし部品調達もせず、部品企業への技術指導の責任も負わない。モジュールを組み立てる指名会社に支払う金額は買い叩きやすい。組立会社に代わって部品調達会社となった指名会社は、部品調達に成功すればするほど自分の利益が増えるから安い調達に走り、部品の納入金額はますます落ちていく。部品企業は繁忙の中の貧困にあえぐことになる。フィアットは、EU市場用の1リットル車をブラジルでモジュール生産して、コスト削減を図っている。フォルクスワーゲンは、旧社会主義国だったハンガリーやチェコといった中東欧地域にある工場で部品のモジュール生産をさせて利益を確保している。

　モジュール生産は自動車のみならず他の産業にも急速に進展している。下請けないし生産委託先への支払いを削減することで生産コストを下げられる多国

籍大企業にとって、都合の良い生産方式だからだ。しかしモジュール生産をしたから儲かると考えるのは甘い。2001(平成13)年大幅に赤字転落したフィアットがよい例だ。安く効率的に作ろうという考えが生産コストの引き下げにしか行かず、生産現場からの商品開発へのアイデア提供が生まれなかったからだろう。10年以上前のカブト虫型フォルクスワーゲンを慣らし慣らし修理しながら乗ってきたブラジル人にとって、1万ドルの3ドア新車フィアットは快適な車である。しかし2ドア車に乗るのは「後部座席に人など乗せない」と考えているスポーティ車好みの顧客であって、高いから4ドア車を選ばないのではないイタリア人にしてみれば、3ドア車は奇妙な車に過ぎない。もちろん3ドア車はEU市場にはあまり持ち込まれていないだろうが、デザインは同じである。イタリア国内で圧倒的なシェアを誇っていたフィアットがズルズルとシェアを落としたのは、EU統一市場になったのでシトロエンが販売攻勢をかけたからでも、日本の軽自動車が進出したからでもなく、フィアットが顧客の好みを読み間違えたからだ。

　フィアットはモジュール生産に移る前も顧客を軽視した販売策を採ったことがある。イタリア政府に働きかけ、排気ガス規制前の車を買い換えたら政府補助金が出るようにした。車検制度がないイタリアで無理に新車需要を生み出したが、客の好みを考えた訳ではない。

3.6. 部品企業、生産委託先企業の儲け方

　部品企業や委託加工先となった企業の儲け方には工夫が必要である。特定大企業への納入をやめ、納入先の多角化を図るのが1つの方法である。

　アイワ・マレーシアへの供給を止めた多くのマレーシア進出済み日系部品メーカーの取った方法がその1つである。ソニーが救済することになったアイワの2001(平成13)年の経営破綻は部品企業からソッポを向かれたことによる。アイワは、1980年代初めにマレーシアにミニコンポの組立工場を移転させて成功した企業だった。しかし、ミニコンポが韓国企業や中国企業によって日米欧向けに安く大量に輸出されるようになると、それに競争できる輸出価格を実現すべく、従来からの調達先であったマレーシア進出の日系電子部品企業に納

入価格の切り下げを要求するようになった。当初は納入価格の引き下げに協力をしていた部品企業も、中国品に対抗できる商品開発をしないままで、部品納入価格の引き下げばかり要求するアイワ・マレーシアの姿勢に反発するようになった。

　2000(平成 12)年前後から、日本で携帯電話向けの電子部品需要が急速に伸びてきた。日本での部品供給先に困った日本の携帯電話組立企業は海外調達を考え、マレーシアに進出済みの電子部品メーカーにも声をかけた。長年のアイワとの付き合いで繁忙の中の貧困を我慢しながらアイワ・マレーシアに部品を供給していた日系部品企業は、携帯電話向けの電子部品を生産して日本に部品輸出した方が儲かると考えた。マレーシア進出済みの日系部品メーカーは、雪崩を打ったようにアイワ・マレーシアへの供給を止めた。ミニコン用部品生産ラインを携帯電話用部品生産ラインに切り替えたのだ。アイワ・マレーシアは部品の供給を受けられなくなったためにミニコンポの生産自体が困難になり、日本のアイワ本社に製品を送れなくなり、アイワ本社の経営破綻を招いた。

　納入先の多角化を図るためには、部品企業や委託加工先の企業でも独自の営業マンを増やす必要がある。彼らに新しい販路を開拓させるのである。この方式は日本でのみならず、進出先の子会社でも同じである。日本の本社がアレンジした納入先にばかり頼っていると、生産コストの削減でしか儲けを得られなくなってしまう海外子会社は、乾いた雑巾を絞る努力ばかり強いられることになる。QCサークル活動を労働時間外に賃金をもらわずにやる日本の従業員なら雑巾を絞る努力は報われるが、日本の外にある企業でQCサークル活動を労働時間外でやれている企業はない。コスト削減の努力や生産性を上げる努力は労働強化だとアジアの従業員は考えるから、時間外のQCサークル活動により欠勤転職は多くなるし熟練も期待できないことになる。賃金を与えて時間内にQCサークル活動をすると、およそ役に立たない改善提案ばかりが出されて時間を食う。現地従業員は改善提案を思いつきさえすれば、会議室で座りつづけることができ、それだけ生産ラインの脇で立ち作業する時間が少なくなるからだ。

　付加価値のある商品を作ると言うのはやさしいが現実には困難である。新たな商品を開発したり、商品のブランド力を高める努力よりも企業としてのブラ

ンド力をつけるほうが重要である。世界一の自動車金型メーカーであるオギワラでさえ、軽視されてしまった企業としてのブランド力をどのようにつけるのだと疑問を呈する向きもあるだろう。自動車産業の値下げ圧力が厳しいのなら、別の産業における金型製造で儲けられないかと考えてみることである。納入期間と販売網の充実を製造単価に入れることを認めてくれる産業は他にもあるはずである。特定企業間の SCM 構築のために IT 化投資をしたのかもしれないが、IT 技術を使って幅広い顧客を集める道はある。在庫を最小限しか持たないことによるメリットは、すべての企業には当てはまらない。幅広い品揃えは在庫最小と矛盾する場合が多いからだ。

　特に顧客が消費者に近かったり、R&D(研究開発)に携わっている場合には在庫を抱えても幅広い品揃えをしておけば商品の価格は通りやすい。分厚い商品パンフレットで商品を選んでもらい、ネジ１本から届けるという機械部品商社が成功している。製造企業のＲ＆Ｄ部門がお得意先になることが多いという。従来製造企業のR&D部門も他の工場部門同様調達部を通して注文していたが、時間ばかりかかっていたという。調達部は安く調達するのを至上命題としているために、R&D部門は試作品を作るために１品しか必要ない部品なのに、安く調達できないかと探し回るからだという。分厚いパンフレットと１品から届けるという営業方針により調達部を通さないで直接R&D部門に出入りすることを認められた同社は、値下げしないで商品を届けられる一方で、研究開発に必要な部品の動向の情報まで得られるようになり、より効果的なパンフレットが作れるようになった。

　R&Dでの海外投資では先進国向け以外少ないので、このやり方はアジアでは役に立たないと一見思われそうだが、筆者はそうでもないと考える。基本的な商品コンセプトは日本と同じでも、アジア現地市場向けの仕様を決定する開発研究は現地工場でやるようになっている日系企業は多いのである。基礎研究や応用研究でない、開発研究用で必要になる機械部品や工具の需要はあるはずである。いわばアジアの便利屋になるという発想だが、便利屋のベネフィットはアジアでは高いから便利屋サービスの価格を買い叩こうとする現地日系企業や多国籍企業の現地企業は少ないと思われる。現地資本の企業はそれでも買い叩こうとするだろうが彼らは相手にしないほうが良い。所詮

買い叩く発想は、二番手でよいと考えている企業に生まれるのだ、成功している製品の模倣品を作って大量生産で儲けようとする企業は買い叩く発想しかないのだ、とわきまえればよい。

3.7. 物理的インフラの問題

現地企業の直面する具体的な問題は、それが労務の問題、物理的インフラの問題、知的インフラの問題、現地適応の問題なのかをまず分類してみることが必要だ。最近は知的インフラの問題と労務の問題が多くなっている。

物理的インフラは、ラオス、ミャンマー、カンボジアといった新興投資先国ではまだまだ問題である。特にラオスは内陸国なので外国にある港との間の道路の通行問題がある。タイへ運ぶかベトナムに運ぶかだが、ベトナムは通関がまだまだうるさく、委託加工などの加工貿易がしにくい。タイなら良いはずだが、タイはイギリスに倣って左側通行だがラオスはフランスの植民地だったので右側通行だ。タイは国内道路通行の安全を確保するためとして、タイ・ラオス国境で右ハンドル車への積み替えを2002(平成14)年10月まで強制していた。国境積替運送業者の数を規制して意図的にタイ国内輸送運賃を高くしているから、積替時間がかかるのみならず輸送コスト自体も高すぎる。いくらラオスの労働力が安くても、いくら正確に工場渡しの納期を守っても、港渡しでは高すぎるし納期は守れないのだから、ラオスで委託加工する意義はなくなってしまう。物理的インフラの悪さを知的インフラの悪さが追い討ちを掛けている。

中国における、物流コストの問題と電気代の上昇も、まだまだ残る物理的インフラの問題だ。中国では地方により電気代の上昇率が大幅に違う。山東省青島では数十％の値上げも実際にある。中国の電力会社の中には華能電力のようにニューヨーク証券取引所への上場を果たした企業もある。このような企業の経営は透明度が高いから不当な電力料金の値上げはしない。しかし、一般的に電力料金は省人民委員会とのネゴで決まることが多く、不透明度が高い。ちなみに華能電力は火力発電所が主力で、遼寧省、河北省、重慶に容量の大きい発電所をもっている。中国は日本と異なり、原子力発電の比率が2％程度で火力発電が80％を占める国である。そして1人あたりの電力消費量は年間864kwh

と日本の 1/7 程度である。経済発展の速さと地球環境保護の必要性から、事業用電力料金は今後も大きな上昇が予想される。電力消費者別消費量は重工業が 58％、軽工業が 14％、一般消費者 12％、郷鎮企業 7％、商業飲食サービス業 3％であることを考えると、国際競争力を持つ軽工業企業に不利な電力料金を設定する可能性は高いから、軽工業で進出する日系企業の支払う電力料金はまだまだ上がる可能性があるだろう。

アジア途上国ではどこでも全国ネットの運送業者が少なく、道路事情が悪いのは共通しているが、中国ではそれが極端である。航空便以外の運送方法では到着予定がわからないから納期管理が困難である。海に面する広東省から内陸の中心である四川省までの鉄道輸送は 2～10 日と幅がありすぎて、品物が着くまではわからないのが現実だ。ダイヤ編成などないに等しい。年末は春節用の人と物の流れが激しくなり、16 日かかったという例も報告されている。中国の省を越えた輸送では通行税が取られるのは、インドで州を越えて輸送する際オクトロイという通行税の徴収があるのと同じことである。このような事情は、中国での外資系物流企業の進出のチャンスにもなっていると逆に考える頭も必要である。

3.8. 労務の問題

労務の問題では、アジア諸国ではどこでも管理職クラスの人材不足に悩まされる。大卒採用は容易だが、彼らの技術指導能力、経営管理能力は一般に低い。大学工学部には機材がないため、机上でしか学んだことのない技術は実際に応用ができない。技術指導の能力が低いことの原因には、大卒技術者と中高卒工員は出身階級が異なると技術者の側も工員の側も思っているという問題がある。このような意識は、ベトナム、中国、ラオスといった社会主義国にはないが、他のアジア諸国特に東南アジア資本主義国であるタイ、マレーシア、インドネシア、フィリピンには厳然と残っている。工員の中の熟練工が職場を支配することを技術者は嫌うことすらある。

日本でも戦前は技術者と工員の身分格差は大きかった。戦前日本の大卒技術者は、熟練工による職場支配を認める代わりに、インフォーマルかつ個人的に

熟練工とコミュニケーションをして製造現場の知識を獲得しようとする現場主義の考えをもっていた。現場の暗黙知を目に見える設計図や生産工程管理手法として確立させていったので、生産合理化が図れたのである。現場の知識に裏付けられた、目に見える知識にする能力があったからこそ技術指導能力があることになる。もちろん戦後日本の製造業で見られたような未熟練工、熟練工、技術者の間のカイゼンを通しての協調的関係はなかった。しかし戦前日本には技術指導能力のある大卒技術者がいたのである。

　東南アジア資本主義国にはそのような大卒技術者があまりに少なすぎる。大卒者は、工場に出ないことをもって良しとし、スーツを着て秘書を抱えてエアコンの効いた個室で執務する。日本人技術者である工場長やアドバイザーがナッパ服を着て工場内をしょっちゅう見回りゴミを拾っていると、現地人大卒技術者のみならず工員まで日本人技術者を軽視するようになるという企業風土すらある現地会社もある。「あの日本人はゴミ拾いをするような日本の下層階級出身の人間なのだ」という評価をする。5Sの1つとしての清掃の実践であるとわからなければ、職場での5Sの徹底はできない。このような企業風土はトップダウンで変えなければ変わらない。エアコンのない現場に出たがらない大卒現地人には辞めて頂くしかない。

　アジア諸国の大学経営学部で学んだ経営管理は米国の教科書の引き写しだから、日系製造企業に応用できない。しかし適用できない日系企業の方が悪いといった言い方がなされがちだ。アジア人には欧米人の能力への過大評価があり、彼らのいうことは鵜呑みにするかわりに、日本人、韓国人、台湾人のいうことを過小評価する。日韓台湾系企業の管理職の賃金、待遇が欧米系企業より低いこともこのような傾向に拍車を掛けている。だからといって欧米系企業のように管理職の賃金を上げる必要はない。欧米系企業でも賃金が高いのは社長、副社長、工場長、財務部長などのポジションについた現地人に過ぎず、日系企業ではそのようなポジションは日本人が担っているからだ。昇進の機会がないのは現地管理職の不満になり得るが、本当に能力のある現地人なら昇進させればよい。日本から日本人を派遣するコストが節約できる。実際台湾系企業で中国に派遣する台湾人管理職の給与水準は2000(平成12)年以降大幅に下がっている。

中国では同一労働同一賃金を盾に日本側出資者が派遣した管理職と中国で採用された管理職の現地賃金は同じであるべきだと主張する。その旨を規定した外資系合弁企業に関する行政指導の文書もある。労働の質の違いを明確にすべきであり、実際に同じ質の仕事しかできていない日本人がいたら同一賃金も仕方ないと日本で派遣時に言って、承知させてから派遣すべきである。彼ら日本人は生産性の向上を自らの業績だと主張するようになり、適切な対価を得たノウハウ移転をするようになるだろうから、日本の親企業は日系企業よりライセンス料を得られやすくなるだろう。

ワーカーの転職の激しさや熟練度の低さはどこでも共通だが、中国ではさらに地方出身者の契約労働の問題がある。契約期間の労働を保証しなければならないために生産に対応した弾力的な運用がしづらい一方で、労働福祉関係費として基本給の20％以上という不透明な企業負担を強いられ、ワーカーに支払う厚生関係費もあり、残業代のベースが高い。これを解決する道はない。賃金体系の透明性を高めるので、地方政府および労働組合も企業負担の福祉関係費の透明性を高くせよと主張できるくらいだ。週40時間労働制を外資系企業に適用するのはおかしいといった議論や、地方政府の労働管理局に事前に提出する残業許可がなかなか降りないとの不満は、日本側の都合ばかり考えているとむしろ批判の対象になるからやめた方が良い。競争上必要な残業だとの主張は、台湾系企業には政商関係がいてうまくやっているのだという事実の前には無力だ。むしろそのような過度な残業がなくては納入できないような仕事は、繁忙の中の貧困を生むだけだとして受注すべきではない。

なお合弁契約作成時に現地側パートナーから従業員の引き取りを要請されることが中国ではまだあるようだが、明確に拒否すべきである。できの悪い労働者ばかり押し付けられるか、できの良い労働者は合弁企業の企業秘密を盗んで持ち出すことばかり考えるからである。他方、進出地出身の労働者優先雇用を現地政府から要請されることがある。こちらは進出検討時に要請があったかないかで対応すべきである。要請しないまま進出させておいて後から雇用計画提出のときになって進出地出身者優先の雇用計画でないと認めないというような公務員のいる現地政府とは付き合わない方がよい。たとえ現地政府が投資優遇をくれるといっても今後もこのような騙しのテクニックを乱用されるのは必定

だから、進出計画自体を反故にすると主張すべきである。そのような断固たる姿勢の方が、事態を良い方向に向け解決させるだろう。

3.9. 知的インフラの問題

　技術水準の問題は労務の問題であると同時に、知的インフラの問題でもある。従順な労働者と勤勉な労働者は違う。技術水準は個人の能力の違いや教育水準の違いによるというより、労働者の育った国ないし地域が技術を実際に軽視しているか重視しているかによる。従順な労働者は言われたことだけやればよいと考え工夫しないから、QC活動など技術水準を上げる工夫をしても成果は上がらない。すべてのASEAN諸国の企業と中国の内陸部および内陸部出身者が労働者の過半数を占める中国沿海部の企業に見られる。ASEAN各国政府そしてASEAN諸国で合弁パートナーになる現地人企業家は皆、口を揃えて技術を重視しているという。しかし、その技術に適切な対価を支払うことには消極的だ。日本企業が合弁企業に対し無償で技術移転をして、合弁企業の製品を安く買えば儲けは同じではないかといった言い方をする。技術革新が何たるかを知らない。技術それ自体を高く評価するシステムを作らないと、技術水準を高めようとするインセンティブは働かない。技術水準は技術者によって高められると彼らは考えている。技術者のみならず、従業員全体が会社の技術水準を高めるのである。

　勤勉な労働者は、ベトナム、インド、中国の沿海部の企業にいることが多い。しかし勤勉の方向を間違えていることが多い。①見てくれが同等なものを作ればよいと考える者、②試作品のみ品質のよいものを作って商業生産に入ったら同品質のものができない者、③どうにかして外資系企業のノウハウを盗んで転職しようとする者、④ISO9000番代の品質が満たされていれば、個々の製品の品質をうるさくいう日本の技術者のいうことは品質重視過剰だから無視すればよいと考える者、⑤上司にのみ勤勉なふりをみせるが他で横暴な者、⑥自らがリーダーを務めるグループの優越性を示すことばかりに勤勉な者、⑦自らの出身地の関係者のみで閥を作り、その閥に属する者にのみよい仕事ばかりをあてがおうとする者等様々である。

ベトナムには①②⑥が多い。⑥はアパレルや靴袋物等縫製作業での生産性向上に使える。①②は器用だが、商品生産は一品物の生産ではないということがわからないから生じている現象である。これらは器用にできた商品ではあるが、一切役に立たないということを、これらの商品を実際に壊して徹底的に教える必要がある。

段取りが出来ないのも近代的工場生産が何たるかを知らないが故に生じている。これはアジア諸国に共通の現象である。段取りができることが日本から派遣された日本人が持つノウハウであり営業秘密なのだ、だから日本人は現地人と給与水準が違うのだとはっきり言ったほうが良い。ただし段取りの仕方は現地企業に技術移転をする必要があるので、日本人だけができるとして独占したり隠したりしていても始まらない。段取りのやり方自体で売上高比率1％程度のライセンス料を取る交渉をすべきである。何が技術水準を上げるのか、手先の器用さで技術水準が高くなると思うのは誤りだと知らせるべきである。中国では③④⑦が多い。インドでは④⑤がまま見られる。

3.10. 営業秘密保持契約でライセンス料を取る

③の従業員がノウハウを盗む行為は、日系企業の死命を制する問題となることが多い。何が営業秘密なのかを明確にして、従業員および現地側パートナー、地方政府の公務員にもわかるようにしておき、その違反は重大な労働契約ないしライセンス契約の違背になることを明示しておくべきである。秘密に値する経済的価値がある、秘密に値する保護措置をとっていることが営業秘密が保護されるための最低条件である。

アパレルの委託生産だからそのような営業秘密などないと安易に考えてはならない。デザイン、型紙、生地からの必要布地を切り取る配置図、日本側が調達した部品資材、納入先名・納入個数・納期、生産計画すべて営業秘密である。ノウハウとは技術面での営業秘密をいい、顧客名簿等営業面に関わる企業秘密を狭義の営業秘密といい、両者を合わせて営業秘密（トレード・シークレット）と呼ぶ。

マニュアル書があるのならその管理を徹底すべきだし、コピーされないよう

に対策を講じておくべきである。また退職時にはすべての会社のノウハウに関する備品等を返却させるべきである。また地方政府の公務員や現地側パートナーの工場訪問も自由に認めるべきではないし、認めたとしても立ち入りさせない区域をあらかじめ決めておくべきである。このような対策が模倣品を生ませなくするので、模倣品に対抗するために商品価格を下げて競争する必要もなくなる。また模倣品排除のみならず、日本企業が現地企業と営業秘密のライセンス契約を締結すれば、営業秘密ライセンス料は取りやすくなる。商標権、特許権、意匠権、実用新案権、著作権で保護できない知的財産権として、アジア諸国で営業秘密を確立させることが日本企業にとって儲けを保証する手段となる。

中国では不正当競争防止法で模倣品排除という形の営業秘密を保護している。タイでは3年たな晒しの末2002(平成14)年やっと営業秘密法が成立し施行された。たな晒しの理由は、同法が成立するとタイ企業はタイ日系企業の商品やアイデアの模倣がしにくくなり、タイ企業の発展にとって不利だからだ。やっと施行させた理由は、WTO・TRIPS協定で営業秘密の保護についての国内立法をすべてのWTO加盟国に要求する一方で、当時次のWTO事務局長はスパチャイ元副首相だったからだ。タイ人がWTOのトップになるのに、タイ政府がWTO協定無視はできないからだ。その他のアジア諸国では、国家が特別の経済法で営業秘密を保護しようとはしていないので、個々の契約法での保護を受けることになる。契約法での保護を受けるためには営業秘密に関する契約締結が必要となる。

営業秘密にタッチできる現地人従業員と日系企業の間で営業秘密保持契約を取り、そこでは退職後2年間は同種ないし競合する業種の事業には携わらないと規定すべきである。退職後にも同契約が有効なように雇用契約や就業規則で書いておくだけでなく、別個に営業秘密保持契約を締結するのがポイントである。

保持契約が別個に締結できない場合は誓約書を取るべきである。誓約書も取れない場合は、雇用契約と就業規則でのみ縛る他はないが、退職して違反した者に対しては証拠を示して訴訟を起こすべきである。中国政府もWTOに加盟して知的財産関連貿易措置協定(TRIPS)に署名している手前、起こされた訴訟

を握りつぶすことはできない。

　ただし退職後2年以内の違反なら雇用契約と就業規則の規定は有効だが、退職後3年となると無効とされる可能性が高い。日本の不正競争防止法でも2年なら拘束できるが3年では拘束できないとの考えである。ただし日本の不正競争防止法や中国の不正当競争防止法では製造された模造品を取り締まれても、アイデアやサービスの模倣を取り締まることはできない。JALが始めた機内お絞りサービスは他の航空会社に盗まれても模倣違反の主張はできない。サービスの模倣、アイデアの模倣を防止したければ、営業秘密保持契約を締結して契約責任を問う他ない。

　また従業員ないし退職従業員が盗んだとの証明ができない場合もあり得る。そのような場合、警告書を出してから訴訟を起こすべきである。警告書には「違反したから、そのような製造を止めろ、そのようなアイデア、サービスを止めろ」と書くのみではなく、「本警告にもかかわらず止めないものは、当社に対して不法行為をしたことによる損害賠償責任のみならず、契約法上のライセンス契約を当社と締結したものとみなし、正当なライセンス料を当社に支払わねばならない。正当なライセンス水準はライセンシーに故意過失があるのだから、正当なライセンス水準は市場価格より高い水準に設定する」として現実に売上高比率8〜10%の水準のライセンス料金を書いておくべきである。

　1999(平成11)年から施行されている中国契約法では、契約締結上の過失という契約法理論が採用されている。この契約締結上の過失という考えでこの警告書を契約とみなすという議論を法廷でするのである。米国では判例でこのような警告書が有効だとして損害賠償のみならず、契約違反も認められている。不法行為による損害賠償では、不法行為を侵したことの故意過失の立証は訴えた側(つまり日系企業の側)がしなくてはならないから、立証は困難なことが多い。他人の内心ないし他社の経営判断の証拠を見つけることは困難だから故意があったことの証明は難しいし、従業員が盗んだことの証明はできても、過失の立証に必要な、盗んだ従業員が模倣した会社に盗んだものを渡したということを日時場所まで含めて証明するのは難しいからだ。いわゆる因果関係の立証という問題で、日本の公害裁判でなかなか公害企業に損害賠償責任を負わせられなかった理由だった。他方、契約による故意過失の立証は訴えられた側(つ

まり模倣をした側）がしなくてはならない。故意過失がなく模倣したということを模倣した側が立証するには、日系企業が出した商品、アイデア、サービスを一切知ることなく、別個独自に工夫創造したものだとの証明が必要である。この立証はほとんど不可能だから契約責任によるライセンス料は得られるし、かつ契約責任に基づく損害賠償金すら取れる。この法理論は日本、中国、欧米でも共通である。

3.11. 現地政府に頼りすぎてはいけない

　中国の模倣品対策として、日本の経済産業省が中国政府に模倣品排除の政策を徹底するように対処方を依頼した旨の報道が日本の新聞を賑わしている。また、米国政府の鉄鋼品のアンチダンピンク措置に対し、日本政府とEU委員会が共同してWTOの紛争解決パネルに訴える話題が新聞紙上で報道されている。そして、日本政府の国債がボツワナ政府の発行する国債より評価が低くなったと問題になっている。日本は開発途上国ボツワナに対して政府開発援助をしているにもかかわらず、そのボツワナより低い評価をなぜ受けなければならないのかとの反論が日本中に溢れている。

　これらの議論には二重の混同がある。政府と国家の混同と、国のかたちにおける国家セクターの形はどこの国も同じだと考える混同である。米国政府は日本政府ほど国家セクターの中で力が大きくない。そもそも米国には政府不信がある。そもそも米国という国家は、英国政府のピューリタン迫害から逃れるためにできたものである。英国政府の通商協定が英国植民地だった米国の企業セクターに不利だったためにボストン・ティーパーティ事件が起こり、国家としての独立を達成したのが米国なのである。相続税を25年後にはなくすとしてブッシュ大統領が当選した裏には、政府は国民をいいようにしか扱っていないから、政府に財産を奪われる相続税を認めないのだという考えが国民から共感されているからである。米国で州の力が強くかつ地方分権が進んでいるのは、連邦政府に対する不信があるからである。米国で裁判所の力が強いのは、政府への不信感から政府へのチェック機能を裁判所に期待しているからである。日本のように裁判所の裁判官は最高裁判所が一律に任用するシステムを採る国は、

先進国の中でも珍しい。「お上はお間違えないでしょうから」というのは、森鷗外の『堺事件』で、幕府の英国に対する屈辱的な方針で切腹させられる武士の娘が身代わりを申し出て言う台詞であるが、これは日本人の多くが思っていたことなのである。

アジア諸国で相続税が機能している国は、日本と韓国ぐらいしかない。ASEAN 諸国で相続税のあるのはフィリピンだけだが、その税率は極端に低く、ほとんどの国民は相続税を一切支払わず、そしてほとんどの金持ちはほんの名目的な相続税の支払いですんでいる。日本でも相続税は支払わないほうがよいという考えが強くなってきており、銀行の中には脱税まがいの節税対策としての財産運用方法を提案して預金を得る銀行もあるようである。『堺事件』の台詞が涙を誘う時代ではなくなってきているのかもしれない。日本では海外旅行者を永遠に続ければ税金は一切払わないで済むという本も版を重ねるくらいには売れている。それだけ政府不信が日本の国内でも強くなっている。2000(平成12)年時点での自国政府への信頼度を無作為抽出によるアンケートで調べた世界価値観調査によれば[2]、行政をまったく信頼しないと答えた日本人は 13％おり、日本より多いアジアの国はインド 14％のみで、後は、南欧 EU 諸国、中東欧ロシアが 15％程度と続く。中南米諸国国民は、メキシコ 37％、アルゼンチン 50％とまったく行政を信頼していない。まったく行政を信頼しない米国人は 7％、英国人は 8％、ドイツ人は 10％、フランス人は 17％である。ここでの行政は中央政府と地方政府の両者を想定して答えていると思われる。

日本政府の発行する国債の信用度が二段階落ちても、日本という国の信用度が二段階落ちている訳ではない。日本の個人セクターの持つ 1,200 兆円に上る個人資産の評価が落ちた訳でも、トヨタに代表される日本の企業セクターの優良な部分の評価が落ちた訳でもないのである。

ただし、日本の企業セクターの有力部分をなす銀行セクターの信用度は二段階評価以上に落ちた。そのような銀行セクターを助ける対策ばかりに終始し、景気回復のためには財政拡大政策のための国債発行しかないとする日本政府への評価が落ちただけなのである。信用システムの維持と決済システムの維持の違いもわからない日本政府と日本の銀行セクターに、ムーディーズは愛想を尽

---

[2] 電通総研『世界 60 か国価値観データブック』同友館 2004 年 p.165

かしたのである。日本の銀行の海外投資への支援策の第一は、自らの経営を健全化することと、顧客の進出したそれぞれの国のかたちにおける企業セクター特に外資系企業セクターの位置付けを合理的に説明しようと試みることだと思われる。説明ができれば自らの与信もいたずらに貸し渋りに走らないから、顧客からの信用も増す。

　アジア通貨危機を外国のヘッジファンドのせいにしている人はいまだに多いが、自国通貨を売ってドルを買った最大のプレーヤーはそれぞれの国における有力現地資本と現地資本家である。自分の国の政府・中央銀行が信用できないから、政府・中央銀行の管理している通貨を投機的に売るのである。それは華僑だからだという説明は甘すぎる。スハルトが一次カレンシーボード制を検討するふりを見せて米国ノースウェスタン大学教授を政府予算で招いたのは、スハルト・ファミリーの資産を海外逃避させるための時間稼ぎだったらしい。政府の政策を個人セクターの利益のために使うということは、有力個人からなる個人セクターの力が国家セクターより強いことを意味している。

　外国に進出した日系企業が現地政府に頼ろうとするのは現地の国のかたちをみて味方を探そうとするのだから仕方のない行動である。現地政府の誘致によって進出したのだから、現地政府が日系企業の要請や主張をもっと聞いてくれてもよいではないかという議論は確かにあり得る。しかし現地政府は日系企業が税金を支払ってくれると思って進出を歓迎している。投資優遇税制はなるべく機能させないようにしようとするのは当たり前の行動である。現地政府を信用し過ぎてはならない。「税金優遇などいらないから自由に営業活動を認めろ、そうすれば現地資本の企業に倍する税金を支払う」と外資系企業は主張すべきだと思われる。この主張は中国も加盟したWTO体制の下、WTOが強化されている現在通りやすくなっている。ロシアを早くWTOに加盟させれば、不当な債務救済の要請など無視できる体制ができる。

　上述2000(平成12)年世界価値観調査では行政への信頼度と共に政府への信頼度についてのアンケートも行っている。こちらは中央政府のみを想定して答えていると思われる。政府を非常に信頼すると答えたのが30か国中で一番低いのは日本で2%、一番高いのがベトナムで76%である[3]。韓国3%、米国8%、

---
[3] 電通総研『世界60か国価値観データブック』同友館 2004年 p.163

インドネシア9%、フィリピン11%、インド15%、中国39%、バングラデシュ42%である。まったく信頼しないと答えた率が一番高いのは日本で18%、一番低いのが中国で0.2%である。米国15%、韓国15%、インド13%、フィリピン10%、インドネシア5%、バングラデシュ2%、ベトナム0.5%である。日本人はビジネスマンになると外国政府を信じてしまう傾向があると皮肉な見方をすることも可能だが、それ以上に、自国政府への信頼度が低い国の順番に留意すべきである。

第4章 アジア諸国の技術構造と文化価値

4.1. アジア諸国の文化価値

アジア諸国はそれぞれ文化価値を持っている。それを個人主義、社会的権威、規範意識といった文化基準で分類したのが J. Raynolds の 1999(平成 11)年 "European Retail Digest" 23 号に載った "Retailer Internationalism: French retailers seek cultural affinities" である。そこで紹介されている表をアジア諸国の数を増やして作成したのが図表 22 である。

筆者が実際に現地に駐在したり、そのビジネス環境を調査したりして、付け加えたアジア諸国のクラスター分類を重要な順に挙げると、III 中国華南、ロシア、II 華南以外の中国、ベトナム、カザフスタン、I ラオス、V ミャンマーである。

華南とそれ以外の中国で文化価値が異なるとする筆者の分類は、園田茂人の言う中国的な面子、関係、人情からなる「関係主義」[4] とも整合的であると考える。中国人の人情(レンチン)とは、自己との親疎の度合いによって他者を位置付け、その距離に応じて自らの行動を決定する心理メカニズムであると園田は言う。自己と親しいと考えると情緒的に行動するので頼りがちになり、自己に関係ないと見なすと公平に道具的に扱えばよいと考え、知り合いだとどのように面子(ミェンツ)を取り繕うかを考えるのは、華僑を含め中国人に共通である。しかし、華南人は面子よりも利益や自分が生き残る方法にこだわる。華南人の商売人は、目的のためには気に入らない相手でも「旦那様」と持ち上げる[5]。

華南は華僑の発祥の地であり、革命中国においては南方巡講まで中央政権に搾取される存在だった。そのため社会的権威によらない不確かなものを回避す

---
[4] 園田茂人『中国人の心理と行動』日本放送出版協会 2001 年
[5] 呉慶明『当代中国人気質早わかり』はまの出版 2003 年 pp.68-69

る傾向が育った。関係(グァンシ)があれば強い親密感が生まれるが、華僑や華南出身者は少数者であることが多く、取引先、中央官庁との関係の付け方が難しい。関係は友情や理念の共有ではなく物質的な基盤で支えられるから、過大な賄賂、バックマージン、宴会、フェイスワークをしないと生まれにくい。そこで不確かなものを回避するために、社会的権威・家族・集団でも何でも使えるものは使うことになりがちである。タイ華僑は華南と、インドネシア華僑は華南以外の中国と、同じ文化価値を持つのも同様な背景による。パリア資本主義がインドネシアやマレーシアにはあってもタイにはないのは、タイ国内では華僑であるかないかに関係なくタイ人として扱われるし、タイ華僑のほとんどは華僑の中では少数派である潮州閥であることにもよる。

図表22. 各国別の文化価値による分類

クラスター	該当国	文化価値の特徴
I	デンマーク、フィンランド、オランダ、ノルウェー、スウェーデン、ラオス	個人主義と自己実現に特徴付けられた人格と、中庸主義・温情主義的価値観
II	香港、インド、インドネシア、ジャマイカ、マレーシア、フィリピン、シンガポール、華南以外の中国、ベトナム、カザフスタン	社会的権威への帰依、強い家族主義と集団への帰属意識
III	チリ、コロンビア、コスタリカ、エクアドル、パキスタン、パナマ、ペルー、ポルトガル、韓国、台湾、タイ、ベネズエラ、ユーゴスラビア、中国華南、ロシア	不確かなものを回避する傾向と個人主義の未成熟
IV	オーストラリア、オーストリア、カナダ、ドイツ、イギリス、アイルランド、イスラエル、イタリア、ニュージーランド、南アフリカ、スイス、アメリカ	強い社会規範の存在、高度な自己実現と相互依存的傾向
V	アラブ諸国、アルゼンチン、ベルギー、ブラジル、フランス、ギリシャ、イラン、日本、メキシコ、スペイン、トルコ、ウルグアイ、ミャンマー	規範によって不確かさを回避、社会規範への帰依

この分類は、小売業の外国投資において、現地の文化価値に合った販売戦略を採らねばならないというメッセージを送るために作られたと思われる。しかし、この表は外国直接投資一般における相性(affinities)を言っていると理解し

直した方が良い。つまり、あるクラスターに属する国の企業が同じクラスターに属する国に直接投資をする場合は成功する確率が高く、別のクラスターに属する国に直接投資をする場合は失敗する確率が高いと読むのである。投資の失敗を避けるためには、現地の文化価値との適合を考えた FDI 経営をしなければならない。ただし、同じ文化価値に属すると他国の文化価値に配慮しない投資をしがちなことも事実である。また文化価値は静態的ではなく変わり得るし、その変わるスピードは業種・規模によっても違うだろう。

　Raynolds の本クラスターの基本となったのは、異文化経営で有名になった Hofstede が 1980(昭和 55)年に発表した研究だろう。Hofstede は権力格差、不確実性の回避、個人主義、男性度から分析する。世界 70 か国にある IBM の 11 万人に及ぶアンケートの結果である。アンケートは男性性、そのあと儒教主義を入れているが、共に不要だと考える。「不確実性回避の高い国々においては、専門的知識を有するエキスパートを尊び、組織活動が構造化され、規制に基づく行動が要求される。経営者もマネジャーもチャレンジしたがらず……権限委譲も進まないし……労働者の流動性が低い」と浅川和宏は要約する[6]。Hofstede の言う権力格差は何が権力なのかについての分類が甘いために、社会的権威と社会的規範の違いを区別できていない。「規制に基づく行動」における規制の内容が大雑把過ぎるのである。

　不確実性があったとき、社会的規範を持ち出すのが日本とミャンマーで、使えるものは何でも使ってリスクを回避しようとするのが韓国・台湾・中国華南である。その他の ASEAN 諸国・香港・インドは、社会的規範ではなく社会的権威によるし、信用できると考えるものは家族と集団への帰属意識だとする。この Raynolds の分析は優れている。5 年毎に行う「世界価値観調査協会」による、2000(平成 12)年の世界価値観調査の報告書[7]が出ている。60 か国で無作為に抽出した 8 万人を対象に 190 項目のアンケートを実施している。そこでも権威と権力は同等と見なされて質問項目に入っているので、Raynolds のような分析が出来ない。

　現地の文化価値への適合とは、現地の文化価値をそのまま取り入れた FDI 経

---

[6] 浅川和宏『グローバル経営入門』有斐閣 2003 年 pp.202-203
[7] 電通総研『世界 60 か国価値観データブック』同友館 2004 年

営をせよという意味ではない。FDI企業自体が独自の企業文化をつくる際に考慮せよということである。日本的経営を現地に無理やり押し付けても成功するはずはない。だからといって、日本的経営を放棄して成功するはずもない。レファレンス基準に自信がなければ、経営は成功するはずがないからである。クラスターVに属する日本は、自分と同じ文化価値を持つアジア諸国が少な過ぎるために、現地の文化価値を配慮した経営をしているので成功しているとも言える。社内の工場現場のラインでの仕事で、5S、カイゼンといった日本的工場管理手法が曲がりなりにも使われているのがこの適合のポイントである。

クラスターIVに属する英米企業が別のクラスターに属する国に進出して成功しているのは、クラスターIVの文化価値に染まった英米への留学生や他の現地人エリートをFDI企業の経営者に迎えているからだ。社内の中級管理職以上のラインだけは、現地と別の世界なのである。それがアジアに進出して成功する英米企業は大企業だけという現実を説明している。現地人中級管理職の頭は英米企業の頭だから、自己実現意欲が強く、ブランド力がある会社を除いては自己の能力を過大評価して会社待遇に不満があればすぐ転職してしまう。ブランド力がある大会社は概して待遇が良いし、待遇が悪くても自尊心が満足できるので転職しない。

筆者の勤務する大学に来ている国際学生、外国人教師達の行動と実力にこの文化価値は明白である。日本にいながら日本の文化価値を強要されない環境にあるために、スキップ・クリーミング (skip creaming) ばかりが上手くなる。社会規範を無視し自己の能力を過信した自己実現意欲に典型が見られる。現実にアジア・ビジネスで使い物にならない学問を、会社を対象にする学問である経営学の世界でやっている外国人教師もいる。クラスターIVでのみ通用するモデルを、国際経営という場で広めてしまおうとしている。

筆者の同僚教授である英国人Thompsonは、100か国以上の5,200人の非米国人の若い成人を中心にアンケートをした。その結果、彼らに一番人気があるのは、ダントツに米国系企業で次に英国系企業が続き、日系企業で働きたいとするものは12％に過ぎなかった[8]。52％の日本人でさえも米国系企業に働きたいというアンケート結果である。どのような日本人が彼のアンケートの対象に

---

[8] "Business Week" on August 11, 2003, p.10

なったか見えるようである。アジアのヤングプロフェッショナルズや若い学生は、ブランド力と個人的な給料のよさで企業を選択しており、その中のエリートになれると思い込む文化価値を持つクラスターIVに属する個人である。現地の文化価値を知らず、クラスターIVのみでグローバル経営が出来るとする不遜な思い込みが、このアンケートの結果に表れていると筆者は考える。

グローバル・マネジメントによってアジア各国でのビジネスが成功するという思い込みは、クルーグマンが『経済政策を売り歩く人たち』で批判したIMF、世界銀行に多い、米国のエリート大学でマクロ経済学の博士号を取得した国際機関職員達の誤りに似ている。英米豪州のロースクールで学んだ弁護士達の、アジアビジネス法を巡る紛争における多くの誤りにもその思い込みは見られる。典型は「契約は契約だ」として当事者間の合意を重視する考えである。環境が違っている下での、関係的契約のポジションに配慮がない。クラスターIVの文化価値の自己セントラリズムをアジア諸国に押し付けているとの反省が少な過ぎるのである。

4.2. アジア諸国の技術構造

アジア諸国の技術構造においては、skill(技能)とtechnology(技術)の違いを考える必要がある。技術重視といいながら、アジアの企業家は技術が技能に裏付けられていることを無視しようとする。それに現地政府も追随する。そのために技能は低付加価値品でしか発揮されず、職業訓練は技能訓練と考えられ、技術は外国から導入するか、外国人を雇って技術指導をしてもらえばよいと考える。さらには最新式の機械を外国から買えば、技術はその機械の中に入っているから、技能工などいらないという議論にもなる。すなわち最新式機械の取扱説明書が読めればよいという安直な考えである。

日本の大田区と東大阪市の中小企業にはnicheの技術で世界一の技術を持つ企業が多いのは、技術と技能がミックスしないと良い技術は生まれないことを示している。彼らの多くは試作品や一品物の製造で儲けている。機械加工、プレス加工、金型製作といった基盤技術であり、作り方は高度に職人的であり、フォロワーが参入してくる前に製造技術を売って別の技術開発に注力する経営

をしている。そこをより理解したい人は岡野雅行『俺が、つくる』(中経出版2003年)を読むべきである。本来3K産業なのだが、工芸品のような精度で大量生産に適う製品を作る、いわば商品化を担当するR＆D技術者以上の仕事をしているのである。日本の組立大企業は彼らの作った試作品、金型でもって、良い品質の製品を多品種ないしは大量生産できていることをより理解すべきである。これらの試作品製造、金型製造の企業はアジア進出をしない。技能と技術の両方がなくてはならないのに、両方ともないことが多いからである。また、彼らのマーケティングの方法が、横請けといった産業集積地でなければできないやり方をしていることも海外進出を困難にさせている。取引コストを削減しながら利益率を高められる合理的な仕事が出来るのは、彼らの工場間の距離が自転車で通える近さにあり、しょっちゅう工場に出入を許されている仲間だからであることと、決して仲間の仕事を奪ったり、技術を真似したり盗んだりしないところのビジネス規律ができているところに特徴がある。同業者ではあるのだが、技術は協調・補完関係にあり、製品のすり合わせにおいて他社の技術を知らねばならないために工場出入が許されているのである。このビジネスモデルは Third Italia にも見られるやり方で、グッチのような高付加価値製品の下請けを高付加価値で行う中小企業群がフィレンツェからボローニャの地域に集中している例と同じである。ピオリが『第二の産業分水嶺』という本で解明した。

　アジア諸国では生産技術のうち、基盤技術を無視し、中間技術は機械化し、ハイテク技術は外資導入で賄おうとしている。どこにも自ら技術革新をしようという動機付けは与えられていない。基盤技術としての鋳造は、鍋釜を作るときの鋳物とはおよそ違う精度と品質が要求されている。作業現場は汚れていて作業は危険で、きつい典型的な3K労働であることは洋の東西を問わない。しかしその鋳造技術を高く評価するアジアの国は日本と台湾だけであり、国家セクターのみが高く評価するが企業セクターは低くしか評価しないのが中国とインドである。鋳物技術も主に日本からの外資の技術指導を受けて成功したのが、タイの自動車部品用の鋳物産業である。

　技術の種類を以下の表にまとめてみた。

図表 23. 技術の種類とアジア諸国におけるその担い手

技術の３分類	技術の種類	日本での技術の担い手	アジア諸国での技術の担い手
基盤技術	鋳造、鍛造、メッキ、熱処理、塗装、機械加工、プレス、プラスチック成型、金型加工	中小企業、零細企業	零細企業（ASEAN）、中堅企業（中国、台湾）
中間技術	組立技術、コネクター、集積度低い IC、生産ライン	大企業、中堅企業、中小企業	大企業 FDI 企業
特殊（ハイテク）技術	先端技術、ハイテク技術、R＆D 技術	大企業、中堅企業、ハイテク VB 中小企業	なし（ASEAN）国家機関（中国、シンガポール）、中堅企業（台湾）、大企業（韓国）

　技術の導入先とその水準を筆者が概観したのが図表 24 である。本表は鈴木康二『アジア新興市場投資実務ガイド』（企業研究会 1996 年 p.23）の表とほとんど同じである。異なるのは、EMS 企業の台頭、1997（平成 9）年韓国経済危機後の韓国企業の欧米企業への売り出し、ベトナム投資のそれなりの進展を踏まえたものである。IP とは知的財産権の略号である。IPO とは国際調達である。CMEA とは旧社会主義経済圏コメコンのことである。中国は社会主義国だが、CMEA の分業体制に反発して加盟せず、自力更生を行ったので自前技術が多い。その分だけ大量生産技術に遅れをとり、外国直接投資の誘致による中間技術の導入に注力して成功し世界の工場といわれるようになり、EMS 企業も中国で生産するようになっている。韓国の技術移転の項目は、自前の技術、外国からのライセンス、外国直接投資の受け入れで韓国の技術移転は成り立っているということを示している。

　製品には導入期、発展期、成熟期、衰退期のライフサイクルがある。R&D により大量生産する技術を確立してから調達して生産を始めるので、導入期以降の技術革新は一見ないように思われる。しかし、革新する技術には製品技術と工程技術の 2 種がある。製造業においては、工程技術の革新により儲かること

図表 24. アジア諸国の技術の導入先とその水準

	インド	日本	韓国	台湾	SGP	ASEAN 4	中国	ベトナム
技術移転	License	Own	Own+License+FDI	Own+FDI	FDI	FDI	FDI+License	FDI
生産技術	CMEA FDI	Own	JPN,US,EU	JPN,US	US,JPN	JPN	Own, FDI	CMEA FDI,
販売技術	Own	Own, US	Own	Own,US	US	Own, JPN	Own,	CMEA
経営技術	Own	Own	Own,US	Own,US	US,EU	Own, JPN, US	Own, US	CMEA
R&D	Own,,IP	US,Own	IP,Own	Jpn,Own	JPN	JPN	Own, US	CMEA
裾野産業	Own, Equal	Own, Inequal, IPO	Own, Inequal, IPO	Own, Equal, IPO	IPO	ASEAN FDI, Own Inequal	Own, Equal, FDI	JPN, IPO
技術移転	低い	高い	高い	高い	中	低い	中	中
生産技術	高い	高い	高い	高い	中	低い	高い	低い
販売技術	高い	中	中	高い	高い	中	中	低い
経営技術	低い	中	低い	高い	高い	低い	低い	低い
R&D	中	高い	高い	高い	中	低い	中	低い
裾野産業	低い	高い	中	中	中	低い	低い	低い

が多い。発展期に大量生産しているうちに、工程革新のヒントがつかめることも多い。とすれば、製品のライフサイクルに合わせた生産工程の革新による儲けも考えなければならない。導入期の工程革新の度合いが低いとすれば、発展期に工程革新のいわばR&Dの試行錯誤をして、その中期ないし末期に細分化された生産工程の革新が完成し、成熟期にはその工程革新を体系化するのである。システマティックにまとめられた工程は、より高度な機械化による省力化が可能である。生産量が2倍になるとどれだけコストが下がるかの経験曲線で言えば、工程革新があると成熟期の末期まで横ばいにならない右下がりの経験曲線が描かれるはずである。

アジアの現実で見ると、それほど大きな右下がりの曲線が描けることは少ない。アジア諸国の技術水準では、現地で工程革新できるだけの技術革新力がないからである。また、先進国では成熟期にあたる製品をアジア途上国に持ち込むので、既に先進国で工程革新が済んでしまった技術をアジア途上国に導入期ないし成長期の製品として持ち込むからである。ただし韓国、台湾、中国、インドの一部の産業では、生産技術が高くかつR＆Dもあるので、日本から持ち込んだ生産工程だとしても、工程革新による生産コストのより一層の低下が図れる可能性がある。韓国の半導体汎用チップ製造技術は、先進国の技術のパッチワークだと言われているが、日本勢に追尾させないだけの多額の設備投資ができている裏には、パッチワークの生産技術をシステマティックにする工程革新の力があるのだと素直に認めた方がよいと考える。自分達でできない工程については、それを知っている日本人技術者に週末副業で韓国に来てもらっているとも言われる。しかし、全工程が把握できている日本人技術者などいない。韓国の技術者のチーフは教わりながらも全工程を知るようになっている。既存の部品を模倣して安く手に入れた設計図でもってつぎはぎの統一のとれていない乗用車を造り、安く売っている中国の一部の地場自動車メーカーが2003(平成15)年頃から出てきているが、これらと韓国半導体製造企業は性格が違うと考える。これらの中国の地場企業には製品革新のみならず工程革新の考えすらない。また、たとえあったとしても、高性能な車を基本から自ら設計したことのない企業にはどのように擦り合わせていったらよいのか見当がつかないのだと思われる。

第 5 章　合弁会社の設立と運営の問題点

5.1.　合弁契約が必要になる場合

5.1.1.　合弁契約が必要になる場合

　合弁契約は合弁会社(joint venture company)と契約による合弁事業(contracting joint venture)において必要となる。中国ではそれぞれ中外合資経営企業、中外合作経営という。中国の場合、契約による合弁事業は法人格を持っても持たなくてもよいという特殊な規定の方法である。アジアにおける外国直接投資においては、ベトナムのように契約による合弁事業は法人格を持ってはならないと外資法に規定するのが普通である。下表はベトナム等法人格を持たない場合について記載している。法人格を持たない限り、法人を運営する規則である定款は不要である。合弁契約は出資者間の合弁会社または契約による合弁事業の運営方法を規定するので、合弁事業運営における問題点を想定して、そのような問題点を解決する方法を事前に当事者で規定しておいた方がよい。ただし、合弁契約は外国投資認可機関に届けて認可を受けねばならないので、行政指導を受けることが多く、当事者間での合意がそのまま認可されるわけではない。

図表 25.　合弁契約と事業形態

	合弁会社	契約による合弁事業	100％外資子会社
合弁契約	あり	あり	なし
定　款	あり	なし	あり
経営者	取締役会	取締役不要、経営機構はつくる。	1人の取締役でよい。

5.1.2. 合弁契約記載事項とそれが必要になる場合

合弁契約には、①組織機構など合弁会社の根本規則、②合弁当事者が相互に負う義務、③合弁当事者が成立後の合弁会社に対して負う義務の3種類が書かれる。一般的に書かれる記載事項を条文別にコメントする。

(1) **合弁契約当事者の名称、登記の国、住所、法定代理人の氏名、職務、国籍**

①に相当。中国におけるFDIの法定代理人は董事長(取締役会会長)であり総経理(社長)ではない。しかし、総経理は董事会(出資者総会兼取締役会[9])から与えられた範囲で対外的に会社を代表し、社内の人事権を持ち、常駐しているので、会社の実権は総経理にある。

(2) **合弁会社の名称、住所、目的、経営範囲と規模**

①に相当。目的をなるべく広く書いておくこと。投資許可の範囲ということで、事業の拡大が妨げられる場合がある。規模で生産能力を大きく書くと、そこまで行っていないとして現地政府が合弁会社の経営に介入する根拠になってしまう。

経営範囲とは営業目的である。日本と中国の会社法はそれぞれ取締役の競業避止義務を規定するが、日本にある取締役会の承認を得れば競業してもよいとの規定は、中国にはない。つまり、理論的には合弁会社の日本側出資者の取締役は同じ事業をする中国合弁子会社の取締役になることは違反だという、およそ実態に合わないことを要求していることになる。100%子会社の場合は、親子会社は経済的一体性があるので両社の取締役を兼任しても競業避止義務に反しないと中国では考えられている。中国会社法61条および当該条項を外資系有限会社も入る有限会社にリファーする123条は、「取締役、支配人が同種の業務を自分で経営し、もしくは第三者のために経営し、または当該会社の利益に損害を与える活動に従事して得た収入は、会社の所有になる」と読める。親会社を第三者とすれば、兼任取締役が同種の事業により合弁子会社に損害を与えた場合は、親会社の得た収入は合弁子会社に返還すべきだと解釈すればよい[10]。

---

[9] 中国の外資系FDI合弁企業は中外合資経営企業法により設立されることからくる特徴。中国の会社法では、株式会社の場合には株主総会と取締役会は別組織だし、有限会社の場合には出資者総会と取締役があればよく、取締役会は不要である。

[10] 劉志強『中国における外資系合弁企業の法規制と問題点』日本評論社 2003年 p.165は、取締役・支配人を親会社と同一視すればよいとする。

この規定もあって、中国では親子会社間の移転価格について、有名な会社ほど税務調査を受けている。

(3) 合弁会社の投資総額、登録資本、合弁契約当事者の出資金額、出資持分、出資の種類、出資の払込期限、払込義務の不履行、持分の譲渡

合弁会社の投資総額、登録資本は①に相当。合弁契約当事者の出資金額、出資持分、出資の種類、出資の払込期限、払込義務の不履行は②に相当。持分の譲渡は③に相当。

投資総額は登録資本と借入金を足したものである。外資側最低出資比率を規定する国もある。中国25％、ベトナム30％、ラオス35％である。借入は登録資本の2倍以内に抑えないと資金繰りがつらくなる。登録資本と払込資本は違う。払込時期も書いておく。同時払込にしないと、出資比率に差が出るし、取締役指名数に差がでる。67％外資側が取って絶対多数にしてしまうことも一策である。ベトナム、中国では出資比率とは無関係に、出資者は1人の取締役を選出できると法定している。そのために出資グループとしてまとめる必要がある場合もある。VC(ベンチャーキャピタル)出資の場合、非常勤取締役を派遣することになる場合が多い。

現物出資は1回きりしか認められないことが多い。土地使用権の現物出資がある場合、同時出資では外資側の現金出資負担が大きすぎてしまうので、無駄な資金を外国送金しなければならない。そのため土地使用権の払込期限は書かないのが普通。払込義務の不履行で合弁解消のプロポーザルが可能となる。

現物出資の種類は図表26のとおり。労務出資は、契約による合弁事業の場合以外認められない。契約による合弁事業では、現物配当も不平等配当も可能である。委託加工的な投資なら、機械代金をアパレル現物で回収するのも可能である。不平等配当では、例えば合弁期間が10年の場合、外資が先の4年間の配当を全額取り、後の6年は現地側が優先的に取るという決め方も可能である。さらに通常、現地側に出資持分を段階的に無償譲渡することが行われる。配当がない限り出資分を持つ必要はないからである。このような無償譲渡はホテル事業で使われることが多い。出資の持分譲渡は、優先的に出資の相手方に譲渡すると規定する必要がある。preemptive right というが、この場合は新株

引受権の意味ではない。そこで first refusal right といわれる場合もある。

　譲渡持分の評価については、事前に評価者となる監査法人を特定しておいた方がよい。現地側持分を安く評価して買取を提案すると、現地側出資者は別の監査法人を使い、外資側持分の買取を逆提案することもある。資本の現地化になるとして、現地政府はこのような逆提案を支持するだろう。インドネシアの日系セメント会社は、そのようにして1980年代末に地場資本に買収されてしまった。

図表26．現物出資の種類と現金出資

	外資側	現地側	コメント
現金出資	外貨で出しても現地通貨で評価される。	現地通貨で出資する。	為替切下げで償却負担が多くなる為替リスクがある。
現物出資：土地使用権	なし	中国では土地使用権、インドネシアでは建設権、タイではマイノリティ出資と政府認可工業団地ならFDI所有可能。	中国では土地使用権の地方政府による過大評価と担保価値が問題。
現物出資：建物	なし	新築建物の場合（現地側で発注した方が安い）	古建物では現地側が賃借で行うことが多い。
現物出資：機械	新品輸入機械	なし	中古機械は過大評価と言われる。
現物出資：知的財産権	25％程度まで可能（ノウハウも可能）	なし（持っていないことが多い）	キャッシュフローが少なくなるし、ロイヤルティがもらえない。

(4) 合弁当事者の利益配当および欠損分担の比率

　③に相当。出資比率に応じて同時に現金配当する。外貨に交換して送金する際には、源泉徴収税が送金国でかかる。ベトナムでは外国への利益送金税といっている。LDC各国で異なるが、送金額の8～15％が普通である。例外として、ベトナムは資本金額が大きい場合（出資額が1,000万ドル以上）の場合、

通常の7%が3%に軽減される(500万ドル以上1,000万ドル未満の場合5%)。大きな出資金額を歓迎する意味である。ただし、利益の送金税は外貨に転換して外貨払いになるのが普通のLDCの例である。送金取り組みをする現地の銀行の利益になるように、外貨交換コストを外資側に負担させるのである。

送金時の源泉徴収税は、日本の本社が支払う日本国(被送金国)への法人税支払額の中から外国税額控除の対象になる。ただし外国税額控除には限度があり、少なくとも外国税額控除前法人税額の10%は日本国家に納付せよとなっている。即ち、(外国税額控除限度額)＝(当期所得に対する法人税額)×(当期国外所得金額)÷(当期所得金額)だが、当期国外所得金額は当期所得金額の90%を限度とするのである。日本の大商社がいずれも外国税額控除で法人税を実際に日本国家に支払わなかったので、1990年代央に法人税法を改正して限度額を設けた。

日本の本社が経常損失の赤字で外国税額控除制度が利用できなければ、送金時の現金徴収税を免れるべく送金しない選択もある。送金しないで現地で親会社名義で預金する方法が認められる国もあるが、認められない国もある。認められなければ、ないしは為替切り下げリスクが高ければ、FDIの増資資金に充てる。利益の再投資は優遇される場合がある。ベトナムでは利益の再投資分について、納付済みの法人税を還付する方式を採っている。つまり、当該事業に3年以上にわたり再投資した場合、再投資分に相当する既に納付済みの法人利益税から還付を受けることが出来るのである(ベトナム外資法施行令72条)。

増資決議には現地側出資者の同意が必要となる。現地側出資者が赤字国有企業の場合や華僑の場合、およそ増資に応じない。出資比率による指名取締役数に影響ない範囲で、外資側のみの増資を了承せよという言い方で交渉する手法もある。次の年の外資側利益再投資では、現地側出資者指名取締役数が減ることを覚悟させるメリットがある。

増資が決議でない場合、配当にせずに準備金の積み増しに充当する。この準備金は通常利益準備金である。資本金の1/4の水準に達するまで利益額の10%を毎年積み立てると書くのが普通である。しかし中国、ベトナムでは、利益準備金の積立義務を外資法の記載から外す法改正をしている。資本充実の原則が重視されなくなったことと、欠損は外資側の増資でどうにかなる、と考えるようになったからである。配当に回す前に内部留保を充実させた方が為替差損に

図表27. 会社形態と準備金

	中国合弁会社	中国有限会社	中国株式会社	ベトナム合弁会社
法定準備金・資本準備金	予備基金、欠損填補、認可機関の了承で増資、生産拡大に利用、取締役会で任意に決定なのでJVAで書く必要がある(合弁法87条)。	まず前年度の欠損填補。法定準備金は利益額の10%を資本金の1/2まで積み立てる(会社法177条)。	資本準備金は額面額の超過発行額分、国務院の規定した水準(会社法178～9条)、欠損填補、生産拡大、増資(資本金の1/4は資本準備金として残す)。	資本金の1/4まで
従業員福利基金	従業員福利発展基金	法定公益金(総会決議)	法定公益金	福利基金(定款で規定する)、社会保険基金と一緒のこともある。
利益準備金	企業発展基金	任意準備金(総会決議)	任意準備金	任意準備金(定款記載、R&D、天災、為替差損)
法人税支払いとの関係	法人所得税納付後これら準備金を積み立て、残りを配当に回す。	同左	同左	法人利益税納付後の利益から積み立て、残りは配当。ただし社会保険基金分は経費化可能(税引前利益から差し引く)で、従業員の総賃金の8%を会社が別途積み立て労災・健康保険・出産・婚葬礼の費用として支弁する。

よる損失填補、生産拡大に利用できるので、合弁契約と定款にこれら準備金を書いておくのがポイントとなる。中国、ベトナムの場合、3種類の準備金がある。予備基金、従業員福利基金、企業発展基金という。利益準備金は企業発展基金に相当する。

　欠損分担は出資比率による。欠損は資本準備金からまず填補する。欠損金額が資本金と準備金総額を上回って債務超過になっても、現地法による破産法での倒産は実質出来ない。投資認可官庁が、破産法による倒産申し立てをすることを認めないからである。欠損金を外資側の増資ないしは債権放棄で埋めて累積損失をゼロにして解散するのなら、投資認可官庁および現地側出資者は了解する。

　欠損は翌年度に繰り越せる。期間利益が出ても繰越損失(累積損失)にまず充当する。タックスホリデー(優遇法人税)として、利益が生じた年から2年間は免税、引き続く3年間は税額は半減で税率は25％という場合、利益が生じた年とは繰越損失がなくなって期間利益が出た年を指す。欠損の翌年度への繰越は一定期間(ベトナムの場合5年間)引き続きなら認められるという点に留意する。途中で利益が出て次の年にまた損失を計上した場合、タックスホリデーは1年だけしか利用できなくなる。したがって利益を出すのなら引き続く5年間は利益が出続ける財務体質にしておかねばならない。そのためにも準備金の積み立てという形での利益の内部留保は必要である。

(5)　合弁会社の取締役会の構成、人数の配分、社長・副社長・その他の取締役の職責・権限・任用方法

　人数の配分を除き①に相当。人数の配分は②に相当。合弁会社の多くは非公開会社である。そのため各出資者はたとえその出資比率が少なくても、1人の取締役は指名出来るようにしておく合弁契約が多い。それはマジョリティ出資者にとって不利であるので、現地側出資者をまとめて一社にせよといったネゴが必要になる場合もある。

　ベトナムと中国は取締役会が会社の機関として法定されているが、その他の国では法定されていない。合弁契約で必ず取締役会を作ると法定しておき、個々の取締役が個々に会社を代表しないように規定しておく必要がある。定款

では取締役会での決議事項と代表取締役のみで決定できる事項を規定しておく必要がある。一定額の短期借入を代表取締役の専任事項としておかないと、借入のタイミングを逸し、キャッシュフローを極端に悪くすることになる。日本では代表取締役は取締役会で選任され、社長、専務、常務、会長が持つことが多い。その場合必ず代表取締役という肩書きを記載せねばならない。タイやインドでは代表取締役は managing director と呼ばれる。インドネシアでは president director という。中国では董事長が会社の法定代理人だが、日常の経営管理業務は総経理が行う。日常の経営管理業務の範囲で会社を代表する権限は総経理に与えられている。しかしその具体的な事項と範囲は董事会で決められる。したがって董事長は非常勤でマイノリティ出資者から指名されることにしてもよい。マジョリティ出資者は総経理を取り、かつその権限をなるべく多く合弁契約と定款に書く交渉をすべきである。

　ベトナムでは、社長か第一副社長のいずれかは出資比率に関係なくベトナム側出資者から選任される。中国では総経理は重要事項について副総経理と相談する義務がある。董事長は出資比率に無関係に中国側出資者が指名し、副董事長は外国側出資者が任命すると法定し、董事の任期は4年としている（中外合資経営企業法実施条例34条）。4年は長すぎる。会社法での有限会社に組織転換して、この不合理を変える必要がある。しかし、外国投資認可官庁がなかなか納得しない。従業員団体を出資者に加えて、低額で出資持分を出資比率に応じて与えれば認可官庁も文句は言いにくくなる。ポイントは、従業員団体は総会での議決を経営能力の優れた外資側に有利に行使するだろうこと、全員一致事項をなくすこと、取締役を出資比率に応じて出資者の内資・外資に関係なく選任できること、取締役(董事)の任期を3年以下にできることである(会社法115条)。

　合弁契約の目的の条項に「将来株式の上場を目指すべく、中外合資経営企業法により設立される中外合資経営企業より、会社法に基づいて設立される有限会社に転換し、その上で株式会社に組織転換すること目指す」という規定を入れておくのも一法である。拘束はしていないので、中国当局は文句が言えないだろう。ベトナムでも「外資法に基づいて設立された会社から、会社法により設立された有限会社、株式会社を目指す」と書くのは有効であるし、現にその

ような合弁契約が認可された例がある。上場会社になれば定款違反の決議は決議取消し事由になるから支配株主の勝手な会社経営はできなくなるが、日系合弁企業では定款違反の勝手な経営を強いるのは現地側出資者が多いことから、このような目的的な規定でも予防的な効果がある。

　全員一致事項は、中国とベトナムの場合以下のとおりである。ベトナムでは全会一致決議事項が大幅に減っている。以前は年間および長期生産事業計画、予算、借入、取締役会の重要メンバーの任免、定款改正だった。年間および長期生産事業計画、予算、借入は全員一致事項から外したので、2000(平成12)年の法改正以前に規定している合弁会社は従来の合弁契約と定款から新法どおりにすべく、マジョリティを持つ外資側は交渉すべきである。この交渉はベトナム側出資者の反対にあって成功していない。定款改正が全員一致事項のままであるので、ベトナム側は拒否権を行使しているのである。まず合弁契約の変更の交渉をすべきである。定款と合弁契約の齟齬を気にせずに、まず合弁契約の変更に留意すべきである。定款の準拠法は会社法の問題なのでベトナム法以外あり得ないが、合弁契約の準拠法はベトナム法以外でも論理的には認められ得るからである。

　中国でも生産事業計画は直接投資認可官庁の事前認可が必要なので、たとえ全員一致での決議が得られても得られないでも、計画と現実とのずれが現実に生じた場合、直接投資認可官庁への説明義務が生ずる。

図表28. 中国・ベトナムの合弁企業における取締役会決定事項と定款規定事項

	中国合弁会社	ベトナム合弁会社
取締役の任免	定款に記載がなければ董事長と副董事長、総経理、副総経理は内外当事者から選任(過半数決議でよい)。重大な過失・不正行為により過半数決議で解任。	社長、第一副社長の任免
定款改正	定款改正	定款改正
解散・事業中止	合弁企業の解散・事業中止	過半数決議
増資・持分譲渡	増資、持分譲渡	過半数決議
合併	合併	過半数決議

(6) 主な生産設備、生産技術、およびその出所

②に相当。中国、ベトナムでは書かされる。他の国では不要。技術導入したいから書かせるのだろう。優遇税制を与える根拠として使われる。

(7) 原材料の購入、製品の販売方法、国内国外での製品販売比率

③に相当。中国、ベトナムでは必要。他の国では不要。外貨バランスを保たせたいから書かせる。優遇税制を与える根拠として使われる。

中国での調達・販売については、自由に選択出来ない物資があり得る。計画分配、物流・商業、他社の輸出物資は各々指定した専門業者の中から選択する。市場自由流通物資のみは生産企業、ブローカー(取次商)、代理商から自由に調達・販売できる。自社製品は自由に自らの名前でか、外資側の選択により輸出出来る。しかしラインアップ戦略により、親会社の商品を合弁会社が輸入して自ら売ることは中国ではできない。指定された中国の輸入業者に輸入して貰っ

図表29. 調達・販売の問題点

調達先、販売先	問題	問題を起こす要因	現地政府の対応	合弁契約規定と利益相反
調達先が現地側出資者である場合	市場より高い金額で買わされる(原材料を現地調達して加工して販売する場合に多い)。	中国合弁法施行令57条では同等の条件の場合中国国内を優先せよと規定する。自分の会社を儲けさせたい。	政府からローカル・コンテンツを上げて欲しいと言われる。	市場価格より高い場合は第三者から購入すると規定する。取締役の利益相反行為だと追及する。
調達先が外国側出資者である場合	国際市場より高い金額で買わされる(コア部品を外資側親会社から買う場合が多い)。	外資の親会社に利益を出させたい。LDCの方が税率は低いので本来は逆をやるべきだが、内部留保を現地側がやらせない。	移転価格税制を適用し得る。	外国側出資者が国際市場価格を基準に妥当な価格で購入すると規定する。利益相反は取締役会での承認で背任でなくなるので、多数出資者になる必要がある。

調達先、販売先	問題	問題を起こす要因	現地政府の対応	合弁契約規定と利益相反
販売先が現地側出資者である場合	商品に魅力がないから製品が市場で売れないとして販売先に安く卸させられる。	輸入総代理店をFDIの現地側出資者にした歴史的経緯がある。国内販売網を組織する費用が高い。	輸入代替工業化に際し、商業資本家を製造業合弁FDIの現地側資本家にして産業資本家の育成を進めた。	製造合弁FDIの子会社をアンテナショップにし、市場をモニターする。独占的総代理店制度を廃止し、競争させる。

てそこから購入することになる。

原材料・部品・燃料の購入先、製品の販売先においては、図表29に示したような問題がある。

(8) 外貨資金の収支計画

③に相当。外貨バランスがとれない場合、政府に外貨調達する負担が生じないようにベトナム、中国では書かせられる。ラオス、ミャンマー等外貨の不足している国でも書かせられる。他の国では不要。現在、中国・ベトナムでは外貨のバランスがとれなくても法的問題はない。正当な理由で現地通貨で外貨を銀行から買うことが出来るようになったからである。

中国で傘型企業(100％外資企業)を持つ外資系企業でも、傘型企業傘下企業(FDI)間の外貨ないしは現地通貨を自由に利用することは出来ない。傘型企業の投資認可事項として外貨・現地通貨の自由利用を認めないからである。中国松下電器は、傘下企業間で若干の現地通貨の留保利用を認められた例外的ケースである。

(9) 財務・会計・監査の原則

①に相当。現地会計基準を書く。輸出指向型なら外貨での会計基準でも可能である。外国会計基準でも可能だが、(企業会計)＝(税務会計)が主流のアジアでは税務会計用に別途作らねばならず、面倒である。100％外貨企業で輸出指向型企業なら外貨建の会計も認められ得る。会計年度はベトナムの場合1～12月しか認めないので、本社の連結対象子会社で本社が4～3月決算の場合、

別途会計年度を調整して作成する必要がある。期間調整勘定科目は何かを理解する。未払利息、未収利息、棚卸資産の時価評価、売掛金・買掛金の計上時期の問題がポイントとなる。

　監査は不要なのが非公開会社のメリットである。しかし税務調査のためには会計事務所の監査を受けておいた方が良いのも確かである。

　合弁会社の決算粉飾は一切してはいけない。辻褄が合わなくなってしまうのみならず、決算の財務諸表を動かすと、そのための帳簿も別途作っておかねばならず、何が本当の帳簿なのか経営者自身わからなくなくなってしまうことが多いからだ。また連結対象子会社の場合、連結親会社の決算が粉飾になってし

図表30．粉飾決算の目的

	決算の報告	目的	手段
親会社用	利益が上がっていないが損はしていない。	自分が首にされないために、利益が上がりすぎていると別の上司が代わりたがる。損失を出していると首にされる。	売掛金の期末計上で期初に繰り戻し（貸借対照表上の資産と損益計算書の売上を増やす）。期初のP/Lでは－にせず、B/Sの売掛金のみ戻す。
銀行用	利益が大幅に上がっている。	利益が上がっているから経営陣を信頼して貸してくれる。	棚卸資産を売掛金にする。中国では物は在庫であっても、手形振出で売掛に出せる。
税務署用	損失が出ている。	利益を出していると法人税を取られる。	買掛金を増やす。売掛金を減らし棚卸資産を増やすため手形で売買しない。未回収の不良債権を償却する。意図的に三角債を増やす。期初にB/Sのみ戻す。リベートを増やし経費を多くし、期初に返済させる。それを雑益に入れず、個人的に詐取する背任も多い。

まう。粉飾の手口は図表30のとおりである。取引相手方からそのための手形を出してくれといわれたり偽造の契約書を作ってくれといわれたりしても断固拒否する、ビジネスの自己規律がなくてはならない。

(10) 労務・賃金・福祉・社会保険についての規定

①に相当。ベトナム、中国では必要だが、他の国では不要である。公益金・従業員福利基金という名の準備金の繰入限度を書く。従来中国では労働組合の口座に毎月賃金総額の50％程度を無理やり振り込ませるために本規定があったが、今は不要である。労働組合経由社会保険や福祉資金を支払う必要はない。ベトナム、中国では労働組合が企業から完全には独立しておらず、企業からの補助金を平気でもらう体質がある。階級の敵としての資本家がいないという論理からきているが、会社にたかる労働貴族であることは確かである。

インドとネパールの労働組合全国組織は共産党系、特に毛沢東派が強く、留意する必要がある。インドのコルカタ（カルカッタ）がある西ベンガル州は毛沢東派共産党、インドのコーチンにあるケララ州は旧ソ連派共産党の拠点である。インドでは労働紛争がある限り、工場法で工場閉鎖による企業撤退については州裁判所の了解が必要となる。裁判官は州知事任命で州政府は議院内閣制で選ばれるために、ポピュリスト政府になりやすく、州裁判官は配転が怖くて企業撤退による工場閉鎖を認めないことが多い。東芝電池のケララ州の子会社が5年間撤退できなかったのも、そのためである。ケララ州は共産党政権が続いて格別識字率が高いので、東芝は進出したが撤退でつまずいた。現地市場型海外投資であったために、現地市場の売上見積もりに誤りがあった。

中国とベトナムの共産党組織としての労働組合細胞の力は弱い。外資系企業は、組合設立を邪魔すると不当労働行為になるのは日本でもどこでも同じだと考えるべきである。ただし、外資系企業に働く労働者の多くが、組合を設立すると組合費を取られてかつ上部全国組織に組合費を上納させられるので組合はいらないと考えるならば、放置しておけばよい。よけいな手出しをしては、労働法違反と言われるだけである。

社会保険は徹底的に調べないと無駄な出費を強いられる。任意加盟か強制加盟かをチェックする。特に現地政府は、外国人分の社会保険を負担させておきながら給付はせずに儲けることが多い。マレーシア、シンガポールでは、会社

が従業員賃金総額の30％程度を当該従業員のために別途社会保険庁に支払う必要がある。それだけ人件費負担が大きい。当該積立金は社会保険庁が運用委託する地場機関投資家の資金となって、地場株式市場に流れ込んでいる。

(11) 合弁期間、合弁会社の解散・清算の手続き

①に相当。合弁期間は10年なのに工業団地進出では50年分の前払いを要求されるという矛盾がアジアではよくある。賃借にする交渉をする、合弁期間を長くする交渉をする、土地使用権としての前払いは10年間にして残りの期間は土地賃借にするネゴをする。これをやらないと、自分で自分の後に進出してくれるFDIを探す羽目になる。さらに、このFDIに残りの土地使用期間の料金を買い叩かれることになる。

解散は累積欠損金が資本金の2/3を上回った際に自動的に行われると書く、ダイキンの中国子会社のような例もある。現地側が累積欠損を放置しておくことを許さないという意義がある。中国やベトナムでは国有企業出身の現地側指名取締役は、経営が悪い事実自体を親企業に伝えていない場合が余りに多い。自分が首にされるのが嫌だからである。といっても、取締役の任期は会社法では3年以内と定められているので、このような保守的な経営態度も許される。合弁会社では取締役の任期は2年とすべきである。

合弁会社で倒産した事例はない。現地破産法を適用させないのがアジア諸国の通例だからである。投資認可官庁が操業中止理由をチェックすることから始まる。日本の親会社が赤字を出資で埋めて撤退するなら解散を認める。合弁会社での減資はベトナム、中国以外では出来る。

(12) 合弁契約違反の責任

③に相当。合弁契約違反は合弁契約解除を構成すると書く。中国会社法には支配株主の誠実義務違反が定款違反で起こった場合の規定がない。即ち、支配株主が多数の議決権を利用して誠実義務に違反し、少数株主の利益を侵害する株主総会決議を成立させた場合でも、少数派株主は定款違反を理由として、決議取消の訴えを提起できないのである。支配株主に都合が良い規定であるので、日本側出資者が少数出資者である場合は困る。そこで合弁契約で定款を遵守することを規定しておき、定款違反は合弁契約違反だから合弁契約の解除が出来

るとするのである。少なくとも中国側支配出資者に定款違反をさせない予防的効果が期待できる。

(13)　合弁契約当事者の間に発生する紛争の解決方法と手続き
　③に相当。訴えられた当事者の本社が位置する国における国際商事仲裁法廷において、同法廷の仲裁規則による仲裁で紛争は処理されることが多い。一般の裁判所では公開の原則があり秘密が守られないこと、控訴の制度があり、時間がかかること、裁判官がビジネスの専門家でないのに対して、仲裁人はビジネス専門家の中から自由に当事者が指名できることが大きな理由である。
　仲裁法廷に行く前に当事者間で誠実な話し合いが必要であると、合弁契約に書いておく必要がある。現地政府の投資認可官庁が紛争の斡旋をすることはあるが、単に妥協を強いるだけで、強く極端に言った側に有利な斡旋案を出すことが多いので留意する必要がある。斡旋は不要だと言ったほうが良い場合も多い。ただし紛争により操業が中止している場合、その理由を説明する義務を課されることが多いので、その過程で斡旋、調停の申し出が生まれるのが現実である。

(14)　合弁契約書の作成に用いた言語、契約の効力発生要件
　②に相当。現地語と日本語、ないしは現地語と英語の両方の契約書を正本とすべきである。現地語のみを正本にすると翻訳の違いに気付かずに、外資側が不利になることが多い。中国、ベトナム、インドネシアでは投資誘致機関が合弁契約のモデルフォームを示すこともある。実際の事業にどの程度即しているかについて厳しくチェックして、修正しないととんでもない合弁契約を押し付けられた結果になることがある。モデルフォームは現地側、現地政府に有利になっていることが多いからである。当然外資側には修正を要求する権利がある。しかし外資法の決めた事項については、当事者自治がない強行規定なので、受け入れざるを得ない。それが嫌な場合、別途の契約を外国法を準拠法にして外国で締結することは出来ても、会社法事項は現地法の強行規定が適用されるので締結する意味がない。外国からの原材料輸入契約、外国への製品輸出契約と書かずに、同じ内容を外国からの原材料輸出契約、外国での製品輸入契約と設定すれば、当該外国の準拠法で当該外国の裁判所による裁判管轄が可能となる。

原材料や製品の供給は事実がはっきりしているので仲裁でやらず、裁判でやった方が良い場合が多い。その場合、付属契約とせずに合弁契約と別途の契約を締結すると合弁契約書中に書いておく。もちろん現地政府当局者は、当該別途の契約もみせろ、そうしないと投資許可は出さないと言うだろうから、出せばよい。この点は単なる貿易契約だから現地法は強行法規とはならない。一方、現地法の規定に明らかに反する場合は、投資許可を得るためには修正を強いられるが、通常の国際取引の範囲だったら別に修正に応ずる必要もない。むしろ内国民待遇を主張して構わない。

第6章 中国は世界の工場か？

－中国西安における日系企業にみる中国内陸部への外国直接投資－[11]

6.1. 西安の工業団地の開発ブーム

　2003(平成15)年9月中国の西安にある日系企業12社を訪問した。訪問の目的は、①「中国は世界の工場」と日本では過大に言われ過ぎているのではないか、②生産コスト削減を考えた中国の沿海部への日系企業の直接投資は実は失敗だったのではないか、という推測を、中国の内陸部への日系企業の投資を参考にチェックしてみようとするものである。

　日本企業の沿海部への直接投資は、中国政府が沿海部に経済特区をつくって経済発展のモデルケースにしようとする中国沿海部発展計画に沿って開始されている。1999(平成11)年11月共産党中央経済工作会議で西部大開発戦略の実施が決定され、2000(平成12)年3月全人代は、2001(平成13)～2005(平成17)年の第10次五カ年計画の重点戦略としてこの西部大開発戦略を採択した[12]。西部大開発戦略と沿海部発展戦略との違いは、①沿海部発展戦略は沿海部を優先的に発展させるものであるのに対して、西部大開発では環境を保護しながら沿海部との経済的な地域格差をなくすことを目的としたこと、②沿海部発展戦略当時には加盟していなかったWTOに2001(平成13)年に加盟したことである。

　以下の表で両戦略の特徴的な違いを挙げてみた。西部大開発では国内市場型の投資によって所得水準を高め、沿海部との所得格差を縮めるのが目的である。西安のある陝西省では、観光開発と共に国内市場型の投資として一村一品運動

---

[11] 本章は、『関東学園大学 Liberal Arts』2004年3月号 pp.75-89 掲載の同標題の筆者論文に若干の手直しをしたものである。

[12] 『中国西部大開発基礎調査報告書』中国研究所 2002年 p.1

を進めている。元々特産品である干し杏、棗や唐辛子などの商品化と生産者の生産意欲を向上させる手法を、大分県で平松前知事が始めた一村一品運動に学ぼうとしている。平松前知事の秘書を西安の名誉市民にする催しが、筆者の帰国直後に西安で行われた。

図表31. 中国の西部大開発戦略と沿海部発展戦略

	西部大開発戦略	沿海部発展戦略
戦略の目的	経済格差是正	沿海部の優先発展
環境・生態系	環境保護	環境への言及なし
WTO	WTO加盟後	WTO未加盟
市場	国内市場型	輸出指向型
儲け方	多様な儲け方	生産コスト削減で儲ける
労働者	出稼ぎ労働なし	出稼ぎ労働あり
ロジスティックス費用	高い（鉄道、トラック）	安い（外航船、香港の存在）

　でも沿海部発展戦略同様、インフラ投資特に工業団地開発は盛んである。異なるのは沿海部開発では多かった外国資本との合弁による工業団地開発がなく、政府資本を中心とする現地資本により開発していることである。

　西部大開発の一環として西安市の西南部に一大ハイテク工業団地の開発が進んでいる。今回訪問した企業の半分にあたる6社が、その工業団地に入居していた。実に広大な工業団地で、建築があちこちで進んでいて、一か月も経つと風景が変わってしまうので、部外者には場所がわからなくなるそうだ。実際筆者が乗ったタクシーも目的の日系企業の工場になかなか行き着けずに、遅刻して迷惑をかけてしまった。こんなこともあろうかと中国人の通訳を日本から連れて行ったのだが役に立たなかった。中国ではタクシー運転手は車が運転できさえすれば雇ってもらえるらしい。携帯電話で相手先の会社に電話をして道を教えてもらっているのにわからないのだ。

　この工業団地に入居していた日系合弁会社の場合、中国側の出資者は現金出資をしている。日系建設会社は西安にはなく、工場は現地資本の建設会社が請け負う。資金繰り上、中国側の現金出資はありがたい。普通合弁企業の場合、現地側出資者は土地使用権を現物出資することが多い。土地使用権の現物出資は資金がなくても技術と市場と利益が得られる便利な投資方法なのだが、西安

では新設の工業団地に入居した場合その手法が使えない。

6.2. 中関村よさようなら、西安よこんにちは

このハイテク工業団地の一角を占めるソフトウェア・パークは、ITソフトウェア開発の企業のみが入居できる賃貸型の五階建ての建物が並んでいる。現在50社の外資系企業と400社の国内私営企業が入居し、2万人を雇用している。建物の中には共同の食堂もあり、中小企業が入居しやすい。ソフトウェア・パーク共通のIDカードが食券にもなっている。西安料理は四川料理同様、唐辛子をふんだんに使う。工業団地入居料は賃借なら40元/㎡/月、分譲なら4,000元/㎡である。

今後中国でITソフトウェア開発事業をしようとする際には、西安と大連がよいとの話を聞いた。西安には34の国立大学、68の私立大学がある。工学系の大学も多く、質の良い大卒社員を安く豊富に調達できる。西安交通大学、西北大学、西安電子科技術大学、西安工業大学等6大学は、国家が重点的に予算をつける工学系大学に指定されている。西安で毎年2万人の工学系大卒者が新規に供給されている。大卒の新入社員の月給は1,500元程度(2.2万円)[13]で、中国沿海部や北京で雇用する場合の半分で済む。給料の高さを求めて沿海部の企業に転職する大卒社員もいるが、住みやすい西安がよいと考える社員も多い。

中国では内外企業を問わず法人税は利益の30%だが、西安では生産に携わる企業であれば24%になる[14]。利益が出てから最初の2年間の法人税は免除され、引き続き3年間は半減されて12%となる。さらに技術開発区に進出した企業は2001(平成13)〜2010(平成22)年の間15%でよい。この場合利益が出てから最初の2年間法人税は免除され、続いて3年間は半減ではなく10%が適用される。外資系企業の場合、総投資額に占める最低資本金の基準が西安ではいまだに生きている。総投資額が小さければ出資比率を多くし、投資事業のリスクを小さくする政策である。総投資額300万ドル以下の場合、資本金は総投資額の70%以上にしなければ投資許可が下りない[15]。総投資額が1,000万ド

---

[13] 西安市発展計画委員会『2003西安商務投資指南』西安市人民政府 2003年 p.21
[14] 注2 pp.40-41
[15] 注2 p.34

ル以下の場合、資本金は210万ドル以上でかつ総投資額の50％以上でなければならない。総投資額が3,000万ドル以下の場合、資本金は500万ドル以上でかつ総投資額の40％以上である。総投資額が3,000万ドル超の場合、資本金は1,200万ドル以上でかつ総投資額の1/3以上でなければならない。

　日本ではITソフトウェア開発といえば北京の中関村ばかりが有名だが、中国国内では中関村は電子機器の製造拠点ではあっても、ITソフトウェアの開発拠点とは考えられていない。2003(平成15)年9月15日付『中国経営報』は、中関村問題の特集をしている。政府当局は中国の企業経営者達に「中関村を電子機器、ソフトウェアの製造販売拠点と位置付けないで、研究開発拠点として第二の創業をしてほしい」という。中国の代表的なパソコン会社である連想集団社長他の中国の企業経営者達は、「税制の優遇がない、中小ベンチャー企業が使える金融がない、ソフトウェア見本市への出店代を成都では取らないのに中関村は取る」と不満続出である。果ては「インドは免税なのに中関村は3年の免税と引き続く3年の半減措置しかない」と、インドのITソフトウェア開発企業が受けている税制についての誤った発言まで飛び出す始末だ。三免三減の税制優遇すら良すぎるではないか。そうは考えずに、「もっと優遇しないと研究開発投資などしない」というのである。所詮彼らは投資してもすぐ真似されてしまうソフトウェア開発の研究開発などせずに、それを搭載した電子機器を大量に製造販売して儲けたい、つまり真似する側に回りたいのである。中関村より撤退したい外資系ソフトウェア開発会社が多いのだが、行政当局が逃げないでくれと必死に引き止めているともある。逃げたい会社の代表はマイクロソフトらしい。

　ソフトウェア開発で儲けるポイントは、①ソフトウェアが真似されない類のものであることと、②日本語と中国語が自由に使える人材がいることである。そのため日本に留学した中国人達が日本企業を立ち上げて、中国に100％の子会社をつくっている例が西安にもあった。日本で企業のシステム開発を受注して西安で開発する。また、日本の私立学校用汎用ソフトを西安で作っているグレープシティ社は仙台の会社で、1988(昭和63)年から進出している。1980年代から進出しているのは珍しい。オーナー社長が日本の仙台で育った米国人なので、中国の地方中核都市である西安に親近感を持ったことと、偏見なく投資

環境比較が出来たことが進出の理由だという。両社とも西安で作っているソフトウェアは、日本でしか使えない特殊なものであるという点で①に合っている。日本への留学生達が立ち上げた会社の場合は、特定の日本企業のITシステム構築である。

ソフトウェアを盗んだとしても、盗んだ中国人達が自分達の力ではおよそさばけないソフトウェアなのである。グレープシティ社の場合、西安に日本語より中国語の方が上手くなっている日本人が開発のキーマンとなっている。若くて優秀なソフトウェア開発要員はいくらでも得られるが、この開発のキーマンになれる人材は少ない。同社にはインドのシリコンバレーであるバンガロールにも子会社があるが、キーとなる開発拠点は西安である。近々ソフトウェア・パークを出て自社ビルを建てるといっていた。

これらのソフトウェア開発の日系企業は西部大開発の思惑とは異なり、輸出指向型の投資で儲けている企業である。そして国内市場型の投資をソフトウェア開発で進めて欲しいと政府に言われても、中関村にみられるように中国資本の企業も外資系企業も、ライバルの中国企業に模倣されるからとなびかないのである。

6.3. 中間層の所得向上と日航ホテルの運営委託契約の解消

西部大開発のおかげで事業が上向きになっていると言う日系企業は、訪問企業の中にはなかった。しかしパネル組立式ハウスのリース・レンタルをしている東海リースの子会社は、建設ブームの恩恵を受けているのではないかと考える。飛び込み営業でも仕事が取れる場合があるといっていた。中国では商売には何らかのコネ（関係：カンシー）がないと会ってもくれない場合がほとんどだという。そのようなコネ重視の社会で飛び込み営業が出来るのは、建設工事用に現場に作るパネル組立式ハウスをリースするという中国には珍しいやり方であるという他に、建設工事自体が増えているという要因もあると考える。同子会社の社長は福建省出身で、深圳にある東海リースの子会社から転勤してきたという。日本語も流暢に話し、東海リースの本社での研修を何度も受けたといっていた。国内市場型の投資だが、儲け方には沿海部での輸出指向型製造企

業への営業で学んだ経験を生かしているのである。

　西安にある日系ホテルは中国側が土地使用権を、日本側が現金を出資し、出資持分を中国側に無償で次第に移していく、いわゆる合作経営方式を採っている。日系ホテルは運営を委託されているだけで出資はしていない場合もある。筆者が宿泊した西安ロイヤルホテルは奈良日々新聞と陝西(センセイ)日報が合作経営をしているが、筆者が滞在中の2003(平成15)年9月12日、日航ホテルとの11年にわたった運営委託契約を解消した。おかげで、朝飯のレストランは中国人で一杯になり、外国人は隅に追いやられ、日本人用に出していた味噌汁はたちまち薄味すぎて飲めたものでなくなった。西安日本人会には20社、100人が登録されている。西安にある日系企業に勤務する日本人の多くは単身赴任で、三井アーバンホテル、ANA、シャングリラ、シェラトンが運営を委託されている高級ホテルに長期滞在しているが、西安ロイヤルホテルに住む日本人駐在員はいなくなった。

　委託解消の理由は、ホテルが中心街に位置していることによるらしい。所得の増えた中国人が国内観光をする際に中心街に位置している高級ホテルを使うようになったのである。また、研修旅行という名の観光も多いようだ。観光地として有名な西安に一度は行きたいと、西安での研修を企画する企業や組織が多いそうだ。儲かっている企業は、税金で取られるよりは従業員にありがたがられた方がよいと、高級ホテルに泊まってよい出張命令を出す。この経費作りのための出張が多い点は、エリツィン時代のロシアそっくりである。社会主義市場経済とカジノ資本主義は税金逃れの出張命令において同じ表れ方をするようである。

　中国人観光客の数は日本人観光客より数段多い。年間1,900万人の観光客が西安を訪問し、うち52万人が外国人で、うち19万人が日本人である。日本人観光客は老人ばかりで、昼は秦の始皇帝陵などの市外観光ツアーに出かけてしまい、夜は部屋にこもっているだけだが、中国人観光客は全世代にわたっている[16]。元気で語学に不自由しない彼ら中国人は、歩いてショッピングが出来、ディスコ、カラオケも近くにあって中心街に位置しておりかつ高級なホテルを

---

[16] 玄奘法師で有名な大慈恩寺の境内にあり、三井アーバンホテルが出資運営をしている唐華賓館は、そのような日本人客用に館内で唐代の歌や舞踊のショーを見せているが、その料金は街中で見る場合の2倍である。日本人高校生の修学旅行客は少ないそうである。

好むようになったのである。カラオケには二か所行った。どちらにも中国のみならず日本の歌も豊富にあるのだが、日本人客はいなかった[17]。筆者は中国人用の市外観光ツアーに参加したが、日本人用ツアーの 1/4 の値段である。中国の旅行社経由で支払うホテルの部屋代は、日本人と中国人の間でこれほどの開きはなく 2/3 程度らしい。だとすれば空室率が低く出来る中国人団体客の方が効率がよいのである。

　日系合作ホテルである唐華賓館内には JAS と JTB の代理店がある。WTO 加盟時に約束させられた旅行業の外資への開放による変化は、中国人団体客の日本への観光旅行を取ることだという。中間層の所得水準の向上で日本に観光しに行くのではない。企業や地方政府が海外企業視察という名目でご褒美の海外出張地として日本が選ばれるのだという。

　国内観光客が増えた理由の 1 つは、西部大開発による観光開発にあるともいえる。西安事件の起こった驪山（リザン）には、蒋介石のそっくりさんがいて観光客と並んで写真を撮って対価を得ている。蒋介石が逃げて隠れたという岩室まであって、話題作りに事欠かない。石橋山の合戦で負けた源頼朝が潜んだ洞窟に、頼朝公 17 才のみぎりのしゃれこうべを飾っている類であるというと言い過ぎかもしれないが、その雰囲気である。某日系企業が西安の城壁の下で開いた遊園地は閉園している。立地は最高なのだが、「敷地が狭い上に遊具が子供騙しだから中国人は誰も行かない」のだそうだ。娯楽の高度化を見誤った投資なのだろう。秦始皇帝の廟では、当時の武具に身を固めた兵隊がパレードと舞踊を見せる。兵馬俑で見た兵士が現前する仕掛けである。兵馬俑博物館の 360°スクリーンで見せる映像は、伊勢の戦国村にある安土城内で見せるそれより数段迫力があった。同じ驪山にある華清池（カセイチ）にはヌードの楊貴妃の彫像があって、その前で写真を撮る人は確かに後を絶たないが、ミロのビーナスを俗っぽくした程度の見世物では中国人観光客を呼び込むことは出来なくなっている。

6.4. 好調なエアコン部品とハイアールの企業戦略

　中間層の所得の向上は、エアコンの中核部品であるコンプレッサーを造って

---

[17] インドのヒンドゥー映画の挿入歌も多く入っており、集団で歌って踊るインドポップスを西安のカラオケ嬢は大好きなようである。

いる、ダイキンの西安にある合弁子会社に典型的に現れている。エアコンの需要が増えて、コンプレッサー製造が間に合わず、高い利益率の商売ができる。ダイキンはエアコンの組立をして国内販売をする子会社を上海に持っている。この上海子会社の利益率は50%だと『日経ビジネス』でダイキンの社長が語っている。西安の子会社の利益率は上海子会社ほどではないらしいが、高水準だ。連結子会社として2003(平成15)年度冷夏で振るわなかった日本本社のエアコンの売上と利益の拡大に大いに寄与している。

　このようなダイキン子会社の成長に対して、49%の出資比率を持つ慶安集団は配当を高くしろとばかり言うそうである。新型のスクロール型コンプレッサーを市場に投入してシェアをより大きくしようという投資計画を、慶安集団に示して了解を得るまでに2年かかった。国有企業なので自社の赤字を子会社からの配当で埋めたいと短期的にしか考えないし、市場を見てリスクを取って投資計画にゴーと言うことが公務員根性から出来ないようである。沿海部にある私営企業の経営者には専断的とも言える経営方針を採る者が多くなっている。まだまだ内陸部には古い型の経営者が多い。しかし、中国国内市場向け大規模投資では地方政府の多くは外資単独での出資を認めてくれず、合弁にせよと国有企業を紹介するのが現実である。2001(平成13)年の外資企業法改正で、「外資単独出資の企業は輸出指向を原則とする」旨の規定は、WTOの要求する内国民待遇に反するとして削除した。西部大開発とはいっても、西部にある国有企業経営者の意識改革にはまだ至ってないようである。

　ダイキンの西安子会社はこの上海子会社のみならず、中国にあるハイアール等中国資本のエアコン組立会社7社にコンプレッサーを供給している。ダイキンにしてみればライバル会社に中核部品を供給していることになる。日本ではサンヨーとの提携が知られているハイアールだが、中国では高級エアコン用コンプレッサーの調達先をサンヨーからダイキンに変えているのである。

　ハイアールは、サンヨーと合弁で冷蔵庫用コンプレッサー工場を沿海部山東省青島にある本社工場の隣地に新設し、2004(平成16)年から操業を開始する。ハイアールは高級冷蔵庫のコンプレッサーをこのサンヨーとの合弁会社から一元的に調達することになる。このことはハイアールにとってはコスト削減要求がしにくくなることを意味するらしい。高級エアコン用のコンプレッサーで意

図的にサンヨーからの調達をはずし、ライバルのダイキンから入れることで、コンプレッサー全体におけるハイアールの価格決定権を維持しようとしている。二束三文の土地使用権を高額に評価して現物出資し、そのようにして得た出資持分による経営権を最大限に発揮している。

ハイアールの徹底的な能力主義は有名だ。降格がいつでもありの能力主義で、従業員が常に生産コストの削減に励むと思っている。人間は信頼と安心感が中長期的に与えられないと品質のよい仕事や仕事への工夫をしないことを知らないようだ。戦争で負けたら軍法会議での死刑が待っていると思えば、戦争を指揮する将軍は必死になって勝つべく励むと考えるのは余りに稚拙な兵法だ。戦争はトーナメント式のゲームだからそのような短期的な脅しないしはインセンティブが利く場合もある。しかし、会社の経営はリーグ戦である。何度も戦うことが許されている繰り返し式のゲームである。悪平等の支配する中国国有企業の中にあって能力主義を採れば、効率は急に上がる。しかし、その上がり方のカーブは、能力の限界に近づくに従って下がってくる。それでも能力主義を採れば、従業員は会社への期待ではなく恨みを抱くようになる。従業員を中長期的に信頼させる経営をしないと、ハイアールの経営はその能力主義という傲慢さゆえに失敗するだろう。

「政は義、商は利」と中国の儒教は教えるらしい。この考えは「利益のためには正義などいらない」という中国人によく見られる考えに繋がっている。「安ければ人は買う」のは中国人の所得水準が低いからであるのに、「日本人も100円ショップが大好きではないか」と筆者の大学にいる多くの中国人留学生達はいう。「安く調達して安く売るのではブランド力が付かないから儲からない」ということを理解しない。中国人の玉好きは有名だ。「玉を買うときは安い方が良いとは考えないだろう」というと、「自分には見る眼があるから」という。確かに、見る眼がない人にとっての指標がブランドだ。ハイアールは国内では高級ブランドという感覚で、外国では見る眼のある人に選んでもらえるという感覚で商売しようとしているのか。それなら、消費電力と容量をもう少し考えた冷蔵庫を出すべきだ。日本に留学している中国人でさえ選ばない冷蔵庫をサンヨーに売れといっても、買うのは日本の消費者である。ハイアールにとっての売り先はハイアール・サンヨーという日本の合弁会社だから、消費者の意向を

無視して押し込み販売をすればよいと考えているのだろうか。

　ダイキンの西安子会社の生産方式は工夫されているし、その工夫を見せることにためらいがない。それがコンプレッサーの中国での販売先が増える理由になっていると思われる。特にTPM(全面生産管理)による生産管理と品質管理についての中国語パンフレットはよくできている。PDCA分析から生産管理の活動項目を導入するやり方は、奇妙に論理的な中国人従業員を納得させるだろうし、顧客であるエアコン組立メーカーである中国企業をして製品のみならず生産管理の方式も自社で導入したいと思わせるものを持っている。そして、活動項目がどのような目標を持ち、そのために実際にしなければならない活動内容を5Sならぬ6Sで説明するやり方も説得的である。自国を3,000年の歴史を持つ礼の国だと思っている中国人に、「躾」をいうのでは納得されないとダイキンは考えたようだ。「教養」と「士気」をいれて6Sにした点は、彼らの意識をくすぐりながら、日本的生産管理を実現させる上手いやり方である。

　工場生産現場も案内してもらった。日本では機械でやるところを中国では意図的に人にやらせる工夫をしているという。この点は他の中国における日系企業ではどこでも見られるが、ダイキン西安は特に徹底している印象を受けた。この工夫は深圳にある電子部品組立の日系企業にみられる、安い人件費を最大限に利用しようとする考えばかりによるものではない。作業において中国人工員がまめに動き回れるようにして、点検させ、作業ミスを少なくする工夫である。そのために生産ラインを意図的に狭くレイアウトしているようだ。立ち仕事をする中国人工員の腰を軽くさせる工夫なのである。中国人は商人以外腰の重い人が多い。動かないで済むように、気がついていても気がつかない振りをするのは、中国人は日本人以上に達者である。日頃多数の中国人留学生を日本人学生との比較で見ている筆者の印象からも、この働かせる作業場の工夫には納得がいった。また工場見学者を歓迎することも、監視されているのではなく、見られているのだから間違いなくやろうとする中国人労働者の意識を向上させると思われる。

6.5. 工業用ミシンと金型技術流出の防止策

　西安に2社あるブラザー工業の子会社も、工業用ミシンの製造で業績が好調な企業である。合弁企業の方の納入先は中国沿海部が7割、輸出が3割である。100％出資の子会社は、より先進的な直接駆動型平縫ミシンの製造を目指して2002(平成14)年9月に生産を開始しており、輸出比率はやはり3割である。中国のパートナーである「標準ミシン」は西安に本社を置く中国の最大手の工業用ミシンメーカーだったので、1993(平成5)年西安に日本側出資比率60％の合弁会社の形態で進出した。中国側パートナーが低中級品、合弁会社が中級品、100％外資企業が高級品を造っていることになる。技術移転要求はそれほど激しくないという。それは、①製品の設計は名古屋の本社で行っており、そこにまで中国側パートナーは手出しが出来ないこと、②中国側パートナーの販売ルートをも使っていること、③中国側パートナーからの出向工員を1/3程度引き受けていること、そして④100％外資企業が中国側パートナーの工場敷地内にある建物を借りて操業しているので、中国側パートナーは賃借料で定期的な収入が得られることが理由らしい。合弁工場はハイテク工業団地内にあるから、中国側は現金出資をしている。

　工業用ミシンの複数のライバル会社は中国沿海部にある。需要家の立地をみれば沿海部と輸出が中心だからライバル企業の方が有利な立地ではないかと考えたが、そうではないらしい。生産用の部品調達先も上海地域で70％と大部分が国内調達であり、キーとなる部品である釜(コントロールボックス)のみ日本より輸入している。内陸立地なので、調達部品の輸送コスト面でも沿海部立地の企業の方が不利である。しかし、これら部品と製品の輸送コストより内陸部の人件費コストの安さが魅力で、十分に競争できるとのことであった。輸出品は天津港まで鉄道で運ぶのでコストが安いという面もあるようである。

　人民元が切り上がれば縫製メーカーの輸出競争力は減少するのでミシンの需要は減るだろうから、切り上がらない前に増産しようとミシンの需要はむしろ増えている。

　興味深いのは、中国沿海部の電子部品メーカーや家電メーカーで起こってい

る、金型技術が日本の金型メーカーにとって不本意な形で中国企業に流出する現象が、コンプレッサーや工業用ミシンで起こっていないかという点である。金型図面の流出防止に関する経産省の指針は、2002(平成14)年7月12日に製造産業局長名による「金型図面や金型加工データの意図せざる流出の防止に関する指針」に出ている。

　金型図面の流出は、日本の金型メーカーには中小企業が多く、金型のメインテナンスのために中国に派遣できる人繰りがつかない点にも原因がある。組立メーカーの設計図により日本の金型メーカーが金型を作り、組立メーカーが買った金型は鋳物メーカーに預けられて、その金型で作った鋳物部品を組立メーカーが買う形になっている。金型は一品物だが、鋳物部品は大量に作って利益を出す。部品調達で利益を得たい組立メーカーは、金型のメインテナンスを中国に来てやってくれない日本の中小金型メーカーにやきもきする。「自社でメインテナンスをするから」と嘘を言って金型図面や金型加工データを出させ、中国の金型メーカーに示してメインテナンスをさせる。メインテナンス技術が上がると、同じ金型の追加発注を日本の金型メーカーではなく、メインテナンスをした中国の金型メーカーにするのである。

　現在、工業用ミシンにおいては、日系鋳物メーカーに中国の金型メーカーを探させている段階である。洛陽にある中国の金型メーカーなら、工業用ミシンやコンプレッサーの部品金型が出来るらしい。メインテナンスを日本の中小金型メーカーが拒否すれば、洛陽の中国企業に依頼するだろう。現段階では図面や加工データは流出していないので、真似をして作らせた金型で作った鋳物部品の2割は不良品で組立メーカーに突き返され、再仕上げを要求されているようである。

　西安にある日系鋳物メーカーは100％外資企業で、ブラザー工業の中国側パートナーである国有企業の広大な工場敷地内にあり、敷地・建物を同国有企業から借りている。1994(平成6)年進出なのに100％外資の単独出資が認められているのは、製品の10％程度を日本の親会社に納入しているので輸出企業と認定されたからである。工場敷地は広いが、あちこちに柱がある使いにくいレイアウトの工場を使わざるを得ない。日系組立企業の話では、鋳物はこの日系企業と共に太原にある中国資本の鋳物メーカーから調達しているそうである。

この中国資本の鋳物企業は、日系企業より性能が良くて新しい設備を持っているそうである。しかも加工の仕事ぶりがよいので、沿海部にある複数の日系組立企業のみならず、ドイツ系企業からも仕事がきている。しかし納入価格が低く、ミシンやコンプレッサーの仕事だけでは食えなくなってきているので、別の業種からの鋳物の仕事を取るべく工夫している段階だと言っていた。

鋳物産業の労働作業環境は厳しく、男子にしか出来ず賃金も安い。そのため西安市内で工員を見つけることが出来なくなっており、陝西省の田舎から採用しているが、1年で2割は辞めてしまうために技能の蓄積が出来ないといっていた。再仕上げを要求されている理由の1つには、このような技能の蓄積がしがたいこともあるのかもしれない。3Kの職場では転職が多く技能の蓄積が出来ないのは、日本でも中国沿海部・内陸部のいずれでも同じ悩みである。中小鋳物企業の側の価格交渉力を上げないと、不良品に悩まされる事態が起こることも予測される。調達価格の引き上げが営業秘密漏洩の防止と共に必要だと感じた。中小鋳物企業側の納入価格の維持ないし引き上げへの対応策は納入先の多角化だが、それは特定の納入先用に必要な特殊技能の水準の低下をもたらしかねない。

日本企業にとって最適地生産により最適生産コストを実現するのが海外投資の目的であり、中国に進出するのは生産コスト削減のための最適地だからだという考えがある。しかし、筆者はこの考えに疑問を持つ。技能の蓄積・技術の向上の余地がないと、いくら品質を維持せよと言っても利かない場合が出てくるので、結局のところ生産コストの削減には結びつかないからである。

2003(平成15)年夏以降起きている日本の大規模製造業における事故の頻発は、日本企業が、リストラ、アウトソーシング、財務向上を目指しての会社再編等によって生産コスト削減を極端に目指したことにも原因の1つがあると思われる。

『ヒューマンエラー』という本がある[18]。それによればヒューマンエラーには、個人の起こすもの、チームが起こすもの、組織が起こすものがあるという。個人の起こすものでは、偶発的接触や人間の能力を超えた行為といった仕方ないものよりも、し間違い、思い込み、失念、違反、知識不足、技量不足といった

---

[18] 小松原明哲『ヒューマンエラー』丸善 2003年

ものが多い。チームのエラーは意思の疎通が上手くいっていないことによって起こり、組織のエラーはトップの識見や安全文化によって起こるとしている。

　従業員に心のゆとり、生活のゆとりがなければ、人間的側面から起こる事故があるのである。そのためには、組立企業と部品企業の間でのパートナーシップ関係は平等な価格交渉力を確保したものにする必要があると考える。そうしないと意図的に意思の疎通を図らないといった事態が起こる。それは作業の技量があっても失念や思い込みによるミスを招く。安全文化が組立企業と部品企業の間で徹底していないと、日系組立企業や日本の親会社は思わぬ不良品によってPL訴訟の対象になり、大きなリスクや損失を負う可能性もある。下請取引適正化法といったような社会法的な是正が、中国でも必要になってきているように感じた。

　西安にはJASが週2便直行便を飛ばしている。筆者は週4便上海経由の直行便がある中国東方航空で行った。チケット代金は往復8万円である。西安は従来中国西北航空の所轄だったが、上海を所轄する東方航空に2003(平成15)年合併吸収された。機材はエアバスだから心配することはない。日本の金型メーカーは中小企業で人繰りが厳しくてもメインテナンスを申し出て、西安に従業員を飛ばすべきである。そうしないと日系中国家電メーカーで起こった、営業秘密が対価を得ないで中国企業に流出し、日本の家電メーカーが赤字に転落するような事態が、西安でも起こりかねない。家電部品の場合はプラスティック金型だったので、中国企業も真似しやすかった面がある。今度は金属部品の金型である。コンプレッサーとミシンで金型技術が流出すれば、今後中国進出が本格化する自動車部品での金型技術の意図せざる流出が起きやすくなる。そうなれば、2020(平成32)年日本で走っている乗用車の4台に1台は中国製という恐ろしい事態が現出するだろう。

6.6. 金型図面の流出で組立メーカーは儲かっているのか

　2002(平成14)年7月12日、経産省が製造産業局長名の「金型図面や金型加工データの意図せざる流出の防止に関する指針」を出したのは、アジア企業特に、中国企業に金型図面や金型加工データが流出していることが、国会や新

聞報道で取り上げられたからだ。

　このような事態が起こったのは、中国に進出した日本の電子機器組立メーカーと家電組立メーカーが現地の価格値下げ競争に巻き込まれたのが理由だ。自らの生産コスト削減のために、開発金型を発注した日本のプラスティック金型メーカーを半分騙すようなことをして、金型図面や金型加工データを買い上げてしまうことが頻発した。リピートオーダーを出すかもしれないから、その検討のために必要だとして、金型図面や金型加工データも買いたいと図面とデータを出させたのに、リピートオーダーを出さなかった。そしてリピート金型の代金で開発費用とアイデア代金は回収できるから安くして欲しいというような頼み方をして、開発金型自体を安く買ったにもかかわらず、リピートオーダーを出さないようなこともあった。また、開発金型を自社の中国子会社でメインテナンスするために必要だとして金型図面や金型加工データをただで出させることも行われた。

　では、半分騙すような行為までした中国進出日系電子機器組立メーカーと家電組立メーカーは業績が好転したのか。していないし、する気配も見えないのが現状だ。その日本の親会社の業績が、日産同様Ｖ字型回復が可能だとするのは絵に描いた餅だと言われても仕方のない状況だ。日本には小規模の金型専業メーカーが多い。金型の発注は設備投資の時だけだから、金型専業メーカーの売上はもともと山あり谷ありで不安定だった。そこに開発金型の発注金額が中国で使うのだからと安くさせられれば山は低くなり、金型のメインテナンスを中国に行ってしてもらう費用は出せないと言われ、かつリピート金型の発注がないとなれば谷が深くなりすぎて、倒産せざるを得ないというケースが頻発している。

　家電組立メーカーは、中国国内市場では中国資本の組立メーカーとの値下げ競争に勝てず、日本国内市場では大手家電量販店からのデフレによる厳しい値下げ要求で、たとえ中国で安く造っても利幅が取れなくなっている。電子機器組立メーカーは、PCではDellやHPのような中国やマレーシアの生産拠点を使う一方で、量販店を使わず、インターネットや新聞広告で直販して販売費用を節約することで可能になる安値販売との熾烈な競争に負けそうだし、携帯電話では新機能付新製品の開発競争の激化で、EMS企業を使ったとしても設備

投資回収の時間がなく、儲けは出にくくなっている。

6.7. 金型図面の不法取得は営業秘密違反行為だ

　日本の電子機器、家電の組立メーカーは、金型メーカーとの長い付き合いによる信頼を裏切るようなことをして、自分の首を絞めているとも言えそうだ。金型メンテナンスのために必要だとして金型図面や金型加工データをただで出させたのは営業秘密違反だから、不正競争防止法違反行為である。では、金型メーカーは彼らを訴えるかといえば訴えないだろう。そんなことをしたら、組立メーカーからの発注などなくなってしまい、経営が破綻することは明らかだからだ。信頼を裏切っているのは組立メーカーの側なのだが、彼らは訴えた金型メーカーの側を自分たちの信頼を裏切ったといって取引停止にするだけだ。それを独占禁止法でいう優越的地位の濫用だとして訴えてみても同じだ。取引を続けようとする限り、金型メーカー側で組立メーカーを日本で訴えるという手段に出るのは不利な結果しか招かない。それがわかっているから、組立メーカーはそのような言語道断なことをするのだ。

　2002(平成14)年3月28日に行われた「中国型(もの)づくり事情」という型技術協会主催のシンポジウムで、経産省富田素形材産業室長は「もしそのようなご指摘が本当のことであれば、一言でいって言語道断だと思っております」と言っている。司法的解決が紛争事態の解決にならないから、まさに言語道断といわざるを得ないのである。だからこそ金型メーカーは訴訟で争わずに、中小企業全体の問題だとして国会議員を動かして国会で発言させ、業界団体である日本金型工業会を通して、金型メーカーのみならず組立メーカーをも指導監督している経産省に登場してもらったのである。しかし、事態は日本の管轄下でなく中国という日本の経産省の管轄外で行われている部分が多いので、日本の経産省の指導できる分野は狭くなっている。

　組立メーカーがメンテナンス用として手に入れた図面や加工データを自分の中国子会社に渡し、その日系中国子会社が中国の金型メーカーにメンテナンス用として渡し、メンテナンスがうまく出来たら、リピート金型をその中国資本の金型メーカーに発注するのが一般的な問題のある取引の仕方である。

金型は日系中国組立会社が買い、図面はその親会社が無償で手に入れて渡しているのである。

富田室長は「あたかもユーザーが不正に金型図面を海外に流しているかのような認識があるとすれば、誤りである。…問題は、意図せざる流出を阻止し得るような契約関係自体が存在しないことにある」と述べている。

6.8. モデル金型図面と金型加工データの営業秘密のライセンス契約のすすめ

では、どういう契約関係が存在すればよいか。日本の金型メーカーは日系中国子会社と直接「開発金型販売契約」を結び、その中で、ないしは別途の契約で「金型図面と金型加工データの営業秘密のライセンス契約」を締結すればよいと筆者は考える。これは日本法人と中国法人間の国際取引契約である。日本国内の取引ではないから、書面を作らねばならないのは当然である。日本国内取引では、金型メーカーと組立メーカーの間で契約書を作らない商慣行があった。その商慣行を変えるには、カルロス・ゴーンのようなカリスマ的人間が必要だが、5億円の年収を保証できるような家電・電子組立メーカーはいない。

日本金型工業会はモデル金型販売契約案とモデル営業秘密ライセンス契約案を作って、会員各社に示した方が良い。そもそも金型メーカーは契約文書に慣れていないのに対し、家電・電子組立メーカーは海外輸出と海外投資で国際取引契約に慣れているから、個々の取引に任せていたら、金型メーカーに不利な契約文書が出来てしまう可能性があるからだ。そのモデル契約案作成にあたっては、経産省と公正取引委員会そしてユーザーからの意見を聞けばよい。いわばモデル建設下請契約書や海外エンジニアリング契約モデルフォームのようなものを作るのだ。約款が類似のものになれば、当事者間の優越的な地位を利用した不利益な契約条項の一方的押し付けはできなくなる。

モデル契約案は日本法人と日系中国法人との間で結ばれる。中国では技術貿易管理条例が2002(平成14)年から施行され、技術貿易の原則自由と技術取引契約の認可制度の廃止が謳われているから、モデル契約案を出す良いチャンスである。営業秘密ライセンス契約案では、中国の同条例で要求される技術保証と損害賠償義務の記載が必要となる。しかし、契約なら、目的外の使用禁止の

みならず、契約終了後のノウハウ使用につきライセンシーの権利義務を書くことが出来る。さらに、契約終了時に、営業秘密の中身として受領した全図面、データ、機械の仕様書、品質管理の指示、技術情報、文書印刷物等を直ちに返却することも記載できる。現地側の人員の能力不足により保証した技術水準が達成できないなら、技術保証はしないでもよい旨書くことも出来る。

　模倣金型なら模倣品（デッドコピー）として中国の不正競争防止法で直接排除できるが、サービスは物ではないためにデッドコピーの条項は適用されない。模倣サービスはあくまで営業秘密違反を通して不正競争防止法違法となるので、営業秘密としての国際的要件である、秘密管理、有用性、非公知性の3要件を日本と中国で常に満たしていることに配慮することになる。したがって、日本の金型メーカーは中国日系組立企業との間のみならず、従来契約なしで済ませていた日本の組立親会社との間の取引でも留意することになる。留意するといっても、新製品開発や改善のための会社を越えるエンジニア部門間の密接な研究交流は続けるべきである。「親しき中にも礼儀あり」の精神を両社のエンジニアが持てば、中間組織の組成は上手くいく。その中間組織の礼儀を欠いたのは、中国進出を理由とする組立企業の側なのだということを組立企業は猛省すべきだ。

6.9. 中国における元従業員による営業秘密の流出

　中国では、退職者が前の会社で得た営業秘密を使って新会社で商売する例が後を絶たない。営業秘密違反だとして数多くの裁判例がある。中国の判例と法令による従業員による営業秘密流出を避けるための対策は、雇用時に労働契約と秘密保持契約を締結することだ。さらに各従業員の職務に応じて念書を入れさせておけば、紛争時の証拠となる。退職後3年間以内で期間を定める、営業秘密は漏らさないとする秘密保持契約は可能である。3年間超は職業の自由に対する不当な拘束と見なされている。この考えは日本でも同じである。中国の特色は、秘密保持義務を課すのなら、それにより転職が困難になるので所得補償相当分の秘密保持費を支払えと主張する従業員もいることだ。判例は秘密保持費を支払わない秘密保持契約は有効だとしている。中国労働法は、従業員側

からの退職申出は30日前までになせと規定する。しかし、中国労働省「企業職員の流動に関する若干規定」2条は、労働契約で秘密保持義務を課す場合は退職申出を6か月前までになせと規定し、営業秘密流出予防のための職場配転や労働契約の変更も出来るとしている。

秘密保持契約が競業制限と見なされる場合は、退職申出の事前通知義務を30日超で規定することは出来ないし、経済補償規定を置かねばならない。そのかわり競業制限違反の場合は、違約罰を払うとの規定を置いてよいとしている。現実に違反による損害金が違約罰で事前に規定した金額より大きい場合は、実損の損害賠償を要求できる。「職務で得た営業秘密を使って類似の業務に従事することを退職後3年間は禁ずる」との秘密保持契約は競業制限ではない。

金型を破壊しないまま古物商に売ったり、金型設計図を他社に提供したことをもって営業秘密保護措置を採っていないとの主張は、判例では受け入れられていない。中国最大のITシステム会社華為は米国2社から特許を侵害していると訴えられている一方で、元従業員3人を営業秘密を盗んで別会社で製造販売したとして訴えている。同じ技術である。

中国では技術情報のみならず、顧客名簿といった経営情報の流出も多い。アパレルの委託加工先である中国企業に勤務する者が、受託した日本企業の顧客リスト、営業計画、価格政策、仕入方法といった経営情報を妻に流し、妻が当該日本企業にアプローチして別のアパレルを売り込んだことで損害を蒙ったことを争う判例が中国で出ている。営業秘密侵害が認められて賠償を支払わされた。中国のアパレル企業は貿易権を持たないことが多い。貿易権を持つ中国商社の名を借りて日本企業と取引をする。この妻は同じ中国商社を使ってアクセスしたので日本企業に非はない。しかし別の中国商社なら不自然なアクセスなので営業秘密侵害を知っていたと見なされる場合もあり得る。その場合は損害賠償の一部負担すらあり得る。経済合理性に基づき安く買えるのならと営業秘密違反に手を貸したと見なされることは避けるべきである。取引モラルを踏まえた法的合理性が要求される。

6.10. 金型図面をただ取りするのは自分の首を絞めるだけだ

　金型図面をただ取りして儲かる気がしているのは、ただ取りされたものがいるから相対的に自分は儲かったのだと考えているだけの話である。ただ取りした営業秘密を中国資本の金型メーカーに売りつける訳にはいかないが、中国の金型メーカーにしてみれば、ただで得た営業秘密が入った金型を売るのでいくらでも儲けられる。営業秘密をただで使ってよいとして、金型のメインテナンスやリピート金型の製作依頼を受ける中国企業にしてみれば、うまい話だ。その新たに得た技術で、中国系組立企業の仕事が取れるようになる。中国の家電組立会社は金型を内製していることが多いから、その場合は自分の技術だとして営業秘密を売ればよい。開発費用がいらないから中国系企業への金型販売代金は安いし、技術を販売する場合も代金は安い。したがって、中国系組立企業は日系組立企業よりも生産コストを安くして日系組立企業と同等の品質の製品が作れるようになり、日系組立企業はより儲からなくなってくる。

　塾の先生が、進学大学の先生から借りてきた大学の入試問題の正解の虎の巻を勝手に生徒にあげて、自習してこい、その虎の巻で大学の試験に合格したら塾の授業料免除どころか、進学後の奨学金をあげると言っているようなものだ。塾の先生にしてみれば良い生徒を良い大学に送り込んだので塾の人気が上がって儲かるはずだという寸法だ。大学に進学した生徒には奨学金をあげ続けなくてはならないが、塾生は思いの他集まらない。大学生になった元塾生がライバル塾に虎の巻を売っていたために、ライバル塾に生徒が集まったからだ。

　「リピート金型の中国化の時代は終わった、次は開発金型の中国化だ」という日系組立企業もいる。中国資本企業の金型の値段は日本の金型の30%〜40%、中国日系企業の60%だそうだから、その気持ちはわかる。人件費が安いのみならず、偽物の安いCADソフトを使うことも安く作れる要因らしい。そのうえ、中国で金型が作りやすいように金型を簡素化する、即ち日本では一個の金型で作るところを中国では複数の金型で作ったり、カシメるところをボルト止めにするというように生産技術を簡略化する、また中国で現地生産しやすい設計をするといった工夫の余地が大きいのが原因だ。

中国の2000(平成12)年の統計では、金型メーカー数は5年で5,000社増え1万7,000社あり、一社あたり29人の従業員を抱え、3,600億円を売り上げている。日本の売上高の1/4だが価格は1/3なので、金型の製作個数は日本とあまり違わない水準である。日本と異なり専業は20％しかおらず、成型等の後工程もやる兼業で儲けている。プラスティック金型業者は36％、6,100社おり、プレス金型業者は46％、7,800社である。家電、電子組立産業は自分の首を絞める結果になるのがある程度わかっていても、当面のコスト減を目指してますます中国のプラスティック金型メーカーを愛用するようになるだろう。せめて台湾系組立企業や米国系組立企業に日本の金型メーカーの図面やデータが流れないようにするモラルと規律を持たないと、中国日系電子・家電組立メーカーは日本のプラスティック金型産業を空洞化させた張本人だとして日本国内で名指しされ、さらには損して利敵行為をし続ける不思議な中国日系メーカーとして世界に名を広めることになるだろう。

6.11. 問題は日系の自動車組立と自動車部品産業の中国進出だ

問題は、これから中国進出を本格化させる日本の自動車組立メーカーと自動車部品メーカーが、その中国子会社にどの程度日本のプレス金型メーカーとプラスティック金型メーカーの製品を使い続けるかだろう。家電や電子製品と違い、モジュラー化がしにくいし、大型金型もあり、中国金型メーカーへの発注転換はすぐには進まないが、あり得る話だ。モジュラー化をいう日産、マツダに納品している金型メーカーから始まるだろうし、金属用小型金型では既に一部の金型メーカーが中国へ進出している。

日本の金型メーカーは専業が多く従業員も少ないために、自力で中国進出する力がないことが多い。金型専業メーカーと成型の後工程のメーカーが複数集まって一緒に進出するなどの工夫で投資負担を軽くする一方で、現地子会社を儲かる体質にする必要がある。金型図面と加工データを営業秘密にして、ライセンス料で儲けることの徹底を図ることも必須だ。営業秘密の技術だから出さないとは言わない方がよい。リバース・エンジニアリングに血眼になる中国企業を生むだけだ。また、日本の金型メーカーで働いていた職人が退職後に中国

の金型メーカーで働いて、日本で言えば安い給与で自分の生産ノウハウという営業秘密を技術移転する結果を招く。

「高いロイヤルティを払ってくれれば喜んで出す。技術指導の人材も日本から出す」と言うべきである。「ロイヤルティが高いのはあなたにはクロスライセンスするだけの技術力がないからだ。技能の潜在力とやる気があるかを見極めない限り、技術保証はできない。出来が悪い中国人従業員には教えても仕方がないから、より能力のある者に交替させる権利を留保する。売上高が一定量を越えれば、ロイヤルティ水準を下げる。高いランニングロイヤルティを受け入れない場合、ミニマムロイヤルティを前取りする代わりに、ランニングロイヤルティの水準を下げる。ライセンシーの販売数量につきライセンサーは立入検査できるものとし、報告との差が5％以上ある場合は、立入検査費用はライセンシーの負担とする」といった交渉も有力だ。これらの交渉の成果は契約条項として書いておかないと、「そんな交渉の経緯など知らないから守る必要はない」と言い始める中国企業に直面するだろう。営業秘密のみの技術ライセンス契約では高いロイヤルティを認めない中国企業も、営業秘密を主体とし、特許・意匠・実用新案といった国家に登録される知的財産権をも含めた形のライセンス契約を提案すると、高いロイヤルティを認める場合がある。営業秘密は国家に登録されない知的財産権であるため、技術の対価を低くみる権威主義的な体質があるのである。

第7章 現地における契約と土地の問題点をベトナムに見る

7.1. 海外投資に関する情報源とその質

　邦銀の全海外支店の融資残高が大幅に減っている。日銀の調べでは、2002(平成14)年2月末の融資残高は1996(平成8)年末に比し65％減って27.7兆円である。海外での信用力が落ちた邦銀のドル調達金利が上昇して海外業務が不採算となったために、海外資産を圧縮している。このことは、海外投資に関する情報源として期待できる邦銀が、極端に少なくなったことを意味する。

　大手邦銀は1990年代中小企業への融資の深耕策として「海外投資ガイドブック」の類の本をアジア各国別に製作し、顧客と潜在的顧客に無料で頒布してきた。欧米ではそのようなサービスは専門のコンサルタントに頼む商慣習があり、それが大手邦銀より欧米銀行が収益率が高い一因になっていた。大手邦銀の出すそれらの海外投資情報は、都市銀行間での競争があったために質を良くするための努力が図られていた。都市銀行の出すガイドブックをコピーして渡すのでは、せっかく育てた顧客を都市銀行に取られるだけだと考える地方銀行は、専門デスクを設け処々のセミナーに参加し、JETRO海外事務所に出向という形で駐在させ、中小企業総合事業団のガイドブックや無料海外アドバイザー制度を利用して顧客確保を図ってきた。同じく顧客を取られる心配があった商工中金、中小企業金融公庫、国際協力銀行のような公的金融機関も、それぞれ独自に投資ガイドブックを作成し、行内に専門の投資アドバイザーをおいた。このような情報サービスの競争は、融資コストを高め銀行の収益採算を悪くする一方で、投資情報自体の市場価値を低めてしまった。

　2002(平成14)年現在大手邦銀の合併と海外資産の圧縮で、投資情報の質に

おける競争がなくなってしまっている。その結果は従来水準の投資情報を有料化する方向には行かず、安かろう悪かろうの投資情報が流通する結果を招いているようだ。「情報はタダだ」とするアジア的風潮と「有料にする限りは情報の質を保証しなければならない」という考えに毒されているからだ。その結果、有料化するに値するだけの情報は集められないし分析力もない、チェックする人もいないだろうからと、質の悪いものをも含んだ情報が無料で流通することとなっている。欧米企業は従来から、海外投資情報をコンサルタント会社から有料で得ていた。日本のコンサルタント会社もそのような有料化の方向で仕事が出来ないかと考え始めた。いまだに投資ガイドブックを出し続けられる金のある公的金融機関のガイドブックの下書きをする傾向と、コンサルタント会社自体が海外投資に関する本を出版して名を売る傾向がある。野村総研、UFJ総研が前者、日本総研、富士総研や監査法人系コンサルタント会社は後者に含まれるようだ。

　日本の中小企業は情報に金を使いたくないから、公的金融機関の出すガイドブックの意義は高まる。しかしその質は落ちている。競争相手のガイドブックがなくなったことと、下請けさせていることでチェック能力が落ちているからだ。また出版する本には、一番必要なことと大切なことは書かれていない。それを書いてしまえば「本を買った上にさらに金を支払って質のよい情報を得たい」とする顧客を失うと考えるからだ。さらに一番大切な投資情報は、しばしば「現地の投資誘致機関のいうことを額面どおり捉えるとこのような悪い結果を招く」、「先人はこのように失敗した」という類の情報であることが多い。これは出版しにくい情報だ。現地政府の悪口をいう出版社という評判を立てられたくないし、有名会社の失敗事例を事細かに書くと、そのような会社からしばしば名誉毀損だといわれたり、一部の事実誤認を極大に解しているあの筆者は信用できない、あの出版社は信用できないという宣伝を関係者仲間に流されるからだ。JETROは海外事務所の仕事に影響があっては困るという理由で、「現地政府がこのように日本企業を不利にさせる行動を取るかもしれない」という記載を削除しないと出版させないと、出版の自主規制を実施している。そのため日本企業は何度でも同じ失敗をすることになる。現地政府や現地パートナーにとってみれば、日本企業はまさにネギを

しょって来る鴨に見えるのである。

7.2. ベトナム投資における土地使用権

　ベトナム投資では相変わらず土地使用権の問題が大きい。「進出済みの外資系企業が使うことになっていた工場敷地が空いているので、その土地を現物出資するから合弁をやらないか」と日本企業に持ち込む話が典型である。日本企業にしてみれば、進出済みの外資系企業の経営ノウハウが使えるからよいと考える。一方、進出済みの外資系企業は、新規に日本企業と合弁することで新たに日本の販売ルートを確保できるからよいと考える。そして両者共、ベトナム政府にとっては新規雇用が確保され、使われなかった土地が使われるようになり、税金も取れるようになるので投資は歓迎されるに違いないと思う。外資系企業は土地使用権証書を持つことが保証されるとの法令も出ている。また投資ガイドブックに書いてある2000(平成12)年7月の改正外資法施行細則をリファーして本細則に沿うから、投資につき審査はされず投資登録だけでよいのではないかと考える。

　実際はどうだろうか。もちろん思惑通りにいけばそれに越したことはないが、筆者はそのような両者の思惑は外れることが多いと考える。現地の投資認可庁(ただし、有力な省では投資資本額が500万ドル未満のプロジェクトへの投資認可権限は、省クラス地方人民委員会の投資計画部に権限委譲されている)は土地使用権の現物出資は認めないと言うと思われる。「進出済みの外資系企業が持つ土地使用権は当該外資系企業が自らの製造事業のために使うというから許可したのであって、他社と合弁するために使うというのでは自らの製造事業にはならない」と言うのである。「まず土地使用権を土地の所有者である国家に返納せよ。その返納手続きが終わったら、その土地使用権は国家が国家の土地利用計画に則して最善の利用を考える」として、「新たな合弁事業に使えるかは不明だ」と言うだろう。輸出が80％以上で投資資本額が500万ドル以下なら登録のみで投資許可証がでるとの法令は、「投資計画省の承認した計画と調和しない」との理由で適用されない可能性がある。土地利用計画は国家の承認する計画だからだ。

土地使用権は全事業期間にわたってしか認めないのも、ベトナムでの行政指導である。例えば25年間の事業の投資認可を受けた際には、25年分の土地使用権を前払いするか、数年分の土地賃借料を前払いせよとの行政指導を受ける。前半10年分の土地使用権の現物出資を受ける。その後は土地賃借権にしてもらい毎年土地賃借料を支払うとの主張は、たとえ現地側出資者がそれでよいといっても認めようとしないのがベトナムの省クラスの地方政府である。行政指導に従う必要はない。しかし、従わない投資許可申請書には受付印をくれないから、外資法施行細則による投資認可審査期間の短縮化規定に関わらず放置されるだろう。省クラスの国家土地管理局は、投資認可をするMPI（計画投資省）にとっても苦手な組織であることは知っておいた方が良い。

7.3. 土地使用権の実態と調べ方

ではどうしたらよいか。まず、進出済みの外資系企業に土地使用権証書と投資許可証を見せてもらうことだ。これらを見せないような事業者とは組まない方がよい。「見せる、見せる」と言いながら見せない事業者も同類だ。調査しないまま先に進むと、取り返しがつかないことになる。いったん顧客や社長を連れて行ったからには、後から「調査していなかったから事業はやれません」とは言えなくなるのだ。投資許可証には土地使用権につき制限をつける旨の記載があることが多い。土地使用権証書の出し先が当該外資系企業でないこともある。土地使用権と思っていたものが土地利用権（土地賃借権の長期前払いに過ぎないこともある。いわゆる土地賃借権のレンタル）である場合もある。誰が土地に関する税金を納めているかと聞くことで、土地賃貸借の長期前払いであることがわかる場合もある。現地国有企業との合弁である外資系企業の土地に関する税金は、土地使用権を現物出資した国有企業が納めるのが原則だ。筆者の推測だが、ベトナムで化学調味料を作っているA社はこの点のチェックが不十分だったようだ。そのために合弁企業が土地に関する税金を滞納した形になったらしく、借入金の資本金転換を含めた大増資にあたり、罰金付滞納税金分を現地出資分に含めさせられてしまったようだ。また国有企業が現物出資した土地使用権が再譲渡できないのは、中国の割当土地使用権と同じ考えだ。

外資系工業団地に進出した企業が、法令で規定された土地使用権証書を持っていることは現実にはおよそない。その土地は国有企業が合弁工業団地開発会社に現物出資したものである場合がほとんどだからだ。そのために工業団地に進出した100％外資系企業が持つ土地利用権は、法令で認められる担保にできる土地使用権ではない。担保にできる土地使用権であることを確かめるには、進出企業が土地の譲渡を受けた時点で開発会社の資本金の持分はどのように変わったかを尋ねる方法がある。持分は変わったが、現地側が追加出資をしたのなら土地使用権である。土地使用権を進出企業に分譲してしまった限り開発会社の資本金は下がることになるが、外資系企業は減資してはならないから、それに代わる資本金の変更があるはずなのだ。外資側親会社からの借入金の資本金転換でこの要件を満たそうとすると、外資側出資比率が高まる。また、現地国有企業が土地に関する税金を全部前納して、土地使用権を現物出資している場合もある。この場合は土地に関する税金は生じないし、その土地は譲渡可能であり、進出企業に譲渡する際にも持分変更はない。

　省クラス人民委員会の開発した工業団地に100％外資企業として進出した外資系企業は、法令で認めた土地使用権を持てるはずなのだが、現実には長期土地レンタルであることが多い。土地使用権は国家土地管理委員会の計画指導に基づき、省クラス人民委員会にある土地管理局が管理するのだが、地方人民委員会内での権力争い（国家の監査があった場合や賄賂の類があった場合にどちらが取るか等で現実の問題が生ずる）で主導権を取ろうとする計画投資部が事なかれ主義をとるからだ。国家土地管理局は「土地使用権をなぜ100％外資企業にあげなくてはならないのだ、合弁させてベトナム企業に利益が残る方法をなぜ指導できないのだ」というのである。

　このようなことはおよそどのガイドブックにも書いていない。かといって筆者のいうことが真実とは限らない。筆者のいう実態と異なる実態もあり得る。「筆者が想像で書いていることは信用できないし法的根拠がない」という人も多そうだし、公的金融機関や外国政府に睨まれるくらいなら日本企業に損させた方がよいと考える組織もあるだろう。実は日本政府自体にそう考える傾向がある。それが日本政府による金融政策の失敗の一因になっている。アメリカ政府の圧力で金融自由化を進めざるを得なかったと考える官僚が日本には多いだろうことがその例証だ。あり得る事態、それも悪い事態に備えるのが海外投資に

とって必要な知識だと筆者は考える。そしてそのノウハウは、日本企業と日本人が共有しないと、同じ失敗を繰り返してくれる鴨としての日本企業ばかりが重宝される事態になる。

　土地は限られた資源であるので投機の対象になりやすく、土地政策は政府が関与しやすい分野なので、土地の価格は現地政府と土地使用権の持ち主が組めば、現地側が恣意的に主導権を取れる。イラク派遣自衛隊の宿営地の土地賃借料は、オランダ軍のそれの5倍だと言われた。1987(昭和62)年よりインドネシア政府は、FDIは工業団地に進出することを原則とするといっている。インドネシアの土地は農地法によりコントロールされ、基本的に国有である。耕作権を得るには登記費用が高く農民は支払えないので、インドネシアには未登記の土地が多い[19]。農地を他の使用目的に転換する権限は政府が握っている。財閥が政府と相談して工業団地の開発地を決め、安く土地使用権(建設権)を得る。その土地使用権を外資側が現物出資して整地・インフラ整備費を負担し、合弁会社の名前で販売するのだが、大体は外資側特に日本商社が外資側の場合、日本企業に進出を進める販売活動をする。フィリピンは、外資の出資比率が40%以下のFDIでないと土地所有権を認めない。

　タイは、政府工業団地庁が認めた工業団地内の土地ならFDIの土地所有権を認める。タイのBOT発電計画は予めどこの土地を使うかを決めていないので、タイの財閥が土地使用権を随意に安く確保した土地でやろうと外資に持ちかける。中国資本が開発した工業団地の敷地の中に農民の耕作地を残しておいて、進出外資が決まったら土地使用権が不完全だから農民の補償費・立退料を払えといってくる場合もある。台湾PC企業エイサーは中国東莞(トンガン)に広大な工場を立ち上げた。しかし、その土地においてエイサーの中国法人が持つ権利は土地使用権ではなく、毎年賃借料を支払う土地賃借権である。土地使用権の多年度分の前払いより、工場・機械に資金をかけたい、その分だけ雇用を多く出来るとの交渉を東莞市人民委員会と行った結果である。ベトナム・ブンタオに進出した日系アパレル企業も、工場敷地のうち実際に使っている土地分だけしか土地使用権を前払いしていないようである。将来の工場増設を見込んで土地は確保してあり、そこまで自分の工場敷地だと主張してよいが、土地代はロハでよい

---

[19] 東チモール紛争では、キリスト教徒の土地がイスラム教徒に奪われ、独立運動を激しくさせた原因ともなっている。

との交渉が成立している。日系FDIが開発しているベトナムの工業団地でもそのような個別交渉は可能である。有名企業が入居してくれれば、他の日系企業も進出してくれると、2～3年分の土地使用権分を当該有名企業の子会社には無償にするとのやり方である。ミャンマー・ヤンゴン近郊の工業団地でもそのような話を聞いた。

図表32. ベトナムと中国の土地使用権

	ベトナム土地使用権	ベトナム土地賃借権	中国分譲土地使用権	中国割当土地使用権
所有権	国家	国家	国家	国家、協同組合
担保権設定可能か	可能	不可能	可能	不可能
現物出資対象か	可能	不可能。嘘があるので要確認	可能	可能。国有企業が現物出資する場合がほとんど
工業団地進出FDIが持つ権利	2001年以降開発工業団地は担保可能	日系工業団地は転借権のみなので担保不可能。実質30-50年の土地賃借権を前払いしたに過ぎない。	華南の非日系工業団地では担保設定している。日系工業団地では転借権のみで、担保設定不可能である(大連が典型)。	割当土地使用権で工業団地開発は出来ない。
どこで権利を確認するのか	省クラス人民委員会内の国家土地管理局	相手方、工業団地開発会社、国家土地管理局は無関係者だと非閲覧扱いにすることが多い。	省クラス人民政府内の国家土地管理局	省人民政府内の国家土地管理局。県・市人民委員会の国家土地管理局の場合もある。
土地に関する税金の支払義務者	現物出資者。工業団地開発者。契約で進出FDIに転嫁する場合あり。	工業団地開発者。利用している進出FDIは一切支払い義務なし。	現物出資者。工業団地開発者。契約で進出FDIに転嫁する例はほとんどない。	現物出資者。利用している進出FDIは一切支払い義務なし。

7.4. 失敗した外資系企業との新たな合弁

　土地が空いているので合弁をして利用しようではないかという外資系企業は、実は経営に失敗している企業である。土地が安い間に先物買いしようと無理に広すぎる土地を使うという投資計画を立てたのである。台湾系、香港系企業に多いパターンである。土地代が50年間でたとえ1.6ドル/㎡だからといっても安いと思わない方がよい。買った時の値段は1ドル/㎡程度だったろうから、たとえ整地代があったとしても良い儲けなのだ。彼らにとっては、現金支払いが出資金に変わって、配当利益となって戻ってくる投資なのだ。そのうえ確実なのは、彼らが持っていない日本でのマーケット網を日本企業は持ってきてくれるということなのである。しかし日本でのマーケット網は現物出資できない。かえって技術を身に付けたら日本企業の出資持分を無理やり買ってしまい、日本のバイヤーに直接売ろうと考えている外資系企業も華僑系企業には多い。顧客名簿、技術ノウハウにつき日本企業は合弁企業からライセンス料を取り、ライセンス違反の場合の損害賠償額の予約（ベトナム民法では違約罰という）を規定する必要がある。

　進出済み外資系企業から土地使用権をいったんは取り上げても、日本企業と合弁できるベトナム企業を探せない限り、ベトナムの投資認可庁は同じ土地使用権を予定どおり日本企業との合弁企業の事業に使うことを認めるだろう。土地使用権の支払い済み対価の内、取り上げた分に相当する金額を外資系企業に現金で返したくないからだ。土地の値段は上がっているとして、合弁企業の事業への外資系企業の出資分として認めるにあたり、過大な金額を要求して受取済みの現金を返さない手も投資認可庁にはある。

　土地の値段が変わっていない場合、外資系企業の現物出資は土地使用権相当分より工場建屋である部分が多くなるだろう。工場建屋での現物出資にあたり、建築会社の選定は外資系企業と日本企業が一緒になって選定すると規定し、複数の会社から見積りを取るべきである。現地資本の建設会社の方が安くていいものが出来るとは限らない。大木建設や間組のように現地での事業に経験が深い企業の方が、値段も日程管理も優れていることが多い。そして仕様変更の要

望も聞いてくれる。日系企業は鴨だから高くフッカケてもよいと考えている現地資本の建設会社も多い。いわゆるベトナム人の小商人根性なのだが、面と向かって「その小商人根性は結局損をする」といって火中の栗を拾う外国人はいない。

7.5. ベトナム民法の使われ方

　ベトナムには土地使用権の問題ばかりでなく、契約の問題もある。外資系企業がベトナム企業と締結する各種の契約の準拠法はベトナム商業法によれ、とベトナム国家はいう。しかしベトナム商業法では、実際に使う契約形態については商事売買と代理商程度しかない。ベトナム法人である日系企業とベトナム企業の間の契約では外国法を準拠法にすることは出来ない。しかし準拠されるべきベトナム法に適用される項目がない場合どうすればよいのかの基準が、ベトナムにはないのである。日本企業がベトナム企業と委託加工契約を締結するにあたり、日本法を準拠法にしても構わない。しかしそれではベトナム側が義務を怠ったときにベトナムで強制執行させるのは困難である。ベトナム法を準拠法とすれば、法廷用語はベトナム語だから審理もスムーズに進み、ベトナムの裁判所で判決が出てベトナムで強制執行できる。日本法を準拠法として日本で勝訴判決が出ても、それをベトナムで執行するのは困難だ。日本法による日本での仲裁判断をベトナムで承認執行してもらうのはベトナムがニューヨーク条約に加盟しているので可能だが、ベトナム側は負ける商事仲裁に自費を払ってまで日本に出てこないだろう。つまり仲裁には時間と費用がかかりすぎる。
　ベトナム企業と日本企業ないし日系ベトナム企業との委託加工契約で最適なのは、ベトナム民法を準拠法とする方法だ。ベトナム民法には加工契約という契約類型が規定されているからである。この規定はフェアで明確だから、ベトナム法廷を紛争解決地と規定しても、日本側・日系企業側に不利は生じない。ベトナムの法廷で争う場合、日本法による契約自由の原則がどの程度尊重されるかはあやしい。当事者の一方が優越的な地位にあることを利用して課した義務だとみなされれば、その条項は無効となることもあり得るからだ。
　ベトナム国家は商人間の取引においては商事契約、商人と非商人の間ないし

非商人と非商人の間の取引においては民事契約、国家機関と商人・非商人間の取引においては経済契約取引とするという、社会主義法の考えをいまだに放棄していない。中国は契約法を制定することで、このような社会主義法の考えを放棄している。ベトナムは商事契約には商業法、民事契約には民法、経済契約には経済契約法が適用されるという考えを墨守している。商法は民法の特殊法だから、商法に規定がない場合は民法という一般法が適用されるという原則は、ベトナムにはない。ベトナム民法は運送、賃貸借、請負、寄託、委任、保険、不法行為といった商人間の取引に使える規定で溢れているが、商業法ではおよそ不足している。

裁判所も民事契約は民事裁判所だが商事契約は商事裁判所と異なる。実際には同じ建物の中にあるのだが担当裁判官はおよそ異なる。外資系企業がベトナム個人に車のローンを出した際の不払いは民事裁判所、外資系企業がベトナム企業からの債権取り立ては商事裁判所の管轄となる。

ベトナム民法は森嶋昭夫名古屋大学名誉教授が草案作りに寄与した、世界でも先進的な民法である。特に、関係的契約という契約当事者間の地位の実質的平等を確保するための個別規定が、各契約条項に規定されているのが特徴的である。また、不法行為における検証責任の転換という、公害事件を未然に防止しやすい規定もある。しかし、ベトナム国家はそれを外資系企業の取引に直接適用することを拒否している。ただし、ベトナムの裁判官の裁量で、ベトナム民法の考えを外資系企業に適用してあげるのならよいのである。つまり法律自体ではなく、法律適用における自らのオーナーシップ（主体性）を確保したいのである。ベトナム民法は使いにくいとして、2004（平成16）年現在3年越しの民法改正草案作りが国内で進んでいる。使いにくいのは、本民法が実際のベトナムの取引に役に立ちすぎることを理解したくないからだ。

このような外国人が現地に合うようにアドバイスした法律を意図的に使わないといったことは、アジア諸国にしばしば見られる。JICAの資金で竹内守夫一橋大学名誉教授が中心になって4年がかりで作成したカンボジア民事訴訟法もまた、外資系企業の取引には使われないこととなった。外資系企業の取引紛争は商事裁判所の管轄となり、たった17条しかない商事裁判の訴訟法が別途立法されたからだ。詳細は最高裁判所の命令で決められるのだそうで

ある。インドネシアの反独占不正競争法はドイツの競争法の学者達が立法に協力した。しかし、「生産過程の垂直統合契約が不公正か社会的に害にあたる場合には禁止される」というドイツ法にもない規定をドイツ法にあると強弁して立法している。外資セットメーカーが地場二次下請企業をコントロールすることを排除したいのである。また、売り手側の価格カルテルは違法と規定するのみで、買い手側の価格カルテルについての規定はない。地場ディーラー達が外資系製造業者から安く調達しやすくするためである。同一グループ内で価格カルテルを結ぶことは合弁会社の適用除外だから合法だとしながらも、親会社の指示がない子会社間の価格カルテルを違法としている。「規制緩和志向に徒に追随せず、地場の市場特性に合った競争基盤の強化を図る」ことの実体は、外資系企業には自由にさせず、地場企業には自由を認める結果になっている。

このようにアジア諸国において外資系企業が使う契約については、その利用される文脈に応じて適用のされ方が違うという困難な問題にぶつかることが多い。現地ビジネス法が実際に使われるシチュエーションを想定しながら理解する努力が望まれる。困難な問題を避けて、実際に問題が起こってから現地弁護士に聞くと、かえって手遅れになることが多い。現地弁護士は実務を知らず、国際的な立法の動向を知らないから、現地政府の言うなりの文言解釈に従うことが多いからだ。外資系企業や外国人研究家の一部そして世界銀行法務部などは、「アジア途上国で外資系企業の紛争が専門的な商業裁判所で処理されるのはよいことだ」と考える風潮がある。筆者は現地市場の特異性を認識していることが「専門的」とみなされがちになるのを恐れる。あくまで外資系企業の紛争も現地一般裁判所の管轄とし、外国政府や国際機関は一般裁判所の裁判官の質を上げるための知的支援を行うべきだと考える。それが、ベトナム民法を使って外資系企業が正当に儲けられることへの近道にもなる。

第 8 章 BOT プロジェクトとタイ投資の問題点

8.1. タイの民活発電事業

　タイの BOT プロジェクト (Build Operate Transfer、民間資金を使ったインフラストラクチャーの建設・所有・運営事業) は昔から問題があった。その最大のものが、2003(平成 15) 年 11 月 3 日の日経に掲載されたトーメンが撤退したヒンクルット石炭焚き発電所計画である。タイ政府のいうとおりに環境アセスメント (EIA) をしたのに、港の EIA をやるべきだとの住民運動にタイ政府が負けて、当初の港の EIA 不要との考えを翻したために、建設工事がストップした。また、工事ストップで資金不足が生じたため、新しい投資家として中部電力と豊田通商を引っ張り出した。タイ政府と EGAT(タイ電力公社) は、港の EIA によりコスト高になったので、原料を豪州から持ってくる当初の計画を放棄し、既存のミャンマーからのガスパイプラインを使うことにし、発電所のサイトをラチャブリに変更した。石炭輸送のフィービジネスで儲けようとしていたトーメンは、コスト負担のかかりすぎとタイ政府との信頼関係が薄れたことを理由に撤退した。どのように変わったかを図表 33 に示した。
　なぜこのような変更が起こったのかを、『ヒューマンエラー』と畑村洋太郎『強い会社を作る失敗学』から、以下の要因別に考えてみた。現地側の言うことを信用したかったからというのが失敗の大きな理由だろう。ここにタイ向け外国直接投資の本質的な問題がある。儲けないといけない、儲けるためには相手側を信用しなければならない、との自己規制が失敗を招くのである。もちろん公共事業でやるときよりは効率的に運営がなされることは明らかだし、投資コストが低いのも明らかなのだが、自ら作った cash flow で長期借り入れを返済し、15 年から 20 年にわたる長期投資で初めて儲けが出るような事業なのである。

図表33. ヒンクルット BOT 計画の変更

	再変更 2003年11月3日	変更 2000年	当初 1996年
場所	ラチャブリ(バンコク西部)	ヒンクルット	ヒンクルット(南タイ)
発電所の燃料	ミャンマーからのガス	豪州からの石炭	豪州からの石炭
外資側出資者	中部電力15%、豊田通商10%、香港電灯25%	トーメン29%、中部電力15%、豊田通商15%、香港電灯16%	トーメン60%
国内出資者	Saha Union、EGAT発電子会社、タイ石油公社、合計50%	Saha Union 約25%	Saha Union 40%
投資規模	9億ドル	13億ドル	13億ドル
資本金	3億ドル	3億ドル	3億ドル
着工時期	2005年	2002年予定だった	2002年予定だった
環境問題(EIA)	火力発電所のみ	火力発電所と港	火力発電所のみ
変更の契機	ラチャブリへのミャンマーガス輸入量増大でタクシン政権はミャンマーへ恩を売りたい。EGAT民営化でラチャブリ発電所の建設資金が不足。	住民の主張どおりでは採算が合わない。バーツ危機で電力需要は上がらず、放置しておいてよい。	港のEIAをやらないでよいといったタイ政府が、市民運動に負けてやれといった。

8.1.1. コントロール不能

　バーツ危機により、インドネシアのBOT案件であるPaiton石炭発電所(三井物産、三菱商事グループ)、Tanjung Jati石炭発電所(住友商事グループ)も計画変更を迫られた。性格は違う。PPA(power purchase agreement長期電力購入契約)でインドネシアはドル払いだが、タイはバーツ払いである。現地通貨建てのBOTはRabuan(サバ州にあるオフショア金融市場)で、外貨を使途に無関係に取り入れられるマレーシアと外資系商業銀行による長期ローンの実績が少ないインドのみである。タイのBIBFでも外貨は取り入れられるが、それを長期に変えられる仕組みがない。マレーシアには半官半民の国内機関投資家

がいるが、タイにはそのような国内機関投資家がいないのである。

8.1.2. 個人的問題

錯誤(思い込み)

　　タイ政府はまともな政府、EGATはまともな会社であると思い込んだ。

錯誤(失念)

　　知識不足:BOT事業における契約の法律問題の実際について筆者が比較検討した報告書が作成されているが、筆者に依頼した野村総研と一部政府関係者にしか読まれていない。読まれても前向きな政策の裏付け資料として読んでいるので、「問題ある」との書き方は好まれないか無視される。林誠一郎というペンネームで書いたBOT本がある。問題点を書かずに、技術的なことばかり書くという方法を利用している。すべてのプロジェクト・ファイナンス関連の本や資料(富士銀行本、第一勧業銀行本、外国出版本、外国法律事務所のセミナー資料)は問題がないように書いてある。そうしないと売れないし、お呼びが掛からないからである。

　　技量不足、経験不足:BOT融資と審査で経験が多く、ノウハウを一番持っているJEXIM(現JBIC)は肝心のことは言わない。何も邦銀にノウハウを漏らして仕事をとられる事はないという考えである。邦銀は1980年代英仏海峡トンネルのプロジェクトファイナンスで、何もノウハウを得ずに大損をしただけという苦い経験を生かしていない。

　　以下についてのBOT方式は問題ありと筆者は考える。

①場所選定をタイ側出資者が勝手に決められる問題(土地を先回りして買い、高くBOT企業に売るだけでタイ側パートナーは儲かる)。

②Model PPA Contractに欠陥がある(バーツ建てになっている外貨ローン返済はしょせん必要なのに為替リスクを無視し、邦銀はタイの商銀に貸すから問題ないとした)。

③タイの政府はポピュリスト政府で、住民の反対が多いと外資が悪いと言い出す。

④タイの行政法改革で、行政訴訟が無償で起こされやすい。

思い入れ、格好

JBIC が審査したのだから問題ないのだろう、通産省が良いといったのだから問題ないのだろう、畠山通産省局長 (その後 JETRO 理事長) や、柏屋世界銀行元副総裁 (当時野村證券 HK にあるアジア民活事業の社長、元大蔵省) が良いといったのだから問題ないのだろう、との思い入れが一人歩きする。

惰性、横着

　　JBIC がいったん出した融資を事業継続不能で返済させたらトーメンが倒産する。BOT 事業が失敗したことになっては、世界銀行と日本政府の進めてきた政策が失敗したと世界に公表することになりまずい。

　　しょせん金づるは日本の JBIC と邦銀である、あれだけタイに貸し込んだ邦銀なら、このぐらいは「毒食わば皿まででやる」に違いないと、タイ EGAT とタイ政府は見くびっているのかもしれない。いきがかり、減点法の官僚的評価法の性癖、手抜き、責任転嫁が生ずる。

違反

　　キャンセルによる買戻し義務を行使させられたトーメンは放置した。プリペイで評判を落とし倒産になることを恐れたのだ。返済資金をリファイナンスした JBIC に嫌われては困る。日本貿易保険機構に輸出保険を付保しないといわれても困る。

　　違反しても罰則はない。

8.1.3. チームの問題

連絡ミス

　　単純な連絡ミスは当事者が多いので起こりやすい。

意図的なコミュニケーシュンの断絶

　　海外発電運営事業で出遅れた中部電力を同じ東海銀行 (現 UFJ 銀行) グループとして、トーメンは引っ張り出した。

8.1.4. 組織の問題

トップの考え

　　アナン元首相を出し、日本企業と数多くの製造合弁 FDI をやっている

タイ有数の財閥 Saha Group との関係は悪くしたくない。

組織内部での連絡の悪さ

　　JBIC の担当者は出向者で、抱え込む仕事をする人間が多かった。また、JBIC 出向で急に偉ぶったり、情報をすべて丸秘にしておけば安心だと考える邦銀出身者が多い。

8.2. BOT 事業の問題

8.2.1. アジア諸国における BOT 事業とその問題

BOT の問題は、現在日本で注目されている PFI (Private Finance Initiative) の問題とほぼ同じである。PFI は別府大分国道田ノ浦再開発事業、九州大学移転事業で既に利用されているので、就職活動に直接役立つ知識である。

資金調達の問題で円借款を使いたいのなら、借入人は政府だし、政府の事業としなければならないので、外資系 FDI がインフラ施設の所有者になる BOT, BOO (Build Own Operate) は使えない。そこで所有をいったん政府に渡してその後運営委託したり、リースをして運営委託をする、BTO や BTLO(Build Transfer Lease Operate)、BLO(Build Lease Operate)、BT(Build Transfer) が考えられている。

図表 34. アジアの BOT 事業の問題点

国名	案件	日本企業の取り組み	問題点
インド	高速道路	なし	通行料を支払う人がいるのか。代替道路があることが BOT にする前提。シャドウプライスを出せる主体が中央・地方両政府にない。そのローン支援金がなければ採算が取れない。
インド	発電所	日商岩井を中心とする日本連合	対象案件の優先度が低い。中央政府が州電力

国名	案件	日本企業の取り組み	問題点
(インド)			委員会の長期電力購入を保証する案件8件の対象外でペンディング。現地通貨払いを外資に強制。
インド	マハラシュトラ州石炭焚き発電所	なし、USAのEnron	州政権が変わり、前政権は高すぎる料金で電力を長期に州SEBが買うことをコミットしたことは国益に反するとキャンセル。Enron破綻で買い手現れず。中央政府が支援することまでは決まっている。
タイ	バンコク空港高速道路	熊谷組 1990年代初め	建設終了時にタイ道路公社が、料金所での料金徴収業務をFDIにやらせる訳にはいかないと前言を翻し、買取権行使。
タイ	バンコク市内高架鉄道	なし、香港のHopewell(Gordon Woo)	バンコクアジア大会までに間に合わず、建設放棄。住友銀行が代替ローンの提供申し出。
タイ	ヒンクルット石炭焚き発電所	トーメン、中部電力	場所、熱源の変更でトーメン放棄(輸入炭でのメリットなし)。港のEIA要求の住民運動。
タイ	バンコク地下鉄	三菱商事、営団地下鉄、ネゴ中だったが、2004年Siemensに奪われた。日本のODAはトンネル建設のみで、車両、運営はSiemensにとら	利用客数の見積もりが大幅に違う。公共事業省副大臣はSiemens派でタクシン首相に日本を無視してSiemensとのネゴを提案。首相は

第8章　BOTプロジェクトとタイ投資の問題点　187

国名	案件	日本企業の取り組み	問題点
（タイ）		れたので、日本の公的資金は不要となった。	新空港の恥はかきたくない（円借款を拒否して外債発行へ切り替える予定だが、引受証券会社が現れない）。2004年、失敗しリスケ中のタナヨン社によるバンコク高架鉄道と共に、タイ政府運営会社への出資申出を提案。逆BOTの性格も出てきた。
インドネシア	Paiton 石炭焚き発電所	三井物産、三菱商事BOO。米国で104 bond（1年間は売却禁止の私募債）でも資金を調達した。	電力料金が高すぎるとPLNルピア危機を契機に宣伝。石炭の受入港がSalim、専用船がTomyの所有なので、彼らの鞘抜き料が高いと批判。建設ストップ（1997-2003）。
インドネシア	Tanjung Jati 石炭焚き発電所	住友商事、BOO	電力料金が高すぎるとPLNルピア危機を契機に宣伝、建設ストップ（1997-2003）。
バングラデシュ	KAFCO アンモニア肥料工場	丸紅、海外経済協力基金（現JBIC、ADBも出資するからとCitibankに持ちかけられたので乗ったが、ADBの出資はなかった）。	肥料の市場価格採算点に届かず、買取要求するも応じない。JEXIMローンへの現地政府保証あるも、政府は文言にクレームして応じない状態が1996-2002まで続く。現地政府が安く買い取ることになった。

国名	案件	日本企業の取り組み	問題点
パキスタン	Hab River ガス発電所	東芝	政権が変わって世銀柏谷氏の友人失脚。キャンセル。政府保証実行しない。三井住友銀行$ローン、JBIC円ローン。
トルコ	Ismir 石炭焚き発電所	電源開発、三菱商事1993年、日本勢の本格的な BOT 事業への取り組みの初め。	排水で地中海の水温が上がり、魚が取れなくなると、建設開始前に事業キャンセル。トルコ首相として歓迎だが、大統領になって EU 加盟に不利とキャンセル。
トルコ	Ismir 上水道	日本工営	小型なので成功した。
フィリピン	地熱発電所	トーメンが多数とった。BOT法を初めて作った国。	小型なので成功した。アキノ、ラモス大統領時、電力庁電力不足と資金不足に悩む。
フィリピン	Pagbilao 石炭焚き発電所	Hopewell、三菱商事香港法人、ADB(as catalyst), 英連邦開発基金 1993-1995年	代表的な成功例。IFC、JEXIM、CDCの公的ローンの他に GE Capital もローンを出した。三菱商事が建設とローンアレンジメントをする。
ベトナム	紅河水力発電所	全世界の企業が大規模なので関心を示す、BOT 契約を外資法による FDI の1つとして規定 2000年。	計画ストップ。土地と発電所を外資に担保に出すといった土地法に反する記述をする MPI は信用なくす。
中国	沙角B発電所	なし、香港 Hopewell。合作契約でやった。BOT法作るといったが作れなかった。	唯一の成功事例。その後の長沙案件から IRR13%でも高すぎ、外資に有利すぎるとの

国名	案件	日本企業の取り組み	問題点
（中国）			国内批判があり、BOT法出来なかった。
ラオス	メコン川支流水力発電所	なし、現代重工業(韓国)。日系企業は次を狙っている。	タイのEGATに4セント/kwhといった世界一安い料金で売る。ラオスは水使用料でよいとし、設備費が少なく、採算が取れる。
マレーシア	高速道路	なし、国内企業	BOT＝bags of troubleの言葉が起こった案件ばかり。
香港	第二海底トンネル	香港熊谷組 1994年	成功。車と地下鉄両方。通行料とシャドウプライスをローン返済原資にした。Barclays Bankの保証でJEXIMがローンを提供した。
ベネズエラ	鉄鋼連続鋳造設備	丸紅、神戸製鋼	成功。スイスに国際市況で販売する決済会社を設置。
台湾	新幹線	車両納入のコントラクターとして日本企業連合。ドイツ勢と競わされて安価受注を強いられたと言われる。	2004年現在建設中。複数の台湾国内民間資本がスポンサーで、公的資金は使わない。技術的問題はない。

8.2.2. アジア諸国におけるBOTの契約関係とその問題

　BOTの場合、契約書類だけで1m程度の高さになる。そのリーガルフィーは高く格好の渉外弁護士事務所の収入となるが、実際にかかるエネルギーは相当なものであるし、契約の修正交渉は時間がかかる。特に相手側が政府、電力庁の場合、彼らも弁護士を立てて修正に抵抗するので取引コストがかかる。法的な交渉にかまけていると、肝心のF/Sのcheckがおろそかになる。弁護士任せ

ではだめだし、弁護士を使おうとすればかなりの英語力と法的知識と実際のビジネスセンスが必要になる。

　BOT事業の問題点の見当をなるべく早くつけて、それを解決する主導権を持つプレーヤーは誰(オーナーシップ)なのかをはやく把握して、このプレーヤーでは無理か可能かの議論をなるべく早い段階にしておくことがポイントである。オーナーシップが現地政府のときは、この政府ならどのようなスタンドプレーをするかについての見当をつけておくことも重要な取り組みコスト削減策になる。話を持ち込んできた外資のうち、日系商社は損をしたくないから、「毒食わば皿まで」の心境になりがちである。一方、欧米投資銀行は事業の成否よりコーディネーション・フィーを得ればどうでもよいと思っている場合もあるとの理解も必要である。

図表35. BOT事業における各種契約書の問題点

契約名	当事者	問題点
PPA (power purchase agreement)(長期購買契約書。電気なら長期購買、道路なら通行料収入だけでは不足するので、政府予算からシャドウプライスを受ける規定を入れる。)	BOT事業体(FDI)とローカル電力庁 特徴:take or pay clause 実際に電力は買わなくても裁定の支払代金は支払って建設費の返済に充てる一方、買い手はより安い発電所より電気を買えるoptionを持つ。	長期電力販売料金が高すぎるとのクレームがあると、現地政府はキャンセルを含めた値下げ交渉をする。ポピュリストの政府の場合、政府は購入者が購入し続けることを保証する(支払保証でないので、対外公的債務にならない)。
Shareholders agreement(株主間協定)	投資家間の合弁契約(内外資間のJVAとは限らない。外資間のJVAも多い。BOOでは特に多い)。商社はローンの斡旋をして主たる投資家となるのでsponsorと呼ばれ、調整役を務める。	100%外資の場合、土地使用権の問題がある。担保にならない土地がある。内外JVAでは一定期間後に買取権を内資、特に電力庁に与えることが多い。不可抗力の事態が起きたら、現地側に自動的に買い取らせる条項を入れるので、不可抗力条項で必ずもめる。

契約名	当事者	問題点
建設契約 (construction agreement、鉄道の場合、車両購入契約も別途必要)	BOT 事業体 (FDI) と外国建設会社 特徴:lump sum 契約にしないと収益率が測れない。	万一建設完成しない場合の支払保証を誰がするかは、JVAに反する恐れがある。建設の遅れでpenalty, 予定以上に早ければbonus。不可抗力では、保険付保でも保険は免責になる。
Escrow Account Trust 契約	BOT 事業体 (FDI):trustor Trust bank: trustee Senior lender: beneficiary 特徴:信託契約なので三者契約、電力売却代金から優先的に銀行ローンを支払って、残りを原料調達、運営委託費に充てる。	どこに口座を置くか、trustの発達した英米法系国だが、普通預金に担保設定ができないと困る。外貨交換自由国、口座にローンの何回分の支払いを残しておくか、不足する場合はsponsorないしは買い手側がjunior loan(senior loanに劣後する)を出す。
原材料調達契約 (procurement agreement)	BOT 事業体 (FDI) と原料供給者(通常 sponsor が仲介して儲ける)	長期供給契約なので、価格変動条項の決め方、take or pay 条項がなされたときの供給をどうするか。
運営委託契約 (operation agreement)	BOT 事業体 (FDI) と運営者として外国電力会社が出てくるので、彼らは出資者に加わる。	通常の発電量と質の保証、cost over run で junior loan を出せるか交渉しなければならない。政治リスク、外貨交換リスクでどの程度保険を付保するか。
Senior Loan agreement	BOT 事業体 (FDI) と銀行	通常 sponsor の出資分も融資することが多い。IRR(内部収益率)はROE25%とれるようにする。契約 check そして収入に占める利子支払負担率(inter estcoverage ratio)を見る。
Collateral agreement	BOT 事業体 (FDI) と銀行、銀行と trustee	電力売上金の債権譲渡か売掛金を担保にする。売掛金担保の現地登録はベトナム、インドネシアで可能。発電所の土地建物も

契約名	当事者	問題点
(Collateral agreement)		担保にする。中国では公有地なので担保に出来ず、事業を合作契約で行う。escrow a/c 自体の担保。
Junior loan agreement (sub loan ともいう)	BOT事業体(FDI)と sponsor BOT事業体(FDI)と電力庁ないし現地政府	sponsor ないし買い手電力庁、政府が BOT事業体(FDI)の cash flow が十分なように出すローン、建設契約の cost over run 分もローン対象にする。

文献

鈴木康二『アジア新興市場投資実務ガイド』1996年第5章 pp.337-383

第9章　アジアの現地パートナーの問題

9.1. アジアの現地パートナーにはファミリー企業が多い

9.1.1. ファミリー企業とは

本章ではアジア投資の現地パートナーとして、華僑、印僑、地場財閥、国有企業はそれぞれどのような特色を持ち、どう付きあえばよいかを国際的企業連携を含めて考える。

アジアで合弁事業をする場合の現地パートナーには、ファミリー企業と国有企業が多い。ファミリー企業として有名なものに、華僑、印僑、地場財閥がある。このようなファミリー企業を財閥という。財閥とは、①特定の家族同族が排他的に企業の所有と経営を支配し、②複数の産業にわたって事業を展開し、③特定の産業で寡占的な国内市場支配を行っている企業体である[1]。

ファミリー経営の事業運営の原理は、あくまで個人・家族・同族の資産の最大化であるので、企業の利潤率ないし成長率の最大化や市場シェアの最大化はそのための二次的な手段と考えられている。ファミリー経営が数世代にわたって持続していくためには、同族内で人材が確保される必要がある。幸い華僑社会は均分相続が原則であり、かつ、創業者は複数の妻を持つ場合が多かったために子供が多く、無能な長男に事業を継承させないで、より有能な息子・娘婿に事業を継承させることが出来たために現在までファミリー経営が続いている場合が多い[2]。他方印僑や韓国財閥の場合、均分相続の考えが徹底していないために、成功した財閥も二代目になると、それぞれのグループ企業を受け継いだ子供の間で経営権の奪い合いが生まれ、失敗することも多い。また華僑でも、

---

[1] 末広昭『タイの財閥』同文館 1991年 pp.5-6
[2] 末広昭『タイの財閥』同文館 1991年 p.7

インドネシアのAstraグループの創業者William Soeryadjayaのように、権力を持ちすぎて子供、娘婿への帝王学教育の時間がなく、人はよいがビジネスの出来が悪いために財閥が崩壊したケースも1996(平成8)年に起きている。スハルト末期の権力最大化の時期に重なったこともあり、女性財閥総帥がインドネシアのSalimグループとSoeharto一族およびBob Hassanに狙われた不幸もある。

9.1.2. 東南アジアのファミリー企業はなぜ権力者とつながることが多いのか

　東南アジアの財閥の多くは、権力者とのつながりによって事業を拡大してきている。その理由は、国家権力から事業の利権を得るか、他の新規参入者を排除することで国内市場で事業が成立するような類の事業が多かったことで説明できる。電力、水道、灌漑、電話、ガス、鉄道、航空等のパブリック・ユーティリティ事業は設備投資額が大きいのに、その事業収益を支払い能力が低い国内利用者からの料金支払いに頼るため、収益性が低い。それゆえに、国有事業ないし、国有企業の事業でせざるを得ない。

　しかしセメント、鉄、紙、石油化学、プラスティックといった素材産業や銀行業のような資金仲介業は、国内需要の水準が低くても利権を独占させることで価格コントロールが出来るので、事業の収益採算が取れるようになることも多い。そのため、国家が資本金や貸付金を出す国有企業による事業方式より民間企業に利権を与えた方が、国家負担の軽減に資す。国家は資金ではなく利権を出せばよいのである。これが、東南アジアの各財閥がその事業の基盤を作るのに寄与した、権力者とのつながりの端緒である。国内民間資本は、政府に種々の産業で利権を出させれば寡占で儲けるチャンスが出来た。これは1970年代当初米国経営学会で注目を浴びていたコングロマリット経営だとして、東南アジアの国内資本家と政府の役人達は自らの輸入代替工業化政策を最新の経営学を取り入れていると正当化した。米国ではある市場が成熟してそれ以上の成長が望めない事態と景気の変動に企業が対応する経営戦略として、およそ無関係な事業に進出して事業の多角化をするコングロマリット経営が評価されていたが、何のためにするかという目的が東南アジアではおよそ異なっていた。このような、最先端の理論に裏付けられた手段としては同じだが、その目的・背景はおよそ異なるという状況はアジアではしばしば起こる。

1999(平成11)年インドネシア反独占・不正競争防止法の立法、2003(平成15)年タイにおける一村一品運動と債権担保法案(未制定)もその文脈で読み直す必要がある。目的と手段の関係を把握することが、アジア投資戦略の理解のためには必要である。

マルコス政権下のフィリピンではそれを「取り巻き資本主義(Crony Capitalism)」、スハルト政権下のインドネシアでは権力者とつながりのある華僑が支配する資本主義だとして「パリア資本主義(Paria Capitalism)」と呼んだ。パリアとはパトロンと同義で、プリブミ出身の権力者から政治的利権による保護を受けて、華僑が経済を支配するという形がパリア資本主義である。

タイでは王室自体が国内利権を得る財閥として機能している。日本の皇族も戦前は最大の資産家だったし、現英国王室も英国における有数の資産家である。王室とはこのように民間企業の利権の間接的な主体となり得る存在なのである。王制が民主制に変わった後、マルコスやスハルトといった権力者がファミリー財閥となって利権の主体になるのも、このような王制と同じことをしようと考えるゆえである。支配が正当化されるのは国民の間に平等を保障することによってだが、国王のように自らは国民でないから特権を得ても構わないと考えるのは、イラクのフセイン元大統領にも見られるとおり、民主制をとる国ならどこでも起こり得る間違った考えである。

しかし外資にとっては、権力者に近づいて利権を得て現地でビジネスを開始することは、収益を確保できる安全な投資に見えやすいために、権力者に近いファミリー財閥と一緒に事業をしようとする傾向は今でも続いている。マルコス元大統領と丸紅との関係は有名だった。また、スハルト元大統領は自らのファミリー財閥を形成するために、個人的に親しいSalim財閥を通して日本の製造企業・商社を利用した感が強い。日本企業もインドネシアで失敗しないためにはスハルト財閥ににらまれないことに留意し、儲けるためにはSalim財閥と組むのみならず、スハルト財閥と組んだこともある。スハルト政権崩壊後に批判されたその典型は、三井物産・三菱商事が行ったPaiton BOO発電事業である。Soehartoに近かった華僑Puraiyo Pangetuと組んだ昭和電工、丸紅のエチレン事業は過大投資により2002(平成14)年私的整理となった。政権末期のSoehartoに一番近かった華僑Bob Hassanは、権力をバックにした強引な森林伐採権を得て日本向けベニヤ板事業で富を成したが、1996(平成8)年

Toyota Astra の現地パートナー Astra Int'l の買収とそのオーナー Soeryadijaya の追放[3]にみられる、あまりに強引な手法により日本企業に嫌われ、彼と組んだ日系企業はほとんどいなかった。

現地ファミリービジネスがいったん成功すると、権力者と財閥は共に次の事業について利権の相談をした方が効率的である。財閥側としては端緒の事業に失敗しなかったことで次の事業が成功する確率が高く、他方で国家セクターとしては財政資金負担を小さく出来、かつ国家の経済発展が GDP 成長という形で表れるために、政権維持の正当化が出来るためである。1970年代に東南アジアで始まった輸入代替工業化は、このような国内資本の充実（＝国内財閥の急速な成長）といった側面も持っていた。

一般製造業において、外国投資許可という形でこれら民間財閥に外国企業と合弁する認可を与えるのも、このような利権付与の一環である。自由に外資を入れさせないことが利権になっているのである。投資した外資のライバル企業が当該国に輸出しようとすると、当該国政府は高い輸入関税をかけたり完成品の輸入禁止をしたりして、投資した外資系企業が国内市場で成功するように保護政策を採るのである。1970年代から1980年代のインドネシアは輸入代替工業化の典型的な国で、工業製品を買う国内需要がまだ広がっていない段階から高関税で国内産業の発展を促すことをしたために、規模の経済が一方で働かず、他方で関税が高いために、ユーティリティコストおよび工業製品の製造コストが外国より高くなり、その結果消費価格も高くなるという事態を引き起こした。これをハイコスト・エコノミーといい、1987(昭和62)年から始まる輸出指向型工業化の時代まで続いた。

9.1.3. 輸出指向型工業化という言い方は誤解を招く

1987(昭和62)年以降始まった輸出指向型工業化は、これら国内資本の第三次の成長期にあたっていた。しかしそこでは国家が利権をあげて保護することは出来ないために、政府によるコントロールが少なくなった。そこで政府はいまだコントロールしていた外国金融の導入、国内金融市場の開放を素材に、外国資本を国内資本の成長に使おうとした。しかし国際金融の世界は一国の政府のコントロールの埒外であったために、1997(平成9)年のアジア通貨危機を招

---

[3] Butler,Charlotte "Dare to Do" McGrawaHill 2002 に詳しい。

いた面もある。製造業の海外投資における資金の動きは、物の動きが伴うために移動が遅く、政府がコントロールしやすいが、金融機関による国際資金移動の場合は、物・サービスの移動が伴わないために政府がコントロール出来なかったのである。

　この第三次の企業発展段階を輸出指向型工業化とする考えは、世界銀行の『東アジアの奇跡』に典型的に見られるが、「国内市場工業化の深化と輸出指向型工業化の始まりの組み合わせである」というのが正しい見方である。したがって、輸入代替型海外投資の次には輸出指向型海外投資が出てきたというのは正しいのだが、誤解を招く言い方である。輸入代替型製造業海外投資の時代が第二次のファミリー企業の発展時期に相当する。

　国内市場型製造業・サービス業海外投資と輸出指向型海外投資が同時に出てきたのが第三次のファミリー企業発展時期の特徴である。国内市場型サービス業海外投資は外資系工業団地開発に始まり、大型小売業への進出そして、卸売業への進出の順番となっている。銀行業等の金融業はサービス業ではあり、第二次企業発展の時期から現れてはいるが、それはあくまで例外として部分的に認められたに過ぎない。外資側少数出資の外資系製造企業に製造のみならずディーラー業のような流通業への参入を認めた場合はあるが、それもまた例外的な取り扱いである。タイの Siam Motors における日産、Tri Petch Isuzu における三菱商事がその例外事例である。インドネシアでそごう百貨店はそのブランド使用しか認められず、Wijaya Family の全額国内資本による事業となったのが普通の取り扱いである。シンガポールでは日系百貨店の進出が自由だったではないかというのは、シンガポールが日本人観光客と日本人ビジネスマンを誘致するための例外的な手段だったことを知らない誤解である。シンガポールに進出した数多くの日本の銀行は offshore 取引しか認められず、自由に onshore 取引ができたのは東京銀行だけだった時代が 1998(平成10)年まで続いていた。

9.1.4. 東南アジアのファミリー企業の発展段階

　第三次の企業発展の時期に、東南アジアのファミリー企業は資金調達のために株式公開を行った。株式公開は株式上場によるキャピタルゲインを財閥家族

にもたらし、上場企業に株式市場から集めた資金を資本金の増加という形でもたらした。さらに上場したことで信用力が増したファミリー企業は、金融機関特に外国金融機関からの融資が得やすくなった。

　株式公開は Chandler のいう経営者革命、即ち資本と経営の分離を招く。資本家は有能な経営者を調達する際に、自分たち以外の人間から選ぶのである。日本ではコアとなる従業員の中から有能な者を次々と指名し、株主が総会でそれを承認するという形を採った。つまり株主総会は実際には内部人材の選任権は格別業績を落とした場合でもなければ持たず、無難にこなした経営者が次の経営者を指名するのである。長期的な利益を重視することから、短期的には業績を上げられなかった内部人材でも当該内部人材が次の経営者を内部人材から選ぶその評価を信用せざるを得なかったのである。米国では短期的な業績向上が図られるために有能な経営者は内部のみならず経営者市場から調達することも行われている。EU 企業では内部から選任されるが、内部人材が業績を上げられない場合、株主総会が従来の経営者の意向に関わらず別の内部人材を選任することが行われる。

　ところが、東南アジアではこのような資本と経営の分離は行われなかった。第三次の企業発展にあたり、第二次までの企業発展を、利権と外資との提携で国内市場を損失リスクを被らずに寡占的に支配することで実現できたファミリー企業は、輸出指向型工業化においても自らの力ないしは外資と組み続けることで、損失リスクなく輸出指向型企業になり得たから、格別無能でない限りファミリーから経営者を出しても失敗はなかったからである。それを側面から支援したのが、現地の会社法と証券取引法だった。この両法が先進国並みの情報開示と会社経営者責任を要求しなかったために、ファミリー経営者が居座り続けることが出来たといえる。会社法と証券取引法の立法権はファミリー企業の支配者・経営者が有力政治家となっている現地の国会にあるため、そのような改正立法をするはずもなかった。

　その典型が、1973(昭和48)年タイの学生革命によってできた公開株式会社法を 1978(昭和 53)年に改悪して透明性が低いものにした、バンコク銀行以下のタイの華僑経営者達である。例えばメコンウィスキーは元々国有会社で、タイに 19 世紀からある徴税請負人のような利権契約で経営権の 15 年間の売買が

行われていた。この利権は軍が持っていたのでタノム、プラパートの政権が学生革命で崩壊することは、経営権を軍の後ろ盾で持っていた BMB グループには大きな影響があった。

　1995(平成7)年インドネシア有限会社法も、成立した時期からすれば先進国型の情報開示と経営者責任が明確になっている会社法になっているべきだったのだが、先進国では1950年代に立法されたような会社法だった。彼らは、会社分割といった一部の先進国しか取り入れていない先進的な会社法だと自画自賛した。それに追従した日本のインドネシア・ウォッチャーは日本政府・政府関係機関関係者や研究者も含め多かったが、それは日本のインドネシア・ビジネス利権を守ろうとする意識の表れだと思われる。そのためインドネシアのファミリー経営者は日本政府・日本のビジネスマンは組しやすしとみくびり、その典型は2003(平成15)年の APP の私的整理計画に見られる、世界の笑い者になるような計画案を日本の債権者が中心になって呑まされる結果になっている。

　ファミリー企業の発展段階の特徴を下表にまとめた。

図表35. ファミリー企業の発展段階の特徴

ファミリー企業の発展段階	第一次期 1940-1960年代まで	第二次期 1970-1980年代	第三次期 1990年代以降
事業内容	創業者の始めた事業である米仲買・輸入代理等で国内販売市場を支配。	外資の技術と資本を使って製造し、自らの販売ルートで売る。	国内市場のみならず輸出市場にも進出。
工業化	商業資本が軽工業の工業資本家になる。	輸入代替工業化	輸出指向型工業化
外資の役割	輸出者	国内市場型製造 FDI、技術供与者	国内市場型 FDI(国内流通へも進出)、輸出指向型 FDI
どの資本家が経営者となるか	創業者の家族経営	創業者のグループ経営	第二世代のグループ経営
会社法	無限会社でも可能	有限責任会社化が必要、ファミリーが過半数を握る株式会社。	株式会社の公開が必要、ファミリーが支配する複数のグループ会社により上場会社の株式を支配する。

9.2. 東南アジアにおける国有企業とファミリー財閥の事業の棲み業分けと癒着

9.2.1. 東南アジアにおける事業の棲み業分け

9.1.で言ったことをまとめると、以下のような表になる。

図表36. 事業別における経営主体

事業分野	パブリックユーティリティ	素材産業	金融業	一般製造業
国有企業か民間企業かの判断基準	設備投資額が大きく、民間資本には資金がないため、国有企業でやる他ない。料金の公平性が必要なために国有企業にしておいたが、不効率な運営で民営化要求あり。	設備投資額は大きいが、利権化で投資回収できるので、財閥が参入する。国有企業でやるのは、採算性が悪いか、リスクが高すぎる場合。	設立資本が大きく信用力が必要なために国有商業銀行が中心。民間財閥はファミリー事業への金融のため。外資系銀行は例外的。	外資の資本と技術。FDIによる直接国内販売は1998年まで例外的にしか認められなかった。
インドネシア	電力・国内電話は国有、国際電話と高速道路はスハルト一族が経営していたが、崩壊後政府支配へ。電力は政府投資を減らすために、発電のみ民間参入を認める。	セメントは最大のWest Jawa市場の利権をSalim財閥が握る。肥料はPusri国有企業。石化は国有企業Pertamina。アルミニウム、アスファルト輸入はスハルト一族が握っていたが、崩壊後消滅。製鉄はKrakatau国有製鉄で、失敗だが維持。	国有商業銀行による預金獲占。財閥銀行による財閥事業への融資。外資系銀行は1987年までは利権化、以後は開放。	小麦製粉の国有企業ボガサリを支配したスハルト・ファミリーと、そこからの優先的な割当によるSalimのIndofood。
タ　イ	国有。電話は民活でタクシン首相にも利権を与えたので、シナ	セメントは王室財産管理局所有のSiam Cementの利権。高炉製鉄はないが、冷	4大金融財閥による銀行業の寡占、国営商業銀行はNPLを押し付け	Siam Cementのコングロマリット化

事業分野	パブリックユーティリティ	素材産業	金融業	一般製造業
（タイ）	ワットラやCPによるTelecom Asiaのようなファミリー経営が出来るようになった。	間圧延は一般製造業として財閥の利権。石油ガスは国有企業。	られる。外資系銀行の国内業務は利権化でバーツ危機に陥る。	
フィリピン	マニラ電力は私有だったが、マルコスが国有化してファミリー経営をした。マルコス失脚後、ファミリーに返した。	国産セメント、肥料なし。製鉄はマルコスの国有企業策が失敗。	マルコスによる国有開発銀行支配の悪弊とその打破、財閥は各銀行を持つが資金量少なすぎて機能しない。外資系銀行は1998年までなし。	ない
マレーシア	すべて国有企業、国有持株会社による投資（シンガポールの国有持株会社方式を真似た）。2000年高速道路・建築・軽架鉄道経営の国営企業Renongの私的整理。	製鉄は国有企業でやったが失敗。石油ガスは国有企業Petronas。	国営商業銀行2行による国策事業はMalay系優先。民間銀行は利権を持たないが、華僑系とMalay系あり。外資系銀行の国内金融は例外的に認可。	小麦製粉はKwoc財閥の民間企業が支配。Shangri-la Hotelは国有機関EDBと合弁。自動車産業の国営と外資系の合弁(Proton)の利権化。

9.2.2. 蛙跳び型経済発展とアジアのダイナミック企業

井上隆一郎桜美林大学教授は1997(平成7)年3月に出版した『アジアのダイナミック企業』p.13で、アジアの新興財閥企業の経営戦略を以下のようにまとめている。「アジア企業が、時代の流れを読み取って積極果敢な経営を展開して、アジア経済の急成長に貢献し、そこから齎されるビジネスチャンスを最大限に活用しながら、グローバルな舞台にも挑戦しつつある」。同書はアジア通貨危機の直前に出たこともあって、楽観的な経営戦略論を語っている。したがって大字やAstraのようなファミリー支配のゆえに消滅してしまった財閥についても、その経営戦略は成功したかのように書いている。ウォッチャーを続

けたいと思えば、悪く書くと取材拒否にあうし、出版してくれるところもなくなる。しかし現在の多くの研究者は、ウォッチャーであることすら放棄している。井上のいうアジア企業のビジネスチャンスとは、筆者には政府の産業政策に乗ったことを指しているように見える。同書でいうダイナミック企業の事業分野を 9.2.1. の分類で説明すれば、次表のようになるだろう。

図表37. タイ財閥の事業分野

企業グループ名	若手経営者	産業政策キーワード	パブリックユーティリティ	素材産業	金融業・流通	一般製造業
CP タイ	タニン(1940年生)	NAIC、電話民活(200万台分)、対中投資	Telecom Asia、CPタワー、携帯電話Orange	飼料、石化でPVCをベルギー社とJV	CPセブン・イレブンは上場、Makroからは撤退だが中国はロータス・マクロでCPセブン・イレブンが行う。	ブロイラー
Siam Cement タイ	有能なテクノクラートによる経営	外資誘致 王室財産管理局		セメント、冷延鋼板(新日鉄とPosco)、紙、石化(Dawとポリスチレン)基幹産業中心		消費財は外資と合弁で、自動車エンジン、ブラウン管、タイヤ(Mich-eran)。
東帝士(Tantex) 台湾	陳由豪(1940年生)、人脈広く日本では丸紅との事業多い。	なし	建設。フィリピンでのセメントは環境問題で拒否される。	合繊、東雲、Thai Tantex、中国厦門FPに技術協力。		
Acer(宏碁) 台湾	スタンレー・シー、合理的な経営を1990年の経営危機で学ぶ。	電子工業研究所ERSO			増資、ユーロ債と借入で、90年危機はOEM生産で乗り切る。海外子会社株式の上場。	パソコン(市場接近型生産)
TSMC(台湾積体電路) 台湾		電子工業研究所ERSO				半導体

第9章 アジアの現地パートナーの問題 203

企業グループ名	若手経営者	産業政策キーワード	パブリックユーティリティ	素材産業	金融業・流通	一般製造業
Semi-Tech 香港	ジェームス・ティン山水、赤井。Singerの買収、M&A戦略はカナダ人らしい。				SingerSMCは本社をtax heavenのAntile島に移す。	ミシン、AV機器
Hopewell (合和) 香港	ゴードン・ウー (Gordon Wu)	アジア各国のBOT	CEPAの名で電力。香港、中国(沙角B,C)、フィリピン(Pak Bilao)で電力BOTに成功するも、タイ高架鉄道(RAMTUFS)は失敗。		BOTによるProject Financeは広東省高速道路は成功だが、タイの高架鉄道は失敗。タイ国鉄への利権代30年分2,700億円が高すぎた。事業規模が国鉄高架化、通勤高架鉄道、駅コンコースでの小売と大きすぎた。	
Hatison Wanpoa (和記黄埔) 香港	リチャード・リーは李嘉誠の次男(建設不動産は長江実業)。		香港電燈は、中国で上海港湾、電力、道路に投資。移動体通信は香港・英国・インドで、香港のコンテナターミナル(HIT)、UK最大のコンテナ港Felixstau買収(75%出資)。	カナダのHasky Oil(40%出資)4	AS Watson(100%出資)で小売。Sheraton、HiltonHotel HK、Star TV北京の天安門広場と王大府井の角のSCは投資過大と遺跡保存による操業遅延で損失。	P&Gと組みトイレタリーで中国進出
First Pacific 香港	マヌエル・パン	通信	フィリピン、中国で工業団	合繊。中国厦門で東帝	貿易。フィリピンで銀行買収、香港で	

---

4 野村総研香港『香港と華人経済圏』日本能率協会マネジメント 1992年 pp.163-167

企業グループ名	若手経営者	産業政策キーワード	パブリックユーティリティ	素材産業	金融業・流通	一般製造業
(First Pacific 香港)	ギリナン (Salim Group は Anthony Salim)		地と不動産開発。	士と技術協力。	FPB、米国で USB。	
Bakli Brothers インドネシア	アブリザル・バクリ		電話通信 (NEC1%出資で提携)	農園。三菱化学と合繊原料	増資	
San Miguel フィリピン	アンドレアス・ソリアーノ III	コファンコから経営権を取り返す。			Asian Bank	ビール、山村硝子と瓶 JV、Nestle とアイスクリーム。アジア FDI に積極的。
J.G.Summit フィリピン	ランス・ゴンウェイ丸紅と組み石化。	電話通信マニラ電力の Lopez と組み発電。	新都市 Garelia 開発	製粉、農場の CFC	Robinson Department Store、PCIB Bank を Lopez と組み買収、株式公開と社債	加工食品の URC
Proton マレーシア	ヤハヤ、UMNO 党との友好関係	国民車計画、中小企業育成の裾野産業でコスト減狙い。				自動車 (MMC、販売は EON が独占)
YTL マレーシア	ヨー・ソクビン		建設・発電		東証上場	
Sinpapore Telecom シンガポール	CEO のリー・シェンヤンはリークアンユーの次男。	通信事業は国策でアジアの通信情報ハブを狙う。地域統括本部と IPO に必須。	通信。フィリピン、ベトナム、ベルギー等で JV			
Keppel シンガポール		政府系企業 (Temasek 35%)	SSL で不動産、中国蘇州工業団地、移動体		Keppel Bank、上場、社債	造船、船舶修理

企業グループ名	若手経営者	産業政策キーワード	パブリックユーティリティ	素材産業	金融業・流通	一般製造業
(Keppel シンガポール)			通信			
Creative Technology シンガポール	シム・ウォンフー NASDAQ上場	ハイテク産業振興				電子部品
浦項製鉄 韓国			移動体通信、Pos Data	鉄鋼、ベトナムで鋼管、USAで圧延加工	部分民営化、ADR上場	シリコンウェハー
三星電子 韓国	イ・ゴンヒ、エリート集団は有能とは限らない。			石化、合繊は失敗		電子部品、半導体

　アジアの地場財閥の中に急成長した企業が出てきたのは確かであるが、それらを国の経済発展からいう雁行的経済発展(flying geese formation theory)で説明するのは間違っている。蛙跳び型経済発展(frog jump economic development)で説明すべきだと考える。

　雁行的経済発展は、1960(昭和35)～1974(昭和49)年の日本の経済成長、1970(昭和45)～1990(平成2)年の韓国、台湾、シンガポールといったアジアNIESの経済成長、1987(昭和62)～1997(平成9)年のASEANの経済成長、そして1991(平成3)～1997(平成9)年の中国、インド、ベトナムの経済成長を説明するのに便利である。雁の列のように経済発展の推進役(高い経済成長率を示す国)は先進国、中進国、開発途上国、後進開発途上国へと移っていくと説明できたからである。それを可能にする推進役は政府の産業政策であり、それを受けて積極果敢な経営を展開するアジアのダイナミック企業だという説明が、井上の言わんとすることだろう。

　1970(昭和45)～1990(平成2)年の韓国、台湾、シンガポールといったアジ

ア NIES の経済成長において、国家の進める輸出指向型製造業の育成策に乗ったのが、韓国企業の場合、三星、現代、LG、大字だということになる。台湾では大同、東元電機、遠東なのだろう。産業としては繊維、建設、造船、家電、電子だろう。

1987(昭和62)～1997(平成9)年の ASEAN の経済成長は、1985(昭和60)年プラザ合意による円高、ドル高を受けた、日本企業、NIES 企業による生産・輸出拠点の南進により実現された。輸出指向型であったために、安い生産コストが実現できれば先進国の成熟市場での競争に勝てるのである。先進国企業にしてみれば、成熟期の戦略である生産合理化の一環としての海外投資である。ASEAN 諸国は 1973(昭和48)年のオイルショックまでは、外貨節約のための輸入代替工業化を行っていた。生産コストが高いハイコスト・エコノミーだったがゆえに、低い経済成長しか実現できなかった。外資系企業はそこでは合弁で生産したが、消費者への直接販売は流通への外資進出制限で出来なかったために、合弁相手である現地パートナー企業の販売チャネルに頼らざるを得なかった。彼らは高い販売マージンで売ってやるという商売をしていたがために、国内消費市場は狭いまま寡占化された。今度は輸出指向型のために外貨を稼いでくれるのならと、外資側の経営権を認め、100％子会社も認めたがゆえに生産コストの削減が出来、経済成長につながったのである。

そして 1991(平成3)～1997(平成9)年の中国、インド、ベトナムの経済成長は、国内市場と輸出市場の同時展開で経済成長が可能になった。そこでは輸出と共に国内市場拡大が目指されていた。外資が経営権を握れたために、借入と出資で賄った設備投資は、効率的な生産を実現できた。国内市場保護政策はあっても、複数外資参入が比較的自由に認められ、かつ輸入関税による保護の程度を低くした競争促進的な外資自由化政策だったので、従来の自国の国有企業と一部の財閥企業が外国の技術ライセンスにより自社生産するよりも数段効率的な生産が出来るようになり、経済成長率が高くなったのである。華僑、印僑、越僑による投資は、参入事業分野で外資より優遇された。彼らは外国で成功した事業モデルと経営手法を知っていたので、本国でもって安い生産コストを実現できたのである。

1997(平成9)年のアジア通貨危機は、高い経済成長率は幻だったと思わせた。

では、その中で急成長した地場企業は幻の存在になったのか。なってはいない。ほとんどの企業が倒産せず、リストラはしながらも財閥経営を続けている。なぜか。倒産法制が不十分だから倒産しない、会社法制度が不十分だからコーポレートガバナンスが利かずに経営に失敗した、といった説明は半分しか説明していない。個々の企業経営における戦略は正しかったのか、どうすればよかったのかについて語っていないからである。

　タイ、インドネシア、マレーシア、韓国の4か国における財閥グループと独立系企業を比較して、財閥グループのグループ内ファイナンス(グループ企業間の売掛金と配当による資金繰りの円滑化)は効果的であったのかについて、永野護は各企業の財務諸表を使って、アジア通貨危機の前後で比較した実証調査を行った[5]。資本市場が不完全なこれら4か国において、財閥グループ内でリスクシェアをした結果、中長期的にはグループ企業の事業パフォーマンスは独立系企業より収益性、安全性において優れていた。しかしそのよいパフォーマンスを生む仕組みは、アジア通貨危機以降2000(平成12)年まではデメリットに転じたことを検証している。永井護の発見は、要約すると以下の4点である。①インドネシアの財閥グループは安全性より収益性を志向する傾向が独立系企業より強い。②マレーシアでは財閥グループはグループ間の売掛金の調整とグループ間配当政策を安全性維持のために使っており、収益性において違いを生む要因とはなっていない。③タイでは財閥グループはグループ間ファイナンスを使って、独立系企業より収益性も安全性も高めている。④韓国では財閥グループはグループ間の売掛金の調整において安全性を高めているが、配当における調整はなかった。しかしグループ間の売掛金の調整と配当は収益性を高めている。以上から得られる結論もまた、アジア通貨危機前後でアジア財閥企業の経営戦略に変化はないことが推定されるのである。

　雁行的経済発展に代わる経済発展論は、IMFや世界銀行の主導する自由経済モデル(economic liberalization)だろう。市場の自由競争を推進すべく、政府はマクロ経済の安定化とmarket friendlyな制度改革と人的投資をすればよく、産業政策は不要だとの考えである。アジア経済危機以降、世界銀行が特に強調しているのは、経済効率より公平を重視する貧困削減プランである。これは

---

[5]『日本経済研究』日本経済研究センター　2004年

market friendly な人的投資があれば制度改革も進むとする考えからきている。
　では、制度改革で企業統治は進み、企業経営の透明性 transparency は増したか。マレーシアのマハティールのように IMF に反対して産業政策を必要だとする政治指導者が ASEAN におり、国家による産業政策を経済運営の基本にしている中国やベトナムのような社会主義国があることが、「自由経済モデルでよい」とする方向がアジアで支配的になっていない原因だろう。特に2000(平成12)年以降の中国の高い経済成長と大きな国内市場そして、何より電子・家電の製造業とアパレル・食品加工業における世界の輸出基地化の下で、自由経済モデルは建前でよいのだとの風潮が支配的になってきている。market friendly な企業経営も建前でよいのだとする考えがその中に醸成されていると筆者は考える。market friendly な企業経営も建前でよいという下で育ってきた経済発展論が、蛙跳び型経済発展である。
　market friendly とは、企業の成長事業分野は、グローバル競争に耐えるものでなくてはならないということである。そのための経営判断と経営手法の建前は、グローバルスタンダードになっていなくてはならない。それが早い経営判断と株式公開である。早い経営判断は経営専門家によるグループ経営でも出来るが、財閥領袖による鶴の一声でも出来る。アジアでは後者が圧倒的に多い。前者で成功しているのはタイの Siam Cement(サイアムセメント)ぐらいで、インドネシアの Astra のように失敗する例の方が多い。株式公開は資金調達とキャピタルゲインによる財閥ファミリーの個人資産増大に役立ったが、株主総会による経営監視には役立っていない。したがってコーポレートガバナンスは実現されていない。子会社による親会社株式の取得といった違法な株式相互所有関係が、tax heaven に立地している子会社からの投資の場合わからないからであり、かつファミリーで過半数株式を所有することも多いからである。アジアの地場株式市場は発行市場中心であるために、機関投資家が短期投資する対象になるブルーチップの10種類程度の株式以外は、ファミリーの過半数所有は維持されやすいのである。
　井上は、財閥二代目経営者が欧米の大学に留学してハイブリッド化していることを評価している。つまり、アジアの伝統、ものの考え方で育ってはいるが、欧米留学で西洋の文化を知り、合理的な行動様式と経営理論を学んで、そのハ

イブリッドされた考え方を初代が築いた財閥の事業活動に生かせたという。筆者は都合の良い「イイトコドリ」に過ぎず、ハイブリッドではないと考える。典型的な見方は、「初代目は家族の伝統と同郷、人脈を生かした商業資本家だった。二代目は政治的な人脈を生かし、外資とのコネを生かした事業拡大に熱心な産業資本家だった」とするものだろう。筆者は「初代目は家族の伝統と同郷、人脈を生かし政治との癒着も辞さない産業資本家の側面も持つ商業資本家だった。二代目は政治的な人脈と外資とのコネを生かし、使えるものは何でも使う事業拡大にただ熱心なだけの産業資本家だった」と見る。彼らは、自分の都合悪いところは隠すが、都合の良いところは最大限に主張する。都合の悪いところとは、資金源、企業の株式の持ち合い、tax heaven の利用である。都合の良いところとは、欧米の大学に留学したという事実、政府ないしは外資が作ってくれた過大な投資計画、トップダウンの経営手法を果断・柔軟で機敏な経営姿勢と誉めてくれるメディアとウォッチャーである。

確かに、彼ら財閥の若手経営者には異文化との摩擦や衝突を避ける能力がある。しかしそれは、投資計画において外資側が知らないことに付け込むことが上手いことに表れてしまう。自分に投資計画を実査する能力はない。普通の欧米の MBA コースを出たくらいで、巨大新規事業におけるマーケットの成長の程度、借入計画のずさんさ、cash flow の甘さを指摘できる能力など生まれないのである。

情報を出し合って外資と議論すれば、投資計画の問題点が明らかになって計画の変更なり縮小なりが出来るのだが、ビジネス関係での信頼関係がつくれない彼らは、ごく少数の仲間と言われる相談相手しかいない。ここがおかしいから見てくれ、ここがわからないから教えてくれ、と投資してくれる外資パートナーや外国銀行に相談すれば、投資してくれないかもしれないし、貸してくれなくなるかもしれないからである。外資の側も金融付きの輸出案件なら過大な投資に口など挟まない。船積みと共に銀行から輸出代金を回収して、あとは輸出保険の問題だと知らん顔が出来るからである。

このような過程を経て、情報を出さないまま投資計画は実行される。それを果断な決定だと誉める世間がある。案の定情報を出さなかった欠陥が露呈し、投資は失敗することが多い。つまり情報を出さないことで、自分が騙されるの

である。このようなことは日本のバブル期のリゾート開発、都市ビル開発をする企業に数多く見られた経営態度である。その結果が北拓、長銀、日債銀、足利銀行の経営破綻となっている。インドネシアでほとんどの銀行が経営破綻になっていることも同然である。

グローバル競争とは、外資をも巻き込んで国内と外国市場で競争するという意味である。国内で成長が期待できる事業分野は、当該国にないか製品ライフサイクルでいう開拓期にある製品・サービスを扱う事業である。先進国で成長期にある製品とサービスで、自国では開拓期にあるものなら国内市場で成功する確率が高い。先進国で成熟期にある製品とサービスなら、輸出ないしは海外投資で成功する可能性が高い。これが蛙跳び型経済発展を可能にする。経済水準が低い、ないし遅れているからこそ成功する事業分野は多くなり、経済成長率は高くなる。

低賃金で働く労働者がいて、自由経済モデルの下で外資と組むからこそ、外資が開拓してくれた先進国市場に食い込めるだけの低い生産コストが実現できるのである。輸出指向型FDIで外資を誘致することは、外国の市場を持ってきてくれることなのである。国内市場型FDIで外資を誘致することは、外国の市場での開拓期から成長期を経て成熟期に育て上げた成功例を参考にして、自国で開拓期の終わり、つまり成長期の初めの段階から始めようとする事業戦略である。先進国市場に輸出することで外貨稼ぎが出来るのみならず、先進国の成熟期市場で売れないものは、自国の開拓期の市場でも成長期の市場に発展させられないとわかる。

外資と組まないで自分だけで外国市場に参入するには、当該外国における企業を買収するしかないとアジア企業は考える。先進国で成熟期にある製品を先進国で売るのだから、成熟期の戦略である合理化・効率化をして利益重視の戦略を採らねばならないからである。販売チャネルをいちいち構築してはいられないのである。販売ネットワーク作りには資金のみならず人員が必要である。買収ならまるまる販売ネットワークを買うことが出来る。そのための借り入れは本国でやればよいと考える。

成長期ならシェアアップ、売上アップのために採る必要がある低価格戦略は、成熟期においては不要である。成熟期の価格戦略である適正価格で利益率を重

視する戦略は、アジア企業にとっては都合が良い。先進国での適正価格とは、安い生産コストで作れる自国から輸出すればかなりの利益が見込める商品になるからである。先進国政府、特に米国政府がダンピングだと指摘することが多いのは、先進国市場では成熟期の商品を先進国企業が適正価格で売っているのに、アジア企業は国内市場同様成長期の商品だと考えて、先進国で低価格指向で販売しようとするからである。

9.3. タイの財閥と日本企業の海外投資

9.3.1. タイの有力財閥の事業内容と経済規模

　タイの有力財閥の事業内容と経済規模の表を以下に掲げる。本表は1988(昭和63)年のタイ財閥の売上順位による。参考として2001(平成13)年の財閥単体の売上を『Asiaweek1000』[6]からわかる範囲で採った項目を設けた。これら財閥企業より大きな売上のあるタイの企業は国有企業であり、PTT (oil &gas)、EGAT(electric power)のみである。タイを取り上げたのは、タイがインドネシアと並び一番典型的な外資との合弁によるファミリー企業の成長が見られた国だからである。

　そしてタイでは財閥グループがグループ間ファイナンスを使って、独立系企業より収益性も安全性も高めた経営多角化に成功している。ファミリー企業が独立系企業でい続けるより財閥グループを形成しようとするにあたり、日本企業との合弁事業が寄与したからであると考える。

　これらタイの財閥は経営原理により、閉鎖的な同族経営型の財閥と経営改革に積極的な財閥に分かれる。閉鎖的な同族経営型の財閥の典型は、セントラル、サイアムモーター、ブンロート、BMBグループで、その特徴は、①リスクの伴う投資には消極的で、投資回収期間を3~4年とする近視眼的な商人資本的行動、②利益の再投資に消極的で、資本の海外逃避も行う、③利権の追求のために権力との癒着にためらいがないという点にある。経営改革に積極的な財閥の典型は、CP、バンコクバンク、サハユニオンで、ファミリー経営の維持(同族の資産の最大化)の観点から、家族外の経営専門家の招聘、株式公開、経営機

---

[6] http://www.asiaweek.com/asiaweek/features/asiaweek1000.2001

図表 38. タイ財閥と日系企業

売上、利益の単位：million$
*：単体での同国内での売上 ranking。金融機関を除く。
**：アジアでの単体 ranking。日本を除く。

財閥名	所有ファミリー	主な事業内容	グループ企業数	日本企業との関係	売上	順位* 順位**	利益	利益率(%)
サイアムセメント Siam Cement, Siam Fiber Cement	王室財産管理局 非華僑	セメント、パルプ、鉄鋼、自動車関連部品(エンジン)、石油化学	70	トヨタ(エンジン、Siam Toyota Mafg.)、新日鉄(冷延鉄板 SiamUnited Steel)	3,196	3 420	1	0
バンコクバンク Bangkok Bank, Thai Central Chemical	ソーポンパニット家 陳 有 漢 (Chatri Sophonpanich)、潮州閥	金融、保険、繊維、砂糖、不動産、石化(ポリエチレン)						
CPグループ Bangkok Livestock, Bangkok Foodmill	チアラワノン (謝 国 民 Dhanin Chearvanont)	飼料、ブロイラー、海老、食肉加工、石油化学(塩ビ樹脂)、セブンーイレブン、電話事業(Telecom Asia)	225	三菱商事(海老)、Southland(イトーヨーカ堂の米国子会社)とコンビニ事業	1,576	8 834	85	5.4

他にグループ企業として16位、売上企業としてSiam Macroがある。Siam Macroは売上$969million、16位、利益$26million、利益率2.6%である。両社を合わせると4位となり、Siam Cementに次ぐ財閥となる。海外投資に積極的。

| タイ農民銀行 Thai Farmers Bank | ラムサム家、伍敏捷楼 Banyong Lamsam (広 源隆行)、客家 | 銀 行、金 融 会 社 (Phatra Thanakit、TISCO)、Muang Thai | | みずほ銀行とリース、同和火災と損保 | | | | |

サイアムモーターズ Siam Motors	ポーンプラパー（陳 龍 堅 Thavorn Phornprapha）	Life Insurance、食品、不動産、商社 (Loxley) 自動車組立・部品、バイク	38	日産 (Siam Motors)、Siam Yamaha
サハ・グループ (Saha Pathanapibul、協成昌) Int'l Cosmetics	チョークワナー・ブンシット（李文祥 昌）Boonsithi Chokwarana の日本留学	日用品、化粧品、アパレル、食品、靴、電子製品、TV輸出 (Samsung)	212	ライオン、ワコール
メトロ Metro Co.	ラオ・ハタイ、サワーンの日本留学	肥料、製粉、タピオカ、鉄鋼、サイロ	25	日商岩井（肥料）、朝日住建（商業施設）
BMBグループ Sura Maharas、京華銀行 (Bangkok Metropolitan Bank)	チーチャパイブン家（鄭午楼 Udane Tejapaibul）(潮州華僑) TCC と 1986 年に合併	金融 (BMB、Bank of Asia)、華商保険、不動産 (World Trade Center、Banpu IE、Tana Niwet)、酒 (Mecong Whisky)、ビール（チャルン）		
サハ・ユニオン Saha-Union Corp. 協聯	ダムリ・カーノン（陳如竹）Damri Darakananda	繊維 (Union Textile で輸出)、アパレル、靴、電子製品、石化 (PTA with ICI)	33	カネボウ、吉田工業
スックリー TBI Group Int'l、Thai Melon Textile	ボーディラック・タナンクン	繊維、アパレル、ポリエステル製造	14	敷紡
ホンイヤーセン	リアオパイラット	石油化学、ブロイラー、飼料、穀	21	

財閥名	所有ファミリー	主な事業内容	グループ企業数	日本企業との関係	売上	順位*順位**	利益	利益率(%)
スンフアセン Soon Hua Seng Eurasian Corp. (順和成)	ダムナーンチャンニット (張錦程 Kitti Damnernchamwanit)	物輸出 穀物輸出、タピオカ輸出、倉庫	18					
ブンロート Boon Rawd Brewery	ピロムパクディー 非華僑	ビール、ソーダ水	7	アサヒビール				
シティポン Sittipol	リーイッサラーヌクン	自動車組立・部品	7	三菱自動車 (MMC Sittipol Motor)	1,139	15	44	3.9 (売上、順位、利益、利益率は、Sittipolのみ。)
レームトーン	カナータフニット	製粉、飼料、ブロイラー、穀物輸出	16					
バンクオブアユタヤ Bank of Ayudhya	ラッタナラク家 (李木川、Chuang Ratanarak)、王、洪	金融、保険 (Ayudhya Insurance)、不動産 (CRT)、セメント (Siam CityCement)						
シウ Siew National Sales	カーンチャナチャーリー	家電	6	松下電器				
シーフェンフン Thai Plastic & Chemical	シーフェンフン (鄭明如 Boonsoong Srifuengfung)	板ガラス、化学製品、石油化学 (TPCで塩化ビニール)、繊維	33	旭硝子 (Thai Asahi Glass)				
セントラル Central Department	チラーティウット (鄭有英 Wanchai	デパート、ホテル (Central Plaza)、アパレル	28					

第 9 章　アジアの現地パートナーの問題　215

テクビーハン Teck Bee Hang (德美行)	Chirarhivat) リー	天然ゴム加工輸出	3	
チンテック CB Group	シンガーンタウィー 顔、南タイの不動産王	天然ゴム、電子製品 (print 基盤)	20	
オーソット・プレミア	オーサタヌクロ (Surat Osathanungrah)	製薬、金融、不動産、リース、食品	36	
カモンスコーンソン KKS	カモンスコーンソン	自動車組立、家電輸入	25	マツダ
タイユニオン Thai Union Mfg.	チャーンシリ	ツナ缶詰加工 (Unicode?)	25	
イタルタイ Italthai	カンナヌート (猪育幹 那 戌 Chaijuth Karnasuta)	建築請負、ホテル	25	
サハヴィリア Sahaviriya	Prapa Viriyaprapaikit 呉玉音楽	鉄鋼 (Sahaviriya Steel)、情報 (Sahaviriya OA)		JFE
タイユニオン Thai Union Mfg.	チャーンシリ	ツナ缶詰加工 (Unicode?)		
イタルタイ Italthai (会社更生中)	カンナヌート (猪育幹 那 戌 Chaijuth Karnasuta)	建築請負、ホテル	25	

構の再編を行う点に特色がある。経営改革に積極的とはいいながら、短期的な投資の回収、同族経営の維持に固執するのは、閉鎖的な同族経営型の財閥と同じである。

9.3.2. タイの有力財閥と日系企業の合弁事業

タイの有力財閥と日本企業ないし日系企業の有力な合弁会社(FDI、JV)を以図表39にまとめた。タイの財閥は、日本企業と組む場合、日本側に資金を出させるために単一財閥となることが多い。しかし日本企業と組まない場合、資金が不足することと、事業リスクをヘッジするために複数財閥で共同出資することが多い。タイ財閥のラオス進出は、ほとんどがタイ農民銀行グループが他の財閥と組んだこのような共同出資型である。

興味深いのは、タイ財閥のバーツ危機にあたっての支配権維持への執着である。海外進出の草分け的存在である旭硝子は1964(昭和39)年タイのスリフェーンフンに60.4%の支配株主の地位を与えてガラスのJVを始めた。当時国内市場型の投資では、政府の主導により外資の支配株主は認められなかった。スリフェーンフンは当合弁会社 Thai Asahi GlassCo. の成功に続き、旭硝子を少数株主パートナーとして、苛性ソーダ、フロートガラスの第2工場となる別会社、自動車用安全ガラスの製造に乗り出し、それぞれ成功してきた。

しかし旭硝子の経営主導権を認めなければ高度技術は出せないとの旭硝子の主張と、現地側の経営主導権より外資の資本力と技術力を利用したいタイ政府の思惑により、1989(平成元)年旭硝子が63%出資して現地パートナーをSiam Cement 37%とする、カラーテレビ用ブラウン管の製造合弁 Siam Asahi Technoglass Co. を設立した。高度技術を導入するためには外資に経営支配権を与えざるを得ないと悟ったスリフェーンフンは、1991(平成3)年旭硝子に70%の出資持分を認めて、電子部品の製造合弁会社 Thai Asahi Electronics Devices Co. を設立した。

他方、タイのバブル経済が弾ける直前、Thai Asahi Glass Co. は上場を狙い、公開会社である Thai Asahi Glass Public Co. に組織替えをした。上場はスリフェーンフンの持株12%の放出という形でなされた。スリフェーンフン

は48.4%の出資比率で最大株主の地位を得て、従来どおり社長の地位を握った。しかしバーツ危機で外貨借入不能に陥ったスリーフェーンフンは、持株の放出で財閥危機の建て直しを図らざるを得なくなった。しかし、バンコク証券取引所で急落した同株式を買う人はいない。そこで旭硝子に買ってもらわざるを得なくなった。2001(平成13)年旭硝子は同社の株式の95.67%を持って経営支配権を握り、社長を日本の本社から派遣した。その他一般株主4.33%である。

同時にスリーフェーンフンは自動車用安全ガラスの合弁会社Thai Safety Glass Co.の55%の持分、Bangkok Float Glass Co.の59%の持分、Thai Asahi Electronics Devices Co.の30%の持分をも旭硝子に買ってもらった。現在スリーフェーンフンが旭硝子との合弁事業で出資持分を持つのは苛性ソーダと工業塩の2社のみで、この2社では支配株主の地位を依然保有している。つまり、バーツ危機で自動車、電子部品、建設は駄目だと読み、工業用素材なら生きる道があると考えたのである。バーツ危機時の判断としては妥当だとみなされようが、2004(平成16)年の時点で見直すと、成長分野を見誤った判断といえるだろう。なぜなら、タイはASEANの自動車産業の産業集積地(クラスター)になることがほぼ確定したからである。

タイのバブル期にスリーフェーンフンが外貨を調達して何に投資したのかは不明である。しかし旭硝子との合弁会社の資本金はバブル期でも変わっていないので、他の国内外の事業ないしは金融商品に投資したのだと思われる。トップダウンの判断は、しばしばこのような見当違いの投資をさせるものである。日本のパートナーがいたので資産の買い手を得られて、財閥消滅の憂き目を見ないですんでいるのである。

タイのウィスキーで圧倒的なシェアを持つメコン・ウィスキーはブンロートのもつシンハ(ライオン)ビールの牙城に迫るべく、デンマークのカールスバークと技術提携して、チャーン(象)ビールを出し、ワールドカップ・サッカーのスポンサーになりシェアをとった。しかし、プレミアム・ビールとして売るはずだったカールスバークはおよそ売らなかった。そこで2004年カールスバークは契約違反だと技術提携契約をキャンセルしたところ、メコンウィスキーから契約違反で訴えられた。ブンロートに出資して、スーパードライをプレミ

アムビールとして売ってもらおうとするアサヒビールの試みも失敗する可能性が高い。シンハブランドでプレミアムビールを出し、かつクロスタービールのブランドを買いとり、LEO という低級ビールも出しているブンロートが容易に自社の国内マーケット網でアサヒ・スーパードライを売ってくれないからである。筆者の 2004 年 9 月の観察では伊藤忠の 100% 子会社となったファミリーマートでしか見かけず、およそ CP セブン・イレブンでスーパードライは売っていなかった。

第 9 章　アジアの現地パートナーの問題　219

図表 39. タイ財閥の出資比率と扱う財の種類

財閥名 日系 JV への出資比率	合弁企業名	従業員数 (人) 外国人数 (人)	資本金 (億 B)	売上 (億 B)	設立年 (年)	生産・中間・ 消費財	Strategy
Siam Cement 20%	Siam Toyota Manufacturing	754	8.5		1987	自動車 Engine Toyota80%	
35.72%	Siam Sanitary Ware	582 1	0.6	13.3	1986	衛生陶器 TOTO 35.72%	
33%	Siam Sanitary Fitting	440 3	2	7	1987	水 栓 金 具 TOTO34%、 SiamTOTO33%	
19.5%	Thai Siam United Steel	822 26	90	91 欠損	1998	冷延鋼板 新日鉄 36%、浦項製鉄 10%、三井 物産 7%、JFE6%	自動車用鋼板、過大投資 Sahaviliya に対抗
7%	Siam Aisin	276 2	7	7 欠損	1998	自動車部品 アイシン精機 90%、豊田通商 10%	
29.9%	Aisin Takaoka Foundry					自動車部品、鋳造 アイシン高丘 70.1%	
39.9%	Siam AT Industry	141 2	2.4	4.8 欠損	1997	自動車鋳物の機械加工 アイシン高丘 60.1%	
29%	Thai Engineering Products	525 3	0.85	13 欠損	1999 資本参加。	鋳鉄・アルミ部品 アイシン高丘 46%、三菱商事 (Tri Perch Isuzu Sales の 99% 出資者) 10%、トヨタタイ 10%、スズキ 5%	Ceramic at USA
19.9%	The Nawaloha Industry	184 2	3	6 欠損	1996	自動車用ブレーキドラム大型鋳物 アイシン高丘 60.1% 三菱商事 (Tri Petch Isuzu)20%	

財閥名 日系JVへの出資比率	合弁企業名	従業員数(人) 外国人数(人)	資本金 (億B)	売上 (億B)	設立年 (年)	生産・中間・消費財	Strategy
29%	Thai Kayaba	42 2				自動車用 steering pump, カヤバ 71%	
14%	Siam Nippon Steel Pipe	200 5	4	6 収支均衡	1996	自動車用鋼管 新日鉄57%、岡谷鋼機8%、三菱商事12%、豊田通商6%	
27%	Siam Asahi Technoglass	1,399 19	16		1989	CTV用ブラウン管硝子バルブ 旭硝子63%	
51%	Siam NPR	24 1			1997	Rolling pistonfor compressor, 日本ピストンリング49%	
関連会社 Siam Pulp& Paper 49%	Siam Toppan Packaging	262 4	5			紙器 凸版印刷51%	
バンコクバンク 5%	Zeon Chemical	53				石油樹脂 日本ゼオン74%、三井物産19%	
5% (タイ側11.25%)	Thai Namsiri Intertex	654 7				ポリエステル長繊維の織物染物捺染、帝人46.79%、Teijin Polyester Thailand 20%、NI Teijin 商事 10.71%	
50%						金融会社 UFJ銀行50%	
CPグループ 60%	CP-Meiji					牛乳 明治乳業40%	Broiler, feed at 中国、東南アジア、EU
タイ農民銀行20%(内10%は系列のMuang Thai Life Insurance	DKBLeasing(Thailand)					みずほ銀行39%	

第9章　アジアの現地パートナーの問題　221

所有者						
Lamsom Group 10%	Kawasaki Dowa Agency	20			保険ブローカー、川崎汽船タイ 65%、ニッセイ同和損保 25%	
Siam Motors 75%(2004年少数株主へ)	Siam Nissan Automobiles	1,560	2	1977	商用車製販 日産 25%(2004年多数株主へ)	
51%	Siam Riken Industries				Piston ring リケン 49%	Clutch for car aircon compressors は212人(うち外国人7人)で現地製造。
16.4%	Zexel Sales Thailand	74	4		自動車エアコンの輸入 Bosch Automotive 15.6%	
70%	Siam Music Yamaha	154	2	1989	楽器、audio の輸入 ヤマハ 30%	
サハ・グループ 24%	Family Glove	157	2		家事手袋 エステー化学 67%、日商岩井 10%	
Pathana-Interholding 51%	Thai Q.P.	370	0		マヨネーズ キューピー 44%	
Saha Pathana 51%	KRS Logistics	280	5		食品流通 キューピー 15%、キューソー流通システム 15%	
20%	Konica Photochem(Thailand)	45	2		写真感光液 コニカ 80%	
8.9%	Thaisecom Pitakkij				機械警備業 セコム 91.1%	

財閥名 日系JVへの出資比率	合弁企業名	従業員数(人) 外国人数(人)	資本金 (億B)	売上 (億B)	設立年 (年)	生産・中間・消費財	Strategy
24%	Thai-Yasuda Insurance	82 5				損害保険 損保ジャパン 25%、 丸紅 14%	
35%	Thai Shikibo	266 4				綿紡績 シキボウ 35%、 C.ITO 30%	
Saha Group 51%	Thai Sports Garment					スポーツウェア製販輸入 ミズノ 40%、三菱商事 9%	
Saha Pathana 40%	Thai Staflex	92 2				衣料用芯地、中間財 ダイニック 45%、 三井物産 15% (Mitsiam Int'l 12.3%)	
51%	Thai Lotte					チューイガム ロッテ 49%	
51%	Thai Itokin					婦人服 イトキン 4.9%	
35%	Thai Janome	690 5				ジャノメミシン 59%、 台湾 6%	
メトロ少数株主	United FlourMill Public Co.		4			小麦粉 日本製粉 20%、 三井物産 16%	
10%(タイ側 51%、他に SCB12.5%、BB10%)	Thai Obayashi	549 29				建築 大林組 49%	

第9章 アジアの現地パートナーの問題 223

BMBグループ	ティーチャーパイブン					
サハ・ユニオン 51%	UnionZolirushi	100 2			マホー瓶 象印マホービン49%	Needle thread at USA
57%	Union-Thai Nichiban	250 1			セロファンテープ ニチバン43%	
サハパタナピブリア 19%	Thai Cold Rolled Steel Sheet	818 19	107	107 欠損	1997	冷延鋼板 JFE(NKK主導)40%、丸紅38%、豊田通商2%、ニチメン1%	自動車需要の過大見積もりと通貨危機に遭遇。
6%	Thai Coated Steel Sheet	284 10	48	26 欠損	1994	電気亜鉛メッキ製品 JFE(NKK主導)62%、丸紅21%、伊藤忠11%	建設需要増、通貨危機に遭遇。
20%	NKK Engineering Thailand	60 5	0.4	3 順調	1986	plant engineering、 JFE(NKK主導)39%、損保ジャパン、丸紅、トーメン各10%、三菱商事9%	TanayongのKay(黄)に2%持たせる複数タイ財閥参加というタイ的投資形態
ブンロート Boon Rawd						ビール アサヒビール34%	
シティポン Stippol 29%	Thai Stanley Electric PC					自動車、バイク用電球 スタンレー電気29%	
シティポン 5% SopaKanokInt'l 35%	Daitdo Stippol	80 5		欠損		バイク用チェーン 大同工業45%	
レームトーン	カナータワニット						
バンクオアブテュタヤ							

財閥名 日系JVへの出資比率	合弁企業名	従業員数(人) 外国人数(人)	資本金 (億B)	売上 (億B)	設立年 (年)	生産・中間・消費財	Strategy
シウ Siew & Co. 51%	National Thai	101		収支均衡	1961	持株会社 松下電器49%	販売網は現地側が持つ。松下はTV製造子会社で主導権を取れるように自ら60%出資し、40%をNational Thaiに。
シウ 51%	Siew-ational	617	2		1979	AV、OA機器、電池の販売 松下電器49%	
シーフェンフン Srifuengfung 55%	Thasco Chemical	677 6	6		1965	苛性ソーダ、塩酸 旭硝子45%	深圳でガラス。1964年からの旭硝子とのJV Thai Asahi Glass Public Coは旭硝子96%。
	Thai Refined Salt	1680				食料塩、工業塩 旭硝子25.5%	深圳でガラス
チンテック							通信機器(TIEInt'l) at USA
カモンスコーソン KKS、資本金(KPNgroup) 2%	Auto Allaince (Thailand)		50		1995	車・エンジン製造販売 マツダ45%、Ford48%	
KKS 3.9%	Mazda Sales Thailand		23		1990	車・部品の販売 マツダ96.1%	
タイユニオン	チャーンシリ						Tuna Processing at USA

イタルタイ	Thai Rent All	25 3	欠損	建設資材のレンタル販売 西尾レントオール,三井住友銀行 コンサルタント・タイ各 21%	
	30%				
Boonsoon	Tri Petch Isuzu Sales	457 不明 230	*	1981	いすゞ自動車の販売 三菱商事 99.31%, いすゞ自動車 0.46% (いすゞ車 JV 生産会社のいすゞ出資比率 48%, Tri Petch 47%)	三菱商事の牙城、Tri Petch Isuzu 名で日系部品メーカーの現地パートナーになる。
	0.44%				

* 売上については、2000 年 910 億円（欠損）、2001 年 $8 億 7,900 万（利益 $1,000 万、売上高利益率 1.2%）である。

9.4. タイ財閥の国際化とアジアファミリー財閥経営の類型化

9.4.1. タイ財閥の国際化

タイ財閥の国際化と株式公開をわかる範囲で描いてみたのが下の表である。ファミリー支配も株式公開により所有と経営の分離が進むはずであるし、海外投資することによって国際的な競争にさらされるので、国内市場で寡占の上にあぐらをかく経営は出来ないだろうとの仮説から、この表は必要である。

図表40. タイ財閥の株式公開と海外投資

財閥名	所有ファミリー	株式公開で資金調達	海外投資
Siam Cement	王室財産管理局	株式公開積極的	Ceramic at USA
バンコクバンク	ソーポンパニット		
CPグループ	チアラワーノン	株式公開に積極的 CP Seven Eleven の2003年12月の上場、大成功する。	Broiler、feed at 中国(25-100%出資の子会社多数、最大は上海大江)、東南アジア、EU、トルコ。CP香港(100%出資)は飼料で同国14位の売上$14億を上げ、日本を除くアジア919位の会社(HKでKFCを展開)。ただし欠損。ホンダとの上海でのバイク事業は失敗し撤退済み。CP Indonesia(25%出資)は同国で鶏用飼料製造で18位の売上$3億、売上高利益率4.5%を上げている。
タイ農民銀行	ラムサム		ラオスへの投資で有名
Siam Motors	ポーンプラパー		閉鎖的で不熱心
サハ・グループ	チョークワッタナー	19社株式公開	

第9章 アジアの現地パートナーの問題 227

財閥名	所有ファミリー	株式公開で資金調達	海外投資
メトロ	ラオハタイ		
BMBグループ	ダラカーノン		
サハ・ユニオン	ダラカーノン	6社株式公開	Needle thread at USA
スックリー	ポーティラッタナンクン		
ホンイヤーセン	リアオパイラット		
スンフアセン	ダムナーンチャンワニット		
ブンロート	ピロムパクディー		
シティポン	リーイッサラーヌクン		
レームトーン	カナータワニット		
バンクオブアユタヤ	ラッタナラク		
シウ	カーンチャナチャーリー		
シーフェンフン	シーフェンフン		深圳でガラス
セントラル	チラーティワット		
テクビーハン	リー		
チンテック	ンガーンタウィー		通信機器(TIEInt'l) at USA
オーソット・プレミア	オーサタヌクロ		
カモンスコーソン	カモンスコーンソン		
タイユニオン	チャーンシリ		Tuna Processing at USA
イタルタイ	カンナスート	2000年破綻で上場廃止、会社更生は2004年終了。	
Tanayong, Bangkok Land	Kanjanapus(黄)	香港での上場、タイでTanayongはBGKの高架鉄道で借金を抱えすぎて失敗する。現在は、高架鉄道と地下鉄を再国営化する動きあり。	香港に2持株会社、Hwa Kay Thai、Steluxを上場で。不動産、時計小売のCITYチェーンは香港の低税金と低金利狙い。

　財閥本体の株式公開は進んでいる。資金調達と国際的な信用力調達のために必須だからである。しかし関係会社の株式公開は必ずしも進んではいない。財

閥本体の信用力で資金調達が出来るからである。また財閥本体が銀行である場合、関係会社を公開して資金調達をしなくても本業で融資すればよいのである。日本企業と組んで大きくなったSiam Cement(サイアムセメント)とサハグループが株式公開に積極的なのは、日本企業の経営支配を小さくさせる効果を狙ってのものである場合も考えられる。タイの一般株主が多くなれば、タイ財閥の経営の方が日本企業による経営支配より良いだろうとナショナリズムにアピールできる点も考えられているのだろう。他方で、日本企業が出資しているという信用力で外国機関投資家の投資対象にしてもらおうとの思惑もあるのだろう。

　この表からわかるもう1つのことは、CPが海外投資において突出していることと、タイ企業の海外投資においてはおよそ事業の多角化はしておらず、本業で強く、外国で当該産業が弱い分野を狙っていることである。また当該外国投資先国での基幹産業には一切入らず、いわゆるニッチの産業でリーダーを目指す戦略を採っているといえる。CPの飼料ビジネスにおける香港、インドネシア、中国での戦略はそのようなものである。

　このような戦略は、インドネシアのWidjaya familyも行っていることである。ただし同ファミリーのAPPによる製紙事業は、インドネシアにおいて森林資源が豊富であることをベースに中国で大きく売り上げを伸ばして、リーダーの地位を得ている点に特色がある。

　CPとWidjaya familyは、海外投資においてコングロマリット戦略を採ったこともあった。CPにおいては、1985(昭和60)〜1995(平成7)年の10年間、上海において主導権を握ったホンダとのバイク製販のJV事業である。Widjaya familyにおいては、China Strategy(中策集団)を通しての江蘇省を中心としたタイヤ事業である。それぞれ本国においては、別の財閥が日本企業と組んで成功している事業を海外投資先で行ったものである。本国での日系合弁企業の成功を指をくわえて見ていたのである。このような傾向は、台湾企業チンフォンのベトナム投資にも見られた。台湾の金融会社であったチンフォンは、ベトナムで一番早くバイクとセメントに投資した外国企業である。ベトナムではバイク金融はやっていない。台湾ではバイクもセメントもやっていない。台湾でバイクが伸びている様子や、セメントが独占利益を得ている事態を指をくわえ

て見ていただけである。駐車場が街中に少ない台北では、車よりバイクの方が便利である。ハノイとホーチミンもそのような都市である。

China Strategyによるタイヤ事業は、中国の国有企業の経営請負により参入したという特殊な経緯があったために現在まで続いているが、CPのバイク事業は合弁期間終了とともに撤退している。CPが1990(平成2)年にタイ国内における電話回線民活通信事業を行うTelecom Asiaを設立したことを指して、CPをコングロマリット（複合企業）と井上隆一郎は言う[7]が、筆者はそうは考えない。国家利権が得られるので投資したにすぎない、投資事業だと考える。経営戦略として投資事業を重視する大企業の典型は、日本の総合商社である。しかし日本の総合商社をコングロマリットとは言わないだろう。核になる事業が複数にわたっており、その間にシナジー効果が働かないのがコングロマリットである。

日本企業と組んで事業の多角化をしてきたタイの財閥は、Siam Cementとサハグループである。いわばコングロマリット化である。特定の事業関連で、日本企業と組んで事業を拡大してきたのは、自動車産業のSiam Motorsと金融のタイ農民銀行である。Siam Motorsは日産という日本企業との関係を軸に日産の関係会社と合弁をして、自動車と自動車部品事業で成長してきたのである。

インドネシアの財閥でいえば、三菱商事と組んだRoda Masが典型である。また、インドネシアで製粉とセメントを本業とし、ラーメンで大成功、さらには銀行と自動車で大きくし、香港とフィリピンで貿易業、不動産開発をするSalim group (Kunchan group、Indofood、Indo Cement、Indomobil、BCA in Indonesia、First Pacific in Hong Kong)もそのような財閥である。Indofoodは Indonesiaで売上高6位(日本を除いて、アジアで863位)の$15億を上げ、利益$0.8億で売上高利益率5.1%の企業である。First Pacificは香港で売上高9位(日本を除いて、アジアで584位)の$23億を上げ、利益$0.5億で売上高利益率2.2%の企業であり、フィリピンのSubic米軍基地跡の工業団地開発事業をしている。

SalimはRoda Masと異なり、牛耳れる日本企業としか組まない方針を貫い

---

[7] 井上隆一郎『アジアのダイナミック企業』NTT出版 1997年 p.99

てきた。しかしアジア通貨危機で、中央銀行からBCA銀行への短期ローンを受ける担保として持ち株を提供し、短期ローン不履行によりそれらの持ち株は政府の所有となった。それ以来、政府持分の株式を、半分違法まがいのダミーを使っての買い戻しに注力している。自動車・バイクを製造するSalim51%、スズキ49%の合弁会社におけるスズキの出資比率は、増資引受で90%まで上がった。現地パートナーとしてのIndomobilの所有権は、政府持分入札でダミー会社が買い戻した。2001(平成13)年にインドネシア公取委は、入札期間が2週間と短すぎ、応札した3社には談合があったとして、国家財産を安く売り払う公正競争に反する入札だと判断し、入札やり直しを命じた。スズキ他Salimと合弁事業をしている日本企業にも入札参加を許せば、より高く売れただろうとの判断である。スズキがトランスナショナル構造の組織になっていれば、2週間での応札も出来たかもしれない。ダミー会社は地裁に訴え、政府株式の入札は調達のための入札と異なるので、公取委の管轄外だとの判決を得た。Indofoodsの政府持分の入札では日清食品の方が高値で応札したが、First Pacificが受注した。First Pacificはフィリピン人を社長とする香港法人だから、Salimが株主として加わっていても無関係と判断した。

　タイの財閥は外資の相手先として日本企業ばかりを選んでいるのではない。技術と資本があればどの外資でも選ぶし、資金と利権が得られればどこの政府とも組むのがタイの財閥の特徴である。その傾向はCPグループに典型的に見られる。

　この経営類型は、インドネシア財閥では、コプラ油を本業としながら、不動産開発で成功し、製紙業で日本を除いたアジアでトップ企業になったWidjaya family(Sinar Mas Group in Indonesia, APP in SGP,Indonesia and China, China Strategy in Hong Kong & China)に見られる。グループの製紙会社Indah Kiat Pulp&PaperとPablik Kertas Tjiwiは2001(平成13)年インドネシアで各々売上高5位、10位(日本を除いたアジアで846位)の$15億、$8億を上げ、損失$1.5億、$3.4億の企業である。この両社こそ、2003(平成15)年日本でコピー用紙を廉価で販売(A4 500枚280円)して、日本の市場価格を下落させた張本人である。APPの私的整理計画実現のために現金が欲しいので、投げ売りをしているのである。インドネシアにおける森林資源の枯渇が

心配である。Sinar Masが日本企業と投資で組んだのは、伊藤忠とのインドネシアにおける工業団地開発と住宅開発が主なものだが、プラントの調達先(伊藤忠)と金融の調達先(三井住友銀行)としての日本企業の役割は大きい。APPの役員に住友銀行、伊藤忠、日商岩井出身者が名を連ねているのは、私的整理計画を日本貿易保険機構等に認めさせるための算段だと思われる。

9.4.2. アジア・ファミリー企業の経営類型

アジア・ファミリー企業の経営類型として以下の表が得られるだろう。

図表41. アジア・ファミリー企業の経営類型

	事業の多角化	コア事業と関連事業に集中
国家利権の利用	Widjaya、Salim	Bangkok Bank、TFB、Boon Rawt
外資の技術と資本を利用	Siam Cement、Saha Pathana、Roda Mas	CP、Siam Motor
プロダクト・ライフサイクルと工程技術革新の利用	家電品、バイク、電子部品、ITソフトウェア	自動車、自動車部品、小売、食品

岩崎育夫拓殖大学教授は、「アジア企業家研究は『所有論』が多いが、経営実態がよくわからないこともあってか、『経営論』はまだほとんど解明されていないテーマである」という。そして「日本企業の研究では、終身雇用制、年功序列制、会社への忠誠心、QCサークル、ジャスト・イン・タイムなどがその特徴であるとして「日本的経営」のモデル化がなされている」という[8]。筆者は、このような言い方は誤解を招くと考える。岩崎のいうモデル化された「日本的経営」の程度なら、「アジアのファミリー企業経営」のモデル化は図表41で十分なのである。

即ち経営実態をわからなくさせているのが、アジア・ファミリー企業の経営の本質であるのに、それを理由にモデル化が出来ないというのでは、いつまでたっても出来ないことの言い訳しか出てこない。仮説を出すことすら出来ないのでは知的退廃といわれてしまう。現地政府と日本政府の思惑を考

---
[8] 岩崎育夫『アジアの企業家』東洋経済新報社 2003年 p.241

えすぎる研究者の知的退廃により、アジアのファミリー企業との取引でまずい投資や融資をした日本の企業は多い。1996(平成8)年のインドネシア向け邦銀融資が、インドネシアの外貨借入額の7割に達しても貸し込み過ぎではないと強弁し、伊藤隆敏東大教授にたしなめられた木下俊彦早大教授のような御用エコノミストもいる。

　岩崎教授は、コーポレートガバナンスの重要性を指摘しながら、「将来のアジア企業家像を描いて見るならば、一族による所有と経営の基本的形態を維持しながら、欧米諸国で専門経営者能力を学んだ一族メンバーや一族外の専門経営者が経営を担い、時には日本企業や欧米企業と組んで技術開発を行ってアジア市場で得意な分野を確立した多国籍企業という姿になるのだろうか。もちろん、これはきわめて極端な明るいバラ色の未来像であり、言うまでもなく、すべての企業がそうなれるわけではない[9]」という矛盾を犯している。欧米諸国で学べる専門経営者能力とは、所有と経営の分離が行われている下でのみ発揮できるものである。専門経営者が一族による所有と経営の基本的形態を打ち破る契機をこそ問題にしなければならない。問題がないことのみ言おうとするウォッチャーの態度では、学問的発見も、新しい日本企業に役立ててもらおうという視点も生まれないと考える。

　筆者は、アジア・ファミリー企業の経営類型として、プロダクト・ライフサイクルにおける先進国とのズレと、工程技術革新における生産コスト減少を利用していることを挙げたい。ある商品が先進国では流行っているので自国にも導入しようと考える際に、プロダクト・ライフサイクルの先進国とアジアでの自国とのズレを利用できないかと考えるのである。先進国で成長期の後期にある段階の商品を自国で導入したいと、先進国の製造企業に持ち込むのである。先進国企業の側でも、先進国国内での競争激化を見込んで、世界的な売上・シェアの拡大に目が行くようになっている。先進国で成熟期に入れば撤退企業も出てくるが、自分がその撤退企業にならないためには、アジア途上国で同商品を成長期にしておけば生産量が確保されるから、競争優位が維持できると考えるのである。アジア特定国の国内市場でも売れるという人参は、先進国企業にとって、生産技術と資本を出しさえすれば現地ファミリー企業が国内販売をしてくれるメリットが得られるので、特においしく思える。

[9] 岩崎育夫『アジアの企業家』東洋経済新報社 2003年 p.248

アジア・ファミリー企業は自動車、自動車部品、小売、食品といった産業では、コア事業とその関連事業に集中しがちだ。他方、家電品、バイク、電子部品、ITソフトウェアといった産業分野を、アジア・ファミリー企業は多角化戦略の1つとして利用する。この違いは、投資額が多角化戦略の場合は比較的小額でよいのに対し、設備投資額が大きければコア事業に集中するしかないことから生じている。

しかしこの違いは、生産工程技術革新の効果がどれだけ大きいかの違いにもよると考える。コア事業関連では、製品技術（プロダクト技術）の革新のみならず、その作り方である工程技術（プロセス技術）の革新による生産コスト削減効果が期待できる。自動車・自動車部品におけるJIT生産とITを使ったディーラー網からの小口の注文に応じる一個流し生産、小売におけるフランチャイズ方式やショッピングセンター経営、食品における（味の素がアジアで採っているような）直接販売方式やルートセールスなどは、生産量・販売量が多くなるほどプロセス技術や販売技術・経営技術（プロダクト技術よりプロセス技術に似た性格を持っている）を共有する効果でコスト削減が図れる。他方、家電品、バイク、電子部品、ITソフトウェアといった産業では、商品の種類とそのモデルチェンジが激しいので、プロセス技術革新による生産コスト削減がそれほど期待できず、むしろ商品の模倣品をなるべく早くアジア国内市場に出したり、大量に安い労働力を使って生産することで勝負しようとアジア・ファミリー企業は考える。

プロダクト・ライフサイクルでの導入期においては、アジア現地仕様向けの製品技術革新度合いは高くても、その生産工程は整合的ではない。成長期になると売れる商品機能といった製品技術革新しか行われなくなるが、工程は細分化されて量産体制が整い、工程技術革新が大きくなる。現地に適した生産方法の工夫を通して、アジアでも工程革新がなされる。日本では1つの金型で作る部品を、アジアでは4つの金型で作るといった工夫である。

成熟期になると製品の革新はほとんどないが、工程はよりシステム的になり、先進国と同等の新規設備の導入も行われるようになる。アジア・ファミリー企業は現地市場の動向を見極める力があることを利用して、プロダクト・ライフサイクルの2つの側面である先進国と自国とのズレと工程技術革新のメリットを享受しているのである。

ただし1990年代に入り、現地消費者市場への外資の直接アクセスが認められるようになると、地場ファミリー企業は、現地販売市場獲得にかける人と金とリスクを外資が負担してもよいと考えるようになった。そして、外資との新たな提携を模索するようになっている。アジア地場ファミリー企業のアジア向け国際投資と、複数の有力多国籍企業との合弁・連携やファミリー財閥子会社間の関係を複雑にして、外資側に容易に主導権を握らせない戦略は、その模索の過程なのだろうと考える。日本企業のアジア向け投資は、「ライバル企業が進出したのに自分が進出しなかったら市場機会を喪失する」と考える、バンドワゴン効果による部分もある。そのためにアジア子会社が低収益でも仕方がないと考える向きもあるようである。アジア・ファミリー企業にとってバンドワゴンでの進出ほど好都合でくみしやすいものはなく、それは彼らの経営戦略に都合よく組み込まれていることを再確認すべきだと考える。

9.5. 中国の国有企業との合弁における現地パートナーの問題

9.5.1. 中国の自動車産業における企業グループ

中国の国有企業との合弁における現地パートナーの問題を、中国の自動車産業を例にとって見てみる。中国の自動車産業における企業グループは次表のとおりである。「十万元を切らないとマイカーブームは始まらない」といわれたが、中国の自動車ブームは始まった。上海VWSantanaは2003(平成15)年7月24日9.9万元(150万円)に値下げした。18年間で半値になった。寧波にある吉利の1,300cc「豪情亮星」は5万元である。吉利「美人豹」は、パソコン、電話、エアバッグをつけて16万元だと言う。しかし製品の機能、安全性、デザイン力に劣る中国民族企業が模倣しても、中国人の富裕層に売れないのが現実である。「外国人造品牌、中国人造汽車(外国のブランドで中国人が造っている車)」であり、中国企業の製品開発力が弱いからである。

第9章 アジアの現地パートナーの問題 235

図表42. 中国の自動車企業

	第一汽車 (FAW Group Corp.)	東風汽車 (武漢)	広州汽車 (広州)	上海汽車集団	航空工業	北方工業	奇端汽車 (安徽)	吉利汽車 Geely (浙江)
2001年生産高(万台)	41(FAWのみでは2)	27	6	32	27	23	3	2(2002年4.5)
従業員	10万人	10万人		6万人				
トヨタ	子会社 FAW Car.Co.との合弁 ① Tianjin Automotive Indu.(Group) Co. 天津 Charade (夏利) ② Sichuan Toyota Motor Co. 四川		提携					トヨタのlogoに似た商標訴訟で2003年11月に勝利。
ホンダ		合弁 mini-SUV	広州ホンダ 6万台, アコード、オデッセイ					
日産		東風汽車有限公司						
Volkswagen	一汽VW、Jetta、Audi			上海VW、Santana、Passat				
PSA Peugeot Citroen		神龍汽車 Citroen 4万台						

	第一汽車 (FAW Group Corp.)	東風汽車 (武漢)	広州汽車 (広州)	上海汽車集団	航空工業	北方工業	奇端汽車 (安徽)	吉利汽車 Geely (浙江)
General Motors			広州いすゞ	上海GM、Buick、Sail 上汽通用五菱でSpark		長安スズキアルト4万台	上汽通用のSparkの模倣車。上海汽車株主撤退。	

　上表から考えられる中国の自動車企業の戦略は以下のとおりだろう。①外資に中国国内で造れば中国国内で売れるとして、中国に合弁で投資させる。②中国国有企業は、外資との合弁企業の現地パートナーとして生産技術を習得するとともに、外資の販売技術を学び、自社の生産・販売の技術を得る。①により、第一汽車や上海汽車のように複数の有力外資と別個に合弁を結ぶことが起こる。その結果、中国側パートナーの交渉力が強化されることになる。

　この①②の過程から起こることは、③外資系企業は貿易権を基本的に持てないので、ラインアップ戦略を採るためには中国の貿易権を持つ会社経由で輸入してもらわねばならない。つまり何もしないで中国の貿易会社は儲かる。儲かる分だけ輸入車価格は高くなるために、中国国内で売るためには安い生産コストにするべく現地生産の車種を広げねばならず、外資系企業は大規模投資と先進技術の技術移転をせざるを得なくなる。④合弁をしない中国自動車企業が、外資系自動車企業の売れるモデルの知的財産権を違法ないしは格別の安価で得ることにより、自社の技術向上と開発負担を軽減できる。④の例として、トヨタのSUV車(現地生産していないために③により高価での輸入になる)のフロントグリルを真似した中国企業がおり、意匠権違反でトヨタは訴えている。トヨタの商標と紛らわしい商標を吉利汽車はつけたが、裁判所は商標が紛らわしくても、車を買うには十分な準備が必要であり、誤同は生じないとして合法だとした。

　中国は自動車生産技術についてオーナーシップが強い国である。製品開発力

はなくても、生産技術は日本企業に負けないと思っている。JIT 生産の導入について、日系企業はまだ導入できていないと考えているのに、中国企業は導入が終わったと考える。机上の JIT 生産を少しでも工場現場で使い始めると、「もうわかった」と考えてしまう。自分の能力に自信を持ち過ぎているというより、自分の技術がコアにあるので導入する技術については半可通で十分過ぎるくらいだと考えるのである。ところが、欧米企業の技術なら日本企業の技術より優れていると考える偏見も持っているようである。中国国務院発展研究センターの李春利が『現代中国の自動車産業』でこの偏見を詳細に論じている。以下はその要約である[10]。

大野耐一は 1977(昭和 52)年一汽を訪問し、出版直前の自著『トヨタ生産方式』の原稿を一汽に渡した。一汽は同書を中国語に翻訳し、未公刊の社内資料とした。1981(昭和 56)年再度同社を訪問した大野は座談会で、率直で懇切丁寧なアドバイスをし、エンジン工場とシャーシ工場で直接技術指導した。一汽はトヨタグループの日野自動車が 1982(昭和 57)年に開発したトランスミッション生産技術と生産管理技術を 1985(昭和 60)年に導入した。工場・設備・工程・工具の日中共同設計が魅力だったようであるが、その生産管理技術はトヨタ生産方式である。しかしそこでは同社が既に持っている未公刊の社内資料は使われなかったし、TQC も導入せず、製品の全数検査をし、その後も合弁相手である VW から導入したというサンプル検査によっている。そしてトヨタ生産方式を米国の MIT が研究して米国版として 1990(平成 2)年に出版した『リーン生産方式』は、『機器改変世界』として中国語訳して一汽の課長以上全員に持たせ、かつ同生産方式の専門セミナーを一汽の共産党学校で 13 回も行っている。

トヨタ生産方式を導入せよと言われると労働強化だと反発して、中国の技術に都合よく使えるところだけ使うが、リーン生産方式を導入せよと言われると、中国の技術を脇においても主体的に学習するのである。「朝三暮四」のことわざは正に中国で生まれている。この中国企業の技術のオーナーシップ意識の強さに日本企業は今後も悩まされることになるだろう。それを克服するための方法の 1 つは、米国子会社経由で中国企業に技術をライセンスするやり方かもしれ

---

[10] 李春利『現代中国の自動車産業』信山社 1997 年 pp.88-107

ない。日系米国子会社が日本の技術を改良して開発したよりよい技術だとして中国人トップに売り込み、トップダウンで中国企業に徹底させるのである。トップダウンが好きな中国企業で日本の技術を生かすコツだろう。日本企業は自動車メーカーも自動車部品メーカーも米国に進出しているので、実現可能なやり方だろう。

9.5.2. 日系自動車部品メーカーの中国進出戦略

　問題は、自動車部品産業の中国進出である。日本の自動車部品産業は系列取引が多く、デザインインといった自動車の開発段階から組立企業と部品企業の技術者同士が技術開発で交流することで、市場で評判を得る売れる車を造ってきた。これは自動車のような擦り合わせ技術が必要な生産に向いている。このような技術者同士の交流は、中間組織と言われている。これが中国ではどうなるかが問題である。中国では独自の自動車の開発はしないから不要なのだとの考えもある。またFIATのブラジル工場での1,000cc乗用車、VWのハンガリー工場でのトラックで、1997(平成9)年頃から始まったモジュール生産をどこまで中国でやるかという問題もある。日本企業では日産、マツダはモジュール生産方式を取り入れるとしている。トヨタは擦り合わせ技術にモジュール生産は合わないとして、従来のカンバン方式の徹底を考えている。カンバン方式と並ぶ自動車組立産業の生産方式の特色であるJIT方式は、中国では出来ない。部品企業が育っておらずかつロジスティック費用が高いからである。JIT方式を導入できないのは、日系自動車産業が100％子会社で進出できた米国でも同じである。米国では部品産業は組立企業の内製が多く、やっと1995(平成7)年になって部品子会社を組立会社から分離した段階である。またGM、Fordといった米国企業は、随意契約ではなく入札で部品を調達することが多く、デザインインはやりにくい。

　中国政府は日系自動車部品企業にも①②④の理由で合弁を強いると筆者は考える。そのために中国でのR＆Dは進まず、中国仕様の技術開発のみを行うと考える。即ち、中間組織は育たない。また外資系企業は品質維持のために随意契約を行ってJITを目指すので、部品企業の立地は組立企業の近くにする必要がある。日系組立企業向けのみでは規模の経済が働かない日系自動車部品企業

から品質のよい部品を調達するために、中国企業は入札を利用するだろう。中国三大自動車企業の日本企業との合弁状況は次表の通りである。

図表43. 中国三大自動車企業における日本企業との合弁事業

	日本企業	事業内容
第一汽車	トヨタ	(i) 軽自動車(シャレード、ダイハツ)年産10万台 (ii) $360million、カローラ、クラウン(天津年産5万台)、ランドクルーザー、ランドクルーザープラド(長春年産1万台) 2010年には年産30万～40万台を目指す。
東風汽車 (生産コストは日本の1/2)	ホンダ	2004年より、mini‐SUVを武漢で生産。
	日産	2007年2,200億円の投資で62万台(2003年30万台)、売上1兆円を400か所(2003年150か所)、営業利益率10%、購入コスト削減乗用車20%、商用車12%。 乗用車30万台：サニー、小型セダン、SUV。 商用車：中大型トラックは日産ディーゼルと共同開発、アフリカ, 南米, 中東へ輸出、年1万台。 大型エンジン開発はVolvo(Renaut出資)と開発。
広州汽車	ホンダ	アコード、セダン国内販売ディーラー選別成功。 2004年第二工場完成で、日本へ輸出(アコード、ハードトップはUSAより輸入)

＊中国は2010年に年産800万台の世界第2の市場になるであろう。

日系自動車部品メーカーの中国進出戦略は、日本の系列取引が中心となると上述した。日本の自動車組立企業は、それぞれ系列企業グループを持って、自動車部品企業と協力関係をつくっている。主な企業とその系列関係と中国での進出状況は次の表のとおりである[11]。

ただし日産は、カルロス・ゴーンが社長になってモジュール生産を導入するので、系列取引を基本的に止めると言っている。日本企業では、Fordを親会社に抱えているマツダまでモジュール生産だといっている。つまり日翔会並びにマツダの部品企業の集まりである洋光会(西日本洋光会、関東洋光会、関西洋光会)を解散するのである。2004(平成16)年南京に進出するマツダのFDIに向けて、系列に無関係の日系企業が売り込みをかけるだろう。

この表からわかることは、①一次下請けになるような大きい部品企業は特定

---

[11] 『日本の自動車部品工業2001/2002年版』、『東洋経済臨時増刊海外進出企業一覧2002年版』

の系列取引にとらわれず、他の組立企業の系列取引をも既に日本国内でしていることである。さらに興味深いのは、②日本の系列取引のみならず、中国にいち早く出て、日本での系列以外での取引関係を結ぼうという動きも、一次下請け、二次下請けを問わずある点である。部品産業は取引先が少ない相対取引であるために、大量生産による規模の経済が必要になり、系列企業に進出を依頼するが購入保証はしないという状況下で、リスクのある投資判断にかける企業が系列を超えた取引をするのである。三井化学のバンパーでの広州進出のように、ホンダに納入するが、バンパーでの外国進出は新規産業への参入という要素があるような会社も存在するのである。ホンダ、トヨタ車体、スズキに納入している三恵技研の常州進出もまた、系列を超えて日産の系列で商売しようとするものだと思われる。

　このように FDI を機に系列を超えた取引をするようになり、売上高と利益率を上げるという事態もあり得る。ホンダ系列のシートの TS Tech が広州、重慶のみならず天津に進出しているのも、トヨタと系列を超えた取引をしようとの思惑からだろう。これらの系列を超えた取引は、その技術水準が擦り合わせを不要とするからだということも出来る。つまり、入札でやっても良いような独立の技術で生産できる製品を扱っているのである。北九州の家電・電子部品用の金型メーカーだった三井ハイテックが、トヨタの九州工場用の金型を作るようになったというような、自動車部品産業に日本国内で参入するという例はむしろ珍しい。

図表 44. 日本の自動車部品協力会

トヨタ　協豊会	日産　日翔会	ホンダ
（ボディ部品）アイシン加工、旭硝子、臼井国際産業、川島織物、関西ペイント（瀋陽、天津、重慶、湖南）、関東自動車工業、小糸製作所（上海）、住友電装（天津、恵州、杭州）、高島屋、日発工業（昆山）、タチエス（西安はスズキ用、上海）、豊田合成、トヨタ車体、豊田通商、日本ペイント、フタバ産業、古河電工（天津）、	臼井国際産業、高田工業、愛三工業（天津）、曙ブレーキ、市光、カルソニック・カンセイ、大井製作所（無錫、河南）、河西工業（常州）、NOK（無錫、長春）、日本精工、日本発条、ユニプレス、鬼怒川ゴム（天津、福井）、京三電機、クラリオン（東完、Dongguan）、小糸製作所、三桜工業（上海）、	臼井国際産業、オギワラ、芦森工業、荒井製作所(武漢)、アルパイン（大連)、市光工業、イノアック（Huawan）、FCC（上海、成都クラッチ）、NOK、オムロン、沖電気、カルソニック・カンセイ、河西工業、鐘渕化学、カヤバ工業、川島織物、菊地プレス、三恵技研（常州）、キリ

第9章　アジアの現地パートナーの問題　241

トヨタ　協豊会	日産　日翔会	ホンダ
矢崎総業(天津、重慶、仙頭)(ユニット部品) 愛三工業(天津)、アイシンAW、アイシン精機(天津、唐山、浙江)、アイシン高丘、曙ブレーキ(天津)、アラコ(天津、成都はスズキ用)、NOK(無錫、長春)、カヤバ工業、京三電機、光洋精工(大連他、一汽とJV、どの日系にも)、住友ゴム、中央精機、中央発条、デンソー(天津、烟台は首鋼とのJV)、トピー工業(一汽とJV、日産の方が多いが)、豊田工機、豊田合成(天津、福州)、ニチアス、日清紡、住友ゴム、ダンロップ、ブリヂストン(瀋陽、天津)、日本発条(重慶、上海、トヨタに無関係)、日本ピストンリング、富士通テン(天津)、松下電器産業(上海、青島)、ボッシュ(Bosch の名でSuzhou で)、三星ベルト(天津)、ユアサ	スタンレー電気、住友電工、住江織物、セーレン、タチエス(西安、上海)、東海理化、トキコ、栃木富士産業(昆山)、トピー工業(台湾でトラック用のみ)、日本パーカライジング、日本ペイント、ニフコ(上海、どこにも納入)、ミシュラン、橋本フォーミング、バンドー化学、日立製作所(スターターで長沙)、日立ユニシア(クラッチで上海)、プレス工業、ボッシュ(Zexelで一汽とJV、華達ともJV、無錫)、三星ベルト、ミネベア、矢崎総業、横浜ゴム	ウ、ケーヒン(南京、バイク用)、小糸製作所、光洋精工、寿屋フロンテ、阪本工業、サンケン電気、サンデン(上海、天津、協豊会メンバーではない)、鷺宮製作所、三桜工業(広州)、ジェコー、ショーワ、シロキ、スタンレー電気(広州、重慶はスズキ用、天津あるも協豊会メンバーではない)、住友電装、住江織物、セキュリット・サンゴバン、ゼクセル、大豊工業、タチエス、第一工業、TS Tech(広州、重慶、天津)、中央精機、中央発条、千代田製作所、デンソー、トキコ、トピー工業、東海精工、東海理化、東洋ゴム、栃木富士産業、東洋ラジエター、豊田工機、豊田合成、長野計器、日本電気、日本電産コパル、日本特殊陶業、日本ピストンリング、日本ミシュラン、日本リークレス(広州)、日信工業、橋本フォーミング、原田工業、日立製作所、フジクラ(珠海)、フタバ産業、古河電工(天津)、ホンダアクセス、ホンダロック(広東)、ミクニ(スズキ、MMC中心だが、天津、バイクで上海、南京、成都、寧波、済南で気化器)、三井金属鉱業、三星ベルト(天津)、森六、矢崎総業、ユアサ(広東、天津は二輪車用)、横浜ゴム、リズム時計

(注)日産の日翔会はゴーン社長の系列取引停止により解散したが、関連会社としては存在しているので参考になる。

1994(平成6)年の全人代第二回大会で国家計画委員会作成の「自動車産業の新産業政策」が採択された。ポイントは、①合弁会社への外資出資比率は50%以下、②外資一社あたりの合弁会社は二社までという点である。自動車産業で外資を支配的にさせない算段である。

　関満博一橋大学教授は、「自動車産業の新産業政策」の問題点の要旨を以下のようにまとめている[12]。①中国自動車産業の属する組織系統は複雑で(機械工業部系の中にある中央直結4集団と都市・省管轄の企業集団、兵器工業部系、航空航天工業部系等)、それを一元的にマクロ管理し、集団化の方向にまとめられるか、②生産台数、販売台数が実際の市場実態にリンクするか、過大な数値ではないか、③独立系部品メーカーを優先する非系列の部品産業体制が現実にマッチするか、大規模メーカーによる系列の動きと矛盾するのではないか、地方企業の独自の思惑を無視しているのではないか、④外資に対する技術移転要求が性急ではないか、国産化率60%は無理ではないか。

　この「自動車新産業政策」は2003(平成15)年末に変わると言われたが、2004(平成16)年現在変わっていない。外資に研究開発機能の中国移転を迫る文言が入るといわれている。

　佐藤正則は、日本のある自動車部品メーカーのグローバル戦略を紹介する。①現地体制の充実、②自動車メーカーの現地調査を行う、技術移転を積極的に推進する、③品質・コスト・納期を追及する、④現地資源を活用し、現地での受注活動を強化する、⑤コストの高い金型の現地調達率を高めるために、現地の金型部門の教育を強化する[13]。この企業内の戦略を企業外の中国企業に向けて欲しいのが「新産業政策」である。適切な技術移転費用を支払わない中国企業や、金型の技術指導を日本で受けたとして転職する中国人を排除しないと「新産業政策」の問題点①、②が現出すると、中国政府と中国自動車メーカー・部品メーカー・自社の社員・自社の中国子会社の社員に徹底すべきである。

　中国政府は移転価格税制にうるさい。中国子会社支援のために出張している者の経費の一部を子会社に負担させるのは利益の不当な移転だとされた日本電子部品メーカーが多い。技術指導契約による指導費として子会社に負担させて、

---

[12] 関満博、池谷嘉一『中国自動車産業と日本企業』新評論 1997年 pp.78-82
[13] 酒井甫他『イントロダクション国際経営』文真堂 2000年 pp.74-75

移転価格にならないように留意する必要がある。日本では10年の経験で金型技術者になるが、2年の経験と日本での研修経験で金型技術者だと自分を売り込む中国人を引き取る中国金型会社もある。転職者が持ち出してきた加工データや設計図があれば、高度なCAD/CAMの機械で8年の経験差を埋めることが出来る場合があるからである。

9.5.3. 中国の自動車企業との合弁事業における「技術の否定性」

　日本の自動車企業を含め多国籍自動車企業にとって、中国の自動車企業との合弁事業には、筆者の造語による「技術の否定性」の問題があると思われる。「技術の否定性」とは、青木保が言う「文化の否定性」から筆者が思いついた造語である。

　「文化の否定性」とは、グローバル化が進むにつれ、宗教問題、民族主義、少数民族による分離主義といったグローバル化に反するような活動が盛んになるという現象である。本来グローバル化は多様な異文化への寛容、多様性の承認といった異文化の融合を進めるはずなのだが、むしろ他文化への排斥、自文化への執着といった否定的な側面が現実の活動や行動として出てきてしまう場合が多くなる可能性も持つのである。異文化が融合する、いわば異文化シナジーは、意味の拡大と選択肢の拡大を生むが、多様性を認めるとは曖昧さ、複雑さ、混乱の拡大を認めることにすぎなくなる場合がある。新しいアイデアを受け入れる寛容さとは、コミュニケーション・ミスや合意形成の困難さと同義になる場合もある。創造性の拡大や柔軟な思考といえば聞こえは良いが、具体的な行動への合意や統一的な行動を困難にするだけかもしれないのである。とすれば、異文化の共存というグローバル化の下で、従来の文化に意図的に執着する既存の宗教団体や少数民族団体が社会セクターの中でより目立つことになるのである。例えば、イスラム原理主義、少数民族による分離主義、多言語教育の主張、そして9.11以後の米国による反テロ対策という名での既存の国民国家意識の強調、フランスにおける女性イスラム教徒による公立学校でのスカーフ着用禁止なども文化の否定性の文脈で理解できる。

　「技術の否定性」とは、経済のグローバル化が進む中で、多国籍企業が技術を理由として、多国籍企業間で共同開発を進めたり、多国籍企業と途上国有力企

業間で合弁事業を行うと、技術面での情報開示がむしろ弱まり、それが他の社会セクターへのコンプライアンスを果たさない事態も起こす可能性があることを言う。

　三菱自工のトラック・ハブ脱輪事故の原因隠しとリコール不申請は、同社がオランダにおいてVolvoとトラックを共同開発した「ネッドカー」事業とほぼ同時期に起こっている。三菱自工がトラック事業の国際展開を大々的に進めるにあたり、Volvoが三菱自工の技術を信頼してEUにおいて「ネッドカー」事業をしていることは重要な宣伝効果がある。三菱自工側が主導した生産工程のみならず、生産準備を通してVolvoが主導した製品設計・部品設計においても三菱自工は大きな役割を果たした。ハブ脱輪が部品設計ミスによるものだと認めてしまうとネッドカーにおけるハブ脱輪の可能性はないのかとVolvoに追及されかねない。この両者の関係はあくまでも筆者の推測である。しかしネッドカー生産開始後にVolvoはFordと、三菱自工はDaimler Chryslerと別個にトラックでの国際連携を強化している。昨日の友は今日の敵になっているのである。友として信頼した技術の欠陥の可能性を今日追及されることは、今日の敵による有力なカウンターパンチである。東京電力の原子炉亀裂問題隠しも、日立とGEの技術提携と関係が有るかもしれない。

　多国籍企業間の共同開発は、投資資金の負担軽減、市場の取り込み、および技術の相互補完を目的に行われる。しかし技術の相互補完は、他人の技術に口を出さないことで自分の技術に口を出させない口実としても使われる。それだけ既存の技術が使えることになるから、開発費は安く出来る。自分の市場で売るのにどうしても都合の悪い点だけは直してもらう。ネッドカーでは運転席の気密性が問題となった。Volvoはより暖房性能の向上のため、三菱自工はより冷房性能の向上のためだったという。冷却水はVolvoが使っていたホウ酸系にしたために素材設計も変わったという。そもそも設計図を英語で書くことで合意しても、生産準備するためにはスウェーデン語と日本語がそれぞれ必要だったので、翻訳に時間と費用が思いの他かかったという。多国籍企業はそれぞれフルセットの生産システムを持っているために、共通語ではそれらのシステムで表現できない場面が多いからである。

　途上国の有力企業である中国の自動車会社は技術を導入するために、複数の

多国籍自動車会社と合弁をして合弁会社の経営権を握っている。技術を得るための二股ないし三股をかけているのである。多国籍自動車会社側も技術を安く買おうとする中国の自動車会社に対抗して技術を囲い込む一方で、市場を得るために複数の中国企業と合弁ないし技術提携をしている。そのために個別の車種ごとの合弁事業が多国籍企業と中国自動車企業の間で複数結ばれるという複雑な形ができる。いわばダブル・アダルタニーであるが、別に一夫一婦制がよいとの基準はない世界なのである。

　第一汽車はVWとトヨタと組み、東風汽車は日産、Citroen、ホンダ、現代自動車(子会社である起亜自動車経由)と組んでいる。日産の親会社Renault とCitroenはフランスでのライバル企業である。広州汽車はホンダとGMいすゞとは合弁、トヨタとは技術提携している。上海汽車はVW、GMと合弁している。Chrysler(Jeep)と現代自動車と組んでいる北京自動車は、2004(平成16)年新たにDaimler ChryslerとBenzの乗用車も合弁生産することになり、現代自動車は合弁時の約束違反だとしてDaimler Chryslerとの資本関係を解消することにした。日本では三菱自工への信頼を失ったとして再建支援を打ち切ったDaimler Chryslerは、中国では逆に現代自動車の信頼を失った。

　三菱自工は提携先の東南汽車でパジェロを生産しているが、製造物責任訴訟を起こされている。中国にはリコール制度は今のところないので、多国籍企業は製造物責任訴訟の形で中国において訴訟を提起されるだろう。和解金狙いで製造物責任訴訟を起こすために不良品を買う中国人がいるのは確かだが、コンプライアンス不足だと中国の個人セクター、国家セクター、市民社会セクターから非難を受けたり総スカンをくう可能性がある。中国のインターネット網はそのような外資の技術の出し惜しみと技術不良について敏感に反応する。

　東南アジアには有力な自動車企業はおらず、国家セクターは外国自動車企業の技術を安く買おうとしても評価できず、他方、地場有力企業を保護するために製造物責任訴訟やリコール制度を置かないので、技術を得るために二股をかける技術の否定性の問題はない。しかしマレーシアだけは国家セクターによる国民車プロトンの問題がある。三菱自工の国産化率に不満を持ち、他方三菱商事のプロトン・ディーラー網Eonへの影響力低下を図る政府は、プロトンの地場持ち株会社にダイハツと、そしてひき続いてPeugeot、Citroenと第2、第

3の国民車を製造販売する合弁事業を立ち上げている。国産化率引き上げは現地の技術が向上しないから困難なのだという三菱自工の主張は受け入れられず、三菱自工は出資を引き揚げた。国産化率引き上げをしないのは、技術の囲い込みという技術の否定性によるマレーシア市場の囲い込みだとマレーシアの国家セクターは見なしたのである。

　技術の否定性は以下のような拡大解釈をも可能にする。上海のタクシーは、上海汽車とVWの合弁で造っているサンタナばかりである。タクシーの客席のドアが自動であかないだけでなくギシギシいうのも、運転しにくいのも、VWの合弁会社では技術設計情報にまったく中国人従業員を近付けさせないのも、上海人は知っている。上海人は自分ではホンダのアコードを買っても、タクシーには地元銘柄しか認めようとしない。広州市は西安に工場がある長安汽車とスズキとの合弁で作っているアルトをタクシーに使うことを禁止したが、西安市ではアルトのタクシーはまだまだ数多い。アルト以外のタクシーは隣の湖北省で生産しているCitroenばかりである。価格と品質とサービスで決まるはずの市場原理が、文化の否定性をも取り込んだ技術の否定性により歪んでいる。

　日本で主張される地産地消は、食品のトレーサビリティの向上という食品安全性と新鮮さの確保という消費者利益の向上のためだったはずである。しかし学校給食で地元食品を使えという声が高まり、技術の否定性が生まれた。トレーサビリティと新鮮さという技術の囲い込みである。地元商店主が高い地元食品を大量に学校に納入することによって学校給食への地方公共団体からの補助金が増え、財政赤字は消費者の負担となるのである。

第10章 インド投資戦略

10.1. 製品ライフサイクルとインドの経営戦略

インドで IT 投資をして儲けられるかを会社法・労働法をも含めて考える。

アジア企業の経営戦略を製品ライフサイクル論から見てみるとどのような特徴が見えてくるだろうか。アジア企業の経営戦略を ASEAN 財閥企業、中国民営化した前国有企業、インド財閥企業の観点から見てみる。

製品・サービスには以下の6種類があるとして、製品・サービスのライフサイクルを考えるとわかりやすい。Porter の競争戦略には、①コストリーダーシップ：広い市場や業界で同業者よりも低コストを実現し、低コストメーカーの評判を取る、②差別化戦略：広い市場で品質、品揃え、流通チャネル、メインテナンスサービス等で差別化して、業界で特異な地位を占める、③特定の市場で人、物、金、技術の集中を行い、コスト集中か差別化集中を行い、競争相手に優位な地位を得る、が挙げられている。戦略ターゲットにいう広い市場とは業界全体をいい、特定の市場とは狭い市場を言う。競争優位からいえば、他社よりも低いコストか顧客の認める特異性で差別化していく方向しかない。

図表 45. 財の種類とライフサイクル

製品・サービスと顧客の種類	取引、品質	例	ライフサイクルの特徴	ライフサイクルへのコメント	Porter の競争戦略	ポジショニング
生産財 (B2B)	市場取引、品質の幅が狭い。	鉄鋼、プラスティック、油、IC工作機	開拓期は技術革新の場合短い。設備	生産技術を特許で守れれば成熟期長	コストリーダーシップ（アジアでは leader, challenger し	leader が儲かるので利権争いと技術革新競争

製品・サービスと顧客の種類	取引、品質	例	ライフサイクルの特徴	ライフサイクルへのコメント	Porterの競争戦略	ポジショニング
(生産財(B2B))		械(相対取引)	投資が大きいので成熟期を長くする必要あり。	く出来る。	存在できない狭い市場が地域経済圏で大きくなりつつある。日本のFollower(韓国のchallengerがFDIで優位に立てる)。	が激しい。
中間財(B2B)	相対的取引、品質の幅が狭い。	部品、段ボール・包装財(市場取引)	部品の仕様変更多いのでサイクルの波があり過ぎる。	モジュール化か擦り合せ技術か。営業秘密盗まれると低価格化が早くなる。	集中戦略(コスト集中、電子部品でEMS企業、部品の共通化)、集中戦略(アジア特定国でのFDIでの自動車部品でのline up、少量多品種生産でのJITと物流コスト)、コア部品とコア技術での日本の優位。	量で稼ぐ定期的納入と価格で稼ぐ突発的納入でchallenger、followerもそれなりに儲けられる。
日用消費財(B2B、B2C)	市場取引、品角幅広い。	生活必需品、衣食、日用品、B2Bは卸・小売に売る。	定番商品は成熟期間が長い。高級品ブランドは高付加価値商品。	商標・意匠で守られると高付加価値化できる。	差別化戦略(品質、line up、薬、化粧品、機能、卸売に選好されるためにもSCM、目利き消費者が多い日本、CMに踊らされるアジアの消費者)	Leader争い激しいのでCMの価値大きい。nicherで生きられるか。
耐久消費財(B2B、B2C)	相対的取引、品質	家電品、乗用車、	モデルチェンジ	ブランドは機能で	差別化戦略(leader:キャノ	Followerも価格と消費

第10章 インド投資戦略 249

製品・サービスと顧客の種類	取引、品質	例	ライフサイクルの特徴	ライフサイクルへのコメント	Porterの競争戦略	ポジショニング
(耐久消費財 (B2B、B2C))	の幅広い。	バイク	が重要な戦略。需要創造が必要。家電品は衰退期になるのが早い。	生ずることが多い。意匠・特許で守れるとブランド化が早い。モジュール化とOEMで組立(家電)。カンバン方式で組立(デザインインで下請と擦り合わせ技術、自動車)。	ンとエプソンのプリンター)、差別化集中(challenger:ブラザーのUSAでのコピー機)、コスト集中(follower:船井電機は単機能家電を中国FDIで)	者の好みで生きられる。Nicherは生きられない。
企業用サービス(B2B)	相対取引、品質の幅狭い。	卸売店、警備、ITシステム、銀行・リース	成長期が短い。大量取引で安値競争になりやすく、使用頻度が問題。	銀行取引の価値低下。標準化は本来は困難(客先仕様)。クレーム対応と多様なサービスが重要。	差別化戦略(電通の広告FDIは品揃え)、コスト集中(followerのoutsourcing、団体旅行会社)差別化集中(challengerのalliance、日産とRenaut、東芝と日立のICでのElpida Memory)	質の最低水準の切り上げが常にある。在庫が出来ない。
個人用サービス(B2C)	相対的取引、品質の幅広い。	小売店、ケータイ、飲食店、結婚式場、	価格の幅が広く、種々戦略可能。流	借り手としての個人増加。標準化は	Cost leadership (ケータイ)、差別化集中(大学の	質の切り上げよりサービス心でアピール出来る。

製品・サービスと顧客の種類	取引、品質	例	ライフサイクルの特徴	ライフサイクルへのコメント	Porterの競争戦略	ポジショニング
(個人用サービス(B2C))		銀行住宅ローン・消費者金融・クレジット会社	行らせない限り開発期が長い。	しやすい(流行らせる)。商標をブランド化するのが重要。	特色づくり,湯布院温泉、有線テレビ、航空会社)	

　経営戦略は製品ないしサービスのライフサイクルにより変わってくる。ライフサイクルは開発期、成長期、成熟期、衰退期に分けられる。ライフサイクル曲線は、時間を横軸、売上を縦軸に取ればS字曲線を描く。市場状況、競争状況、総合戦略、機能別戦略別に表にすると一般的には以下のように書ける。

図表46．製品ライフサイクルに合わせた企業戦略とインド企業

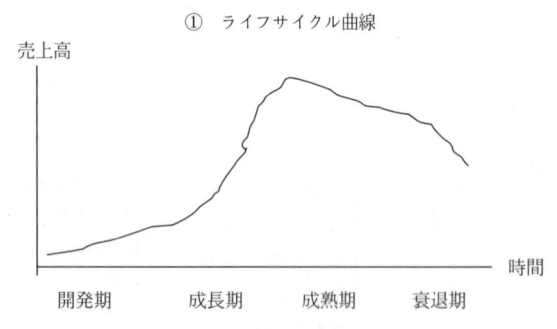

① ライフサイクル曲線

② 市場状況

開発期	成長期	成熟期	衰退期
新製品で消費者・ユーザーになじみがなく購買は特定層。需要はゆっくり伸びる。	製品は認知され、需要は急速に伸びる。購買は一般層に普及。	需要は大きいが、伸びは鈍化。購買は全階層に普及。	需要低下

③ 競争状況

開発期	成長期	成熟期	衰退期
先発一社ないし少数社で相互の競争はない。	新規参入で競争は次第に激化。	企業間の競争熾烈、一部に撤退企業もでてくる。	残存企業少数で協調しながら限定的な競争。

④ 総合戦略

	開発期	成長期	成熟期	衰退期
方向	ニーズ育成	積極拡大	合理化・効率化	防衛
目標	投資効率の向上	売上・シェアの拡大	利益の増大	資金の確保

⑤ 機能別戦略

業務過程分析表	開発期	成長期	成熟期	衰退期
マーケティング(6)	市場限定、成長する単品中心、需要喚起、直接販売、選択的価格、製品輸出	市場拡大、製品・サービスラインの拡大、ブランド強化、販売チャネル拡大、低価格化推進、海外進出	市場維持、製品・サービスラインの標準化、特殊企画キャンペーン、適正価格	市場の絞込み、製品・サービスラインの絞込み、チャネル整理、高価格
生産(4)	選択的投資、外注依存、製品技術強化、品質の安定化	能力拡大投資、変動費削減、内製一貫化、生産技術強化、品質向上	合理化投資、トータルコスト削減、最適稼働能力、内製・外注調整、生産管理強化、機能多様化、生産合理化	設備の有効利用、外注化、分社化
財務(10)・人事(11)	自己資本、少数精鋭、プロジェクト組織	資金借入、利益額重視、人材の積極投入	利益率重視、借入返済、人員効率化、機能別組織	赤字の極小化、人員削減

⑥ インド企業

	特徴	開発期	成長期	成熟期	衰退期
インド財閥	財の成長期、成熟期狙い。		主要部品のFDI生産において経営権にこだわり過ぎ(サンヨーの冷蔵庫圧縮機)。ソニーは100%子会社で進出。トヨタ乗用車でDCMとは組まずKirloskarと組む。Tataは建築ガラス成長で旭硝子と対等で組む。	欧米企業の下請でIT開発を請け負う。英国タバコ会社によるインドタバコ企業の買収を認めない。Tataは欧米企業の企業内ITシステム開発で安価受注と現地派遣で成功。	

252

	特徴	開発期	成長期	成熟期	衰退期
インド新興企業	従来インドになかった産業で(開発期、Silicon Valleyで活躍組)、インドの生産コスト安を狙う(成長期)。	独自の技術開発あり(IT産業、Infosys)。VCは精鋭のふりをする少数がいて収益性が低く、裾野は拡大せず。	米国での流行を持ちこむ(IT産業)。		
インド国有企業	フルセットであるが、重化学工業で有力。経営破綻のsick industryが多い。労働組合が強い。民営化は小規模国有企業からで進まず。	電話サービスを入札で外資にやらせるも契約金が高すぎて、付加価値サービスへの投資には魅力なし。	電力BOTでの電力価格は高すぎて成長できないと文句(EnronのMahasutra火力発電所)。高速道路BOT出来ず。	現地市場での必需品。モデルを変えずに衰退期に入るのを遅らせる。	衰退期の商品・サービスでは民営化で買う外資はいない。
インド外資系企業	耐久消費財でB2C 日用消費財でB2C		現地市場で成長、母国市場では衰退(家電、カシオのポケベル)	現地市場で成熟、母国市場で衰退(たばこBT、皮靴BATA)	
インド外資系企業	素材でB2B		現地市場で成長、母国市場で成熟(旭硝子の建設用と自動車用のガラス)		
インド外資系企業	耐久消費財とサービスの相乗効果でB2C		現地市場と母国市場で成長(ソニーのTV放送とAV販売)	母国で成熟、現地で成長(広告の電通と博報堂)	
インド外資系企業	戦略失敗の可能性		新規参入多く、シェア争いのために能力拡大に投資するリスクが大き	成熟製品で機能の多様化できず、公害防止投資の資金が出せない(Bopal	現地市場で衰退期に入っているのに成熟期の戦略を採用(コカ・コー

第10章 インド投資戦略　253

	特徴	開発期	成長期	成熟期	衰退期
(インド外資系企業)			く投資出来ない(自動車)。排気ガスの環境対策で新規投資必要(バイク)。	の化学工場の事故 UnionCarbide)。	ラ)。
ASEAN財閥企業	商人資本のみで大きく出来ないために産業資本家の顔も持って事業多角化を図る。	外資との合弁事業はやらない。通信IT、ユーティリティなら利権なのでやる。経営多角化のよい素材としての通信利権。	外資との合弁事業をやる。外資に支配権を取られないように留意、高配当を狙い、安売りはしない。複数外資を又に掛けるのは多角化のため。	外資に参入させないように政治的に動く。流通参入を阻む。	衰退期なら儲かるとして商品の存続期間を長引かせる(IndonのThe BotolやJamuh)。
中国民営化企業	産業資本家ばかりで商業資本家が少ないために民間企業に負ける。	売上可能なら、外資との合弁事業をやる。地域の独占を狙い、R&D、マーケット・リサーチなしでもやる。	FDI商品の物真似でシェア争いに参入、安売り戦略。設備増強・販売力強化のための借入能力で格差あり。	機能アップできず、故障を少なく出来ないのでブランド力が育たない。上場で資金調達はするが、合理化投資は少ない。	購買層は所得格差と地域差が大きく売れるので作り続ける。

10.2. インド側パートナーの経営戦略

　製品・サービスの種類とライフサイクルに合わせたインド現地パートナーの考え方とそれへの対応策を次の表にまとめてみた。ここでのライフサイクルとは現地市場でのものである。

　インド企業は財閥グループを作って内部ファイナンスをした方が、作らないで独立系企業でいるより収益性が高いことは、Khanna and Palepuにより1993(平成5)年に検証されている。この研究はインドの1,309社を調べた統計により、グループ企業数が一定数まで増加するとグループ企業のパフォーマン

スは低下するが、その水準を超えると収益性は好転すると結論付けている。つまり、どうせ外資と組んで新しい合弁事業に乗り出すのなら、多くの外資と組み、多数の業種におけるグループ企業を持つことが収益性を良くするのである。とすれば、外資との合弁でインドの財閥パートナーが主導権を取りたいと考えるのには理由がある。それは、外資合弁会社に多額の配当を要求し、他方で自分たち財閥グループへの売掛金の回収期間の延長と買掛金の支払期間の短縮を要求する(いわゆる内部金融)というものである。そのため、外資側にとって対応策が必要になるのである。

図表47. インド側パートナーの経営戦略

	開拓期	成長期	成熟期	衰退期
生産財・素材	外資との合弁事業はリスクが高く、やらない。ファナックはCNCの工作機械で90%のシェアが取れた。	外資との合弁事業は規模の経済が働くので投資資金調達力があればやる(TATAと旭硝子の建築用ガラス)。外国投資に励む(ミャンマー沖でのガス開発)。	インドは輸入代替工業化の時代が1991年まで長く続き、一応フルセットで揃っているので、新機能、新設備が必要でない限り外資との合弁事業はやらない。	
中間財	1984年自動車開拓期にスズキ進出で出た日系自動車部品13社は、技術力があるので支配権を日本側が持てたが、現地側は40%程度をとった。現地側としてMulti Udyogを入れて経営への介入回避の例もある。技術力が低いものは現地側が経営支配権握った(住友	自動車エンジンはハンガリーへの輸出があれば規模の経済が働くと考えたが、不実行(Maruti Suzuki)。自動車部品は技術が必要なので外資と組む(トヨタ用1998年進出35社)。デンソーが1998年に89%握って進出したのは、1984年の現地パートナーの経営姿勢に対す	輸出用ダイヤモンド加工	

第10章　インド投資戦略　255

	開拓期	成長期	成熟期	衰退期
(中間財)	電装のワイヤーハーネス、ショーワの緩衝器)。日本側がリスクを回避して少数株主になったデンソーのエアコンは判断ミス。	る判断ミスの故か。外資100%を認める1997年の政府の外資自由化で出やすくなる。		
日用消費財	日本と世界で売れているのでインドでも売れるはずで投資する(日清カップ麺とフリーズ・ドライ具材の製販)。		殺虫剤のフマキラーは日本側少数株主で欠損。	乾電池で松下は東海岸で維持。東芝は西海岸で撤退し、労組問題解決に5年間かかる。
耐久消費財(家電)	ソニーは100%子会社だがTV放送に進出し、相乗効果で成功。	松下はGEの積極策に負けずに、シャープはOA機器の輸入販売のみ、日立はモーターと工具でそれぞれ事業を展開。	サンヨーはコア部品供給だった冷蔵庫のコンプレッサーのFDIでBPLと支配権争い。三星電子のシェア向上。	
耐久消費財(自動車)		Maruti Suzukiは60%シェアのtop企業。トヨタ、現代が追う。現代はファイナンスをつけて伸ばす。ホンダは小型発電機の子会社もあり独自路線。バイクのホンダはBajajのスクーターとのtop競争。		
企業用サービス	通信ネットワークの設計・機器販売保守で失敗した富士通は、市場規模	産業プラントの設計・機器調達・建設・運転指導で大成功のTEC。千代	ITソフトウェアの開発。多数の日系企業は安価豊富なインド人開発者狙	倉庫管理業・輸出入・配送業務の日新は、日系FDIへのサービス向上で、

	開拓期	成長期	成熟期	衰退期
(企業用サービス)	ないのに利権についてくるものを過大に見すぎた。	田化工はトントン。日本では成熟でコスト高、インドと中東で成長期。VCとリースでオリックス、エプソンはプリンター販売でHPに次ぐ(個人用市場ではない)。	い。日本、インド共に成熟で中国へのインド企業投資あり。	衰退市場で伸びる分野ありと見た。
個人用サービス	従来なかった。車のファイナンスは製販会社が直にやる。Maruti車の修理サービスと中古車販売のJJImpexはMarutiと住友商事。成功するかは不明だが、投資額は少額でよい。	SMEによるMTVは家電販売と相乗を狙う。リビング商品、システム商品を売る松下は中間層に生活スタイルを売る。	ホテル等サービスは現地資本が強いが、仏教遺跡訪問日本人客で法華クラブのみ成功。	

　興味深いのは、デンソーのインド進出である。デンソーはスズキのインド進出に伴って、1984(昭和59)〜1985(昭和60)年に2社進出させて、エアコン用、スターター・ワイパーモータ用を担当させた。トヨタ系列のデンソーは、スズギ車の品質を確保するために技術を出してくれといわれて仕方なく出したのが本音だろう。しかしトヨタのインド進出にあたっては1997(平成9)〜1999(平成11)年に4社進出させて、それぞれ燃料ポンプ・エンジンECU用、ラジエーター・カーエアコン用、メーター・ケーブル用の販売会社を担当している。トヨタの系列であることのみならず、インドの自動車市場の成長を確信できたゆえでの決定だろう。それは出資比率に明確に表れている。

　1984(昭和59)年組は以下の2社である。エアコンの製造販売のSubrosでは、日本側はデンソー13%、スズキ13%で合計26%しか取っておらず、残りは現地資本である。Suri一族40%、その他34%である。資本金6,000万Rｓ、売

上39億Rsで、1,065人の従業員を抱えているが、日本人は1人もいない。他の1社であるスターター、ワイパーモーターの製造販売のDenso Indiaでは、日本側はデンソー47.9％、住友商事10.3％、アスモ5％で合計63.2％を確保し、残りの現地資本36.5％のうちMaruti Udoyogに10.3％取ってもらっている。資本金2.8億Rs、売上20億Rsで、800人の従業員を抱え、日本人は10人いる。

　1997(平成9)年組においては、日本側で経営権を確保するべく努力している。電子制御燃料噴射装置部品のDenso Haryanaはデンソー100％、ラジエター・カーエアコンのDenso Kirloskarではデンソー89％で、現地側11％のうちトヨタのパートナーKirloskarは10.1％である。Toyota Kirloskarではトヨタの出資比率は88.9％だから、今回は絶対にインド側の好きにさせないという決意のほどがうかがえる出資構成である。自動車用メーター・ケーブルと二輪車用オイルポンプを造るPremier Instrument & Controlではデンソー12.5％だが、他に日系を59.9％入れて、現地側を27.6％に抑えている。

　カーエアコンでは、ホンダ系のSandenが1982(昭和57)年に出資比率50％で進出を決めていた。資本金3,250万Rsで、インド側が50％である。Sandenはシンガポールの100％製造子会社が、43％出資する形で行っている。Sandenはスズキ協力協同組合に加盟していないから新規供給先となるので、戦略的な価格を出すかもしれない。輸送費が日本より格段に安くなるシンガポールからなら、デンソーは競争力がないと考えたのだろう。また、暑いインドでスズキの軽自動車に載せるエアコンの負担、つまりバッテリーが上がる可能性が高いことにも不安があったのだろう。何もリスクが高い国で、デンソーが納入しているトヨタ系の軽自動車会社ダイハツのライバル会社であるスズキに、儲けさせてあげる必要はないとの経営判断だったのだろう。

　この日本サイドの経営判断をインド側パートナーは最大限利用して、日本人はいらないとしてデンソーに技術と少額の出資のみをさせて、スズキのMaruti Udoyogで儲ける仕事を得たのである。デンソーが販売会社を別個につくってまで、1998(平成10)年現地に進出して生産したカーエアコンを売ろうとしているのは、このSubrosの苦い経験から来ていると思われる。カーエアコンはカーオーディオ同様、セカンドマーケットでも売れる。初めはエアコンな

しで買い、後から買い足す形である。

1984(昭和59)年進出組では、ユアサもデンソーと同様な判断ミスをしていると思われる。15％の出資比率で日本人は誰も行けず、自動車とバイク用のバッテリー生産は順調である。市場の拡大への判断ミスと系列取引で売上げを上げることへのこだわりの結果であると思われる。ユアサが少数株主で進出しているのは、韓国26％、台湾36％、タイ32％、マレーシア30％、フィリピン30％、ブラジル25％である。韓国、台湾は各々1975(昭和50)年、1966(昭和41)年に進出したが、当時の現地政府の国策で外資に支配権が認められなかったために、支配権を持てなかった。

その他の国では単独で多数支配株主になれたにもかかわらず、多数株主になっていない。インドネシアでも40％と少数株主で終わろうとしたところ三井物産が10％出資して、現地側と日本側で同等持分となった。しかし現地側株主は、同FDIの社長も務め政治力もある有力華僑Sofian Wanandiである。経営の主導権は現地側にある。そのために1997(平成9)年自動車専用のバッテリー工場増設は別法人にして、同FDIが50％出資して、別の現地側企業が50％出資する形にさせられている。つまり、ユアサの経営権への距離はさらに遠くなっている。ユアサからの派遣人員は2人いたが、新会社ではゼロになっている。旧会社の資本金は5,000万Rpと極端に少なく、新会社の資本金は376億Rpと大きい。旧会社がいかに高い配当率で配当していたかが想像できる。Sofian Wanandiはその配当利益を蓄積して儲かる自動車部門に投資し、日本側への配当をさらに少なくすべく別会社を設立したと考えられる。三井物産にしてみれば、Sofianとの他の事業での協力が得られるのだからと、新会社設立を認めたと考えられる。先進国向け投資では、ユアサは100％子会社の形で出資している。市場の読みが甘かったという以上に、現地パートナーの経営支配に対する貪欲さへの対抗策が甘かったといえるだろう。

ユアサは、バッテリー市場ではチャレンジャーである。リーダーであるGSバッテリーのブランドを持つ日本電池もまた、タイ、インドネシアでは少数株主である。タイでは日産のパートナーであるSiam Motorが、インドネシアではトヨタのパートナーであるAstra Internationalが、各々51％を持っている。進出時期が1970年代前半だったために、現地の投資許可の指導に従った

ものである。しかし、パートナーを現地で最有力の日系自動車会社と組んで事業をしている会社にしたために、現地側指名の経営者が経営支配をするが、極端に自分に都合のよいことは出来ない抑制が効いていると思われる。ベトナムには日本電池が1998(平成10)年に三菱商事と組んで日本側100％で進出しているが、インドにはいまだに進出していない。それは、現地パートナー選びに難航した結果だと考える。バッテリーの場合アフターマーケットが重要な儲け口になるために、現地流通ネットワークを持つ現地資本が必要になる。それゆえに現地資本家に付け入られる結果になりやすいとも言える。日本電池の中国進出は、いかに経営権を得るかの典型的な例である。日本電池は、自社が80％出資している台湾企業統一工業の100％子会社として、天津に進出したのである。

　日本電池はリーダーとしての統合化戦略には不足しているが、安全な道で財務体質確保に留意しているのだろう。ユアサは、チャレンジャーとしての特定市場においてリーダーになろうとする戦略で海外投資先国を多くはしたが、技術と資本・借入負担をした割には、現地パートナーに利益の多くを吸い取られていると思われる。

10.3. インド人のしつこさを克服してインドで儲ける投資戦略

10.3.1. インド人経営者の問題

　「世界には商人として長けている三大民族がいる。ユダヤ人、中国人、インド人である。ユダヤ人は頭で稼ぎ、中国人は足で稼ぎ、インド人は口で稼ぐ」という成句がある。インド側パートナーの問題は、「口で稼ぐ」ところの交渉力への過度な依存である。それは経営権への執着である。インド会社法はインドに住む常任の社長の権限が大きい。これは英国植民地時代の経営委託に端を発しているが、トップダウンのすばやい経営を可能にしている一方で、独断的な経営姿勢を生み、外資との合弁事業では現地人経営者は妥協を知らない者になりがちである。

　彼らのパターンには4者ある。財閥出身のオーナー経営者、新興のオーナー経営者、外国企業の経営も知っている留学組、地方政府と親しい地方企業家な

いしは国有企業である。

　米国企業は、シリコンバレーで働いた経験を持つインド人留学組を、インド子会社の社長にすえていることが多い。独断経営でも株主への中程度の配当が保証されない限りかく首されることを知っている一方で、他のインド人従業員と違った高報酬が保証されているので、利益を上げるべく熱心に努力する。GEが1994(平成6)年一気に10社の子会社で投資を始めたことや、シリコンバレーのVBが安いSEを求めてインドに投資したのもこのパターンである。

　新興のオーナー経営者は、より独立心が強い留学組であることが多い。その中からはInfosysのような、技術力あるITソフトウェア企業が育っている。

　財閥出身のオーナー経営者は、Birla、TATAに代表される、戦後の輸入代替工業化の時代に経営を大きくして財閥化を図り成功した財閥の二代目、三代目経営者ないし彼らに目を掛けられた専門経営者である。日本企業は、1991(平成3)年のインドの経済自由化まで彼らと組むことが多かった。彼らは自分の事業での利益のためにのみ外資系企業を使おうとするために、必ずしも外資系企業は成長しなかった。彼らは経済自由化前の投資許可基準である外資側少数出資原則をフルに活用し、外資は技術と資本金を出せばよいという姿勢を貫き通すことが多かった。そもそも外資系企業が進出できた部門が、輸入代替工業化の下でフルセット型で整えられたインド国有企業と財閥企業のやらなかった分野でしかなかったので、儲かる業種自体少なかった。

　旭硝子のビハール州での板ガラスの合弁事業は、1956(昭和31)年に設立された日本の戦後最初期の海外投資だったが、長年赤字に苦しめられ、1978(昭和53)年にどうにか安定的に配当が出せるようになった。そこで現地パートナーは現れず旭硝子の100%子会社だった。安定的な配当が出るようになって、1979(昭和54)年60%の株式を公開したが、州政府の思惑でインド人財閥の経営参加を認めず、個人投資家中心だった。当時の政府の財閥嫌いが表れている。当時はインドの社会主義時代だった。その後1986(昭和61)年、Multi Suzuki用の自動車用安全ガラスをグジャラートで造り、1994(平成6)年Mumbaiで建築用ガラス製造のFloatglass IndiaをTATA財閥と一般株主をパートナーとして起こし、成功している。TATAというインド最大の財閥とは組んだが、彼らの経営権への固執を排除するために彼らの出資比率を26%に抑え、一般株主

を17％入れて、旭硝子は57％の出資比率を確保している。

　1972(昭和47)年から始めている松下電器のグジャラート州とChennai(旧Madras)での乾電池事業では、事業は地方資本家Obul Reddyが26.7％の持株で社長を務めている。松下が40％の持株だが、インド人一般株主が33.3％いるからである。同時期に始めた東芝のケララ州での乾電池事業は、赤字に苦しめられて撤退を決定したところ工場法での裁判所の許可がおりず、5年間の紛争を経て1996(平成8)年頃撤退できた。工場法は、労働紛争がある限り工場閉鎖は地方裁判所の認可を得よとしており、地方裁判所の裁判官は州知事の任命であるために、首にされたくない裁判官は、外資側に過大な退職金支払いを支払えとする労働組合に近い姿勢での和解を勧めるからである。赤字続きだから撤退するのに、退職金を過大に支払えとするのは「泥棒に置き銭」に等しい。これら日系企業の現地パートナーは、全国的な財閥ではなく地方政府に近い企業家ないし一般株主である。

　トヨタはDCMという財閥と組んでランドクルーザーを造っていたが、赤字続きだった。1997(平成9)年カローラとカムリという乗用車生産をするにあたり、パートナーを代え、自ら88.9％の支配株式を取り、カルタナカ州バンガロールの小規模財閥Kirloskarと組んだ。財閥企業の儲からなくても経営権にこだわる姿勢に辟易したからである。ソニーが100％子会社で進出したのも、当初の予定パートナーだったサウジアラビアでのソニー製品のディーラーだった印僑が、インド国内に販売網を持っていないのにかかわらず経営権を握ろうとしたからである。サンヨーの長年のインドのパートナーBPLは、サンヨーからコンプレッサーを得て冷蔵庫を造っていた。三星電子等韓国企業のインド進出に対抗するためにコンプレッサーの現地生産合弁企業設立においても51％出資にこだわったBPLは、サンヨーからのコンプレッサー輸入を差し止めた。市場をライバル企業に奪われても、BPLが経営権を取りたいのである。いまだに決着しておらず、VTRの製販しかしていない。この会社にはサンヨーは40％しか出資していない。ヤマハのバイク事業は、2001(平成13)年夏から100％子会社で行うことになった。それまでの現地パートナーEscortsは、長年ヤマハからコア部品の供給を受けてバイクを組み立て、全国財閥になった企業である。1995(平成7)年にEscortsはヤマハと50％ずつ出資して合弁会社を

設立した。しかし、排ガス環境基準が厳しくなり、それに対応する商品設計と設備投資販売計画で経営権争いが起こりデッドロックに乗り上げたため、ヤマハが全額買い取ることになったのである。合弁ないし技術提携先のインド企業の事前了解がなければ、同業種で外資は事業が出来ないという Press Note 18 の規定がこのようなインド企業の態度を後押ししている。スズキが Maruti Udoyog で経営権をとった際にも不当に高いのれん代をのまされた。その高いのれん代の計算を基に合弁パートナーであるインド政府は持分を市場で放出し、Maruti Udoyog は上場企業となった。

10.3.2. インド人技術者の層と OPA による投資戦略

　アジアでは技術者が不足している。国家が技術教育に国家予算を投入しないからである。大学で技術教育をするには実験設備と優秀な教授スタッフがいなくてはならない。実験設備は更新しなければ世界の研究水準についていけないし、優秀なスタッフがたとえいたとしても、給与、研究費と実験設備の貧弱さそして何より自分の研究を評価してくれる環境が自国内にないので先進国で働いた方が良いと考えるようになる。そのような研究教育環境で育った工学部卒といわれる大卒技術者とは、英語で設計図が読める人間であるに過ぎない国も多い。

　技術者の層が厚い国はアジアに3か国ある。Unesco の統計集等から推察してみることが出来る[1]。多い順から中国、日本、インドで各々800万人、700万人、300万人である。中国とインドは人口が極端に多い。千人当たりの技術者の数でいうと、多い順に日本、フィリピン、香港、韓国、シンガポールとなる。各々58人、30人、26人、22人、14人である。中国は7人、インドは3人である。台湾とベトナムの統計はないが、台湾は韓国と同程度、ベトナムは人口比で中国と同程度だろう。技術者数で他のアジア諸国を見ると、タイ2万人、インドネシア20万人、マレーシア3万人、パキスタン10万人、スリランカ1万人、バングラデシュ2万人である。千人あたりの技術者数で見ると、タイ0.4人、インドネシア1.1人、マレーシア1.5人、パキスタン1.0人、スリ

---

[1] 三角佐一郎『海外職業訓練ハンドブック　インド』海外職業訓練協会 1992年 pp.203-205 の菊池捷一の文章が参考になる。

ランカ0.4人、バングラデシュ0.2人である。ラオス、ミャンマーは最低水準のバングラデシュと同等だろう。

　国が経済発展をするには、優れた研究をする研究者の数が多いこと以上に、使い物になる技術者の層の厚さが自国の産業部門に必要である。品質の良い商品、使い勝手の良いITシステムや商品設計が出来ることが必須だからである。インドのIT産業の発達が典型である。理工科系の人材が国家指導者に多い中国、インドは、文系の仕事に理工科系の人が就くことが多いし、理工科系の人材が国家公務員になることも多く、産業界には必ずしも豊富でない可能性がある。インドの化学エンジニアリング産業での日系FDIが成功しているのは、化学技術者の働く職場は国有企業関係が多く、FDIの方が良い待遇を出せたからだし、インド国内の技術ライセンス料を親会社に支払ってその技術を実施する能力があったからだと思われる。

　シンガポールの国有開発公社Senbawanは、バンガロールでIT工業団地を手がけた。同じくシンガポールの国有開発公社が民営化したKeppelは、蘇州で工業団地を手がけた。安い労働力でITをやるか、一般製造業をやるかの判断の違いだが、2003(平成15)年現在インドのIT企業の中国進出が目立っている。インド人の大卒IT技術者は米国で出稼ぎが出来ることもあって、賃金水準が高騰したためである。1,000人あたりの技術者の数が30人と、日本の58人に次いで多いフィリピンの経済成長率が低いのは、国内に働く場がなく、出稼ぎが多いからである。フィリピンで現地仕様用の設計やITソフトウェア開発はある程度できると思われる。しかし英語力があり、海外出稼ぎで稼げる程の給与を国内で出さないと転職するので、生産コストは安くならず、技術ノウハウの漏洩が問題となるので高度な技術移転は出来ない。

　米国は、英語で仕事をやらせられるインド人を幅広くサービス産業で使おうとしている。米国クレジット会社の多くはコールセンターをインドにおいて、衛星回線で支払い催告の電話をあたかも米国人からの督促であるかのようにして行っている。JP Morganの調査部門は2003(平成15)年にインドに進出している。国を超えてサービス供給が出来る分野では、インドの方が英語力がある大卒者が多い分だけ優れている。このように、企業の業務の一部をアウトソーシングすることをBPO (Business Process Outsourcing)という。国を超えて

財の供給をする分野では、中国の方が現場の仕事をする大卒技術者が多い分だけ優れている。しかし共に個人的能力が優れているだけで、グループワークは不得意である。つまり企業の持つ技術水準が技能のある個人の数で決まってしまう企業社会なので、転職があると企業の持つ技術水準は落ちる。そのために中国のように、先進国企業の技術を盗むことに熱心な国が生まれると考えられる。インドは個人的ノウハウの蓄積には熱心だが、企業としての技術水準の向上には必ずしも熱心ではない技能中心の国だといえる。先端の技術や理論は生産、調達、ロジスティックス、マーケティング等すべての分野で米国から供給されているので、盗まなくてもよいと考えるのである。ただしそれらはあくまで「はしり」に過ぎず、具体的なノウハウ分野になると高いロイヤルティを支払わねばならなくなる。知識の対価支払いが嫌いな、口だけうまいインド人が輩出される事態になりがちである。

　グループワークをする分野では、高卒者・高専卒者・大卒技術者の協力関係がよいだけ日本が断然優れている。日本は高度な技術移転が一番しやすい国なのである。

　このように考えてくると、インドで儲ける投資戦略のポイントが見えてくる。OPAで示してみる。

図表48. インドで儲ける投資戦略

	1	2	3	4	5	6	7	8	9	10	11
21						○					
22									◎	○	
23				○							

　以下に、表中の◎、○印について説明する。
◎ 9 - 22　インド人パートナーに経営権を握らせないようにする。インド会社法における社長の権限の大きさと上位下達の経営文化が存在している。現地資本が多数にならざるを得ない場合、既存の日系企業や日系VC(オリックスのFDI 2社あり)ないしインドの機関投資家(UTI)ないし登録外国機関投資家を出資者に加える。権限委譲は必要だが、徹底的にチェックできる能力を持った

者を日本側が派遣しないと間違えたり、騙されたりする。ビジネス交渉ではフェイントが多いので留意する。特に、日本人社長の合弁会社における日本人の実務分野には、現場を十分に知った上で取締役会、株主総会の準備が出来る人材が求められる。実力を発揮するとは、株主の質問への具体的な応答能力で決まるからである。

〇 10-22　日本側出資者が最大株主であるようにして、現地株式市場に上場し一般株主を増やす。インド側パートナーが経営業績向上のために健全な口出しをしないと、一般株主は日本側パートナーによる経営権をより認めるようになる。インド企業は巧緻な節税対策をするので、後発企業の方が儲かることも多い。インド人役人の中には極めて優秀かつ厳しいインド人役人もおり、不正は一切してはならない。しかしインド人官吏の Red Tape があるのもまた事実であり、「規則のジャングル」といわれた残滓がまだ残っているので、インド人スタッフの経理マンには優秀な者を雇い、彼を使いこなすようにする。

〇 6-21　インドの中間層対象に売れる財・サービスでは過当競争が予想される。そこでリーダー戦略である統合化、ブランド力の向上、マス・カスタマイズを行う。扱う商品は成長期のものなので、セールスプロモーション以上に広告に訴えて、packaged satisfaction でベネフィット訴求を目指す。広告は最先端の技術を持っていって、現地の嗜好を考えて工夫しないと成功しない。国内販売網作りは、セールスプロモーションに訴えないで独自のルートを開拓せざるを得ないので、ブランド力強化により力をいれる。100％子会社で成功した現代自動車イレディアは、頭金10％、3～5年のカークレジットで市場シェア2位となっている。中国でも同じ戦略で成功させる戦略だが、中古市場の不整備と個人顧客のクレジット不払いでつまずく可能性がある。インド、中国、ベトナムでは個人破産は困難である一方、個人資産差押えも困難である。2002(平成14)年に金融会社なら個人資産差押・私売が容易になる法改正があった。ヤマハ・インドは金融会社経由ディーラーに売って代金回収を容易にしている。中間層対象の耐久消費財用の中間品製造では、規模の経済、範囲の経済ないしスピードの経済を目指す。そのため支配権が持てない場合には、別会社設立も考える。小売参入がいまだに認められないので、インド人にフランチャイザーにさせる戦略をとる欧米ファースト・フード店がある。インド人スタッフは弁

解、言い訳が多すぎて腰が重すぎる。その際は人がいないところで直ちに良否を明確にして、翌日延ばしをしない。

○ 4 - 23　生産技術は日本的生産でよい。ただし日本ほどグループ責任は問えない。技術水準の向上にさらに注力する方が財・サービスの差別化に資する。失敗、技術指導に従わないインド人スタッフには信賞必罰の評価をする。誹謗の手紙や投書があることも多い。独立している労務担当コンサルタントがインドには多いので、彼らを適切に使う。契約期限付きで内部者として雇い入れることも場合により必要である。理工科系の技術者には優れた者が多く、企業向けサービスで使える。

文献

1)　鈴木康二『ビジネスガイド・インド投資戦略』JETRO1995年

第 11 章　ミャンマー、ラオスに投資して儲けられるか

11.1. ラオスの投資環境

　ミャンマー、ラオスといった日本企業にとってまだ新しい市場に投資できる条件は何かを考える。以下のような考えを持つのは根本的な誤りである。「ミャンマー、ラオスは天然資源が豊かで、物価も賃金も安い。したがって日本の技術と資本を持っていって現地で生産すれば、必ず安くて良い品物が生産可能である」。生産、操業に不可欠な、エネルギー、電力事情、輸送、調達のビジネス環境の悪さと、生産技術の技術水準の低さが、輸入許可、税金支払いとあいまって投資できる国ではなくしている。筆者の国別投資環境比較表では、15か国中、ミャンマー 13 位、ラオス 12 位である[1]。

　ミャンマー、ラオスは国連が認定している後発開発途上国 (least less-developed countries, LLDC) である。アフリカや南太平洋諸島の国家に多いが、アジアではバングラデシュ、カンボジア、ラオス、ミャンマー、アフガニスタン等がある。後発開発途上国に認定されると、ODA の条件が緩和される。世界銀行のローンは条件が厳しいため出ず、第二世銀 (IDA) のローンが出る。公的債務の返済では債務カットが認められやすい。オタワサミットから先進国政府は LLDC 向け ODA の債務カットを継続的に行うことを決定している。国内制度が機能しにくく、物の生産・流通体制に問題があり、市場アクセスが悪いから、後発開発途上国に指定されているのである。投資環境が良いはずなどないのである。だからこそ投資案件が少なく、工夫すれば儲けられる可能性もある国なのである。

　ラオスとミャンマーは日本政府の ODA が多い国でも有名である。「日本政

---

[1] 鈴木康二『アジア投資戦略』APU コースパック 2003 年 pp.12-13

府がODAを出しているのだから、投資で何かがあっても日本政府からの協力が得られるから安心だ」という考えも全くの誤りである。インドネシア、タイ、中国、ベトナムと、日本企業はODAが出るところに集中して投資してきた。確かに日本のODAはインフラ建設に中心的に向けられてきたから、道路、港湾といったロジスティックスと電力や通信といった生産関連のインフラに対する安心感が増した面はあるだろう。しかし投資環境で重要なのは物理的インフラよりも知的インフラである。知的インフラ面での日本政府のODAは技術協力という形で長年行われてきたが、無償で行われてきたことと、現地の制度改革自体には入り込めなかったことにより、技術協力で日本人技術専門家が移転する技術より彼らが持参する機材の無償引渡しに興味を持つという現象すら生んでしまった。制度改革も含めた知的支援が行われ始めたのは、アジア危機以降世界銀行や米国AIDが取り組んだことをフォローするようになってからである。

　筆者は、ODAによる技術移転はむしろ技術ノウハウを軽視する風潮を、援助されるアジアの国家セクターと企業セクターに生んでしまったのではないかと考える。技術は対価があって移転されるものとの考えを無視する考えである。技術には広く共有されるべき、技術に関する知識と技術に対する態度がある。また、所有するには対価を伴う技術もある。技術に関する知識と態度が身についた技術者がこれら対価を支払って導入するのだが、彼らは技術の知識をODAで無償で得たために、技術に対する態度を身につけないままである。それが対価を伴う技術を得ようとする態度も身につかない理由である。

　援助資金が得られるならと、何度でも海外研修に参加する現地の公務員や研究者は多い。彼らは自国に帰って、得た技術を共有すべく努力はしない。すれば自分が次にまた海外研修に参加する機会を失うかもしれないからである。

11.2. ラオス進出企業のOPA(業務過程分析)

11.2.1. 国内市場型投資案件

　『東洋経済臨時増刊海外進出企業総覧2002年版(国別編)』によれば、ラオスに進出している日系企業は2社、ミャンマー19社である。筆者が実際に訪問したラオスの日系企業として別にフロア床材加工のLao IGETO社があり、さ

らにカメラのシャッター加工の1社と、バイク用ランプ製造の1社があると聞いた。東洋経済の資料は海外にFDIを3社以上持っていることが掲載対象なので、ラオスとフィリピンの2社しか持っていない沖縄イゲト社は対象外なのである。

ラオスでは野村貿易が主体となって、バイクの組立とシートの製造を行っている。シート製造FDI社は欠損を計上している。バイク組立FDIの財務状況は不明だが、やはり欠損だと思われる。共に日本人社員はおらず、ビエンチャン駐在の野村貿易の駐在員が非常勤取締役をしている。野村貿易は他社がやらないところで投資をすることで有名な会社である。

この両社のデータを以下に示す。社名はそれぞれSantiphab Suzuki Lao Co.,Ltd.とSantiphab Sangkasi Laoである。資本金は各々1,000万Baht(44.3B/$)、570万Baht、売上162億KN(7,600KN/$)962億KN、従業員52人、86人である。バイク組立のFDIの出資比率は、日本側49%(野村貿易30%、スズキ19%)、タイ個人(社長を務めるKongchai Bairasi)18%、ラオス個人33%である。シート製造のFDIの出資比率は野村貿易18%、タイ個人(社長を務めるKongchai Bairasi)62%、ラオス個人20%である。

両社ともラオスの国内市場向け投資である。これらのデータとラオスの投資環境から見て、両社のOPAは以下のようなものになるだろう。主にバイク組立を中心に説明する。

図表49．ラオスの国内市場向け投資戦略

	1	2	3	4	5	6	7	8	9	10	11
21						○					
22			◎							○	
23											

以下に、表中の◎、○印について説明する。

◎ 3-22　原材料はタイ・スズキより調達するので、その輸入枠と輸入関税率が常に問題となる。ラオスの政府は2000(平成12)年に突然部品輸入枠を制限した。その理由は表面上は外貨不足である。しかし裏の理由は、中国からのバイ

ク完成品の輸入の急増だろう。安い中国製バイクに対して、スズキのラオス製バイクが高すぎるのは、タイ製部品の輸入価格が高すぎるからだというのが論理だろう。輸入枠を制限すれば部品のローカル生産をするようになるだろうから、ラオスの技術力も上がるし雇用機会も増えるとの思惑である。バイク部品は規模の経済が働くので、人口が 400 万人しかいないラオスでのローカル生産はいくら労働賃金が安くても困難である。部品・材料の輸入で儲けている野村貿易としては輸入価格の切り下げはコミッション料の低下につながるが、輸入制限で生産に支障が出るよりよい。ランプのみならず他の部品のラオス生産を増やして、部品輸入関税の切り下げを説得する他ない。ベトナムでのスズキはインドネシアからの部品輸入が多い。ベトナム・ヤマハはタイからの部品輸入が、ホンダ・ベトナムは中国からの部品輸入が多い。インドネシアからの部品輸入価格が参考価格になるだろう。

○6-21　中国製バイクの輸入制限が必須だが、ランドロックされているラオスにおいて密輸および中古品のタイ、中国からの流入は避けられない。軍が強いラオスでは密輸の見逃しで利権を得ている面もあるので、政府に申し入れしても機能しないことが多い。故障しない中級品バイクで勝負する他ない。ベトナム・ホンダのような $800 バイクの商品開発も考えないと、販売のビジネス環境はさらに悪化する。ただしインドネシアやタイと異なり、またがるタイプのバイクは売れない。スラックスでの通勤はベトナム以上に少ないからである。またシートはそもそもラオスでの需要量が採算点まで乗らないのが欠損の理由だと思われる。別の商品開発の必要があるかもしれない。

○10-22　バーツの外貨繰りが困難である。輸入代金の支払いと売掛金の回収のバランスをよくするためには、受注に近い生産つまり在庫を少なくする生産をすればよいが、政府の輸入枠が常に問題となる。タイ・スズキにしてみればラオスの市場が小さいので、格別の支払い猶予期間を置きたくないのはわかるが、タイへの中国品の流入対策のためにもラオス・スズキを立ち直らせなければならない。ラオス子会社に為替リスクが出ないようにバーツ払いから一部ラオス通貨払いも取り入れる必要があるかもしれない。シートはより為替リスクに弱い商品である。原料支払いと在庫管理と売掛金回収のフローチャートを作って、セールスマンへは販売成果に応じた能力給のみならず代金回収に伴う成

果給を出すのも一方法である。販売ネットワークの見直しも必要である。代金支払いが遅い代理店との取引は、切った方が良い場合も多い。

11.2.2. 輸出指向型投資案件

ラオスでの輸出指向型投資は、先進国から一般特恵関税措置を受けやすい。日本は工業品への関税率は極端に低いが他の先進国ではそれほど低くないので、輸入関税が特恵関税により無税になることによる輸出促進効果は大きい。タイ企業がラオスに進出するのも、ラオス法人がラオスで作った製品ならEU、米国、カナダ等の先進国で関税が掛けられない枠が取りやすいといった面がある。タイは外貨不足の段階は卒業したから特恵関税枠をなくすか削減すると、諸先進国から言われているのである。

Lao IGETOのOPAは以下のようになるだろう。同社は日本法人沖縄イゲト社の100%子会社でありながら、社長はタイ人に任せており、日本人は日本にいる非常勤の会長とアドバイザーの役職でラオスに常駐している会長の次男である。全量沖縄イゲト社が買うので、受注に近い生産が出来ている。沖縄の本社はフィリピンの子会社とこのラオスの子会社から製品を仕入れ、SXLを中心としたプレハブメーカーに納めている。タイ人を社長にしているのは、生産のキーである加工と塗装の技術を当初タイでタイ人に技術移転し、その中で優秀なタイ人が育ったから昇進させたのである。日本人アドバイザーはラオス人を妻にしている20歳台の人物だが、ラオス語が堪能な謙虚な性格で会長の次男だがおごった点がなく、ラオスに定住する覚悟が出来ており信頼されている。

図表50. ラオスの輸出指向型投資

	1	2	3	4	5	6	7	8	9	10	11
21			○								
22					○						
23				◎							

以下に、表中の◎、○印について説明する。

◎ 4-23 森林資源が豊富なラオスで床材を作る沖縄イゲト社は、当初タイと

フィリピンで事業を行ってきた。1990年代に入ってタイが原木伐採を禁止したために移ってきた。加工技術と塗装技術はプレハブメーカーから高く評価されており、価格も50ドル/㎡程度と高い。工場同士が近接している台湾FDIは同じ床材で北京への輸出で儲けているが、価格は28ドル/㎡程度である。北京の建設ブームと高級志向に合わせてはいるが、価格差は大きい。そのために台湾FDIは、2001(平成13)年ハノーバー万博で木製のラオス館の建設を受注して品質の高さをアピールする宣伝材料としたり、ロシアからの箪笥の受注生産や各種木彫りの置物などの受注にも取り組んでいる。台湾人経営者と台湾人2人が常駐しているが、日本市場への参入を狙って日本での商談会には2度ほど参加している。

ラオス人の技術水準は低いと言われるが、きちんとしつければかなりの程度まで良くすることが出来る。給与は必ずしも高くないし、成果給を導入すると妬まれるから嫌だと能力ある従業員はいう。ただし休日・祝日は法定どおりきちんと休んでいる。台湾FDIはLao IGETOより20％程度安い給与で休日出勤が奨励される形になっている。半分違法だが、労働局に告発する従業員はいない。台湾人らしい経営の仕方である。

○3-21　台湾FDIは、森林省より入札で伐採権を得て、木材を直接現地から切り出している。それに対してLao IGETOは木材資源を市場から調達している。市場から買うといっても市況が現地にあるわけではないので、営業マン8人のコネや全国出張で得た情報で原木を仕入れている。伐採権を得て切り出す場合より調達コストは高いが、安定的な量の仕入れができるし、現物を見て買うので材木の質にバラつきが少ない。それに伐採権を得ても現地に行くと森林がないといった事態はまま起こる。既に誰かによって切り出されているのである。また森林省に利権料を支払っても、現地を支配する軍管区および地方ボスに森林に入るための料金を別途支払わされるので高くつくことが多い。別途の支払いは賄賂だが、だれも賄賂だと思っていない。中央政府が取る利権料と地方が取る利権料だからだ。

○5-22　ランドロックされているラオスは、ロジスティック・コストが高い。タイのバンコクのクロントイ港にビエンチャンから出すと3日かかる。それ以上に国境での荷物の積み替えが手間である。ラオスは左ハンドル、タイは右ハ

ンドルである。左ハンドルのトラックはタイを走れないので国境で積み替えるのである。工場のあるビエンチャンから国境のある友好橋まで5Kmしかないが、それでも積み替えろと言われてきた。2002(平成14)年11月、ラオスからの輸出用ならタイの右ハンドルの車がラオスの工場に直接入ってきて積み込んでよいことになったので、ようやく積み替えは不要になった。台湾FDIは新方式を取り入れているが、Lao IGETOは取り入れず、従来どおり積み替えている。国境の通関が何を言うかわからないし、彼らにイチャモンをつけられると出荷計画が狂い帳簿に乗せられない賄賂の支払いがあるので、積み替えの手間の方が安くて安全だと考えている。台湾FDIは、個人的コネで文句を言われたことはないといっていた。しかし道路補修や学校・寺院修復等での寄付の要求が多く、閉口しているといっていた。

11.3. ラオスで絹織物雑貨の開発輸入をする

11.3.1. ラオスとベトナムの対外感覚

2003(平成15)年2～3月ラオスに3週間行って来た。国際協力事業団の短期専門家としてラオスにおける会社法をどのように改正するべきかという2日間のセミナーを行い、ラオスの外資系企業を訪問し関係機関と意見を交換してきた。援助機関はどこもキャパシティ・ビルディングがポイントだという。自分で自分の国の政策を決められないのではなく、決めても実行できない行政能力が問題らしい。筆者は、社会主義政権、特に軍部が利権あさりに奔走するために政府・公務員への信頼が落ち、法律を守ろうという意識が国民の間に少ないのだという説明を聞いていて疑問に思った。なぜこの法律があるのかについての議論が欠けているのではないかと思ったからだ。1994(平成6)年に出来たばかりの会社法をろくに使いもせずに改正したいというのは、国民の立法行為自体への信頼をなくすだけだ。米国ハーバード大学ロースクールの教授が原案を作成したのだそうだが、どれだけ立法趣旨の説明をしたのだろうか。押し付けに終わったのではないだろうか。

首都ビエンチャンはタイとの国境に直接面している。国境となるメコン川にはオーストラリアの援助で造った友好橋があり、そのたもとに税関がある。

ビエンチャン国際空港は日本の無償援助で造られている。税関の手前に免税店が3軒並んでいる。誰に何が売れるのかと聞くと、タイ人がフランス・ワインやスコッチ・ウィスキーを買って行くらしく、特定銘柄を指差す。決して有名銘柄ではないが、タイ国内では手に入りにくくかつ高いらしい。隣に並んでいるラオスの焼酎ラオラーオを見つけた。この250円45度の焼酎はなかなか美味く、筆者は3週間の滞在で2本空けた。ラオスで一般的な赤米から造った酒のまだるっこい甘さと雲泥の差だ。別の種類の焼酎もあった。何度かと見ると黒マジックで消してある。なぜだと店員に聞くと「知らない」という。度数で酒税の税率が異なるのだろう。免税どころではない。きちんと酒税を取っていてこの値段なのだ。看板に偽りがある。ラオスの税官吏が調査に来たら、賄賂を出すか隠すのだろう。

ビエンチャンの中心街になっているタラートサオという市場では、VCDが200円で売られている。みな海賊版だ。ときどきタイの音楽会社がやって来て告発されるという。ラオス人はタイ人を自国人と区別できないらしい。日本人だから高く売りつけようという魂胆もない。タイ語とラオス語はほとんど同じだから、ラオス人はタイのVCDを不正にコピーする。CDは音だけだから、映像が出て歌詞も出るVCDが人気だ。CD自体は不正コピーしても儲からないのか、一枚300円である。ベトナムでは欧米ポップスとクラシック、ハリウッド映画のDVDの不正コピーが400円でいくらでも売られている。ただし店員は客の顔色を見る。外国人観光客が入ってくると「もっといいのがある」と店の奥にある部屋に通し、視聴させて買わせる。海賊版は、ラオスではラオス人用に、ベトナムでは外国人用に、中国で製造したものを持ち込むらしい。ベトナムで摘発されても、製造元は外国にあるから結局摘発されない。ブラジルと同じ手法だ。ベトナムでは国内版歌謡曲は海賊版でないから600円と高い。

ユネスコの世界文化遺産はラオスには2つあり、ベトナムには3つある。ラオスは北部にあるルアンプラバンの町全体と、南部カンボジア近くのチャンパサック県にあるワット・プー寺院に代表される5世紀から15世紀にわたるクメール・ヒンドゥー遺跡だ。南北間をメコン川が貫流している。ベトナムはフエの王宮、古都ホイアン、そしてミーソンの聖域遺跡だ。ミーソンはヒンドゥー遺跡で8世紀からのものがあるが、ホイアンは日本人町もあった17世紀の町

並みであり、フエは1802年から1945(昭和20)年まで首都だったにすぎない。日光、姫路城が文化遺産になるのだから古いをもって良しとはしないが、ベトナムは近世の手工業マニュファクチャリングを裏づけとした商業交易地と、産地農業をベースにした首都が文化遺産なのだ。対してラオスの文化遺産は両方共に現在でも文化と産業の中心地である。産業の中心地はビエンチャンのみならず、ルアンプラバンとチャンパサック県の県庁所在地パクセーである。ルアンプラバンは絹織物の産地で有名である。パクセーは米とコーヒーが有名で、タイとの国境であるメコン川には日本のODAで造った友好橋がかかっている。ラオスはプロト・マニュファクチャリングの工業化過程を経ずに近代になってしまった。大量生産の伝統がないのである。そこで機織りをして作る絹織物は自分たちが使うか贈り物であって、交易商業の対象ではなかった。だから模様に多様性がありかつ面白い柄が多い。ルアンプラバンの旧家の多くは、そのまま土産物屋になっている。そこに並んでいる絹織物には1つとして同じ模様がない。木綿の衣類はデザインがほとんど一律なのと大きな違いだ。

11.3.2. 埼玉県のビジネス視察団のラオス訪問

筆者がラオスを出る2003(平成15)年3月10日、入れ違いに日本人ビジネスマン達200人がやってきた。こんなに多くの日本人が一時にラオスを訪れるのは、ラオスの歴史が始まって以来のことではないだろうか。第二次世界大戦でベトナムに進駐した日本兵がどの程度ラオスに行ったかは知らないが、それと競うだけの数だろう。埼玉県の土屋義彦前知事を団長とする、埼玉県秩父地方のビジネスマンが中心だ。ラオスの絹織物に興味があるのだという。秩父地方は倭武尊の時代から養蚕が盛んだった。しかし養蚕農家が激減するに従って機織りをする人の数が減りかつ高齢化し、秩父の絹織物の伝統が消えようとしているのだ。これを存続させるには、彼女達の元気なうちに技能を伝承する必要がある。そこで考えられたのが絹織物の伝統があり、人件費が安いラオスだったようだ。ベトナムでも出来るという話もあったらしいが、ベトナム人はビジネスにセコイので、素直という評判のラオス人と付き合いたいという思惑もあったらしい。

これは小生にとってもビジネスのチャンスと前知事向けに置手紙をして帰っ

てきた。ラオスのビジネス関係の法律は全部仕入れたし、ラオス語の翻訳と通訳が出来るラオス人学生をいつでも日本で数人は集められるから、何かお役に立つチャンスがあったらよろしくという文面だ。理事という方から礼状があったが、進展はまだない。その後、土屋前知事は長女の政治献金不正で引退したので、本件も立ち消え状態なのだろう。APU の学生の 1 人が、当視察団の案内の通訳の 1 人となった。帰国中の休暇を利用して旅行会社に雇われた。彼から話を聞くと、視察団はスケジュールで一杯だったという。彼らが忙しいスケジュールの合間のルアンプラバンの町並み探検で、大量生産の伝統がないなら一品物で売れないかを瞑想しただろうか。

11.3.3. 大量生産の雑貨と一品物の雑貨

　ラオスで聞きつけた事業に JETRO の産品輸入促進事業というのがある。ラオス産品の絹織物を使った若い女性用のバッグや小物のような雑貨を、ラオスで作って日本に輸入しようとする事業だ。博多にいる日本人女性デザイナーが講師となって 2002(平成 14) 年ラオスに行き、日本の女性の好みを説明し現地工場を見てきたらしい。バッグ、小物等のサンプルを今年の 3 月末には、日本に送ってもらい、東京と北九州市の百貨店に「ラオスの心」という統一ブランドで並べてみて消費者の反応を見る計画だ。しかし計画は遅れ気味で、サンプルはいまだ届いていない。当デザイナー氏に電話をして面談を申し込んだら体よく断られてしまった。「話すことは JETRO の報告書に書いてあることくらいでその他はない」というのが面談に応じない理由だ。その面談さえしたくないことの裏に、報告書に書いていないことがあると筆者は気づき「工場に行ってどうでした？」と今にも切られそうな電話で話の接ぎ穂を探した。「およそビジネスになりません。日本の顧客さんにご迷惑がかかるのではないかと心配しています。私は無償奉仕のつもりですから。では会議がありますので」という回答で電話は切られた。

　およそラオスはベトナムや中国と異なり、段取りができない国らしい。大量生産体制など思いもよらない体制で、農家が副業として織物を織っている。観光の見世物にはなっても、定量、定時の輸出など期待できないようだ。では商売にならないのか。筆者はそれならば工芸品のような一品物の感覚で売ればよ

いではないかと思った。ただし工芸品のように過度に質を高くして高値で売るのではなく、普通の大量生産品の価格で売るのだ。工芸品といえるだけの品質にはならないと否定する必要はない。一品物でバラエティのある絹製品のバッグや小物、竹製のバッグに絹の民族的なデザインをあしらったバッグ、テーブル・ナプキン、ネクタイ、スカーフ、テーブルセンター、クッションカバーが400円から7,000円程度の手ごろな価格で並んでいる、それでよいのではないか。

　帰途ベトナムに立ち寄った。ハノイのホテルの部屋にあったグラビアA4版の厚手の英文旅行ガイドには、ベトナムのみやげ物として「Zakka」が紹介されていた。数々の派手なデザインのカラフルな小物の山が紹介されていた。財布、バッグ、クラッチバッグ、室内履き、スリッパ、ナプキン、籠、小物入れ、スカーフ等々である。ベトナムではこれらが、納期を守って一定の品質で大量生産できる。しかしこれらはベトナム人の資本の企業から日本の業者が買い付けるやり方だから、開発輸入とはいっても、日本側が出すデザインやアイデアはベトナム人に見せた途端に盗まれてしまうものだ。日本業者が買い付けるより前に、日本人は若い女性を中心に成田または関空からホーチミンに直行便で行って買いあさっているのだ。だから「土産品」としてZakkaとなったのである。

　ラオス製の絹織物小物を一品物と見るなら、手軽な骨董買いと同じ感覚で輸入できないかと考える。日本の地方都市には必ず骨董屋があり、500円から2万円程度の範囲でちょっとした骨董遊びが出来る。自分の感覚と評価を店の主人の感覚と評価と交差させて楽しむのだ。ジャカルタのスラバヤ通りの骨董は偽物が多すぎる。しかしサバン通りの骨董屋とホテル・ボロブドゥール内の骨董屋は偽物が少なく、バラエティに富んでいて楽しい。ハノイの骨董屋にシクロで出かけたことがある。偽物の山でうんざりした。偽物だと承知で買うのが達人だと教えられ、スンコソンの陶器のデザインを真似た偽物だと言われても、日本に持ち帰り、埃を払うと絵の具も剥げてしまう類の物が多すぎた。ホテル・ザンチューの中の骨董屋・土産物屋も昔は植民地時代のコインがあったりして楽しかったが、今はどこでも売っているものを並べているだけだ。ミャンマーのヤンゴンにあるアウンサン市場にある骨董屋もホテルの土産物屋もやは

りバラエティがなく、ビルマの竪琴の模型をそんなに売りたいのかと鼻白ませる。

11.3.4. 遊び心のマーケティング

　大量生産の絹織物小物ではなく一品物の絹織物小物を考えたとき、遊び心のマーケティングという言葉が浮かぶ。絹織物のバッグでは、布地の表面に丸い突起が出てしまうことがある。絹糸の結び目が重なったりするからだ。これを不良品と考えるのではなく、面白いという消費者は本当にいないのだろうか。茶器にみられるように、日本人はちょっとした失敗のある工芸品を数寄としてとてつもなく高い値段を付けて、芸術品に仕立て上げる能力を持つ。品質にちょっとしたバラつきのある商業生産品を不良品と見るのではなく、値段は変わらないが、工芸品類似の商品とみる文化はないのだろうか。江戸時代大量の竹が日本に輸出された。タバコを吸うために使うキセルの管とするためである。そのためにキセルの管は当時からラオと呼ばれた。ラオの竹は細くて質が良いのだ。キセルで紫煙をくゆらせながら、このラオの飴色は良いとか江戸時代の人々は言っていたのではないか。そのような一点物と思わせる商品として、絹織物小物を扱うのである。

　若い女性のみならず、シニアをも消費者とした方がよい。ブランドは「ラオスの心」でよい。シニアは若者の心がわかる振りをするモダンが好きである。そのシニアを高品質、リッチ、モダンをセットにして要求する消費者層と見るのは間違いだ。ソアラなど馬鹿にしてダイハツ・ムーブを買うシニアが現実のモダンだ。欠乏を埋めようとして消費するのではなく楽しみを経験するために消費するシニアを狙う商品企画として、一品物絹織物のタペストリー、クッションカバーそして小物は狙いどころだ。モダン・シニアが訪れるという意味では、百貨店ではなく東京駅前丸ビルに店を開いた方が良い。花王の健康エコナ植物油が流行っているのはシニア消費者の支持だ。現実的で信頼できる面白い新製品に飛びつくのは楽しい。シニア女性達は、人生経験のストーリーの片隅で口コミ・ネットワークを使うから説得性がある。「体脂肪になりにくい」のキャッチフレーズが良い例だ。日本でバイアグラの宣伝でペレを使うのは間違いだ。ファイザーはリッチ、高価格路線で売ろうとする路線を変えないなら、

遊び心のシニア層を消費者として取り込めないだろう。楽しみを経験できるラオスの絹織物は、適度な価格の一点物の感覚で売るべきだ。販売チャネルも百貨店や通販での大量販売ではなく、アート・ギャラリーなど納期や品数のバラエティを許す中小企業のルートの方が有効だろう。

11.4. ミャンマー投資戦略

11.4.1. スーチー解放と経済制裁

日本からのミャンマー投資は、ラオス投資より数段多い。ベトナムに次ぐ新興市場だとして、ミャンマー投資は1995(平成7)年頃ブームだった。米国政府によるベトナムの経済制裁が1994(平成6)年2月に解除されて、次に米国政府が経済制裁を解くのはミャンマーだと思われたからである。筆者がミャンマーについての投資ガイドブックを出版できたのも、このミャンマー投資ブームに便乗した面がある。ミャンマーは天然資源が隣国タイ以上に豊富で国土も大きいのに後発開発途上国なのは、スーチー軟禁に象徴される民主化運動を妨げる軍事政権があるからだ、という議論が広く信じられている。

投資ブームは経済制裁解除による円借款の再開と天然資源・観光資源の豊富さが材料となっていたが、米国のスーチー女史支援と軍事政権のスーチー迫害が続き、現実には立ち枯れ状態である。ミャンマーに進出していた米国企業であるペプシコーラと水産品養殖会社が、1996(平成8)年撤退を余儀なくされた。ハーバード大学のあるマサチューセッツ州は州議会で、スーチー支援とミャンマーに投資する世界各国の企業のマサチューセッツ州でのボイコットを決議した。そのために住友商事は、マサチューセッツ州の鉄道車両案件の入札から外された。ハーバード大学内の食堂を独占経営していたピザハット(Pepsiの子会社)は、食堂利権の取り上げかPepsiのミャンマーからの撤退かの選択を迫られ、撤退した。香港出身でハーバード大卒業のチェリストであるヨーヨーマは、ミレニアム・イブにあたる2000(平成12)年大晦日に世界に向けてスーチー女史にささげる演奏をし、全米のみならず欧州やNHKの映像メディアで放映した。

その間を縫って、タイ資本、マレーシア資本、シンガポール資本、中国資本

がミャンマー市場に入り込んでいる。必ずしも投資ではなく、資源の輸入で儲ける姿勢が強い。タイ資本は一番有名な Yadana ガス田からのガス輸入、ホテルへの投資とマンダレー空港の建設輸出、マレーシア資本は食品の輸入等、シンガポール資本はホテル投資とビール投資(F&N 社による Tigar Beer)を行っている。オーストラリア No.1 のビール会社 Foster は一時進出を決定したが、制裁を受け投資を手控えた。そのため国有企業 Mandaley Beer と Tigar Beer が市場を独占している。F&N はシンガポール、マレーシア、ベトナムにおける Coca Cola の bottler であり、制裁解除に備えて Coca Cola での進出も考えているのだろう。

また中国企業のバーター貿易による、ミャンマーの森林資源の安価での購入が進んでいる。雲南省昆明を通じて日本に輸出される高級木材は安価だが、不法に伐採されたものがほとんどである。マンダレー空港近くに広がる工業団地に進出している企業のほとんどは中国企業である。ミャンマー国内市場目当てに安価な商品を日用消費財から電線、ガイシのような中間財、そしてトタン板のような素材まで、原材料を本国から輸入し、安価なミャンマー人労働力を使って作っている。代金はバーター(物々交換)で支払ってもらう。ほとんどが森林資源であるが、その中には籐製品などもある。13世紀フビライハーンは韓国、日本、インドネシア、チベット、ベトナム、ミャンマーに侵入した。ミャンマー侵略はマルコポーロの『東方見聞録』に詳しく記載されている。象軍で対抗したが滅ぼされ、金の門、銀の門が壊されて金銀の宝飾品を中国に持ち去られたと書いてある。金の門、銀の門は日本の室町時代の文学作品である『御伽草子』の「梵天国」に出てくる。天橋立とミャンマーがつながっているという荒唐無稽の面白い話である。

ミャンマーで成功した外国投資案件で一番有名な Yadana ガス田の開発は英国企業 Premier 名義だが、米国資本 Unocal がバックにいる。スーチー女史開放と民主化圧力を政治的に行使している米国だが、米国企業が実質開発している資源開発の利権は手放させないのである。この矛盾を逆手にとって、2003(平成 15)年韓国企業とインド国有ガス公社がガス開発の利権を取っている。

日本は戦後の賠償ローンに始まり、長いネ・ウィン大統領時代に ODA を供

与していた唯一の国だったので、民主化運動と軍事政権の台頭による政治制裁による経済援助停止、外国投資の手控えは大きな痛手だった。ミャンマー政府は投資誘致をするが、それに乗ってスムーズに投資できない時代が1990(平成2)年当初から2003(平成15)年の現在まで続いている。ドル決済が最終的にNYでなされるところから、ドルの銀行送金を伴わない投資形態を考えるという困難なビジネスモデルを考えざるを得なかったのである。ネ・ウィン時代は、農業を中心とする仏教社会主義を基本としながら、日本の技術をいれて国有企業を育てるという輸入代替工業化を行ったために、製品価格は政府の指示価格で安価に供給されたために利潤を上げることは出来ず、市場メカニズムも働かず、工業化は成功していない。

　日本の三井物産は、ヤンゴン郊外のミンガラドンでの工業団地開発に乗り出したが、日本企業誘致には失敗している。唯一誘致に成功した味の素も、ミャンマー政府のタイ産サトウキビ滓の輸入禁止(高価な国産サトウキビ使用の強制)により2000(平成12)年に撤退している。1998(平成10)年頃には台湾企業が入りつつあるとの情報もあったが、実態は不明である。そして三井物産の投資としての工業団地案件自体が2002(平成14)年の海外進出企業総覧から消えているところを見ると、三井物産は本事業から撤退したと思われる。

　政治がらみの下での外国投資は危険この上ない。軍事政権のトップであるタン・シュエが引退し、国軍情報部出身のキム・ニュンが指導者になれば文民政権に形だけはなるのではないかと筆者は見ていたが、ミャンマー人は軍事政権自体への不信感が強く、形式だけの文民政権では納得しないようである。つまり民主化総選挙をしなくてはならない。その際にはスーチー派が必ず勝つと、APUに来ているミャンマー人留学生のほとんどが考えている。だとすれば、キム・ニュンは軍事政権を手放すはずはないという見方が成り立つ。森林利権、ルビーの利権、そして阿片の原料となる芥子栽培等の利権の再配分を嫌う軍人も多いようである。芥子栽培は黄金の三角地帯である国境地帯を中心に行われており、現在は国連中心に監視が厳しくなっているが、多民族国家であるミャンマーで国境地帯に住みスーチーに近いシャン族と国境の監視を任務とする軍管区の利権となっているといわれている。とすれば歴代の駐ミャンマー日本大

使のスーチー嫌いは有名だが、江田五月民主党参議院議員の主張するようなスーチーの完全解放と総選挙実施に向けての国際的圧力しか道はないのかもしれない。ASEAN主導の軍事政権への民主化要請は、単に中国がバーター貿易によりミャンマーの資源を安価で購入するのを進めるという結果しか招かないかもしれない。

11.4.2. 日本企業のミャンマー投資案件

日本からの投資案件19案件[2]は、以下のように分けることが出来るだろう。外貨収入が極端に少ないミャンマーでは、外貨繰りが投資の一番の難問である。そこでどこから外貨を得るかで分類するのが有効だと思われる。

図表51. 日本企業のミャンマー向け投資の分類

	外貨稼ぎ型サービス業	国内市場型製造業	輸出指向型製造業	国内市場型サービス業
ODA資金狙い				社会開発エンジニアリング(千代田化工)
外国人の内外で支払う外貨狙い	サービスアパートの管理運営(大木建設・関電工・東京建物、はせがわ、YKK)旅行業(SAI Travel)		縫合針(Mani)真珠養殖(田崎真珠)クリーム洗剤(三井物産・テイカ)貿易(豊田通商)	
国内外貨狙い		屋根用トタン板(三井物産、伊藤忠・丸紅、住友商事)バイク・車の組立(スズキ・トーメン)プラスティック成形(INT(日邦の関係会社))		車の修理サービス(住友商事・日産、豊田通商)貿易(日邦)農薬(Alista Life Siencee(ニチメンの関係会社))証券業(大和総研)

---

[2] 『東洋経済臨時増刊海外進出企業総覧2002年版国別編』2003年

外貨繰りがビジネスプランの勝敗を決める。ミャンマー軍事政権と近づいたとしても、その決定はちょくちょく変わり、危険である。現地パートナーは情報収集のために必要だが、日本側が経営権を持たないと必ず失敗する。ミャンマー人パートナーは、ビジネスを政治の利権で動くものと考えているからである。日本からの中古車輸出を大規模に始めて神戸で活躍しているのは、東工大の留学生だったミャンマー人である。他の日本の中古自動車業者も参入して、ミャンマーでは日本の中古車が溢れている。そのために車の修理サービス業での投資が成立している。しかし部品輸入が困難なので、部品輸入代金に見合う輸出品を探す必要がある。豆類や胡麻のような農産品がよいが、マレーシア資本も参入している。また、たとえ協同組合省に行ってパートナーを紹介してもらい委託栽培を始めても、彼らは外貨で買いあさる東南アジア人に売ってしまう可能性が高い。

外国為替ではブラックマーケットが事実上存在しており、現地通貨であるKipが高く設定されている中央銀行が指定する公定レートで、外貨を現地通貨に替えさせられる外資系企業は、常に不利な立場に置かれている。闇レートでの交換は出来るが、それで帳簿を作ることは出来ない。観光業や外国人用のホテルやアパート事業はその点では外貨繰りに悩まないでよい事業であるが、投資額が多いと失敗する。三井建設は東京のミャンマー大使館の跡地をバブル期に買ってヤンゴン中心にホテルを建設する利権を得たが、建設は中途で放棄されている。パガン遺蹟やペグーやマンダレーの古都、そしてゴールデンテンプルやインレー湖など、観光資源は多いが開発されていない。交通インフラが整っていないのである。シルクエアというシンガポール航空の子会社による地方航空路やミャンマー華僑によるエアマンダレーは、国際観光客特に団体客が集まらないこともあり不調で撤退直前である。相乗効果で悪い方に行っている。

トタン板の合弁企業が3社あるが、建築資材として必需品であるトタン板は外貨で支払ってもよいから買いたいとする顧客が多く、商品として嵩張り輸送しにくいので、公の密輸が難しくかつ投資額と技術水準が低くてよいからだと思われる。

1999(平成11)年に認められたスズキのバイクと車の組立事業は、トヨタ車の輸入販売を認めた1996(平成8)年の投資許可案件の10倍の資本金である

$670万を持ち込んだことが評価されたのだと思われる。しかし収支均衡に持っていくのは並大抵のことではないと思われる。豊田通商のトヨタ車の修理サービスと車の販売が収支均衡しているのは注文があったものしか輸入しないからであるのに対し、製造をするスズキは受注見積りをする必要があるからである。しかしバイクも手がけていることから、キャッシュフローはバイク販売でどうにか回すと考えたのだろう。タイ、インドネシアからの部品代金の支払い方法が問題だろう。パートナーであるトーメンがミャンマーから輸出できるものを探せること、ミャンマー側パートナーであるミャンマー自動車ディーゼルエンジン社に部品等を輸入してあげて外貨輸入枠を確保することなどが考えられる。

　スズキはカンボジアでも2000(平成12)年にバイクの組立を始めている。ホンダのタイからの輸出に対抗する戦略だろう。豊田通商もカンボジアでトヨタ車の補修と販売事業を1995(平成7)年から行っている。カンボジアでは、さらにトタン板製造事業も住友商事が行っている。ミャンマーとカンボジアの投資の種類は投資金額が少ない必需品中心で、似たものになっている。

　豊田通商の貿易業とこのスズキの事業におけるトーメンの役割は同じではないかと思われる。即ち、ミャンマーの豆や海老を日本に輸出して、部品の輸入支払いに使える外貨を稼ぐ仕事である。スズキはインドネシアから部品調達をしており、トヨタもインドネシアからの部品調達が可能なので、海老などはインドネシアにまず輸出して仕向け地をその後日本にするといった算段をすれば、部品代金を一部バーターに出来るので支払い外貨の節約になるだろう。海老はインドネシア産なら大量に日本に入ってきているので、ミャンマーから直接日本に出すより海上運賃が安くなるだろう。もちろん原産地証明の付け替えといった違法行為はしてはならないが、大きな冷凍庫もあるインドネシアの倉庫に一時入れておいて、築地魚市場の海老の市況を見ながら高値で出すこともインドネシアからなら可能である。

　興味深い日本企業の投資案件は、FDIの形態をとっていない広島県の藤本という中小企業による、ヤンゴン近郊での床材製造である。国有木材加工企業で委託加工をしてもらい日本に製品を輸出する形をとっているが、現実には工場の一部分を独占的に借りて、日本人が常駐して製造加工を指導している。委託

加工とはいいながら、独立した企業経営を行っているといえる。国有企業からは材料を供給してもらい、現地人採用は国有企業と別個に行っている。というより国有企業は実質閉業しており工場を貸して賃借料を得ているだけなので、木材は藤本が自分で調達しているのだが、国有企業という名義があるために買いやすいので名義料を支払っているのである。輸出も国有船舶企業の船で手当てしてもらう必要があるので、国有企業の名前は役立つのである。同社は広島と徳島に工場を持ち、床材の加工を現在も続けているが、そこで行うのはミャンマーで加工したものの仕上げのみである。藤本という木材加工会社を日本で設立し長年経営に携わってきた70歳代の両親は、気候がよくて物価が安く、親切な愛嬌ある人が多いとして、年の半分をヤンゴンで過ごすと、日本人アドバイザーで実質は経営者である藤本の長男は語っていた。輸出加工型ならこのように必ず儲かるのだが、利権があるために外資系企業にそれらの事業を直接やらせないのである。

　このような輸出指向型製造業は、縫合針とクリーム洗剤である。日差しが強いミャンマーでは、女性は特殊な木の粉を水溶きして日焼け止めクリーム代わりに顔に塗っている。クリーム洗剤がこの日焼け止めクリームと関係があるかは不明であるが、タイガーバームはミャンマー出身の華僑がミャンマーでの伝統的な傷薬クリームからヒントを得て大量生産し、戦前に世界中に広めたものである。そのような隠れた天然資源はミャンマーには多い。筆者はマンダレー名物として川蟻と胡麻を混ぜて炒ったものをビールのつまみに食べさせられた。眼を凝らして蟻の形を見なければ、塩味がしてつまみとして最適である。また、水牛の皮で作るサンダルは、ミャンマー人が正装時にも履くものである。日本の若い女性の間で2000(平成12)年頃に流行ったビーズで装飾した布製や皮製のサンダルの多くはミャンマーで作られていた。某日本人女性が日本人用にデザインしてミャンマー人に作らせ、銀座のSONY Plazaに置いてもらってから日本中に流行り出したものである。ビーズ刺繍はミャンマー人の好むもので、様々な大きさのビーズや金属片を刺繍した象の模様の壁掛けがミャンマー人の間では人気の贈答品である。

　韓国系FDIによるアパレル事業も、安価で豊富な労働力を使った輸出指向製造業で、外貨を稼ぐ目的で進出してきたが、米国の経済制裁と引き続く欧州の

経済制裁により途上国の特恵関税が廃止になり、採算が合わず撤退寸前である。品質が良ければ韓国や日本に売り込めるのだが、中国品、ベトナム品、インドネシア品と並べてみると明らかに見劣りがする。安い労働力目当てと途上国向け優遇措置を目当てで進出してきて失敗した例である。韓国、マレーシア、シンガポール、タイ企業のミャンマー投資には、このような先進国特に EU 諸国の特恵関税が取りやすいという思惑を含んだものが多かった。

大和総研の投資はビジネスモデルによる見積りが甘すぎた例である。民営化が進むミャンマーで、民営化株式の上場の場として店頭市場を開設運営するアイデアである。先進国からの ODA が再開されれば、民営化への知的支援が必ず増える。それまでに実績を積んでミャンマー企業の調査をしておけば、ODA 案件の受注にも役立つはずである。取引銘柄は 21 銘柄あると言われているが、実際に取引が成立することはほとんどなく、あっても国の出資持分がまだ多い木材会社など二銘柄に集中しているようである。千代田化工は日本の ODA 資金での社会開発における技術支援案件受注のために投資している。日本政府の技術協力案件は、人道支援という名で進んでいる。ODA で技術教育を進めるという ODA 報告書をミャンマー政府に提出したところ、学校を寄付してくれと言われ日本政府は困ってしまったという例が 2002(平成 14)年にあった。ミャンマーに半年暮らして、旅行業を手伝いながら女性の自立を支援する NPO を主催している某日本人女性が、個人財産で学校施設を寄付してくれたので、日本政府は助かったようである。

文献

1) 鈴木康二『ミャンマービジネスガイドブック』中央経済社 1995 年
2) 鈴木康二「ラオスで法律は機能しているか」『関東学園大学リベラルアーツ』2002 年

第12章 アジア地域経済圏と営業秘密を生かしたSCMの可能性

12.1. FTAと地域経済圏

　アジアでのマーケティングとSCMを考えた営業秘密を生かす投資戦略を考える。地域経済圏とは経済統合が進んだ地域か進めようとする地域をさす。FTAを自由貿易地域(free trade area)と訳した場合、FTAは地域経済圏の一種である。しかしFTAを自由貿易協定(free trade agreement)と訳した場合は遠隔国間でも自由貿易協定を締結できるために、地域経済圏とは直接的には無関係の用語となる。

　アジアの地域経済圏には以下がある。

図表52. アジアの地域経済圏

	地域と国	補完関係	進出FDI	特色
ASEAN	タイ、マレーシア、インドネシア、フィリピン、シンガポール、ブルネイ	後進4か国への進出	域外国からのFDI多い	先進地域6か国と後進4か国は別待遇。AFTAは4大国の国益の思惑で進まず、シンガポールは欧米日豪とFTA締結へ。中国のASEANとのFTA交渉。
	ベトナム、ラオス、ミャンマー、カンボジア	先進4か国からの投資受け入れ	域外国企業はタイないしシンガポールにあるFDI経由での投資も多い。	
成長の三角地帯	シンガポール	IPO、人件費高	日系FDI多い	
	ジョホール州（マレーシア）	労働人口過少	日系FDI工場拡張できず。	

	地域と国	補完関係	進出FDI	特色
(成長の三角地帯)	リアウ州（インドネシア）	移住労働人口多い（Batam島）	住友電装SalimGのIE開発	
華南経済圏	広東省、香港、台湾	労働人口多い中継貿易と金融企業家多い	電子部品産業集積、数多くのFDI、日系SMEのFDI多い。	香港の機能重視で広東省で製造。広東省は世界の輸出基地となる。
環日本海経済圏	韓国	企業家と資本	現代グループ	豆満江開発計画は主導権争い。ADB主体だが、中国企業家脱税で北朝鮮経済特区長官が中国で逮捕と金正日の体制保証等あまりに政治的で進まず。中国企業家の脱税と吉林省の朝鮮族がキー。
	北朝鮮	安い労働力		
	東北三省	地域発展		
	極東ロシア	地域発展、ザルビノ港	住商、華僑のFDIの木材加工	
	日本	ODAとFDI	新潟、富山、北海道企業のロシア進出	
	モンゴル	穀物輸出		
北方の成長の三角地帯	南部タイ	地域開発		モスレム、鉄道と通関業務の簡素化。ただし構想のみ。
	北マレーシア	クラ地峡、運輸		
東方の成長の三角地帯	南部フィリピン	地域開発	なし	モスレム、ADBの構想のみ、補完少なく、外貨稼ぎは観光のみ。
	サバ・サラワク州	森林観光開発		
	北セレベスと北カリマンタン	農業開発		
バーツ経済圏	タイ	タイ企業の進出		バンハーン元首相主導の構想にADB乗るが、今はASEAN主導で。
	ラオス	投資誘致	タイFDI多い	
	ミャンマー	外貨稼ぎ、安い労働力	タイFDI観光で	
環黄海経済圏	韓国	資本と企業家		自然発生。九州企業に優位性あり。
	山東省	安い労働力	韓国FDI多い。日本は食品の開発輸入多い。	
	九州	資本と企業家		
両岸経済圏	福建省・浙江省	安い労働力		華僑中心、三交の禁の緩和がキー
	台湾	資本と企業家		
南アジア経済圏	インド、パキスタン、スリランカ、	関税同盟を目指すはずだった。	なし	インドとパキスタンのカシミール紛

	地域と国	補完関係	進出FDI	特色
(南アジア経済圏)	バングラデシュ、	インドとスリランカ間のFTAは2000年に発効。		争があり、進まず。
環黒海経済圏	トルコ、イラン、トルクメニスタン、ウクライナ、ロシア		トルコ企業の中央アジアFDI多い。	トルコ企業の市場確保のための構想。

12.2. FTAとWTOルール

12.2.1. 多角的貿易交渉から二国間貿易交渉へ

WTOのGATT24条は最恵国待遇の例外として関税同盟と自由貿易地域を以下の2条件を満たすことを前提に認めている。①経済統合を10年以内に完成させ、②実質的にすべての産品の自由化を域内で達成する。関税同盟は共通の関税率表を持つが、自由貿易地域は個々の関税率表のままであるから、関税同盟の方が経済統合度合いが高い。EUとNAFTAは先進国間の経済統合としてWTO事務局から認定されている。市場が大きくなれば規模の経済が働き、競争力が伸ばせる点が経済統合を進める理由である。EUは共通関税表のみならず他の貿易政策、金融政策、競争政策、外交・防衛政策を共有しているので、欧州合衆国になる日も近い。2003(平成15)年日本がメキシコとのFTA交渉を急ぐのは、メキシコがNAFTAのみならずEUと独自のFTAを締結したからである。日本がメキシコとFTAを締結しないと、メキシコは米国、EUからの輸入品には関税を掛けず、日本からの輸入には関税を掛けるという日本を差別する状況が生じてしまうからである。

WTO加盟国間で関税と非関税障壁の除去が容易になくならないことが2003(平成15)年WTOカンクン会議で明確になり、自由貿易協定(FTA)の締結交渉が世界的に広まった。WTO加盟国間の経済格差がグローバル経済下でより進んだことへの開発途上国側の不信感が、次回ラウンド開始についての合意が得られない大きな理由である。関税を低減ないしなくす交渉をWTOの場で行うことを多角的交渉といい、FTAの場でなくすことを二国間交渉という。

自国の利益になるなら何でもする貿易交渉は重層的貿易政策といい、米国に続き日本もこの政策を採るようになっている。その際は日本の農業保護政策が問題になる。いわゆる食糧安全保障の国内政治の問題である。他方米国の重層的貿易政策によるFTA交渉は、日本と異なり外交政治の問題となっている。ホルモン肉を巡りEU側に付いたエジプトとはFTA交渉をしないと宣言したような態度である。特にブッシュ政権の傲慢さは極端である。日本は自民党と共産党の主張する食糧安全保障による選挙対策という国内政治を重視するあまりに、農業交渉で譲らず不遜と見られている。

12.2.2. WTOルールによる途上国の例外措置

韓国も日本と同様のWTO農業協定の批准問題を抱えているが、WTO事務局には自国を途上国だと申告しているので、他の加盟国から不遜との非難は受けていない。農業協定上は途上国だから、農産品の関税化をしなくてもよいのである。しかし韓国は先進国だと自らを規定してOECDに加盟している。またGATT11条国となっている。GATT11条国とは国際収支上の困難がなくなったと認定された国であり、一般的に途上国を卒業した国を指す。シンガポールの所得水準は先進国並みだが、ASEAN内で協調するために、WTO上は途上国だと通知している。同じく長らく途上国だと自らを規定しながらOECD加盟の際だけ先進国だと言ってきたメキシコは、NAFTAに参加するにあたり先進国だと言わざるを得なくなった。以下で説明する授権条項をNAFTAには認めないからである。同時にWTOに加盟したが台湾は先進国と通知し、中国は途上国と通知した。しかし中国は世界経済への影響力が大きいので、WTOの場では先進国同様に扱われる場合もある。加盟に際してのサービス貿易の緩和措置の容認がそれである。ロシアはWTO非加盟だが、加盟交渉にあたり自分に都合のよい途上国条項の例外を種々求めるので、加盟交渉が難航している。

途上国であるとWTO事務局に申告するメリットは、途上国一般特恵関税(GSP)である。先進国が途上国から物を輸入する場合は、一方的に関税を掛けない枠をつくるとするものである。途上国が先進国向けに輸出を伸ばして経済発展が出来るようにしようとのケネディラウンドでの措置である。

韓国、シンガポールというアジアNIES(新興工業国)が途上国の立場に固執

するイイトコドリの態度は、他の一般途上国への先進国による貿易待遇改善を遅らせている。GSP卒業問題でシンガポールは強力に反対したが、GATTは認めず、韓国、マレーシア、タイも卒業したとして一般特恵をエンジョイ出来なくなった。それがNIES諸国企業の隣国やLLDCへの海外投資を促進させている。LLDCなら投資する企業が少ないので特恵枠を十分に利用できるから、先進国向け輸出で儲けられるのである。バーツ経済圏にはそのような思惑がある。

　後発開発途上国には許されるWTO上の待遇と、一般途上国に許されるWTO上の待遇の間に差がありすぎる。それが一般途上国が果たさなければならないWTO上の義務をいい加減な立法で形式的にだけ済まそうという姿勢につながっている。例えばWTOTRIPSに伴う知的財産権の保護立法である。そこでは先進国は権利の最低限の保護のみ規定することを主張した。つまり上限を設けない知的財産権の保護を自国は行うのである。それが米国の①99年という映画の著作権の過大な知的財産権の権利保護措置、②先発明主義を世界で唯一採用し続ける措置、③WTO紛争処理規定に反する通商法によるダンピング措置の発動、④政治的なFTA交渉、といった傲慢な国益追求主義に走らせている。イイトコドリをNIESは狡猾に、米国は傲慢に行うのである。

　開発途上国間の経済統合は、WTOのGATT24条の最恵国待遇を域外国に認めない例外措置を取る際に、上述2条件を満たさないで良いとしている。これは1979(昭和54)年の東京ラウンドで採択された条項に入っているので、授権条項(the Enabling Clause)と言われている。これがあるためにASEANはあるが、域内の経済統合が進まなくなっている。南米にある関税同盟であるMERCOSUR(ブラジル、アルゼンチン、パラグアイ、ウルグアイ)も授権条項の適用を受けている。産業内貿易が進めば経済統合の効果があるが、途上国間では同様な製品が競合することが多いからである。産業内貿易とは工業生産の水平分業関係をいう。上記表の補完関係のうち、同一産業内で行われている場合である。地域経済圏の中では華南経済圏、成長の三角地帯、両岸経済圏では産業内貿易が進んでいる。

12.2.3. 日本企業と日系 FDI にとっての FTA

　日本が自由貿易協定 (FTA) を進める際は、以下の場合に限られると筆者は考える。① WTO の多角的貿易交渉を補完する、②域外諸国を差別するブロック化の危険を最小化している、③日本の農業は維持されねばならないが農民は保護する必要はない。

　③は農産品の関税引き下げは受け入れよ、輸入枠はなるべく設けるな、ということである。日本は米の関税化を遅らせることを認めたがゆえに、最低輸入量が 5%から 7.5%になるという不利な条件をのまされているのである。産直、地産地消、スローフードを進め、食品の安全衛生基準を徹底し、農業による環境保持と生活の質の向上に役立つ食生活が確保されれば、日本の農業は維持できる。エンゲル係数が低い日本の消費生活において、日本産の農産物を購買する余地は広い。努力しない農民や権益の上にあぐらをかく農民を保護する必要はないし、彼らの票を頼みにしている政治家を国会議員にしてはならないと考える。

　①は WTO の譲許関税率をより低めることを条件にすべきだとの考えである。この点シンガポールはビールと焼酎を除き関税がない国なので、FTA を締結してよい。メキシコ、トルコは先進国だといいながら、関税率が 35 ～ 44％と高すぎる。最高税率の低下も必要である。図表 53 は高瀬の著作『WTO と FTA』p.127 から抜粋したものである。

　この表からわかるように、日本の工業品の関税率は世界の最低水準である。最低はシンガポールである。先進国の工業品の関税率は 5％以下に出来る。チェコのように EU に入る覚悟をした国は関税率を下げておかないと関税同盟に入れない。この点 ASEAN の関税同盟化は遠い先の話である。小規模農業国の関税率は高く、大規模農業国の関税率は低いのはある程度仕方がない。この表では従価税品目のみを比較しているので含まれていないのだが、日本の農産品の中には米のように関税率を従量税で計算しているものが多い。それを考慮して計算すると 11.7％ではなく 70％であり、最高税率は 126.4％でなく 490％である。このような高率な関税率は国際的に受け入れられるものではない。この点韓国も同様な非難を受けるだろう。

　インドは経済自由化政策を進めているが、関税率は高すぎる。そのため

第 12 章　アジア地域経済圏と営業秘密を生かした SCM の可能性　293

図表 53. 関税率

	全品目 平均税率	鉱工業品 平均税率	農産品 平均税率	全品目 最高税率	鉱工業品 最高税率	農産品 最高税率
日本	5.1%	3.6%	11.7%	126.4%	49.0%	126.4%
韓国	18.3%	11.4%	62.2%	800.3%	110.8%	800.3%
台湾	6.1%	4.8%	20.02%	500.0%	90.0%	500.0%
中国	10.0%	9.1%	不明	65.0%	50.0%	65.0%
マレーシア	16.1%	16.4%	13.6%	167.8%	55.0%	167.8%
タイ	29.1%	28.4%	34.6%	226.0%	100.0%	226.0%
インドネシア	39.8%	38.6%	47.2%	210.0%	200.0%	210.0%
フィリピン	27.2%	25.1%	35.3%	60.0%	50.0%	60.0%
USA	4.1%	3.8%	5.5%	98.5%	34.%%	98.5%
EU	7.4%	4.1%	19.5%	198.3%	22.0%	198.3%
カナダ	5.2%	5.3%	4.6%	49.0%	25.0%	49.0%
メキシコ	35.5%	34.8%	42.9%	254.0%	67.2%	254.0%
ブラジル	30.3%	29.7%	35.3%	55.0%	35.0%	55.0%
インド	67.4%	59.0%	124.3%	300.0%	300.0%	300.0%
トルコ	44.1%	40.7%	63.9%	360.0%	360.0%	225.0%
チェコスロバキア	6.4%	4.5%	13.3%	146.5%	31.5%	146.5%
オーストラリア	9.7%	10.6%	3.3%	89.3%	89.3%	26.1%
アルゼンチン	30.9%	30.6%	32.8%	35.0%	35.0%	35.0%

　ASEAN との FTA との交渉をより進めるだろう。具体的にはバンガロール IT 工業団地で進出したシンガポール、そして国内にインド人社会があるタイとの個別 FTA に注力している。自動車産業での関税がどの程度低く出来るかがタイとインドの FTA のポイントだろう。インドが鋳物部品を出し、タイがプレス部品を出すというのがそれぞれの国の技術水準を考えたベストの選択だろう。日本企業の当面の戦略は、ASEAN 子会社を通じてインドとの貿易をより幅広く進めることだろう。これは第 4 章で上述した OPA の 23 技術水準を考えた投資戦略とも整合する。

　インドと ASEAN 間の FTA を見る際は、2000(平成 12)年に発効したインドとスリランカ間の FTA が参考になる[1]。インドは茶と衣料については 800 万着を限度にして、50%の関税譲許をした。528 品目の繊維製品では 25%の関税譲許である。そして、酒類、石油化学製品、ゴム製品、その他の繊維製品はネ

---
[1] 木村福成『加速する東アジア FTA』JETRO p.185 の文章が参考になる。

ガティブリストにして対象外にしている。他方スリランカ側は、食料品等1,180品目をネガティブリストに挙げている。これではFTAといいながら一部関税の譲許をしたにとどまり、WTOの授権条項を最大限利用したもので効果は少ないといわざるを得ない。先進国並みのFTAにどこまで近づけられるかがポイントだろう。インドとマレーシアは国内産業保護の意向が強いため、貿易円滑化が先行するにとどまり、FTAは前向きに検討するにとどまる恐れもある。シンガポールとインドは包括経済協力協定の締結を目指すという言い方からも、インドの国内産業への刺激を恐れて関税同盟と言えない事情がくみ取られる。

この表での中国と台湾の関税率はWTO加盟時にコミットされたもので、各々2010(平成22)年、2011(平成23)年までに実施される予定のもので、現在の水準ではない。ただし台湾の数字は、木村の編著書[2]p.175にある記載と異なる。JETROは経済部に聞いているからより信頼性が高いのかもしれない。それによると平均関税率8.2%を2011(平成23)年には5.53%まで下げる。工業品は6.03%を4.15%まで下げる。農産品は20.02%を12.86%まで下げる。最高税率は鶏肉で400%である。台湾は自動車について国別輸入割当制度を2011(平成23)年まで維持するが、その他の商品は自由化、関税割当に切り替えられた。産業への悪影響を理由に、中国品の輸入禁止措置を工業品1,953品目、農産品931品目について実施している。これはWTOルール違反だが、中国はWTOルールによる二国間協議を求めてはいない。台湾への輸出可能性を切っても構わない、ASEAN＋日中韓のFTAが実現すれば台湾は外されるので、台湾の輸入禁止措置など影響は軽微で、今は事を荒立てないとの方策なのだろう。

中国はこの猶予期間を最大限に利用して輸入関税を高くすることで海外投資を誘致して、国内産業の強化を図るだろう。その過程で外国投資優遇税制の戦略的な使用により、知的財産権の安価な導入を図るだろう。投資優遇措置に動じることなく、知的財産権の適切な対価による中国投資をすることが、日本企業の投資戦略となるし、日本の経済成長の維持につながる。

そのためには傲慢な米国が知的財産権を保護しすぎている現状と、図々しい中国の知的財産権の軽視状況に対し、共に具体的に警告し批判していく必要が

---

[2] 木村福成『加速する東アジアFTA』JETRO 2003年 p.174

ある。そしてその過程でASEANが自ら知的財産権を生み出せないのは、実質面での技術軽視の経営文化にあることの反省を具体的に迫るべきである。ASEANと中国のFTA交渉は、中国がASEANからの農産品の輸入関税を格別に低くするとの提案から始まった。しかし中国の工業製品特に部品のASEAN輸出における輸入関税優遇により、中国企業はASEANに投資したいという本音があることを知るべきである。ASEANがそれでも良いとしているのは、自国への製造業FDIで従来支配的だった日本企業によるFDIに対抗するために、中国企業によるFDIを使おうとしているからだと考える。

日本企業はASEAN市場が中国市場と連携することを傍観することなく、ASEAN市場とインド市場との連携をより視野において投資戦略を立てる必要がある。そのために役立つようにASEAN+日・中・韓のFTA交渉を進めるべきだろう。多角的貿易交渉でない形で上述②のブロック経済化を阻むには、交渉相手をなるべく広くしたASEAN+日・中・韓のFTA交渉が望ましい。具体的には財の貿易におけるSCMをより徹底することである。ASEAN各国別に現地パートナーを得て、日系合弁企業は生産財、中間財、日用消費財、そして耐久消費財を製造してきた。これらの間をSCMで結ぶと考えれば、日本企業が主導権を取れる。中国での日系製造業は必ずしも主流ではなく、ASEAN特定華僑企業の中国製造業投資も盛んだし、欧米大企業および韓国企業の中国進出も盛んである。

ASEAN内でSCMの体制をつくって、その後でそれを中国の合弁製造業と結ぶSCMを作れば、日本企業は中国でも主導権を取れる可能性が高い。SCM作成に当たっては単にIT投資をするのみならず、ICタグ等日本がグローバル・スタンダート化できる可能性がある技術標準の利用がポイントとなるだろう。そのためには知的財産権で傲慢な米国企業とも組む必要から、EU企業・韓国企業を巻き込む必要もより考えるべきだろう。日本企業がPhilipsと組んで成功した、中国企業に日本のDVD特許を認めさせた例は、このような文脈で評価されるべきである。

またSCMを進める過程でサービス貿易の自由化が必要になる局面は多様に生まれるので、それを現在から想定しておいてASEAN+日・中・韓のFTA交渉の場で持ち出せるようにすべきである。つまりFTA交渉は財の貿易のみな

らず、サービス貿易でも現在の途上国各国が WTO 事務局に提出登録している GATS(サービス貿易に関する一般協定)上の約束表以上のものを獲得すべきである。ASEAN 諸国は自国財閥企業のサービス業における優位を保つために、約束表以上のコミットをしたがらないだろう。しかしそれは財の貿易における国際競争力が低下することになることを意味するとわかれば、サービス自由化はした方が良いことに納得するのである。そして誰が自国の経済発展に寄与してくれるかもわかるのである。少なくとも現地財閥や国有企業ではなく、外資系企業特に日系企業であることがわかるだろう。米国との FTA では無理やりにこじ開けられたサービスの自由化は、ASEAN+日・中・韓の FTA 交渉では財の生産においてお互いに win win game をするための範囲においてまず行うのである。もちろんシンガポールと豪州、米国、EU 間での個別 FTA は、サービス貿易自由化を含めて合意できる。問題は ASEAN と豪州、米国、EU 間の個別 FTA でサービス貿易を含めて自由化することの包括合意は出来ないだろうという意味である。だからといってやらないでよい訳ではない。サービス貿易でのグローバル化は通信、ロジスティック、専門サービスの分野で主導されるだろう。サービス貿易がモノの貿易に与える影響は、IT 化の時代になりいよいよ大きくなり、サービス貿易の自由化を進めないとモノの貿易を含めた国の競争優位が失われる事態が招来されるのである。産業保護を主張する国ほど国の競争優位が失われるだろう。中国が世界の工場であるのはたまたま家電、電子部品、バイクが世界の輸出入貿易で注目されているからである。流通 IT 化の時代を迎えて産業保護政策を取っているコストは高すぎることを ASEAN、中国、インドは理解すべきである。もちろん日本の農家保護政策を農業維持政策に変えることも必須である。

12.2.4. 日本の企業セクター・市民社会セクターと国際労働基準

この過程では日本の市民社会セクターはサービス提供者の移動を技術者・経営者のみならず、看護者・労働者にも限定的な枠と基準を設けて認めるように日本政府に働きかけるのが有効だろう。限定的な枠と基準とは、アジア人と日本人のイイトコドリの労働姿勢を排除する基準である。市民社会セクターは共生のためにボランタリズムを使う。看護者はボランタリズムが基本である。博

愛心がわからないアジア人を日本の高齢化社会に入れては社会不安が増すだけである。日本の企業セクターで働く労働者にもボランタリズムが必要である。そうしないと「他人のものは俺のもの、俺のものは俺のもの」という精神が日本にも持ち込まれ、技能知識の共有、チームとして働く技能の向上、生産現場での工夫による技術の向上が図れないからである。

　それは3K労働のみを外国人労働者に押し付けることになり、ドイツのトルコ移民社会や南米のような断裂社会と言われる階級社会に近い階層社会を生みかねない。不良資産からの立ち直りの過程で日本の労働状況は大きく変わり、能力給制度と安価の派遣労働が増え、中高年のリストラと若年失業が増え、キャリア女性労働者は増えず、社会不安を生みかねない結果を招いている。日本で階層間の格差がより広がる原因となるような、外国人労働者の受け入れが促進されてはならないのである。

　アジア諸国では、労働基準の国際的な水準であるILO協定の批准数が少なすぎる国ばかりである。日本46、韓国18、中国23、インドネシア16、タイ13、ミャンマー21、フィリピン30、シンガポール23、ベトナム15、ラオス4、マレーシア29、インド39、バングラデシュ33、パキスタン34、ウズベキスタン11、カザフスタン15、サウジアラビア15、クウェート18、レバノン43、イラン12、イスラエル45、イラク66である。

　　他方ILO条約批准の多い国はオランダ102、スウェーデン90、フランス116、英国84、ドイツ77、ハンガリー66、スロバキア67、ポーランド84、ロシア57、ブルガリア84、メキシコ78、ブラジル90である。これらの国は、労働基準を上げた方が技術水準が高くなるし、消費水準が高くなると考える国である。それが東欧諸国をEUという関税同盟に参加させる結果となっている。

　米国14、カナダ30とILO批准が少ないのは、能力主義の労働基準で、出来る者に技術水準の向上を期待し、出来ない者には格差の大きい多様な消費階層での消費を期待する国だからである。それが社会不安を生みやすい国家をつくっている。それが、国家としてのまとまりを強調するために、自由を世界に広めるというはき違えた自由を他国に押し付ける国となる側面を持たせている。イラク派兵はベトナム戦争化する可能性がある。イラクの批准数は66だから米国より数段労働者階層の均質化が図られていた国なのである。ロシアの

批准数は社会主義国だった関係もあり多いが、体制転換後は実質的な労働基準が低下して、米国のような能力主義と格差の大きい多様な消費階層の国になっている。WTO加入交渉でも国益を主張しすぎ、国内に政権との癒着と反発を生む社会不安を抱えた国になっている。

アジア諸国でILO条約批准数が少ないのは、アジアには人口が多い国が多すぎるのが1つの理由であり、他の理由は、アジア自国財閥企業が技術水準の向上を軽視し国際的な労働基準の受け入れは自らの利益向上に不利と考えたことによる。この考えがアジアのFTAが言われるほど進まない理由になっている。技術を軽視する社会では労働は自分の利益のためだけになりがちであり、上意下達、いわれたことしかしないという労働に終始しがちである。それでは労働の社会性は意識されない。そのような労働観念がそのまま日本にも移入されては困るし、事実日本は派遣労働の増加で、いわれたことしかしない風潮は広がっているのである。

アジア諸国の技術水準と国内企業家の経営姿勢を見る際に、相続税の有無も重要である。遺産に対して課税することは富の再配分機能を促進することで、自立する中間層を生むからである。ASEAN諸国の相続税はないかおよそ低すぎる水準である。したがってそこで生まれてきている中間層は、ストック経済におんぶに抱っこの「ぶら下がり中間層」である。彼らは努力しないで消費生活をエンジョイしようとしがちであり、外資が採用したビジネスモデルを真似して外資に参入させないで国内市場での寡占で儲けようとする国内企業家となる。そのためにFTAの進展とグローバル化の進展が困難になっていることに気づかない。

中国、ベトナム、ラオス、カンボジア、ロシア、東欧諸国は、社会主義体制下での個人資産はないとする考えから、相続税が本来ない。そのために中国のように資産家が生まれているのに相続税を課さないことで富の蓄積が出来る国になっている。これらの国は富の格差を不正な富の没収、汚職摘発で容認していこうとしているが、国家セクターへの不信とキャピタルフライトを生む結果を招来するだろう。東欧諸国のみはEU加盟でその労働基準の充実ぶりを中間層の労働意欲の向上に向けさせ、その中から技術革新の担い手を生むことが出来るかもしれない。

ブッシュ米国大統領は2025(平成47)年に相続税を廃止するとしている。富の再配分をさせない階級社会になりつつあるのである。日本も起業家を増やすためには相続税率を低くせよとの主張が産業界にも強い。それは階層社会を固定する機能を果たすだけではない。生まれた時から死ぬまで自分の実力で生きていくといった宮本武蔵のような人間が少なくなるのである。宮本武蔵が剣の工夫を怠らないように、自分の実力だけで生きようとするものは工夫を怠らない。相続税率の軽課と年金の不安定化により改善工夫の労働意欲が失われ、リストラ後の大企業ほど日常業務遂行でミスが起きるようになっている。これは弛みだから綱紀粛正をすればよいというものではない。上意下達に従って言われたことのみをする労働では、労働意欲がわかないのである。日本の成果給が上司が部下を評価する一方的なものである限り、会社業績のアップには必ずしも結びつかないだろう。2割の社員で8割の社員の給与の面倒を見るだけの業績向上は図れないことが多いからである。

　このような視点を欠くか無視した日本企業の最適地生産の考え方は、日本の産業空洞化を招くのみである。誰がASEAN、中国そして日本の経済発展と経済成長に寄与しているかにおいて、日本の企業セクターが寄与していると自信を持って言えることが必要である。そして、日本企業とアジア日系企業が、国内の他の社会セクターそして国外の他の社会セクターと妥協するのでなく調和して、市場競争で利益を上げられるようになって初めて、そう言えるのである。

12.3. アジアの税法

12.3.1. なぜ投資優遇税制は投資比較の対象にならないか

　FTAは加盟国間の分業の進展によりFDIの間での競争優位が明らかになっていくというのなら、その前提であるFDIに関する税法において競争優位がないものでなければならない。そうしないと、FDIに有利な税法を持った国ばかりが、FDIによる投資受け入れが大きくなり、分業ではなくて集中が進むはずである。そして制度を外資に有利なものにしやすい国ほど、国の競争優位が確立できるということになるはずである。

　筆者は、いくら税制がFDIに有利だからといって外国投資がしやすくなると

は考えていない。むしろ外資に有利な税制を持つ国は、外国投資に不利な国だと考えている。国家セクターは、投資環境が悪いから投資優遇税制を出して、投資誘致を図っているのである。筆者が提唱している国別投資環境比較表における比較項目では、税制の問題を無視している。税制が本来入る「知的インフラの問題」では、「政府とのネゴが少ない国」が投資環境が良い国だとしている。つまり投資優遇として税法上の恩典を与える国は、恩典を与えるについて政府とのネゴが必要になるので、投資環境は悪い国であることになる。投資優遇措置として許されるのは、WTO/GATTで補助金が許されている、僻地、研究開発だけだと考えた方が良い。

　なぜ税金を支払わねばならないのかについて2つの考えがある。利益税説と義務税説である。利益税という考えでは、市民が国家から受ける利益の対価として税金を支払うのだとする。国家から受ける利益の程度により租税を支払うというアングロサクソン系の考えである。米国独立戦争のスローガン「代表なくして租税なし」に表れる考えである。この考えによれば外資系企業は誘致された国から受ける利益は少なく、開発途上国ではインフラ等も外資系企業が自ら負担しなければならない部分が多いとして、低くて当然ということになる。投資優遇税制も当たり前だが、インフラ等の自己負担も当たり前だということになる。

　他方義務税という考えでは、国家はその任務を達するために課税権を持ち、国民は納税の義務を負うとする考えである。この考えは国家を個人の意思を超えたものと捉える権威的国家観と結びつきやすい。日本国憲法は「国民は法律の定めるところに従い納税の義務を負う」と規定し、租税法律主義をいうのみである。権威的国家観と別のところから義務説を捉えられないかという観点から、民主主義的租税観が生まれている。民主主義的租税観では、国家は主権者たる国民の自律的団体であるから、その維持および活動に必要な費用は国民が共同の費用として負担しようと考える。権威的国家観によれば、外資系企業は存在するだけで国家が決めた租税を取り立てられることになる。民主主義的租税観によれば、外資系企業は内国法人として国家維持のための費用を共同で負担することになるから、妥当な範囲での負担が限界だということになる。

　税金を払わない終身旅行者という考えがある。どこの国にも半年未満しか住

まなければ、どこの国にも個人所得税や住民税を支払わないで済む。旅行者なので住んだ国で働いて稼いでいるわけではない。しかし所得税は全世界所得を対象にするから、外国にある資産から生まれる利子所得や家賃収入といった所得は現在住んでいる土地がある国家で課税される。しかし課税は年単位でなされる。現在住んでいる土地に半年以上住まないと年度で課税される対象にならない。もちろん住んだ国での消費税は支払う。図表54の租税の区分でいう人税、直接税、収得税を支払わないようにしようとするのである。松本清張『球形の荒野』という推理小説がある。第二次大戦時の日本人スパイがどこの国の国籍からも抹消されて世界をさまよい、娘が元スパイの父親を探す話である。現在は permanent traveler としての生き方が格好よいとされる時代になっている。別に国籍をなくしている訳ではないから不自由もない。

　ヤオハン元社長で当ヤオハンを潰した和田一夫が、高額所得者として日本で支払うべき税金を逃れるために熱海から香港に住所を移して終身旅行者となった第一号の日本人である。妻の住民票を熱海に残しておいたことを理由に日本の国税庁は課税しようとしたので、妻も一緒に終身旅行者となった。日本の外航船員の場合、配偶者または親族の居所を本人の居所として本人の全世界所得に対して課税してきた先例を適用したからである。全財産を失って飯塚市に住んでいる和田一夫は、現在支払うべき課税所得がない生活をしている。このような終身旅行者は米国人や華僑の富豪には数多い。タックスヘブンに本社を移す会社も現れている。義務を免れかつ利益を受けているのに対価は支払わないという、租税の根幹を揺るがす考えが強くなっているのである。

　日本の総合商社は1970年代末まで日本で法人税（法人所得税）をおよそ支払っていなかった。外国で支払った所得税相当分は、日本国内の法人税支払いから控除できるという外国税額控除制度があるからである。これは国際的二重課税の排除として世界的に認められている。子会社からの配当所得や子会社への貸付金から得られる利子所得に対しては、送金時に現地政府が源泉徴収してよい。国外源泉徴収された外国税金は日本で支払うべき法人税額から控除されるので、商社金融が重要な総合商社にとっては日本で支払うべき法人税がなくなってしまうのである。総合商社は日本社会で大きな発言力を持っていて利益を上げていながら、法人税を日本で一切支払わないのはおかしいという社会

風潮が強まり、外国税額は90％までしか税額控除されないように法改正された。

アジアでは国家による税金徴収能力が低い国が多いし、終身旅行者を実践する華僑富豪も多い。アジアの開発途上国に進出した外資系企業と外資系企業に勤務する外国人の支払う税金は、開発途上国にとって取りやすいことこの上もない租税である。外国人は憲法上保護すべき国民ではないから、住む国での選挙権がないまま法律で租税を課すことができる。先進諸国からきた外国人はその全世界所得について、現在居住する開発途上国の国税当局に支払わねばならない。先進国では低所得と見なされる課税対象所得は開発途上国では高額所得と見なされて、最高水準の累進税率で個人所得税を支払わされる。そのため親会社から出向している外国人においては途上国で課される個人所得税を会社負担にしていることも多いから、外国人の側でも心置きなく高額税金を支払ってくれる。

外資系企業は資産を当該地に持ち込んで事業をするので、資産課税も所得課税もしやすい。違法な課税があったら内国法人として租税訴訟を提起は出来るが、提起すると別のところで仕事がやりにくくなるかもしれないとして訴訟提起を躊躇してくれる。適法な課税を地場企業は逃れていることが多いのに対して外資系企業が逃れるのは困難である。他人の違法行為を非難しても自分の違法行為が適法行為になる訳ではないし、他人の違法行為が必ず摘発されるとは限らないのは、スピード違反の取締まりに遭った人は誰でも知っている事実である。外資系企業への投資優遇税制は、単に誘致のための方便に過ぎない。資本と技術を持ち込んで現地雇用の拡充に努めてくれれば税制優遇措置の対象になるという言い方の裏には、地場企業と現地人には甘い税金の取り立ても外資系企業と外国人からは厳しく税金を取り立てるという考えがあるのである。

典型がインドネシアにおける日本商社である。インドネシア政府は日本商社の100％子会社による現地法人を1989(平成元)年まで認めなかった。流通への外資参入を認めない一方で、外資の支店活動は銀行だけに限るとしていたからである。つまり20人近くの日本人がいる日本商社は、単なる駐在員事務所だったのである。駐在員事務所は連絡資料収集調査をするだけで事業を行って

はならないから、所得も収益もない。しかしインドネシア政府は商社の駐在員事務所に法人所得税を課した。(インドネシアの法人所得税)=(日本の商社本体の全世界所得)×(インドネシアの取扱金額)÷(全世界の取扱金額)×(インドネシアの法人税率＜35％＞)で計算した。インドネシア所得税法に根拠のない課税方法であった。「インドネシアで商売させてもらっているのを有り難く思え」という、まさにスハルト権威主義的支配体制の下での権威的国家観に基づく義務税の思想である。

しかし投資環境といえば、投資関連税制を言わなければ話に何らないという雰囲気がいまだアジアの企業関係者には多い。そこで、「アジア投資戦略を勉強したのに、アジア諸国における投資関連税制を何も知らないのでは話にならない」という話にならないことをいう実務者からも相手にされるように、最低限必要な投資関連税制に関する知識を述べておくこととする。

12.3.2. 税金の種類

租税に関する基本法が税法であり、支配に関する法律だから公法に分類される。税法は行政法の一分野であるという考えもいまだ根強い。租税の分類の仕方には①国税と地方税、②内国税と関税、③直接税と間接税、④人税と物税、⑤収得税、財産税、消費税、流通税、⑥普通税と目的税といった分け方がある。それぞれ下表のような切り口で、一般的に通称される各種の税金は分類される。

図表54. 税金の種類

分類の根拠	税区分と具体的な租税	税区分と具体的な租税
①賦課する国家セクターによる分類	国税 法人税、所得税、相続税、贈与税、消費税、関税、たばこ税、電源開発促進税、登録免許税、印紙税 (地方交付税は国税の中から地方に配分するもので、そのような名の租税がある訳ではない。)	地方税 省クラス(都道府県税) 住民税、事業税、自動車税、ゴルフ場利用税、狩猟者登録税、県たばこ税、不動産取得税、自動車取得税、入猟税

分類の根拠	税区分と具体的な租税	税区分と具体的な租税
①賦課する国家セクターによる分類		グラスルーツ（市町村税） 　市町村民税、固定資産税、事業所税、軽自動車税、入湯税、市たばこ税、都市開発税、宅地開発税、国民健康保険税
②外国からの輸入貨物に掛ける税金か否か	内国税 　関税以外の税金	関税 　財政関税 　保護関税 （LLDCでも税収目的の財政関税は少なくなっている。）
③納税義務者と担税者が同一か否か	直接税 　所得税、法人税、相続税、固定資産税 （累進的になる。）	間接税 　消費税、売上税、増値税 （消費や取引を対象に課するので、逆進的、比例的になる。）
④主として人的側面に着目しているか、物的側面かによる基準	人税 　所得税、相続税	物税 　固定資産税、消費税
⑤担税力、課税物件を基準とする	収得税：収入を対象 　所得税：所得を対象 　収益税：生産要素からもたらされる収益を対象	消費税：消費行為を対象 　個別単段階…酒税、関税 　一般多段階…売上税、付加価値税
	財産税：財産の所有を対象 　相続税、贈与税、固定資産税、自動車税、鉱区税、狩猟者登録税	流通税：個別の事実を対象 　登録免許税、印紙税、不動産取引税
⑥一般経費用か特定経費用か	普通税	目的税（特定財源税） 　揮発油税、自動車取得税 （財政の硬直化を招く）

12.3.3. FDI関連アジア諸国の税金とその特徴

図表55. 直接投資関連のアジア諸国での税金

		法人税	個人所得税	消費税	関　税	移転価格税制その他
	韓国	課税標準が1億won超で	4区分、最高税	VAT(付加価		移転価格税制

第12章　アジア地域経済圏と営業秘密を生かしたSCMの可能性　305

	法人税	個人所得税	消費税	関　税	移転価格税制 その他
(韓国)	1,500万won+1億won超過分の27%。 5年間の損失繰越を認める。外国税額控除で控除しきれない分の5年間繰越控除可能。 租税特別制限法で、海外資源開発投資配当所得免除、国際金融利子所得免除、技術移転所得税額減免等。 無形固定資産は定額償却、有形固定資産は定率法、建物は定額法。	率は8,000万won超の課税標準で1,700万won＋超過分の36%住民税は所得税の10%源泉徴収	値税)として10%		があり、税収確保のために厳しくチェックされる。50%以上の出資持分関係にある海外親会社との取引では、国際取引明細書を法人税申告時に提出しないと過怠料あり。
中国	33%(国税30%、地方税3%)。 FDIは企業所得税暫定条例の適用なく、外商投資企業および外国企業所得税法による。 親会社への特許権使用料支払いは損金不算入。 親会社が借入でFDIへの出資をした場合でFDIに転嫁した利子支払いは損金不算入。 接待費は純売上高の0.5% 固定資産は定額償却(建物20年、生産設備10年、電子設備・自動車・備品5年、無形固定資産は10年以上で定額償却)、開業費は5年以上で均等償却。 駐在員事務所でも商品代理貿易、コンサルティング会社のサービス、広告会社の	所得区分応じた分離課税、源泉徴収と申告納税は別個、給与所得につき5-45%の累進課税。月給10万元超で1.5万元控除後45%。事業所得は5万元超で最高税率35%と給与所得より10%低い。役務所得は5万元超で収入額×32%－5.6万元。 5年以内居住の外国人の国外源泉所得は免除、会社負担の家賃は会社が実費精算すれば非課	増値税17%[3]。輸出物品につき全額還付しないのは国際的非常識。中間品は15%、その他13%の還付率を輸出減速化を理由に下げた。 来料加工(原材料の一部を無償で中国加工業者に提供して引き取る)は無税だが、国内調達分の増値税の還付が出来な		移転価格税制上は25%以上の出資か自己資本の50%以上の貸付かで関連会社。 1998年国税59号通達は関連企業との取引が大きい企業の30%は重点調査対象として毎年調査するという。厳しすぎる規定。日系企業は徹底的に移転価格を調査され、独立企業間取引基準(独立価格基準法、再販売価

[3] 領収書は税務署で販売している。収据は正式領収書でないから収据発行者はほとんど脱税者である。中国の増値税では領収書で、日本の消費税では帳簿によっていることの違い。

	法人税	個人所得税	消費税	関税	移転価格税制その他
(中国)	請負・代理広告、運送会社のサービスの場合は、みなし所得・推定利益・経費による割戻しにより課税される。	税。	い。間接輸出(保税で輸入加工して輸出)に増値税が課される[4]。		格基準法、原価基準法、推定利益率方式のいずれか)により追徴納税させられる。事前確認制度がある。
台湾	営利所得税 課税所得別に0%、15%、25%だが、配当留保による租税負担回避のために10%は一律課税(個人が支払う総合所得より配当所得については配当を出した会社の営利所得税分より控除できるため。日本ではしている配当と法人税の二重課税を台湾は両税合一の名の下でしないため)。 土地・台湾株式の売却益は非課税。 減価償却は定額法だが定率法も申請で可能。営業権の償却は10年。創業費は会計上は発生時一括費用計上だが、税務上は5年以上で償却する。交際費算入限度は0.6%と大きい。海外投資損失引当金としてFDIに20%以上の出資持分で政府の認可を得れば持分の20%以内で可能。繰越欠損は5年まで。	総合所得税 6-40% 国外源泉所得について非課税。すべて確定申告、給与源泉徴収、90日超182日までの非居住者について台湾法人負担給与は20%源泉徴収。	営業税5%、統一発票によるインボイス方式、農漁業で無税	関税	移転価格税制、tax heaven税制なし。 貨物税(自動車等分特定商品への物品税)、証券取引税、地価税/家屋税(固定資産税)、土地増値税(所得税は非課税だが土地譲渡のキャピタルゲインに40-60%)、契約税(登録免許税)、印紙税。

[4] 増値税の他に、特定消費税として、営業税、消費税、土地増値税がある。営業税3-5%が運輸、建設、金融、通信、娯楽、サービス、私財譲渡、不動産販売に課せられる。消費税3-50%が奢侈品、ガソリン、乗用車に課される。土地増値税がキャピタルゲインにつき30-60%で課される。

第12章　アジア地域経済圏と営業秘密を生かした SCM の可能性　307

	法人税	個人所得税	消費税	関税	移転価格税制その他
香港	事業所得税(香港内で生じた営業による所得×17.5%,資産所得税相当分は香港内での賃貸料収入×15.5%) 香港外からの所得への課税はなく、キャピタルゲインは非課税というtax heaven特有の税制を持つ。そのかわり事業を行う者から年額で事業登録料を取るし、資産所得の経費は2割しか算入を認めない。 キャピタルゲイン非課税は不動産売却、株式売却のみならず、配当金、営業金銭債権債務以外の為替差損益も課税対象外としている。欠損の繰越は無期限でできる。 税率は国家予算で決まるために、変動は毎年ありうる(英法系国の特徴)。 税法上の減価償却は建物につき年4%の定額法、機械設備は年10-30%の定率法。ただし初年度の償却率は産業用建物20%、機械設備60%とし加速償却を認めている。会計上の減価償却と別計算する。	給与所得税(香港内で提供した労働役務の対価×2-18.5%)事業所得税(香港内で生じた営業による所得×15.5%) 資産所得税(香港内での賃貸料収入×80%×15.5%) 給与や利子支払の源泉徴収はない。 資産所得の経費は2割算入では不足する賃貸用資産購入のための借入がある人は、総合課税を申告すれば借入金利息の全額損金算入が認められる。 会社負担の家賃は給与総額の10%と見なして課税対象。親会社負担の家族手当・賞与も香港での給与と見なされる(offshore income 非課税の例外)。	なし		印紙税、相続税(5-15%)、事業登録税(tax heavenならではで年HK$2,600)、宿泊税、不動産税(日本の固定資産税)。移転価格税制はあるが、香港の税率が低いために適用例はほとんどない。

	法人税	個人所得税	消費税	関税	移転価格税制その他
タイ	法人税30% 自己申告納税なので税務調査が厳しく違反への罰金は大きい。 棚卸資産は低価法、その他の資産は取得価額で計上。 受取配当金の半額を益金不算入を認める不思議な国（上場会社が受け取ると全額不算入、25%以上出資の子会社又はJVから受け取ると全額不算入、投資信託分配金も不算入） 金融機関の貸倒償却においては債務者が法的倒産していなくても損金算入可能（日本が認めず米国が認める手法、りそな銀行や足利銀行のような繰延税金の問題は生じない）。	個人所得税5-37%の累進課税。 自己申告ではあるが、給与所得については源泉徴収あり。 居住者の国外源泉所得はタイに送金されない限り非課税。ただし日本で受け取る家族手当・賞与はタイでの給与とみなして課税。個人所得税・家賃の会社負担は給与と見なす。 上場株式・国債以外のキャピタルゲインは課税対象。	VAT10% (2003年9月まで7%) 飼料・肥料販売をVAT非課税とするのは農業国らしいがCPからの圧力も想定できる。不動産賃貸もVAT非課税とするのも業界圧力。 金融業・不動産販売業はVAXではなく3%に軽課された特別ビジネス税を支払えばよい。	AFTA、FTAに期待	印紙税、物品税（酒、飲料、タバコ、石油、自動車、化粧品等14品目）、地方税として以下の3税、土地家屋税（居住用を除き賃貸料×12.5%）、開発税（未利用土地の評価額×0.25-0.95%）、広告税 移転価格税制は2002年より導入。
ベトナム	法人所得税法で内外資のベトナム法人は一律32%になっている。しかし外国投資法によりすべてのFDIは25%以下の優遇税制の適用を受けている。 日本のような自主納税申告ではなく、税務申告書と証憑により税務当局が賦課する賦課課税制度を採っている。FDIはCPAによる監	個人所得税。 外国人は高額所得者所得税として個人所得税と別計算する。0-50%の累進課税。月給0.8億Dong(57万円)で40%適用され12万円の税金負担で、日本	VAT法によるVAT業種により0,5,10,20%標準税率10%であり還付が遅いのが問題。 非課税品物は農林水産物、塩、特別	輸出関税ある特殊な国。2006年までにASEAN並に輸入関税引き下げ。	およそ地方税がない特殊な国。 特別売上税（酒、たばこ、ゴルフ、車100%(損失あるときは95%減免)、ガソリン） 天然資源開発

第 12 章　アジア地域経済圏と営業秘密を生かした SCM の可能性　309

	法人税	個人所得税	消費税	関　税	移転価格税制その他
(ベトナム)	査済財務諸表を税務申告書と共に提出する。課税年度は会計年度と共に暦年のみ。借入金利子の損金算入を認めない場合がある(資本金を借入で賄った場合の利子、自己資本比率が30%未満の場合の利子)。	より数段高い。さらに借上社宅の住居費は月給の15%上限で個人の所得と見なされ、会社負担の光熱費・水道料金も個人所得と見なされるのでよいとの認可が得られる。ベトナムは全世界所得につき高額所得者課税で課税され、控除が曖昧で認められないこと多い。それが日本的経営を知るベトナム人を採用したい大きな理由[5]。源泉徴収は奨励されているに過ぎない。30-182日滞在でベトナムで得た所得は25%で課税。	売上税の対象品、国内非生産の機械設備、finance lease、生命保険、医療サービスである。輸出加工区にある企業は非課税業者なので国内調達して支払ったVATの還付は無い。仕入税額控除なので仕入先からVAT invoiceを入手する。		税(1-40%、現物出資の場合は不要)。ロイヤルティ税(受取側が10%を支払う)。土地家屋税(3-32%、土地使用権を持つ者が支払う。土地使用権の賃借料支払者は免除、現物出資者が支払う)。コントラクター税(2-10%、ベトナム会計システムによらない外国コントラクターが、VATと法人所得税の、みなし納税を売上高ベースに行う)。
マレーシア	法人所得税28%、地方税の事業税なし。2001年より自主納税申告制度になっている。	個人所得税0-28%税率は近隣諸国の低下傾向に歩	売上税10%(食料品・木材建設資材は5%、酒	機械・原材料輸入関税は低	キャピタルゲイン課税はない。ただし不動産

---

[5] ベトナム人は税引後の手取りで給与を見ることが多い。月給$700を手取りで支払うためには会社は$1,190の給与を支払い、$490の税金を負担する。税率は41%に上り、日本でこの高額税率が課されるサラリーマンはおらず、高額所得番付に名が上がる水準である。A－(A×40％－300,000,000)=10,500,000Dongを満たすAは1,250万Dongだからである。

	法人税	個人所得税	消費税	関税	移転価格税制その他
(マレーシア)	マレーシア国内所得のみに課税。マレーシアに持ち込んだら国外源泉所得も課税。事業所得、投資所得、資産所得、その他の所得別に損金計上し損失繰越が認められているので、納税額はこれら4所得の合算所得となる。分割納税が義務なので毎月支払う。毎月の分割納税期限に遅れると通知なく10%の罰金。税法独自の会計処理はないので損益計算書より税金が導入される。しかし減価償却は税法に従うので会計上のものは認められない。引当金・準備金、交際費、寄付金の損金算入はない。創業費・開業費は繰延資産として任意に償却できるが、その内容は狭く制限されている。キャピタルゲイン非課税なのでキャピタルロスも損金算入を認めないが、産業用ならキャピタルアローアンスとして損金算入を認めるとする。店舗・ショールーム・事務所は減価償却の非対象である。工場内事務所は10%以内の場合のみ全体で償却できるので、他は工場分のみ償却する。借り入れで不動産・株式のままに投資されている場合は、	調を合わせている。地方税の住民税なし。賦課課税制度は2004年より自主納税申告制度に変わった。即ち税務調査が定期的にあることになった。国外源泉所得はマレーシアに持ち込んだら課税される。60日超の非居住者は国内所得に28%で課税。非居住者取締役は入国せずとも28%で課税。ただし地域統括会社の外国人はマレーシア滞在日数分の所得に課税。給与所得は源泉徴収される。会社負担住宅は年収の30%を限度に所得ありとされる(ホテルでは3%)。会社負担の車も課税。退職積立基金以外の退職金	20%、タバコ25%、免税品として輸出品、必需食料品・写真フィルム・カメラ・バイク(物品税支払っているから不要との考え)、自転車・繊維品・食品製造・製紙・印刷・建設・金属・ゴム・ココア・ヘリコプターがある。一段階しかない消費税なので、原材料・包装材購入時に売上税免除される。輸出品は免税なので、原材料・包装材につき還付がある。サービス税5%(輸出サービスは消費税なので非課税)全課税対象者は	率だが、200%の税率もある。輸出関税が原油・パーム油に課される。	譲渡益税はある。土地投機を抑えるため、で2年以内売却でキャピタルゲインに付き30%課税。外国人個人は5年以内で30%と内外差別をしている。石油所得税。物品税がビール・タバコ・自動車・バイクに課される。印紙税。

第12章　アジア地域経済圏と営業秘密を生かしたSCMの可能性　311

	法人税	個人所得税	消費税	関　税	移転価格税制その他
(マレーシア)	借入金利息の損金算入は認めない。為替損益は実現した損益取引(棚卸資産の売買、サービスの対価、利息、ロイヤルティ)のみ損金、益金処理される。借入金・投資・機械設備・不動産の決済に伴う為替損益および外貨建て売掛金・買掛金の期末評価替えによる為替損益は税務上の損益でないので税務調整する。	は課税されるが10年以上勤務し55歳定年の場合非課税。銀行利息はRM10万まで非課税。社債利息非課税。外国人・家事使用人を除き残業手当を除く給与賃金の11%をEPF(従業員基金)用に天引きされる。会社もEPFに支払賃金の12%を納付する。	免許取得の必要がある。納税は売上後2か月以内。		
シンガポール	法人税率22%税率は毎年変わる英国方式賦課課税方式なので、税金確定に2-3年かかる。ただし納税義務者の側で納税計算はする必要がある。地方税なし。tax holidayになっているので、実態ないとtax heavenに立地しているとみなされ日本の本社での課税対象になる。交際費の損金算入を広く認める。現在において業務に関係なくても将来に取引が見込まれる相手に対する支出も認められる。国外源泉所得はシンガポー	個人所得税4-22%の累進税率、賦課課税方式。地方税なし。年金基金(CPF)の個人負担(源泉徴収義務あり)は20%(2004年は18%に軽減)、会社負担は賃金総額の20%(2005年まで16%に軽減)国外源泉所得はシンガポールに送金がなければ非課税。ただし日本で支払われる留守宅手当・	財貨・サービス税(GST)5%(2004年から2003年は3%)インボイス方式であり日本の帳簿方式と異なる。支払いは3か月ごと、非課税取引は住宅用不動産の販売と賃貸、金融サービス(生保は非課税だが	輸入関税	キャピタルゲイン課税なし。固定資産税(評価額の10%)、印紙税、自動車税、遺産税(5-10%で日本に比し低すぎる)、物品税、ホテル・飲食税。

	法人税	個人所得税	消費税	関　税	移転価格税制その他
(シンガポール)	ルに送金がない限り非課税。ただし2003年以降シンガポール送金のあった国外源泉の配当所得、サービス所得は非課税そして国外源泉の研究開発用、ロイヤルティ・利息収入のシンガポール送金があっても非課税とならない運用が行われている。所得税法と異なる運用をシンガポール外での外国投資・シンガポールでの研究開発投資を促進する観点から行っていると思われる(有利な裁量だが裁量行政の危険さがある国である)配当に関する法人税相当額を控除。為替損益は実現分のみ計上。減価償却は企業会計上の基準をそのまま認める。マレーシアと同じ減価償却の考え。損失繰越は株主異動がない限り無期限に認められる。企業集団税制あり。所得は事業所得、投資所得、資産所得、その他の所得別に収入と費用を計算して所得を出し合算する。暦年基準のみなのは別々に計算するため。ただし事業所得は会社の会計年度でもよい。しかし暦年で賦課課税されるので暦年基準にした方がよい。2月頃に前年用の申告書が送付されてくるので	賞与はシンガポールでの給与支払に伴う給与所得なのでシンガポールに送金なくても課税対象。給与所得に関する源泉徴収義務なし。60-182日滞在者はシンガポール国内所得に関して15%、地域統括本部の駐在員はシンガポール滞在日数分のみの国内所得についてのみ計算する。S$16-32万で控除後の課税所得S$13-25万となり税率19%。	損保は課税)、物とサービスの輸出、三国間取引、保税倉庫内取引、継続企業の売却。輸入し再輸出する業者の還付までの資金負担をなくすためにmajor exporterの認可(輸出売上高51%以上)を受ければGSTは非課税。輸出51%未満でも輸入GSTの支払保証を銀行より受ければmajor exporterの認可可能。グループ登録でグループ内取引のGST管理事務簡素化(1事業者として登録)できる。外貨建て国内取引		

第 12 章　アジア地域経済圏と営業秘密を生かした SCM の可能性　313

	法人税	個人所得税	消費税	関　税	移転価格税制その他
(シンガポール)	21日間に監査済み財務諸表と納付税額計算明細書を添付して提出すると、数か月後に賦課通知書が送られてくるのでそれにより納付する。		では3か月ごとの社内レートの適用も可能。		
フィリピン	所得税32%租税改正法1997による。所得税率が高く地方税もあり、税金が高い国だと見たほうがよい。電子徴税システム(EFPS,RELIEF,ITS)の導入で取引先と納税者の納税の正確性を調べられて多くの内外法人が過少申告であることがわかり、VAATにより売上過少計上額×2%、不足税額×10%を支払わされている。納税者番号制あり。全世界所得を自己申告納税制度により納付。外形標準課税2%は売上高から売上原価を控除した課税標準に対して課される。つまり利益が出ていなくても所得税は支払わねばならない。貸倒損失の損金算入は回収不能ならよいので日本のように法的倒産必要より大幅に緩和されている。支払利息は支払額の62%しか損金算入できない。減価償却の年数は個別交渉	所得税最高税率34%租税改正法1997による。フィリピン人は全世界所得、180日以上滞在外国人は国内所得のみ課税。180日未満は国内所得につき一律25%。源泉徴収制度あり。キャピタルゲイン課税あり。会社負担の自動車、家等は会社側がfringe benefit taxを支払う。配当金・利息・ロイヤルティは20%の源泉課税。	VAT 10%インボイス方式。輸出・農林水産物・肥料・コプラは非課税。パーセンテージ税対象は非課税、パーセンテージ税は銀行5%、生命保険5%、公共料金3%、ロイヤルティ5%、競馬10%、国内旅客輸送3%、国際通信2%。	関　税	パーセンテージ税として印紙税、国内消費税、相続税。州税として不動産取引税、出版事業税、フランチャイズ税。市税として事業税、固定資産税。

	法人税	個人所得税	消費税	関　税	移転価格税制その他
(フィリピン)	だが、米国財務省の減価償却テーブルに従うなら交渉は不要。				
インドネシア	法人所得税 10、15、30%(所得$1万以上で30%なので実効税率は30%)。自己申告納税制度。外資法による外資系企業(PMA企業)管轄の税務署と外国企業・外国人管轄の税務署(BADARA)がジャカルタにある。ジャカルタ以外では所在地の税務署で納税する。税務調査は10年間出来るので、その間の会計帳簿を保存しておく必要がある。税務調査での納付不足の場合1か月につき2%、最大48%の延滞金を支払う。決算期間は自由選択。予定納税制度あり。ドル建で記帳、決算書作成は認可を得て可能。繰越欠損は5年間。不動産譲渡所得の課税がない。25%以上出資の国内法人からの配当金は持株会社以外なら益金不算入である。税務用減価償却率表に基づくので自由な償却期間は認められない。建物は20年で定額法、他は定額法、定率法選択できる。オフィス機器4年、車8年、産業用	個人所得税 5-35%(課税所得$2万以上で35%、実効税率月給$5,000で28%、$7,000で30%)。自己申告納税制度。全世界所得。現物支給は個人所得税の対象にしないことも出来るが、会社の損金としても認められない。外国人給与金額水準についてのガイドラインが税務当局から示されていて水準はわかっているので過少申告は見つかりやすい。毎月予定納税する(PPh25)。給与所得につき源泉徴収義務あり。出国税Rp100万があり、前払い個人所得税扱い。個人納税者として登録され	付加価値税 10% インボイス方式。低税率は工業団地8%、ビルサービス4%、旅行代理業1%、配送サービス1%、小売店売上2%。非課税は鉱産物、米、とうもろこし、レストランやホテルでの飲食、医療、銀行、保険、ホテル、輸送、輸出。	関　税	相続税、贈与税なし。不動産譲渡所得がないことも特定個人が大金持ちになりやすい体質を持っている。印紙税($1未満の2種しかない)、土地建物税(0.1-0.2%)、土地建物取引税(5%)、地方税として自動車税、ホテル・レストラン税 外国人就労者を使用する会社は月$100を労働者技能開発基金に支払う。(技術移転が不足しているからペナルティだという考え)、奢侈品販売税(10-90%。加工乳、エアコン10%。香水、高級住宅20%。1,500cc

	法人税	個人所得税	消費税	関 税	移転価格税制その他
（インドネシア）	機械16年の耐用年数は長すぎるので損金繰入不足が生じやすい。地場企業向けの耐用年数と言える。固定資産の再評価は認可を得て可能である。ルピアの減価で必要な措置。再評価益は当期損失・繰越損失と相殺し、残りにつき10%の税率で法人所得税を支払う。分割納税も可能。ファイナンスリースは資産計上、棚卸資産は会計上は低価法だが税務上は原価法、貸し倒れの損金計上は裁判所・BUPLNに登録して債務者名簿を公告すれば可能。寄付金は損金不算入。	ていない場合で出張の場合、会社の前払い法人所得税となる。			超乗用車、靴、酒、オフィス器具40%)。

12.3.4. FDIが利用できる税制上の優遇措置

国内企業も同時に利用できる優遇措置の方が、内国民待遇の保証のみならず地場企業逆差別にならないのでよい。

図表56. アジアFDIが利用できる税制優遇措置

	FDIに対する法人税低率と期間減免	関税・消費税の減免	再投資による税額還付	配当・利子・ロイヤルティ支払いの源泉徴収	その他印紙税
韓国外国人投資促進法	国際競争力強化および高度技術の事業ないし外国人投資地域への投資を対象に、所得発生年度から7年間、法人税×外資持分を免除、翌3年度は1/2に減額。	新規設立の法人税減免企業は資本財の輸入につき関税・付加価値税を免	外国人投資企業の増資の場合、増資分への法人税減免も左記に同じ。	法人税減免期間は配当も同比率により減免、法人税減免のある事業の技術導入契約による外国人エンジニア	

	FDIに対する法人税低率と期間減免	関税・消費税の減免	再投資による税額還付	配当・利子・ロイヤルティ支払いの源泉徴収	その他印紙税
(韓国 外国人投資促進法)		除。		の給与所得は5年間の所得税・住民税を免除。	
中国 外商投資企業所得税法	15% 経済特区のFDI、経済技術開発区・上海浦東新区の製造業FDI、沿海経済開放区・経済特区・経済技術開発区のある都市の旧市街の生産FDIで技術集約・$3,000万以上・インフラ事業。 24% 沿海経済開放区・経済特区・経済技術開発区のある都市の旧市街の生産FDI。 地方所得税部分3%はほとんど免除されている。 生産FDIへの2免3減が原則、インフラFDIで5免5減、輸出7割以上FDIで半減だが、税率10%以上、経済特区のサービスFDIは1免2減。	奨励業種ないし100%輸出のFDIで生産に必要な機械・部品等は輸入関税と流通税(増値税、営業税、消費税)が免除される。 奨励FDIは輸入時免除、100%輸出FDIは先納付後5年間で還付。	利益を増資に回すか他FDIに出資すれば再投資部分の利益に対応するFDIが既納付済みの法人税の40%を外資に還付。輸出ないし先進技術FDIへの再投資では100%還付。	FDIからの配当所得は免税。 特許ロイヤルティの源泉徴収は10%だが優遇度合いに応じて減免あり得る。 日中二重課税防止条約(租税条約)でみなし外国税額控除[6]あり。	契約金額に応じ印紙税を支払う。外国作成契約にも支払わせるのは滅茶苦茶。売買0.03‰。加工請負、運送、財産譲渡0.05‰。賃借、保険0.1‰。貸付0.005‰。
台湾 促進産業昇級条例(2009年末で廃止)、外国人投資条例	新興重要戦略産業(ハイテクの製造・技術・サービス)で操業時より5年免税(操業時損失なら2年以内に免税期間の開始を4年間延長できる)、	R&D企業(科学工業と言う)で国内未生産	新興重要戦略産業における利益剰余金の資本	配当・コミッション・利息・印税・権利金・建設・国際輸送で20%の	外国人投資条例による海外投資に

[6] 中国では配当・利子・ロイヤルティの源泉課税はすべて10%だが、みなし税率が配当・ロイヤルティについて10%なので差額の10%分が中国で源泉課税されたものと見なして、日本での法人税支払いから外国税額控除できる。tax sparing creditという。配当課税があるのは間接投資(証券投資)の場合のみ。営業税支払いは税額控除できないので経費で処理。

第12章　アジア地域経済圏と営業秘密を生かしたSCMの可能性　317

	FDIに対する法人税低率と期間減免	関税・消費税の減免	再投資による税額還付	配当・利子・ロイヤルティ支払いの源泉徴収	その他印紙税
(台湾)促進産業昇級条例(2009年末で廃止)、外国人投資条例	加速償却、設備投資の5-20%・R&D投資・人材訓練費の35%を法人税支払額から税額控除できる。新興重要戦略産業への投資の奨励として株式取得費用の20%(個人は10%)を投資家の支払う所得税から税額控除できる(投資先での税額控除と投資元の税額控除があるということ)。製造業・技術サービスで5年免税は2003年末までの投資分のみ。外国物流センター・地域HQ(中国本土企業の管理で得た所得・配当所得を含む)・通商代表で免税。	の設備輸入は関税・営業税なし。	繰り入れでも増資として5年免税の対象となる。	源泉徴収、配当・財産取引所得で25%。外国人投資条例による投資の場合配当につき20%控除。租税条約なし。	ついては、当該事業に半年未満居住する経営者・技術者の国内源泉所得は非課税。
香港	優遇なし	優遇なし	優遇なし	源泉徴収自体がない。	優遇なし
タイ　投資奨励法でBOIが担当	BOIの認める奨励対象企業につき免税8年以内、5年間の繰越損失。	輸入免税あり		配当、支店利益の送金10%、利息・ロイヤルティ・専門家報酬・賃貸料15%の源泉徴収。奨励対象企業の支払うロイヤルティにつき源泉徴収免除。	二重課税防止条約あり
ベトナム　外国投資法	優遇措置は投資認可時にMPIとネゴする。ネゴの面倒さがベトナムの知的インフラの悪さになっている。	現物出資した機械設備・部品・原材	利益の再投資分につき50-100%の法	配当・利益の対外送金時に7%の源泉徴収がある。外	二重課税防止条約あり

	FDIに対する法人税低率と期間減免	関税・消費税の減免	再投資による税額還付	配当・利子・ロイヤルティ支払いの源泉徴収	その他印紙税
(ベトナム外国投資法)	25%のFDIの法人所得税の税率を、輸出比率、ハイテク技術、インフラ整備、雇用創出、農林水産振興、僻地投資といった条件により税率、税の減免期間(tax holiday)、利益再投資、現物出資の輸入関税・VAT免除で優遇する。5年の損失の繰越を認める。減免期間が適用される納税開始年度は会計上の単年度利益計上年度であり、繰越欠損で埋めた後に単年度利益が出た年度でない。20%適用企業は利益計上年度が免除で引き続く2年間半減。15%適用企業は利益計上年度を含む2年間免除で引き続く3年間半減。10%適用企業は利益計上年度を含む4年間免除で引き続く4年間半減。輸出加工区(EPZ)進出企業には、さらに有利な追加優遇措置がある。EPZ製造業は10%の軽減税率を存続期間にわたり課され、利益計上後4年間免税、EPZサービス企業は15%で2年間免税である。工業団地(IE)令による進出企業は別途の優遇措置である。50%未満輸出のIE製造業で15%、利益計上後2年の免税。輸出80%未満輸出で2免3減、100%輸出で10%、2免3減である。	料の輸入関税を免除(現物出資ではない機械設備等・部品の免税はMPIの裁量次第、中国は免税される奨励企業が明確に規定されている)。	人所得税を外国投資家に還付する。配当しないで増資に充てて欲しいため。ただし優先業種・3年間継続再投資が条件。	資投資額が$500万で5%、$1,000万で3%	

第12章 アジア地域経済圏と営業秘密を生かしたSCMの可能性 319

	FDIに対する法人税低率と期間減免	関税・消費税の減免	再投資による税額還付	配当・利子・ロイヤルティ支払いの源泉徴収	その他 印紙税
マレーシア投資促進法(外資内資にこだわらないで適用される)、所得税法	パイオニア企業(投資促進法規定の奨励製造業・サービス業)と認定されれば認定より5年間の所得の70%につき法人所得税が免税される優遇措置あり(生産開始年度より利益が上がる会社のみが特典享受できる制度である。期間損失ならそもそも課税所得がないので免税効果なし)。国家戦略・R&D・ハイテクで100%免税もあり得る。損失繰越はパイオニア期間後の利益と相殺できる。投資控除では一定額の法人所得税が免除される。投資控除を受ければパイオニア免税は受けられないので選択しなくてはならない。資本集約企業は減価償却損大きく利益がでないので投資控除の方が有利である。機械設備の60%を所得の70%を限度に控除する。その他の投資控除として産業調整・インフラ投資の投資控除、下請購入・輸出に関する所得の減額、輸出促進のための費用控除がある。	投資控除はあるが関税・販売税控除はない。	利益の再投資は、承認を受けた、生産性向上がある機械・設備、工場にかかる資本的支出の60%控除を認めて、法人の法定所得の70%を各控除限度額として15年間認める。	源泉徴収義務を怠ると支払額全額の損金算入を認めないという特異な制度がある。源泉税は利息15%(日本との租税条約で10%)、ロイヤルティ10%非居住者による請負契約10%、同請負契約の従業員給与3%。	二重課税防止条約あり
シンガポール経済拡大奨励法所得税法	経済拡大奨励法上の投資優遇として、パイオニア企業での一定期間の法人税免除と投資控除による一定額の法人税免除の選択的利用がある。制度はマレーシアに似ている。	投資控除あり		配当源泉徴収なし 利息・ロイヤルティ支払い15%(日本との租税条約で	みなし外国税額控除は租税条約から除外

	FDIに対する法人税低率と期間減免	関税・消費税の減免	再投資による税額還付	配当・利子・ロイヤルティ支払いの源泉徴収	その他印紙税
(シンガポール経済拡大奨励法所得税法)	パイオニア企業は5-10年の免税期間。パイオニア企業は大臣の承認なしにパイオニア製品に関連する取引以外の取引が出来ない。承認を受けたら免税用に区分経理をする。パイオニア製品以外での損失はパイオニア製品での所得計算より相殺させられる。投資控除は現状設備の拡充、研究開発投資、建設、技術サービスのための固定資本支出金額の一定割合を大臣の認可により5年間を限度に課税所得から控除できる。資本集約産業では投資控除の方が有利。所得税法上の優遇税制として以下がある。研究開発費用の二重控除。IT・省力化機器の初年度100%償却。地域統括本部(OHQ,BHQ)・国際海運会社・国際石油取引業者・国際貿易業者に対する優遇措置。OHQで子会社からの配当非課税、10%の軽減税制、BHQは技術サービス促進で複数優遇を認める。実体がないと地域統括本部の優遇を受けにくくなっているので、日本のtax heaven税制の適用を受けたら実もふたもない。地域統括本部を充実させるか優遇を取れなければ撤退した方がよい。			10%に軽減)、マネジメントフィー支払い22%。傭船料1-3%。	した。

第12章 アジア地域経済圏と営業秘密を生かしたSCMの可能性　321

	FDIに対する法人税低率と期間減免	関税・消費税の減免	再投資による税額還付	配当・利子・ロイヤルティ支払いの源泉徴収	その他印紙税
フィリピン特別経済区域法、オムニバス投資法。1991年外国投資法でインセンティブなしの外資規制を大幅に緩和し、100%外資子会社を幅広く認めた。	優遇はパイオニア企業(IPPのリストに掲載)、輸出企業、低開発地域への投資、特別経済区域への投資で、地域統括本部で得られる。外資出資100%が出来ること自体をありがたく思えという国なので、非パイオニア企業で優遇を得られるのは外資持分40%以下。ただし70%以上輸出企業なら非パイオニア企業でも100%子会社を認める。優遇はパイオニア企業、60%輸出企業、PEZA登録企業(経済特別区に投資しPEZAに登録した企業)で生産開始後各6,4年間免税。延長は労働者多数雇用、ローカルコンテント多い、外貨獲得・節約が$50万以上で各1年認める。低開発地域への投資では追加優遇措置あり。所有権政府に譲渡するBOTでは追加優遇措置が10年間投資額控除であり。特別経済区域(工業団地、輸出加工区、自由貿易区)への投資でPEZA登録企業の場合、全国税・地方税は支払わないでよいが、所得の5%と固定資産税は支払う。	PEZA登録企業(輸出加工区、自由貿易区、工業団地進出企業)は資本財・原材料につき関税・VATを免除。	利益再投資規定なし	利息20%(租税条約15%)、配当32%(租税条約15%)、映画フィルム使用料15%、傭船料4.5%、飛行機使用料7.5%、ロイヤルティ32%(租税条約25%、パイオニア企業10%)。	租税条約でみなし課税あり。移転価格税制特になし
インドネシア優遇措置見直しがIMFから勧告されている。	輸出品の製造会社は保税地区KBのライセンス取得により、製品の輸出額・他の保税地区企業への引渡し額の50%(消	会社設立・増設時の機械輸入で関	損失繰越5年間、利益再投資規定なし。	外国への支払い源泉徴収は一律20%だが、日本との	移転価格税制特になし

	FDIに対する法人税低率と期間減免	関税・消費税の減免	再投資による税額還付	配当・利子・ロイヤルティ支払いの源泉徴収	その他印紙税
(インドネシア優遇措置見直しがIMFから勧告されている。)	費財)、100%(その他の財)を国内販売できる。KB企業は資本財・機械・原材料輸入において関税支払いが猶予され、付加価値税、奢侈品販売税、輸入前払所得税が免除される。加工のためのインドネシア課税地域内からの購入品につく付加価値税、奢侈品販売税が非課税。バタム島は全島保税扱いだったが、2004年1月より付加価値税と奢侈品販売税の免除は輸出に必要な生産のための課税対象品等に制限された。経済開発地域(KAPET)、特定産業、特定地域への投資企業の優遇は加速償却、10年の損失繰越、海外への配当課税を10%に軽減のみとなった。ただし特定産業・特定地域投資では、1年につき投資額の5%、最大30%の所得控除がある。	税は5%に軽減。ただしスペアパーツ輸入は軽減されない。機械関税5%適用企業は2年間の原材料輸入関税が5%、機械輸入の付加価値税は免除。保税地区(KB)のライセンス取得で関税、付加価値税免除。		租税条約で以下に軽減配当(15%、25%以上出資10%)、利子10%、ロイヤルティ10%。	

12.4. グローバル化と反グローバル化そしてアジアFTA

2003(平成15)年9月のメキシコ・カンクンにおけるWTO閣僚会議は物別れに終わった。WTO新ラウンド(多角間交渉)についての中間合意が出来なかったのだ。中間合意は①農産品自由化の大枠、②非農産品自由化交渉の大枠、③サービス貿易自由化の推進、④途上国が求める貿易上の優遇措置、⑤投資ルール、⑥アンチダンピングルールの6項目についてなされるはずであった。

反グローバル化を唱える市民団体や、産業政策を縛る投資ルールや農産品貿易自由化は認められないとのインドを中心とする開発途上国政府の思惑は、一見成功したかに見える。しかしグローバル化の波は多角間交渉ではなく、FTAという二国間交渉の場でより歪んだ形で進むことになっている。

アジア諸国間での水平分業によるSCMはFTAの下で進めればよいと考える日本のMNCも多い。しかし産業政策を認めよとする立場は、直接投資についての認可権限と行政指導を投資受入国政府に残しておけということを意味する。それは、外資は資本と技術と輸出マーケットをもってこいということと同義である。場合によっては国内マーケットの高度化を意味することもある。直接投資認可をネタに技術をもってこいという交渉をされると、技術は常に安く評価されがちである。技術移転の有力な手段である営業秘密の保護は、外資誘致と技術導入の口実にのみ使い、現実の保護の法的強制では甘くしておくという尻抜け措置が最適の産業政策だとの認識が、アジア途上国の国家セクターと地場企業セクターで共有されることになりがちである。法的執行の甘さは国家主権の問題だから、二国間交渉で法的執行を強化しろとは言いにくいのである。WTOの設置した多数国間貿易紛争処理システムならこのような国家主権による主張はシェイムだから止めようとする、いわゆるシェイム効果が働くのである。北朝鮮が核廃棄交渉で6か国協議を無視して米国とだけ交渉したいのも同じ理由である。

二国間交渉でのFTAでは自国の法執行について文句をいわれたくないという国家主権による思惑を放棄させることは出来ないから、営業秘密保護の下でSCMを進展させて水平的分業を進めようとする日本のMNCの思惑は実現しないだろう。

では、そもそもグローバル化を進めよう、ないしは反対しようとするとする政治イデオロギーにはどのようなタイプがあるのか。国内政治と国際政治の両方にまたがる、そして市民社会セクターも含めた社会セクター間にまたがるイデオロギーである。これらイデオロギーの観点から貿易、投資、サービス貿易、労働、環境のグローバル化といった問題を捉える必要がある。政治学者でありLondon School of Economics and Political ScienceのD.ヘルド (David Held)教授とSouthermpton UniversityのA.マッグルー (Anthony McGrew)教授は

6つの類型を挙げている[7]。

グローバル化を進めたいイデオローグは、①新自由主義派、②リベラル国際主義派、③制度改革派、反グローバル化のイデオローグは、④グローバル変容主義派、⑤国家中心主義/保護主義派、⑥ラディカル派である。そしてHeld教授によれば、同氏が属するコスモポリタン社会民主政論者という名の下に②③④は立場が共有できるだろうという。

Held達の言う各々の原理、改革の方向とグローバル化の望ましい形態は次表のとおりである。ただしイデオローグについては筆者の判断である。

図表57. グローバル化のイデオローグ

	原理 イデオローグ	改革の方向	グローバル化の 望ましい形態
新自由主義派	個人の自由 neo conservative in USA、IMF、Smith、国家権力の最小化を言いながら、政治を市場の手段にしようとののの動きもある。Bush	官僚主義国家組織の解体と市場規制緩和	グローバル市場経済と法の支配、ただし最貧層へのセーフティ・ネットが必要。
リベラル国際主義派	人権と責任の共有 EU、UN、WTO、国民国家の国家セクターの権力削減。Atari	国際的自由貿易、透明で開かれた国際的ガバナンス体制	政府間協調体制の下での自由貿易による相互依存関係
制度改革派	透明性・協議・説明責任による共同のエトス UNDP、国際公共財は多元セクターが出せるように国家は保障せよ。Sen	政治参加の拡大、市民的国際的意思形成への第三者的アプローチ、国際公共財の安定的な供給	民主的なグローバルガバナンスと並ぶ、規制されたグローバルな諸過程
グローバル変容主義派	政治的平等、平等な自由、社会的公正、責任の共有	重複的政治コミュニティにおけるメンバーシップの強化、localか	多次元の民主的コスモポリタン型政体、平等な自律性を保証する

---

[7] D. ヘルド、A. マッグルー『グローバル化と反グローバル化』日本経済評論社 2003年 pp.137-162

第 12 章　アジア地域経済圏と営業秘密を生かした SCM の可能性　325

	原理 イデオローグ	改革の方向	グローバル化の 望ましい形態
(グローバル変容主義派)	UN 改革（総会の審議化と安保理の公平化）、国家セクターと市民社会セクターの透明性・説明責任・民主化。 ILO	ら global なレベルにおける利害関係者の審議フォーラム、国際法の役割の強化	global な諸過程の規制
国家中心主義、保護主義派閥	国益、社会文化的アイデンティティーの共有と共通の政治的エトス 強力な国民国家、マレーシア、中国、Stalin、Mahatir	国家の統治能力の強化と必要な範囲での国際的政治協力	国民国家の能力の強化、実効的な地政学
ラディカル派	平等、共通善、自然環境との調和 政府に替わる自治組織、ecologist、new left、Marx、Rousseau	民主的ガバナンスの編成と並ぶ自主管理型の企業、職場、コミュニティ	ローカル化、サブナショナルなリージョナル化、脱グローバル化

　このように見てくると、グローバル化の推進者は、①新自由主義派と、②リベラル国際主義派、③制度改革派、④グローバル変容主義派の合わさった社会民主主義派と、反グローバル化は⑤国家中心主義/保護主義派と⑥ラディカル派と組み替えることが可能になる。

　⑤の国家中心主義派をネタに①と⑥が争い、その中で②③④の社会民主派が争いの外にいるというのが、WTO 批判、イラク侵攻、北朝鮮核開発疑惑なのである。⑤が①を批判するのが IMF 批判であり、WTO 批判と性格が異なっていると筆者は考える。

　①の中で市場が政治を動かすと考える米国政府は、⑤の極端な国家中心主義派であるイラクが⑥の一部に属するテロリストを匿っているとして、イラクとアフガン侵攻という戦争を始めたという構図が描ける。⑤の国家中心主義派が⑥のラディカル派を匿うはずはない。しかし敵の敵は味方である

と考えれば、⑤に属する国家が⑥を匿う理由はある[8]。

①の新自由主義派は本来国家という支配組織を否定し競争と自由を主張する存在であり、⑥のラディカル派もまた国家を否定し共生を主張する存在なのだが、共に国家の暴力装置を利用して、米国は自由を世界に提供するとしてイラク侵攻を行い、イラクにおけるテロリストもまた自由を求めて暴力による抵抗権の主張をするのである。

日本政府による WTO 外国投資ルールの透明化という主張は、⑤の開発途上国政府に反対される。日本政府は①の MNC の手先となっていると考えられてしまうからだ。日本の産業政策が上手くいったとの自分誉めを、開発途上国政府に向かって散々やってきた日本政府の成果が現在出ているのである。自分で自分の首を締める行為が日本政府はお得意である。毎朝ネクタイで首を締めて勤務してきたサラリーマン官僚国家の悲哀である。とすれば、今後は首を締めない服装で稼げる女性、スポーツ選手そして作業服を着る日本の製造業にしか将来はないのかもしれないとの冗談も言ってみたくなる。

先進国政府によるサービス貿易の自由化もまた、①による MNC の差し金だと⑤の途上国政府に反対され、知的財産権の保護を徹底しないこと同様、サービス貿易の自由化を口では唱えながらも実際には自由の保障をしないことは、途上国の発展の権利を守ることになるのだと主張されてしまう。「発展の権利」とは国家が持つ権利で、個人セクターが持つ基本的人権、個人セクターと市民社会セクターが持つ社会権に引き続く「第三世代の人権」で、市民社会セクター、国家セクターの持つ人権の一種である。第三世代の人権は 1977(昭和 52)年 UNESCO により唱えられた。主唱者バサック (Vasak) によれば「健康と環

---

[8] このような例は枚挙にいとまがない。極左である全学連委員長唐牛健太郎は極右である田中清玄から 1960(昭和 35)年安保闘争の活動資金を得ていた。極左として国家解体を主張していた日本赤軍がよど号をハイジャックして北朝鮮に行った途端、北朝鮮の言いなりの手駒になって日本人拉致に協力した。国家暴力装置否定と叫ぶ集団ほど分派闘争が激しくなり、内ゲバやリンチ殺人が多発するのは日本赤軍、オウム真理教に明らかである。それは「組織と人間」の問題として戦後日本文学が 50 年間繰り返して小説のテーマにし、日本の社会学・文化人類学(『タテ社会の人間関係』)と経営学(『集団主義』)は「企業組織と人間」の問題だと戦後 50 年間不毛の議論をしてきた対象である。2004(平成 16)年 NHK 大河ドラマ『新撰組』はその焼き直しである。「誠」と「誠実」には雲泥の差があることがわかっていない。反動アナクロニズムによるテロリズムを、幕府という国家権力の手を借りて行ったことも、自分に誠実だったから許される、と考えるように誘導するのはメディアの不誠実以外の何者でもない。ルーマンの社会システム論で 1970 年代に超克されている議論を、他に議論することがなかったように振舞った当事者の責任は重い。

境に対する権利」、「平和に対する権利」、「人類の共同遺産に関する権利」、「発展の権利」の4種があるとされる。1986(昭和61)年国連は「発展の権利に関する宣言」を賛成146、反対1、棄権8で決議した。唯一の反対国は米国であり、棄権国は日本、西ドイツ、英国、イスラエルとノルウェーを除く北欧4か国である[9]。

　筆者は第三世代の人権という共通の枠の下で発展の権利は認められるべきだと考える。そうしないと東西対立に代わった南北対立は、先進国国家対テロリズムという対立になりかねないからである。イデオロギーの対立である東西対立と経済格差を巡る南北対立は国家間の対立だった。しかし南北対立では貧富の格差拡大を招き、先進国政府がいくらODAを出しても効果が薄いことになった。南政府が国内で貧困格差の拡大を招くようにODAを使うことを、国家主権への不介入を理由にチェックできないからである。国内の貧富の格差拡大と政権の腐敗を理由として、市民社会セクターの中でテロリズムが育ったのである。

　筆者は「第三世代に属する他の人権を侵害しない限り発展の権利は認められる」と考える。「発展の権利」により環境汚染が進むことは、「健康と環境に対する権利」の侵害となるので許されない。中国やロシアが二酸化炭素削減のためのCOPS2に加盟しないこと理由として、発展の権利を言うのは抗弁事由になっていないのである。まして米国がCOPS2に非加盟なのは、経済の自由のためには環境破壊を認めるべきだとする①の中でも極端な考えに根ざしており、およそ許されない主張である。イラク国家の「平和に対する権利」を侵していながら、「戦後復興」による「発展の権利」の保障を言っていることになる米国政府の主張や、テロリストを挑発する結果しか惹起しない、「基本的な生活保証のための水供給」を理由とする日本政府による自衛隊派遣の正当化もまた認められない主張である。タリバン政権によるバーミアンの仏像遺跡破壊は民族自決という第一世代の権利擁護だとしても、「人類の共同遺産に関する権利」違反だから許されない。

　このように考えれば、アジアにおいて海外投資をする日本企業やMNCは、アジア現地において第一、第二世代の人権のみならず第三世代の人権を遵守す

---

[9] 高島忠義『開発の国際法』慶応通信1995年 pp.24-29

る限りにおいて、直接投資の自由に関するルール、サービス貿易の自由、知的財産権の保護の徹底、先進国水準の環境基準と労働基準の遵守を主張する権利があるということになる。従業員の労働環境を良くするのは、社会権と共に健康に対する権利の保護に必須である。それが第一世代の権利である選択の自由の享受を通して従業員のヤル気を生み、生産性と技術の向上に役立ち、FDI の利益が増進する。現地市場とグローバル市場における公正で平等な競争を行うから、市場取引と相対取引における信頼が育成されて取引コストが低くなるので、win-win game の儲かる取引ができる。地場企業だから下駄を履かせろと言えば下駄分だけ背は高くなっても動きが鈍くなるので、中長期でみれば競争に負けてしまう。

　FDI の活動は、第三世代の権利を促進する枠内で発展の権利を促進するものであるから、現地政府や現地の各社会セクターから非難される隙がないのである。非難されなくても歓迎されないということは、好悪の別がある限り存在する。それを森鴎外の『阿部一族』のように一族の熊本細川藩への反抗として処分するのはアナクロニズムである。「日本人は好きだけど、日本国政府は嫌いだ」というのはあり得る話である。しかし「日本人は好きだけど、日系企業は嫌いだ」というアジア人がいては困る。アジア日系企業で働くビジネス・パーソンが脇の甘いビジネスをしていれば、嫌われる日系企業が生まれてしまう。「スキップクリーミング (イイトコドリ) はするな」「ディシプリン (自律) を持て」、「考えるビジネス・パーソンになれ」と筆者がアジア投資戦略の講義でいうのは、意味があってのことなのである。

文献

1) 高瀬保『WTO と FTA』東信堂 2003 年
2) 木村福成他『加速する東アジア FTA』JETRO2003 年
3) 監査法人トーマツ『アジア諸国の税法 (第四版)』中央経済社 2003 年
4) 近藤義雄『中国現地法人の経営・会計・税務』中央経済社 2002 年
5) 金子宏『租税法 (第九版)』弘文堂 2003 年

索　引

【あ】

IMD　27
IMV車　45
ILO協定　297
アウトソーシング　51
アストラ・インターナショナル　34
EMS　16
EDI　53
一村一品運動　195
違約罰　177
インドネシア反独占・不正競争防止法　195
営業秘密　116
AICO　91
APP　88
SCM　49
FTA　287
M型組織　11
OEM　56
オートポイエシス型社会システム論　31

【か】

海外間接投資　18
外国税額控除制度　301
カイゼン　72
外注　51
蛙跳び型経済発展　205
傘型企業　40
価値分析（VA）　53
金型図面の流出防止　159
カムアップシステム　68
環境アセスメント　181
企業経営の透明性　208

技術協力　27
技術ノウハウを軽視する風潮　268
技術の否定性　243
技術のピラミッド分析　26
基盤技術　128
逆工場　93
キャピタルゲイン課税　309
強制執行　178
行政指導　132
業務過程分析　16
空洞化　1
口で稼ぐ　259
国のかたち分析　22
グリーンフィールド投資　16
KD生産　14
権威的国家観　303
現代自動車　45
現地流通ネットワーク　259
core competence経営　61
工業団地　145
国内市場型投資　19
コジョイント分析　66
コネ　152

【さ】

再帰的　30
サシミ・メソッド　43
CAD/CAM　72, 167
COPS2　92, 327
CP　228
JIT　77
私的整理計画　230
シナジー効果　229

シニアマーケティング　86
少数株主　145
情報の非対称性　12
スキップ・クリーミング　126
裾野産業　130
3PL　49
生産財マーケティング　35
製品ライフサイクル　54, 233
西部大開発　149
セーフティ・ネット　324
セカンドマーケット　257
セル生産方式　67
増値税　305
損失繰越　310

【た】
第三世代の人権　326
タタ　45
tax heaven　208, 306
地域経済圏　24
チェーン・リンクト・モデル　43, 49
知的インフラ　79
チャレンジャー　258
投資環境比較表　19
投資優遇税制　300
独立価格基準法　305
土地使用権　145
飛び込み仕事　69
トランスナショナル構造　12
取り巻き資本主義　195

【な】
内国民待遇　147
ニクラス・ルーマン　33

【は】
ハイコスト・エコノミー　47
発展の権利　326, 327
パブリック・ユーティリティ事業　194
範囲の経済　31
BOT　9
B2C　49
B2B　49
PPA　182
ヒューマンエラー　160
5S　72
ファミリー企業　193
ブミプトラ　76
ブラ下がりの中間層　87
フランチャイズ　31
フリーライダー　98
プロダクト・シェアリング契約　9
プロダクトアウト　65
文化価値　124
粉飾　143

【ま】
マークアップ方式　85
market friendly　208
マイクロ・アウトソーシング　64
マルチ・モデル　31
見込み生産　73
モジュール生産　52
モジュール生産方式　107
模倣品　165

【や】
U型組織　11
輸出指向型FDI　210
輸出志向型投資　19

【ら】

来料加工　　305
lineup戦略　　40
ラインバランシング　　66
リエンジニアリング　　33, 47
リサイクリングコスト　　95

リバースエンジニアリング　　85
レギュラシオン学派　　25
ロイヤルティ　　169

【わ】

YKK　　106

■著者紹介

鈴木康二（すずき・こうじ）

立命館アジア太平洋大学　アジア太平洋マネジメント学部教授
1952年　栃木県生まれ。
1974年　東北大学法学部卒業。
日本輸出入銀行(現国際協力銀行)入行。経理部、ジャカルタ駐在員、プラント輸出・航空機輸入金融の部署を担当、法規室考査役、海外投融資相談室室長代理、海外投資研究所主任研究員を経て2002年3月退職。2002年4月より現職。その間カザフスタン駐在JICA長期派遣専門家、中小企業総合事業団海外投資アドバイザー、中央大学大学院国際経済研究科客員教授、カザフスタン・トラン大学客員教授、大東文化大学、広島大学で非常勤講師を務める。現在関東学園大学経済学部非常勤講師を兼任。

主な著書
『タイ行政法』（日本貿易振興会2002年）
『アジア諸国の倒産法・動産担保法』（中央経済社2000年）
『ベトナム民法』（日本貿易振興会1996年）
『アジア新興市場投資実務ガイドブック』（企業研究会1995年）
『ミャンマー・ビジネスガイドブック』（中央経済社1995年）
『ビジネスガイド・インド投資戦略』（日本貿易振興会1995年）
『海外投資のニュー・ステージ』（中央経済社1994年）
『ビジネスガイド・ベトナム』（日本貿易振興会1994年）
月刊『ニューファイナンス』地域金融研究所に「成功する海外投資戦略」を、月刊『近代企業リサーチ』中経管理センターに「海外投資」を各々連載中

アジア投資戦略

2004年11月10日　初版第1刷発行

■著　者────鈴木康二
■発行者────佐藤　守
■発行所────株式会社　大学教育出版
　　　　　　　　〒700-0953　岡山市西市855-4
　　　　　　　　電話 (086) 244-1268　FAX (086) 246-0294
■印刷所────互恵印刷㈱
■製本所────㈲笠松製本所
■装　丁────ティー・ボーンデザイン事務所

© Koji Suzuki 2004, Printed in Japan
検印省略　　落丁・乱丁本はお取り替えいたします。
無断で本書の一部または全部の複写・複製を禁じられています。

ISBN4-88730-585-0